高等医学院校实践实验系列教材

医学信息检索实践指导

主　编　程　鸿　周凤岐

副主编　樊桂萍　白玉晟　张　帆

编　委（按姓名汉语拼音排序）

白玉晟（内蒙古医科大学）

程　鸿（内蒙古医科大学）

樊桂萍（内蒙古医科大学）

高世英（内蒙古医科大学）

肖志彬（内蒙古医科大学）

张　帆（内蒙古医科大学）

赵宏亮（内蒙古医科大学）

周凤岐（内蒙古医科大学）

周文雄（内蒙古医科大学）

北京大学医学出版社

YIXUE XINXI JIANSUO SHIJIAN ZHIDAO

图书在版编目（CIP）数据

医学信息检索实践指导 / 程鸿，周风岐主编．—北京：北京大学医学出版社，2016.5

高等医学院校实践实验系列教材

ISBN 978-7-5659-1313-6

Ⅰ．①医… Ⅱ．①程… ②周… Ⅲ．①医药学—情报检索—医学院校—教材 Ⅳ．① G252.7

中国版本图书馆 CIP 数据核字（2015）第 322182 号

医学信息检索实践指导

主　　编：程　鸿　周风岐

出版发行：北京大学医学出版社

地　　址：（100191）北京市海淀区学院路 38 号　北京大学医学部院内

电　　话：发行部 010-82802230；图书邮购 010-82802495

网　　址：http：//www.pumpress.com.cn

E－mail：booksale@bjmu.edu.cn

印　　刷：中煤（北京）印务有限公司

经　　销：新华书店

责任编辑：陈　奋　**责任校对**：金彤文　**责任印制**：李　啸

开　　本：787mm × 1092mm　1/16　**印张**：20.25　**字数**：520 千字

版　　次：2016 年 5 月第 1 版　2016 年 5 月第 1 次印刷

书　　号：ISBN 978-7-5659-1313-6

定　　价：39.00 元

前言

随着医学科技事业的发展及医学教育模式的变革，作为一名身处信息技术迅猛发展、大数据信息全球化时代的医学生，应当具备一定的信息素养才能在学习和工作中有效地获取、处理和利用信息，把握医学科技发展的脉络，及时跟踪医学领域发展动向。我们在选择教材内容和编写体系时，注重医学生素质教育和创新能力与实践能力的培养，力图为学生知识、能力、素质协调发展创造条件。

本书是较为全面的医学信息检索实践指导教材，共分八章，内容包括导论，中文期刊文献数据库检索、外文数据库及检索系统、引文数据库及检索系统、特种文献检索、图书文献检索、互联网信息检索和信息管理与分析及医学论文写作。可作为医学院校本科学生，兼顾研究生的医学文献检索教学用书，也可供临床医生、医学科研和教学人员用作继续教育参考用书。本书侧重于实践环节，内容新颖、实用性强，具有以下特点：各章均独立编写思维导图，展示各章节内容的知识脉络，启发学生学习；增加案例内容，由检索任务引领，以工作过程为导向，以活动为载体，按照检索流程组织教材内容，使读者在实践中掌握相关知识，培养、提高读者的检索能力；注重引导学生自主学习，每节有实习题及实习题答案，对学生学习具有启发、指导作用；各章案例选材新颖、实用，紧贴医学专业特色，全书图文并茂。

本书是全体编者集体智慧的结晶，由程鸿、周凤岐主编，制定各章节编写提纲；九位长期从事医学文献检索教学、兼具实践经验的教师参与编写。各章的分工为：第一章由张帆编写，第二章由程鸿编写，第三章由白玉晟、肖志彬编写，第四章由肖志彬、高世英、白玉晟编写，第五章由张帆编写，第六章由赵宏亮、周凤岐编写，第七章由周文雄编写，第八章由白玉晟、张帆编写；由赵宏亮编写思维导图，白玉晟整编附录；程鸿、樊桂萍、白玉晟、张帆负责编审，程鸿、张帆和赵宏亮统稿、审读。编者在编写过程中坚持认真、严谨的原则，但由于编者学识和水平有限，加之学科发展迅速，网络资源更新较快，书中难免出现疏漏，甚至错误，恳请学界同仁不吝赐教、惠予指正。编者在编写过程中，参考了网络文献和相关著作，向相关作者表示真诚的感谢！内蒙古医科大学教务处、北京大学医学出版社对本书的编辑和出版给予了大力支持和帮助，在此谨向他们表示衷心的感谢！

《医学信息检索实践指导》编委会

2016 年 2 月

目录

第一章 导论

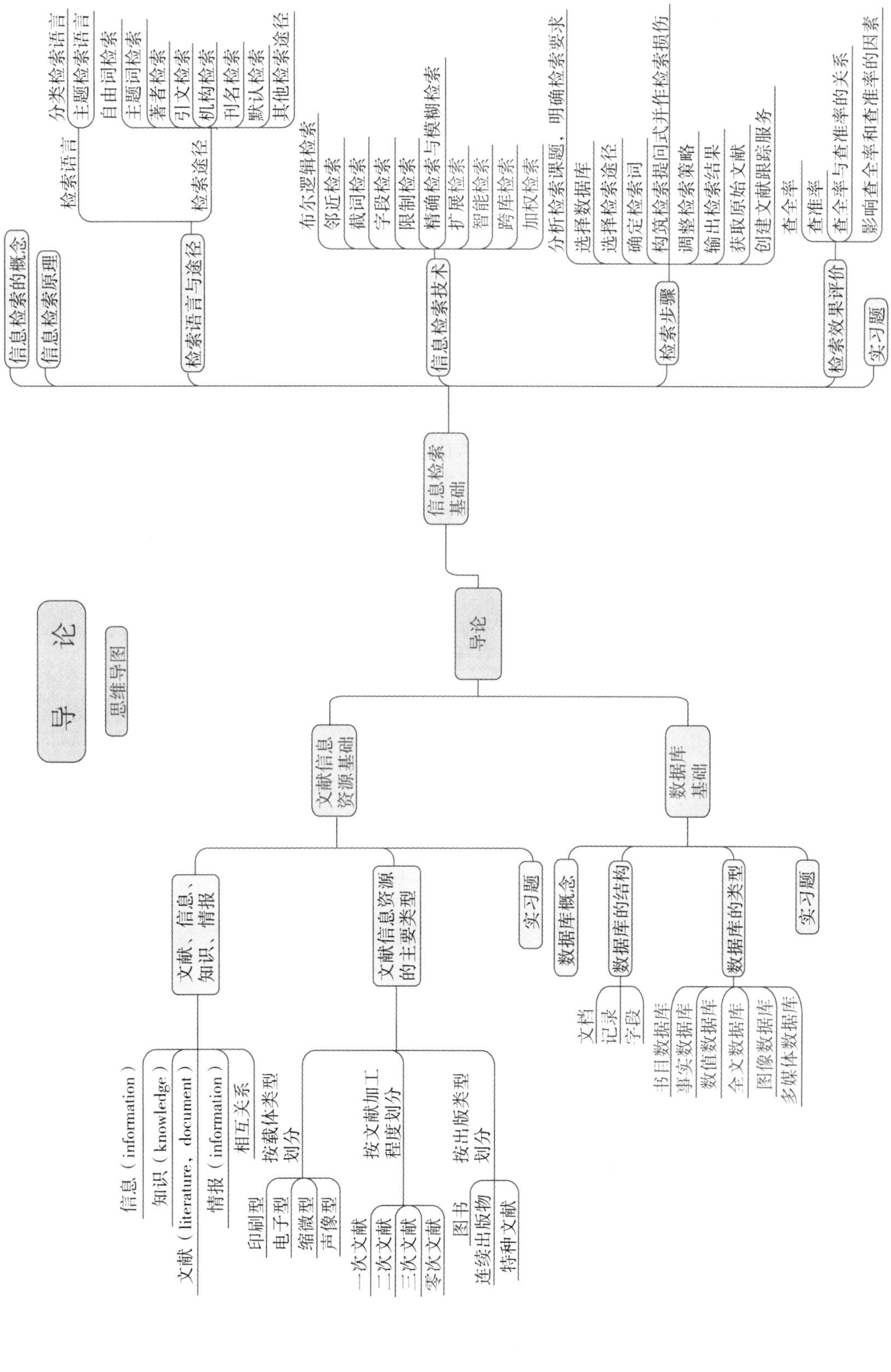

导论
思维导图
导论
信息检索基础
信息检索的概念
信息检索原理
检索语言与途径
检索语言
分类检索语言
主题检索语言
检索途径
自由词检索
主题词检索
著者检索
引文检索
机构检索
刊名检索
默认检索
其他检索途径
信息检索技术
布尔逻辑检索
邻近检索
截词检索
字段检索
限制检索
精确检索与模糊检索
扩展检索
智能检索
跨库检索
加权检索
检索步骤
分析检索课题，明确检索要求
选择数据库
选择检索途径
确定检索词
构筑检索提问式并作检索损伤
调整检索策略
输出检索结果
获取原始文献
创建文献跟踪服务
检索效果评价
查全率
查准率
查全率与查准率的关系
影响查全率和查准率的因素
实习题
文献信息资源基础
文献、信息、知识、情报
信息（information）
知识（knowledge）
文献（literature，document）
情报（information）
相互关系
文献信息资源的主要类型
按载体类型划分
印刷型
电子型
缩微型
声像型
按文献加工程度划分
一次文献
二次文献
三次文献
零次文献
按出版类型划分
图书
连续出版物
特种文献
实习题
数据库基础
数据库概念
数据库的结构
文档
记录
字段
数据库的类型
书目数据库
事实数据库
数值数据库
全文数据库
图像数据库
多媒体数据库
实习题

【案例】2015 年 12 月 7 日，中国科学家屠呦呦女士出席在卡罗琳医学院的诺贝尔医学生理学奖演讲现场。在演讲中，屠呦呦说："这不仅是授予我个人的荣誉，也是对全体中国科学家团队的嘉奖。"她回顾了青蒿素的发现及临床实验与制药历程，认为信息收集、准确解析是研究发现成功的基础。研究过程中，她收集整理历代中医药典籍，走访老中医并收集他们用于防治疟疾的方剂和中药，同时调阅大量民间方药。在汇集了包括植物、动物、矿物等 2000 余种内服、外用方药的基础上，编写了以 640 种中药为主的《疟疾单验方集》。正是这些信息的收集和解析铸就了青蒿素发现的基础，也是中药新药研究有别于一般植物药研发的地方。当年面临研究困境时，她重新温习中医古籍，进一步思考东晋（公元 3—4 世纪）葛洪《肘后备急方》有关"青蒿一握，以水二升渍，绞取汁，尽服之"的截疟记载。最后实现青蒿乙醚中性提取物的成功。青蒿素的发现过程也是展现科研人员信息素养的过程。

21 世纪，美国大学与研究型图书馆协会指导委员会（ACRL）于 2000 年 1 月 18 日审议批准制定高等教育信息素养能力标准（Information Literacy Competency Standards for High Education）（以下简称"标准"），对于在现代信息技术广泛应用为前导的时代，高等学校学生如何开展信息素质培养，确立了一系列培养的目标和标准。

根据美国图书馆协会信息素养指导委员会的指导文件，在联合国教科文组织等世界各国不断完善和推进下，人们对信息素养的认识达成了共识：信息素养（information literacy），是指人们在信息社会环境下，具备能够认识信息的重要性，判别信息的需求，应用现代信息技术，合理合法地获取信息，科学组织和评价信息，有效利用、交流、创造信息，以发现和解决实际问题，并支持终身学习的一种文化能力。目前，全世界许多国家建立了针对不同对象和层次的培养目标、标准和详细的成效指标，并研发了相应的评估工具。

第一节　文献信息资源基础

【教学要求】

1. 掌握信息素养概念
2. 掌握文献、信息、知识、情报的基本概念
3. 掌握文献、信息、知识、情报的相互关系
4. 掌握文献信息资源的主要类型

一、信息、知识、文献、情报

（一）信息

不同的专业领域如图书情报学领域、计算机与通信科学领域等都有不同角度的解释。一般认为，信息（information）是指人类社会传播的一切内容。英国科学家波普尔（K. Popper）认为信息的概念可以分成三大类：第一类是有关客观物质世界的信息，即信息是事物存在方式及其运动规律、特点的外在表现形式；第二类是有关人类主观精神世界的信息。它反映人类所感受的事物运动状态及其变化方式。处于意识和思维状态的信息；第三类是有关概念世界的信息，它反映人类所表述的事物运动状态及其变化方式，用语言、文字、网像、影视数据等各种载体来表示。

（二）知识

知识是人们在改造世界的实践中所获得的认识和经验的综合。信息是知识的原料，知识是信息的产品。知识（knowledge）是信息的一部分。人类在认识世界和改造世界的过程中，不断接受客观事物发出的信息，经过思维加工，获得了对事物本质及其运动规律的认识，信息如此转化为知识。人类获取知识以后，再将这些知识用来创造新信息，获取新知识。如此反复循环，信息越来越纷繁，知识越来越丰富，知识不断提高和深化。因此，人类要认识世界和改造世界就必须不断地搜集信息、加工信息、创造信息、使信息造福于人类。

（三）文献

文献（literature，document）是记录知识的一切载体（我国国家标准 GB-3469-83《文献类型与文献载体代码》)，载体是物质介质。文献是知识的外在表现形式。文献中记录着大量的知识和信息，这些知识和信息为读者所利用时就转化成了情报。长期以来，人们已经习惯从文献中获取情报，把它看成是一种重要的情报源。医学文献就是记录着医学知识、信息的物质载体，如医学图书、期刊、会议录等。

（四）情报

情报（information）是被传递的知识或事实。当人们为了解决某一个特定问题去搜寻所需要的知识，那一部分知识就是情报。著名科学家钱学森称它是激活了、活化了的知识。情报来源于知识，必须在特定的时间里经过传递，并能为用户所接受和利用。情报作为交流对象的有用的知识，是知识的一部分，是进入人类社会交流系统的运动着的知识。情报具有知识性、传递性、效用性三个基本属性。

（五）相互关系

信息是对客观存在的一切事物的反映，普遍存在于自然界和人类社会之中，包含了知识、文献、情报；对各种信息进行有目的的加工整理就形成知识，但并非所有信息都是知识，知识是信息的精华部分，知识包含于信息之中；情报是被传递的激活了的知识或事实；文献是被物化的知识记录，是存储和传递知识的介质，是人们获取信息、知识、情报的重要来源。

二、文献信息资源的主要类型

信息技术飞速发展、网络浏览日趋便捷，但是人们对信息特别是文献的本质和特征以及重要、权威的学术资源仍然要有清晰的认识，对医学资源的各种类型仍需仔细识别。如此，人们才能有效、准确地利用信息。

（一）按载体类型划分

1. 印刷型（print document） 从过去的手工书写发展到计算机打印，或复印机复制、网络传递等形式。不管记录方式如何，载体总是纸张。由于印刷型文献符合人类传统的阅读习惯，实用、方便，将在相当长的时间内与电子型文献共存。

2. 电子型（electronic document） 根据我国国家标准 GB 7714-2005，以数字方式将图、文、声、像等信息存储在磁、光、电介质上，通过计算机、网络或相关设备使用的记录有知识内容或艺术内容的文献信息资源，包括电子书刊、数据库、电子公告等。

电子文献主要有以下一些格式：文本（text）型、多媒体（multimedia）型、超文本（hypertext）型等。

随着数字图书馆、全文数据库的涌现，文本型文献的在线阅读、网上传递已成为医学科研临床工作者获取医学信息与知识的常用形式。

3．缩微型（microfilm document） 采用照相技术，将文献以 1:100 或 1:1000 的比例，缩小存储在感光胶卷或平片上，通过专门的阅读机进行阅读。主要特点：存储容量较印刷型大，保存期比印刷型长。

4．声像型（audio visual document） 它包括录音带、录像带、幻灯片、电影拷贝，目前多数已经以音频或视频的电子形式在光盘和计算机网络中出现。

（二）按文献加工程度划分

1．一次文献 一次文献也称原始文献（primary literature），是首次记录科学创造和科研成果的文献，首次记录新理论、新技术、新知识、新发明、新见解的一类文献，如期刊论文、学位论文、专利文献、会议文献等。主要特点：数量激增，种类繁多；发表分散，老化加快。处理数字化与印刷型并存。

2．二次文献 是对一次文献进行加工整理后的产物，是将大量分散、凌乱、无序的一次文献，依据内外部特征进行整理、浓缩、提炼，并按照一定逻辑和科学体系加以编排存储，使之系统化便于检索利用。主要有目录、索引和文摘。书目类（bibliography）文献，包括题录型和文摘型文献。题录指的是文献中的题名、著者、原文的出处（刊登的期刊名称、年、卷、期、页、网址等），此类文献常见来源有图书馆馆藏目录、书目文献数据库。如美国医学文献数据库 MEDILINE、中国生物医学文献数据库等。

3．三次文献 在阅读一次文献的基础上，分析综合归纳信息后，组织形成具有资料性、查考性、阅读性的文献。如教科书、综述、参考工具书、进展、调查报告等。

4．零次文献 私人笔记、试验记录、设计草图、口头交流、企事业机构发布的网络信息等。

（三）按出版类型划分

1．图书（book） 图书是指记录的知识比较系统、成熟的文献，主要包括教科书、丛书、专著、全集、会议论文集以及词典、百科全书、指南、手册等参考工具书等。正式出版的图书其重要著录特征中通常都有国际标准书号 ISBN（International Standard Book Number）。常用图书的种类有以下 3 种：教科书、专著、参考工具书。

2．连续出版物（serial） 连续出版物是指一些记录的知识比较新颖、所含信息密度比较大的连续出版物，一般都有固定的名称，这里主要指期刊。期刊也可分为几种类型，比如综合性期刊、专业性期刊、检索性期刊、科普性期刊等。例如：有关自然科学的综合性期刊有《中国科学》《自然杂志》等；医学学科的专业性期刊《中华医学杂志》《中国药理学学报》等；检索性期刊如《美国化学文摘》《美国生物学文摘》《美国医学索引》。国际标准刊号为 :ISSN, 中国标准刊号：CN。

3．特种文献（special document） 特种文献反映的有许多涉及了最新的研究和技术以及国家的法规、标准定义等信息，也是医学科研的重要信息源。比如科技报告、会议文献、学位论文、专利文献、标准文献、政府报告及产品资料等。

（1）科技报告（technical report）：科学技术工作者围绕某个课题研究所取得成果的正式报告，或对某个课题研究过程中各阶段进展情况的实际记录。其中，绝大多数涉及高、精、尖科学研究和技术设计及其阶段进展情况，客观地反映科研过程中的经验教训。文献著录重要特征通常包含技术报告号、资金资助号或合同号等。

（2）会议文献（conference paper）：会议文献是在各种学术、专题会议上发表的论文和报告。当前，科研人员在使用网络资源的同时，非常重视会议文献。通常通过会议文献获取第一手的科研借鉴资料。其著录文献重要特征通常有会议名称、会议地点。

（3）学位论文（dissertation）：高等学校或研究院所的学生在导师指导下从事某一学术课题的研究，为获得某种学位而撰写的学术性较强的研究论文。学位论文同时是攻读学位的学生进行科研选题、撰写论文需要借鉴的重要信息源。学位论文的重要著录特征有学位颁发机构（学校）名称、学位名称。

（4）专利文献（patent document）：发明人或专利权人申请专利时向专利局所呈交的一份详细说明发明目的、构成及效果的书面技术文件，经专利局审查，公开出版或授权后的文献。广义包括专利申请书、专利说明书、专利公报、专利检索工具以及与专利有关的一切资料。专利文献的重要著录特征有专利申请号、专利分类号等。

（5）标准文献（standard）：经过公认的权威当局批准的以文件形式表达出的统一规定，包括技术标准、技术规格和技术规则等文献的总称。标准文献的重要著录特征有标准号，包括国际标准号：ISO、国家标准号：GB。

（6）政府出版物（government document）：各国政府部门及其所属机构发表、出版的文件，其内容广泛，可以分为行政性文献和科技文献两大类。

（7）产品资料（product literature）：各厂商为推销产品而印发的商业宣传品，包括产品样本、产品目录、产品说明书、厂商介绍、技术座谈资料等。

第二节　信息检索基础

【教学要求】

1. 了解信息检索的概念
2. 熟悉信息检索原理
3. 掌握检索语言与途径
4. 掌握信息检索技术
5. 掌握检索步骤
6. 掌握检索效果评价

信息检索经历了手工检索、计算机检索的不同发展阶段。20世纪50年代问世的脱机检索（offline search）开始用计算机自动进行检索批处理；20世纪70年代的联机检索（online search）借助通讯线路实现了远地实时检索；20世纪80年代的光盘检索大大降低了用户的检索费用；20世纪90年代进入网络时代，信息的共享检索能力大幅度提高；近年来的无线网络、手机图书馆等使检索更加便捷。

一、信息检索的概念

广义的信息检索包括信息存储和信息检索两个过程。狭义的信息检索指用户利用检索工具查找信息的过程。从本质上讲，信息检索是一种有目的和组织化的信息存取活动，其中包括“存”和“取”两个基本环节。“存”，主要指面向来自各种渠道的大量信息资源而进行的高度组织化的存储；“取”，则要求面向随机出现的各种用户信息需求所进行的高度选择性的查找，并且尤其强调查找的快速与便利。

信息检索的全称是信息存储与检索（Information Storage and Retrieval），包含两个方面，存储的过程是信息的组织加工和记录的过程，即建立检索系统（编制检索工具）的过程——输入的过程；检索的过程是按一定方法从检索系统（检索工具）中查出信息用户需要的特定信息的过程——输出的过程，二者是相辅相成的。存储是为了检索，而检索又必须先进行存储。只有经过组织的有序信息集合才能提供检索，因此了解了一个信息系统（检索工具）的组织方式也就找到了检索该检索系统（检索工具）的根本方法。

对信息用户而言，后者更为重要，因此，狭义的信息检索一般仅指检索的过程。检索的本质是信息用户的需求和信息集合的比较与选择，即匹配（Match）的过程。从用户需求出发，对一定的信息集合（系统）采用一定的技术手段，根据一定的线索与准则找出（命中）相关的信息的过程，就是检索。

二、信息检索原理

计算机信息检索是建立在信息收集与信息存储的基础之上。信息的存储标识与检索标识相匹配是检索成功的前提。检索时，用户通过分类体系、主题词表等，将检索意图转换成检索语言标识，与数据库中的存储标识相比较，两者匹配一致，才能检索命中图 1-1）。

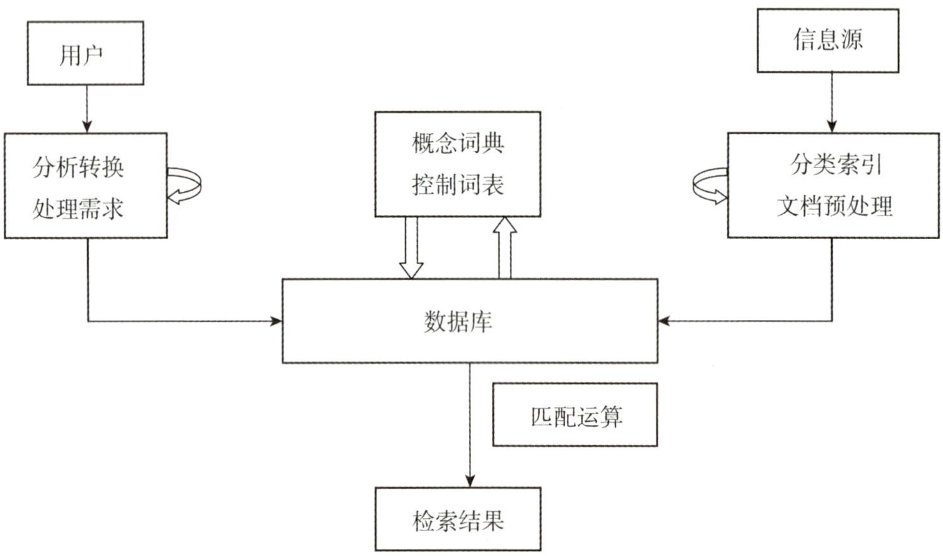

图 1-1 检索原理图

检索匹配指检索提问与数据库记录中的检索标识一致或基本一致，即存储标识和检索标识相一致。匹配有完全匹配（每个字或每个字母都相同）、部分匹配（词干相同、词尾不同，利用截词符检索）、容错匹配（允许检索词有小部分不一致）和扩展匹配（下位主题词扩检、下位分类扩检）等。

导致检索不匹配的原因有：需要的文献信息不在所查数据库收录范围之内；检索用词正确但标引有误；检索提问错误，包括检索途径用错、检索词用错、运算符用错。

三、检索语言与途径

（一）检索语言

检索语言是信息存储与信息检索时共同使用的约定语言，其作用是使信息存储的标识与信息检索的标识保持一致，以保证检索匹配命中。按检索语言的种类划分，检索语言分为两大类：描述文献外表特征的检索语言和描述文献内容特征的检索语言。前者包括书名、刊名、著者、著者机构、出版机构等，后者主要有分类检索语言和主题检索语言。

1．分类检索语言 分类检索语言以科学分类为基础，以分类号或类目名作为检索标识。分类检索语言以分类法为信息标引和信息检索的依据。

（1）分类法的种类：分类法采用概念逻辑分类的一般原则，从总到分，从一般到具体，逐级展开，构成具有上下位隶属关系和同位并列关系的知识体系。国外比较著名的分类法有杜威十进分类法（Dewey Decimal Classification，DDC）、国际十进分类法（Universal Decimal Classification，UDC）、美国国会图书馆分类法（Library of Congress Classification）、美国国立医学图书馆分类法（NLMC）等。国内使用最普遍的分类法是中国图书馆分类法。

（2）中国图书馆分类法：中国图书馆分类法简称“中图法”，最新版是2010年出版的第5版。“中图法”分基本大类22个，例如：A 马克思主义、列宁主义、毛泽东思想、邓小平理论；B 哲学、宗教；C 社会科学总论；D 政治、法律；……N 自然科学总论；O 数理科学和化学；P 天文学、地球科学；Q 生物科学；R 医药、卫生；S 农业科学……

在“R 医药、卫生”类目下又分17个二级类目，它们是：R1 预防医学、卫生学；R2 中国医学；R3 基础医学；R4 临床医学；R5 内科学；R6 外科学；R71 妇产科学；R72 儿科学；R73 肿瘤学；R74 神经病学与精神病学；R75 皮肤病学与性病学；R76 耳鼻咽喉科学；R77 眼科学；R78 口腔科学；R79 外国民族医学；R8 特种医学；R9 药学。

按类目的隶属关系，可以逐级展开，划分出更专指、更具体的类目。例如：“儿童肥胖症”的分类号是“R723.14”，它的上位类目和同位类目是：

R 医药、卫生
R72 儿科学
R723 婴儿的营养状态
R723.1 消化营养障碍
R723.11 消化不良（婴儿腹泻）
R723.12 脱水与酸中毒
R723.13 营养障碍（营养不良）
R723.14 肥胖症

为了易于辨认，“中图法”分类号3位数字后加“.”。

在我国，“中图法”不仅用于图书馆的书刊排架和目录组织，还用于一些中文数据库的分类检索中。有的数据库完全照搬“中图法”的分类体系，有的只利用“中图法”中的类目名。不用分类号，且对“中图法”的分类体系稍有更改。

2．主题检索语言 主题检索语言是用于表达文献主题内容的词语标识系统，应用最多的是关键词法和主题词法。

（1）关键词法：关键词是未经规范化处理的自然检索语言。广义的关键词是指出现在文献标题、关键词、文摘和全文中的文本词，即自由词；狭义的关键词指作者投稿中所列出的处于文章标题和文摘之间的3 ～ 5个关键词。关键词具有以下特点。

1）有关键词检索而没有主题词检索的数据库制作成本低，因为它省去了主题词标引和制定主题词表的工作。

2）用关键词检索可以检索到那些新出现的科技名词术语。

3）在同义词多的情况下，用一个关键词检索容易造成漏检。

4）关键词法未经数据库加工人员的分析干预，不完全揭示文献的实质内容，因此容易检索到相关性不大的文献。

（2）主题词法：主题词（subject heading）又称叙词（descriptor），是经过规范化处理的人工检索语言。主题词具有以下 5 个特点。

1）在多个同义词中规定一个词（或词组）为主题词，通过主题词表的参照系统将非主题词引见主题词，或引见相关的主题词。例如：kidney stone（肾结石）see kidney calculi。

2）配有副主题词，使文献检索更具针对性。例如：asthma / drug therapy 中的 drug therapy 是副主题词，表示需要检索哮喘药物治疗方面的文献，而非哮喘所有方面的文献。

3）主题词表中有树型结构（tree structure），形成主题词的等级知识体系，从中可了解主题词的隶属关系，便于了解和选择更合适的检索词。

4）主题词往往滞后于科学技术发展。新的科技词汇要在文献中出现一段时间并达到一定数量后，经专家学者推荐和词表制定者的核准，才可能成为正式的主题词，从而出现在记录中的主题词字段中。

5）主题词不是一成不变的。在主题词表的历史注释中（previous indexing）经常可见某一主题词的历史变化。

在医学领域中，最成熟的主题词法是用于 PubMed 等数据库中的 Medical Subject Headings（医学主题词表，简称 MeSH）。"中国生物医学文献数据库"（CBM）中使用的主题词表是 MeSH 的中译本和我国的《中医药学主题词表》合并而成的主题词表。

（二）检索途径

检索途径是指用记录的某一特征为检索切入点进行检索，通常体现为字段检索。常用的检索途径有自由词检索、主题词检索、分类检索、著者检索、引文检索、机构检索、刊名检索、默认检索以及其他检索途径。

1. 自由词检索　自由词又称文本词（text word），是作者写文章时所使用的自然词语，包括标题词、关键词、文摘词、全文词。自由词不受主题词表约束，同一概念用词取决于著者的偏爱。

2. 主题词检索　主题词是一种规范化的检索语言。主题词的规范作用在于对同义词、近义词、拼写变异词、全称与缩写等进行归并，以保证一词输入，多词命中，提高文献的查全率。主题词受主题词表（thesaurus）控制。例如，在 MeSH 主题词表中，关于"肾结石"这个概念，著者可以用 renal calculi 表示，也可用 kidney calculi 表达，还可以用 kidney stone，但 MeSH 词表规定的主题词是 kidney calculi。假如有两篇论述"肾结石"的文章，一篇文章中用 renal calculi，另一篇用 kidney calculi，由于标引人员会在这两条记录的 MeSH 字段标引上主题词 kidney calculi，因此，用 kidney calculi 检索，这两条记录都命中。如果用自由词 renal calculi 检索，查到一篇，漏掉一篇。

3. 分类检索　分类法（classification）是利用学科、专业、概念之间的逻辑关系建立的一种等级体系。在分类法中，用数字或数字加字母构成的分类号代表一个概念，这些概念之间有反映上位类下位类关系的从属关系，有反映同位类之间的并列关系。国内最常用的分类法是“中图法”。

4. 著者检索　著者（author）检索是用文献上署名的作者或编者的姓名作为检索词。著者检索的规则是：姓（last name，surname，family name）在前，名（first name，given name）在后，更多的情况是名只用首字母。欧美人在社会交往中或原文署名时，名放在姓之前，因此，检索时必须进行姓与名的转换。例如：Christine Wade 要改成 Wade C 来检索，William Henry Smith 要变成 Smith WH 来输入。著者姓名中若出现逗号，表明逗号前就是姓，例如 Smith，William Henry 中，Smith 是姓，William Henry 是名，检索时去掉逗号，名保留首字母。在西文数据库中查中国著者发表的文献，也是姓在前，名的拼音首字母在后。例如检索“闻玉梅”发表的文章，检索词是 Wen YM。

著者检索时，有时会出现同名同姓但不同人。遇此情况，可借助文献主题、期刊名称和著者单位加以鉴别。

5. 引文检索　列于文章后面的参考文献叫做被引用文献（cited paper），列有参考文献的文献称为引用文献（citing paper），也称引证文献、施引文献。引文检索是以被引用文献为检索起点来查到引用文献的过程。

引文检索的主要作用：通过某篇较为经典的文献查询那些在主题上具有继承和发展的新文献；通过文献被引用情况来评价著者的学术水平；通过从引文数据库中统计得出的期刊影响因子来考评期刊的学术质量。

引文检索最常用的检索词是被引用文献的著者，也有反映被引文献主题的词，或被引文献的刊名等。提供引文检索的数据库有 Web of Science、Scopus、中国科学引文数据库、中国引文数据库等。

6. 机构检索　机构检索以机构名称为检索词，来查该机构学者发表的文献。不少数据库把机构名并入地址字段（address）。选择地址字段检索，既可从机构名称入手，也可按机构所在的城市名或国家名进行检索。常见的机构检索字段名有 organization，address，institution 等。

7. 刊名检索　刊名检索供检索指定刊物上发表的文献。有的数据库提供刊名浏览，简单点击刊名链接即可，有的则须输入期刊名称，或两者兼有。西文期刊名的输入有刊名全称（full journal name）和刊名缩写（journal abbreviation）的区别，两者不能混淆。对刊名缩写与全称转换无把握时，可查询数据库中的收录期刊一览表，例如 Journals referenced in the NCBI Databases。

8. 默认检索　默认检索又称缺省检索，是在检索系统预先设定的多个字段中进行检索，目的是为了查到更多的文献。例如 Web of Science 中的 Topic 检索是默认在 Title、Author Keywords、Key Words Plus 和 Abstract 4 个字段中检索。

9. 其他检索途径有：专利号（patent number）检索，国际标准连续出版物编号（ISSN）检索，化学物质登记号（CAS registry number）检索，分子式（formula）检索，记录顺序号（accession number）检索，化合物结构图检索（structure search）等。

四、信息检索技术

计算机检索的优点之一是检索灵活，可以用不同的检索技术构筑起不同的检索提问，从而满足文献查全或查准的不同要求。计算机检索的主要技术有布尔逻辑检索、邻近检索、截词检索、字段检索、限制检索、精确检索与模糊检索、扩展检索、智能检索、跨库检索及加权检索等。

（一）布尔逻辑检索

布尔逻辑检索是用英国数学家乔治·布尔提出。利用布尔逻辑算符连接多个检索词，从而达到扩大或缩小检索范围的目的，以进一步提高检索结果的查全率或查准率。常用的布尔逻辑算符有“and”“or”“not”。

and 称为“逻辑与”，表示“相交”关系，可用来缩小检索范围。检索式：A and B。表示要检索既含有检索词 A，又含有检索词 B 的文献记录，即同时要满足 A、B 两个条件。有的中文数据库也可用“*”表示“逻辑与”。

or 称为“逻辑或”，表示“并列”关系，可用来扩大检索范围。检索式：A or B。表示检索含有检索词 A 或含有检索词 B 的文献记录，即只要满足 A 或 B 中的一个条件即可。有的中文数据库也可用“+”表示“逻辑或”。

not 称为“逻辑非”，表示“排斥”关系。检索式：A not B。表示只检索含有 A 但不含 B 的文献记录，即把既含 A 又含 B 的记录排斥在检索结果之外。运算符 not 要慎用，因为它容易造成漏检。例如，用检索式“胃癌 not 肝癌”检索，会把同时出现“胃癌”和“肝癌”的记录排斥在外。有的数据库用“-”表示“逻辑非”，也有的用 and not。

在这 3 个布尔逻辑算符中，not 优先运算，and 其次运算，or 最后运算，这一点与数学中“先乘除后加减”的规则一样。如果要改变运算次序，用括号来表示括号内的逻辑算符先运算。

例如，检索式“甲肝 and 婴儿 or 乙肝 and 婴儿”表示检索“婴儿患甲型肝炎或者乙型肝炎”方面的记录。为避免检索词重复，该检索式可简化成：(甲肝 or 乙肝) and 婴儿。但不能写成“甲肝 or 乙肝 and 婴儿”，因为这样会误将含有甲肝的所有记录都检索出来。又如，检索式“(甲肝 or 乙肝) and (婴儿 or 儿童)”表示检索“婴儿或者儿童患甲肝或者乙肝”方面的记录。这比以上检索式多检出“儿童患甲肝或乙肝”的文献。

（二）邻近检索

邻近检索又称位置算符检索（proximite search），用于规定命中的检索词在记录中的间隔距离。邻近检索适用于自由词检索。不同检索系统的位置算符不尽相同，常见的位置算符有 near，N，W，adj 等。

例如，near 表示左右两个检索词出现在同一句子中，near1 表示左右两个检索词紧相邻，near2 表示左右两个检索词之间可以有一个单词或没有单词，以此类推。用检索式 tongue near1 base 可以检索到含有 tongue base（舌根）的记录。但检索不到含有 base of tongue 和 base of the tongue 的记录。要检索到后两者的记录，应当用 near3 处理。

许多数据库或搜索引擎中的词组检索也属于邻近检索。词组检索义称短语检索（phrase search），通常用双引号将词组括起，表示一个词组中的单词紧相邻。

（三）截词检索

在英语中，有不少含义相同或相近的词其词干相同，词尾不同。为了查全，虽可用运算符 or 相连接，但这样增加了键盘的操作，且同根词未必都能记住。截词符（truncation）的运用，简化了这一问题。常用的截词符有“*”和“?”。

“*”称为“无限截词”或“前方一致”，替代任何数量的字符，用来查相同词根的所有词。例如，输入 immun*，可一次性查含有 immun、immune、immunal、immunity、immunology、immunization、immunizations 的记录。

“?”为“有限截词”，替代一个字符或零个字符。例如，输入 computer??? 来检索，可以查到含有 computer，computers，computering，computerize 的记录，但对含有 computerization 的记录检索无效。

不同数据库所用的截词符会有所不同，如在 OVID 系统中用$表示截词。

（四）字段检索

字段检索是指将检索词限定在某个字段中进行检索。常用的检索字段有题名、著者、关键词、出版年、ISSN、ISBN 等。通过字段检索，可针对性剔除某些不相关信息，提高查准率。

字段检索的操作形式有两种：

（1）在字段下拉菜单中选择字段后再输词检索。

（2）一次性输入字段标识符和检索词。后者的例子有：ti=hepatoma 表示检索标题字段中含有 hepatoma 的文献，smith bt[au] 表示检索著者为 Smith BT 发表的文献。

（五）限制检索

限制检索（limit search）是一种辅助的检索技术，意在将检索结果限制在一定范围之内。常见的限制项有：publication year（出版年份）、article type（文献类型）、language（语种）、full text only（仅要有全文的记录）、human or animal（选择研究对象）等。

（六）精确检索与模糊检索

精确检索表示完全匹配，模糊检索表示含有词素，允许词间插入其他字词。精确检索与模糊检索多用于关键词和作者等字段的检索。例如，在中国学术期刊网络出版总库中，选用“精确”在关键词字段中查“计算机”方面的文献，只检索出关键词为“计算机”的文献，而选“模糊”能检索到关键词为“计算机”“计算机软件”“计算机管理”等更多的文献。又如，输入“肾衰竭”进行模糊匹配，不仅能检出“肾衰竭”，还能查到“肾功能衰竭”。

（七）扩展检索

扩展检索不仅能够帮助用户检索出包含检索词的信息，还能检索出与检索词意思相同或相近的内容，从而扩大检索范围，提高查全率。扩展检索表现为一词输入、多词命中，其基本原理是通过同义词表、主题词表的树形结构或分类索引，系统自动或半自动地将所输入的检索词转换成多个检索词进行逻辑或运算。例如，中文科技期刊数据库中的“同义词检索”是一种半自动的扩展检索，PubMed 中的 MeSH Database 提供下位主题词的自动扩展检索，中国生物医学文献数据库（CBM）的分类检索提供下位分类号半自动检索。

（八）智能检索

智能检索是检索系统利用主题词表、同义词词典等来改善用户的输入，以达到查全的一种检索技术。例如，输入“计算机”，检索系统自动用“电脑”、“微机”等参与检索，扩大了检索结果，提高了检索质量。

（九）跨库检索

跨库检索（cross search）是指通过一次性的检索操作，在统一的检索平台上同时检索多个数据库中的记录。跨库检索是数据库品种日益增多和用户追求查全的产物，它省却了逐一登录和检索多个数据库的繁琐。具有跨库检索功能的平台有 Web of Science、MetaLib/SFx、中国知网等。

（十）加权检索

加权检索利用表示重要程度的权值进行检索，只有当数据库记录的权值之和超过指定的阈值，检索结果才能显示出来。加权的方法有多种，在一些数据库中表现为词频加权，即根据检索词出现的频次的高低来判断其重要性。PubMed 数据库中通过加权来标识主题词的重要性，采用主题词加权检索意味着仅检索“主重讨论”该主题的文献，而不包含“仅仅提到”该主题文献，是提高检索结果专指性和查准率的常用方法。

五、检索步骤

一个正规的检索课题，应当遵循以下检索步骤：分析课题需求→选择数据库→选择检索途径→拟定检索词→构筑检索式→浏览检索结果→（调整检索策略→重新检索操作）→输出检索结果→（获取原始文献）。

信息检索的过程是一个整体。无论什么主题内容，无论何种检索系统，其检索流程大同小异。在以上程序化的过程中，每一个步骤都是整个检索过程不可或缺的一部分，其中任何一步遗漏或出错，都会对检索结果产生负面影响。因此，检索的整体流程，要把握检索的共性原则，做好检索的策略调整，才能接近查全查准之检索目标。

（一）分析检索课题，明确检索要求

首先，要分析检索课题的主题内容、所属学科范围、所需信息内容和本次检索的目的。若对课题背景不够熟悉，可先利用专著、教科书、综述、百科全书、词典等，尽可能多地了解课题的基本知识、目前的研究进展、常用的名词术语、著名的专家学者。其次，要明确所需文献信息的类型、语种、检索年限、研究对象的性别及年龄、期望得到的文献数量等。例如，检索课题是侧重基础研究还是临床研究？任何文献类型都要，还是只要综述文献？查最近 3 年文献，还是近 5 年文献？倾向查全，还是查准？当然，可以在得到初步检索结果之后进行检索的调整。

（二）选择数据库

熟悉了解各种数据库的收录学科范围是正确选择数据库的前提。例如，欲检索国内生物医学文献，首选的数据库是 CBM，还可选中国学术期刊网络出版总库、中文科技期刊数据库等；若要比较完整地检索国际上的生物医学文献，首选 PubMed，同时可考虑用 EMBase、BIOSIS Previews 等补充检索；若要快速查询到英文医学文献的全文，可选 ProQuest Health and Medical Complete、OVID 全文期刊库等；查询与药学有关的文献，可选 SciFinder、EMBase 等；查询药物的基本信息可检索 MicroMedex，或 Prescribing Reference 等。若要进行引文检索，可查 Web of Science、中国引文数据库等。

要做到正确选择数据库，除了应考虑数据库的学科范围和语种外，还应考虑数据库的类型、数据库的知名度、数据库收录文献的年限、文献类型及收录规模、收费情况等。若追求查全，应多选几个相关的数据库，或使用跨库检索。正确选择数据库，可求助专家同行的指点，但更需实践经验的积累。

（三）选择检索途径

常用的检索途径是自由词检索、主题词检索、分类检索和默认检索。对有主题词检索途径的数据库，尽可能选主题词检索，因为主题词检索具有诸多优点，如紧扣文章中心、能够网罗同义词、可用副主题词限定、可进行下位词扩检。自由词检索也有其自身长处，如有些比较新的概念尚未被主题词表收录而只能用自由词检索，用自由词检索可得到那些新入库尚未标引主题词的文献记录。用分类检索可以满足族性检索的要求，但通常情况下是用分类检索和自由词检索两者结合检索。著者检索简明快捷、方便准确，可作为主题词检索途径的补充。在进行引文检索时不要与著者检索相混淆，前者是查某一著者的文献被人引用的情况，后者是查某一著者撰写发表的文献。

（四）确定检索词

确定检索词是整个检索过程中较难把握且容易出错的环节。拟定的检索词必须与记录中的标识一致才能检索命中。用主题词检索时，要多利用主题词表，要考虑主题词有没有倒置形式，要注意副主题词的适用范围，要考虑是否用下位主题词扩展检索。用自由词检索时，要注意著者可能采用不同的术语表达同一概念，还要考虑词与词之间的邻近位置。在不同的数据库中查同一主题的文献，所用检索词可能会有所不同。唯有熟悉数据库中的主题词表和分类体系，勤查多读，不断积累专业词汇和提高拼写水平，才能减少检索选词中的差错。

（五）构筑检索提问式并作检索操作

构筑检索提问式就是用逻辑算符或位置算符将检索词连接起来，形成一个复合检索式提交给检索系统，这多用于部分数据库的高级检索之中。在一般检索中，一个复合检索提问式通常要分解成几次检索，期间可用“二次检索”或“在结果中检索”将前后几次检索进行“逻辑与”等的运算。在检索过程中按需要，可对文献年份、文献类型、语种、研究对象等进行限制检索。

（六）调整检索策略

对检索返回的结果若不满意或发现有更合适的检索词未被使用，应进行检索策略的调整。检索策略调整包括调整数据库、调整检索途径、调整检索词，甚至调整逻辑算符和位置算符等。检索策略的调整有查全和查准两个不同方向。

当检出文献量小于期望时，试用以下方法来扩大检索范围，提高查全率：删除某个用 and 连接的不重要的检索词；增加用“or”连接的检索词；位置算符放宽；检索词后用截词符；多用几个副主题词甚至选用所有副主题词；用下位主题词扩检；用一个字段检索改为用多个默认的字段检索；选择全文检索；从在某个分类类目中输词检索改为在所有分类类目中输词检索；用著者检索进行检索补充；多查几个数据库；进行跨库检索。

当检出文献过多，且其中一部分文献并非真正需要时，试用以下方法缩小检索范围，提高查准率：增加用 and 连接的检索词，或用“二次检索”；增加用 not 连接的检索词；用特定的副主题词进行限定；用字段限定检索，如标题词检索、主要主题词检索、加权检索等；进行文献类型、语种、重要期刊、核心期刊、年份等的检索限定；进入更专指的分类类目中输词检索；模糊检索改为精确检索。

（七）输出检索结果

在输出检索结果之前，可对需要的记录加标记（mark record）。也可对所有的记录打上输出标记。

检索结果的输出形式有打印、下载、发 E-mail 和输出到文献管理软件。在检索输出的操作过程中，通常要选择输出的字段。标题、著者、文献来源和文摘字段是输出常选的字段。题录数据库或文摘数据库的输出过程中若有记录排序选择，建议按文献来源排序（sort by source），这便于获取原文时对期刊名称的核对查找。全文的输出只限于逐篇下载或逐章节下载，原因之一是为避免批量非法下载。下载后的全文若打不开，要检查计算机内是否已装有与所下载全文格式一致的全文阅读器。

（八）获取原始文献

检出文献的题录或摘要后大多数可见到全文链接。有全文链接的大致有以下三种情况：①原文是 OA 期刊，供免费使用；②某文摘数据库与某全文数据库合作，同时订购两者的机构用户可直接获得全文，如 CBM 的大多数记录可直接链接到“中文科技期刊数据库”的全文；③文摘后出现某一全文数据库图标，订购机构用户在其授权的 IP 地址范同内可直接获取全文。如果以上途径还不能满足全文获取。可通过以下途径获取：到本单位本地区图书馆复印或阅读印刷型文献，向图书馆申请文献传递服务，网上搜寻免费电子期刊，到电子全文数据库中检索，利用“电子期刊导航系统”或学术资源门户等进行全文查询，通过 E-mail 向作者索取原文。

（九）创建文献跟踪服务

目前部分数据库提供的“定题跟踪服务”。创建文献跟踪服务的大致步骤是：注册登录数据库，保存检索历史，选择 Send Me E-mail Alerts 之类的功能，选择文献自动发送的时间间隔。创建文献跟踪服务后，用户的电子邮箱将定期获得某一数据库中指定专题的最新文献。同样，通过创建“引文跟踪服务”，用户同样会自动收到新入库的指定文献的引用文献。

六、检索效果评价

文献检索效果是指整个检索过程的效率和结果，它直接反映了检索系统的性能和用户检索策略的有效性。检索效果的评价不仅需要考察体现检索性能的技术指标，还包括反映用户检索所花费的成本等经济指标。根据美国学者克莱弗登（C.W.Cleverdon）的研究，评价文献检索效果的指标主要有 6 个：收录范围、查全率、查准率、响应时间、用户负担和输出形式。

收录范围是指数据库覆盖的学科范围、信息类型、数量和时间跨度；查全率是指检索系统检出相关文献的能力；查准率是指检索系统拒绝不相关文献的能力；响应时间是从提交检索提问式到查出文献所需的时间；用户负担是指用户在检索过程中所耗费的物力、财力、智力乃至体力的总和；输出形式是指检索结果的输出格式和方式，以及结果优化等性能。上述 6 种指标又以查全率和查准率两项指标最为重要。

在定义查全率和查准率之前，我们首先将数据库收录文献按以下矩阵分类（表 1-1）。

表 1-1 检索结果矩阵

数据库	用户		总计
	相关文献	非相关文献	
检出文献	a	b	a+b
未检出文献	c	d	c+d
合计	a+c	b+d	a+b+c+d

该矩阵中，纵向是检索系统对数据库全部文献相关性的评估，横向是用户对数据库全部文献相关性的评估。按照此表我们可以对查全率和查准率加以描述。

（一）查全率

查全率（recall ratio，*R*）是检索系统中检出的相关文献数量（a）与检索系统中相关文献总量（a+c）的比率，即：

$$查全率（R）=\frac{检出相关文献数量}{系统中全部相关文献数量}\times 100\%=\frac{a}{a+c}\times 100\%$$

（二）查准率

查准率（precision ratio，P）是检索系统检出的相关文献数量（a）与检出的文献总量（a+b）的比率，即：

$$查准率（P）=\frac{检出相关文献数量}{检出文献数量}\times 100\%=\frac{a}{a+b}\times 100\%$$

（三）查全率与查准率的关系

查全率与查准率之间具有密切的关系。经多年实践证明，在某次具体的检索操作中，通常采取措施提高查全率时会降低查准率；反之，采取措施提高查准率时则会降低查全率。查全率和查准率这种互逆的关系，使我们在检索中很难实现查准率和查全率均逼近100%，因此，我们在检索中要根据课题的实际需求，确定是以查准为主还是以查全为主。或是寻求查准与查全之间的平衡。

（四）影响查全率和查准率的因素

影响查全率和查准率的因素既有检索系统性能的原因，也有用户检索策略上的问题，具体而言包括以下两类因素。

1. 影响查全率的因素

（1）影响查全率的检索系统性能三因素：词表结构不完善，词间关系不准确，索引词缺乏控制和专指性；标引深度不够，标引数量少，标引缺乏词汇控制；没有位置算符，不具备截词功能，没有检索结果优化功能等。

（2）影响查全率的检索策略三因素：检索式中使用逻辑“与”太多，或不适当地使用了逻辑“非”，抑或位置算符限制太近；未使用控制词表检索，或未选用下位词扩检；使用检索字段限制较严格，其他形式特征检索限制过多等。

2. 影响查准率的因素

（1）影响查准率的检索系统性能五因素：索引词汇缺乏专指性，未能正确反映文献主题和检索要求；词表结构不完善，词间关系不准确，或是组配错误；标引词使用不当及过量标引；检索系统不具备逻辑“非”功能；没有检索结果优化功能等。

（2）影响查准率的检索策略五因素：检索用词专指度不够，检索面过宽；检索词使用不准确；检索式中使用逻辑“或”不当，或位置算符限制太宽；截词部位不准确；使用检索字段限制较宽，未使用其他形式特征检索限制等。

第三节 数据库基础

【教学要求】

1. 了解数据库概念
2. 熟悉数据库的结构
3. 掌握数据库的类型

一、数据库的概念

计算机检索的对象是数据库和互联网上的各种信息资源。数据库是指由计算机进行处理的一定数量同类信息的有序集合，是用来存储和查找文献信息的电子化检索工具。

二、数据库的结构

数据库由文档构成，文档由记录构成，记录由字段构成。

（一）文档（file）

文档是指数据库中的顺排文档和倒排文档。顺排文档是数据库的主体，又称主文档，它按每条记录的顺序号大小排列。检索结果的信息都来自于顺排文档。倒排文档是供快速检索顺排文档的工具，在一个数据库中可以有若干个，如主题词索引、著者索引、刊名索引等。它按索引词的字母顺序排列。检索时，计算机按输入检索词的字顺先从指定的倒排文档中找到相匹配的索引词，然后根据索引词后的记录顺序号到主文档中调出记录。

文档的另一概念是大型检索系统中的子数据库，它依据数据库所属的学科和时间范围而定。例如，著名的国际联机检索系统 Dialog 分有自然科学、人文社会科学、经贸信息等在内的 900 多个文档。如 5 号文档为 BIOSIS Previews，154 文档为 1990 年以来的 Medline、155 文档为 1966 年以来的 Medline。

（二）记录（record）

记录是构成文献数据库的基本单元，它揭示文献的内容特征和外表特征。在书目数据库中，一条记录代表一篇文献，如一篇期刊论文（journal article）、一篇综述文献（review）、一本专著（monograph，book）、书中的一个章节（chapter）、一篇专利说明书（patent specification）、一篇会议论文（conference paper，meeting article）、一本会议论文集（proceedings）、一篇学位论文（dissertation）、一种期刊（journal，periodical）等。记录与文献的概念区别在于：前者是数据库中的一个单元，含有数据库加工信息，如主题词、文献类型、记录顺序号等；后者的内容由作者提供，对应的是文献的原文。

（三）字段（field）

字段是组成记录的数据项。书目数据库中的字段反映一篇文献的具体特征，如标题（又称篇名或题名）字段、著者字段、文献来源字段（又称文献出处）、主题词字段、关键词字段、文摘字段、语种字段等。每个字段都有自己的字段标识符（field tag）以供识别，如 TI 表示题名、AU 表示著者、SO 表示文献来源、AB 表示文摘。把记录细化成字段的作用有：帮助识别记录内容，方便检索结果输出时的格式选择，便于进行字段限定检索。

标题、著者、文献来源三个字段构成题录。题录是检索结果显示和文献后所列参考文献的常用格式，也是获取原文所需的基本信息。

三、数据库的类型

（一）书目数据库

书目数据库（bibliographic database）是文献检索中最常见的一类数据库，它提供文献的各种特征，如文章的标题、作者、文献出处 [刊名、年、卷（期）、页码]、文章摘要、引文信息、馆藏单位等。检索书目数据库得到的最终结果是所要的文献刊登或收藏在什么地方。书目数据库有题录型数据库、文摘型数据库、馆藏书目数据库等，如文摘型生物医学数据库有 PubMed、EMBase（荷兰医学文摘）、BIOSIS Previews（生物学文摘）、CBM（中国生物医学文献数据库）等，馆藏书目数据库有各图书馆馆藏书目系统。

（二）事实数据库

事实数据库（fact database）提供问题的答案，如机构、人物、事件、疾病的诊断和治疗、药物的用法和不良反应等信息。例如，反映癌症研究信息的 PDQ（Physician Data Query）、反映药物处方信息的 PDR（Physicians Desk Reference）、查询化合物基本信息的 Crossfire Beilstein/Gmelin、《中国企业、公司及产品数据库》等。电子化的参考工具书。如词典、百科全书、指南等也属于事实性数据库。

（三）数值数据库

数值数据库（numeric database）提供数值信息，包括统计数据、实验数据、人口数据、化学品理化参数等。这一类的数据库有：美国国立生物技术信息中心（NCBI）的 Genbank（基因库），美国疾病控制与预防中心（CDC）网页上的 Data and Statistics，世界卫生组织的 WHOSIS（WHO Statistical Information System，世界卫生组织统计信息系统），查询期刊影响因子等数据的 Journal Citation Reports 等。

（四）全文数据库

全文数据库（full text database）直接提供原文，是近年来发展迅速和深受欢迎的一类数据库。使用全文数据库，免去了查询书目数据库后还得奔波去获取原文的麻烦。中文期刊全文数据库有中国知网中的“中国学术期刊网络出版总库”、四川维普的“中文科技期刊数据库”、万方数据知识服务平台上的“期刊全文库”等。西文期刊全文数据库有 Elsevier Science Direct，ProQuest Health and Medical Complete 等。提供图书全文阅读的有“超星数字图书馆”、EBSCO Ebook（原名 NetLibrary）等。有的全文数据库提供学位论文全文，如万方系统中的“学位论文全文库”。电子全文最常见的格式为 PDF，要下载 Acrobat Reader 软件阅读。在使用全文数据库时必须遵守电子文献管理条例，批量下载或用软件下载电子全文是侵犯知识产权的违规行为。

（五）图像数据库

图像数据库（image database，Atlas Online）以图像为信息主体，配有文字解释，如解剖图谱、中药图谱、诊断图谱、手术图谱等。医学图像数据库中有用 CT 或 MRI 等制成的影像类图像数据库，也有照片类、绘画类图像数据库。美国国立医学图书馆的 The Visible Human Project（可视人计划）和哈佛大学医学院的 The Whole Brain Atlas（全脑图谱）就是高质量的影像类图像数据库。

（六）多媒体数据库

多媒体数据库（multimedia database）存储文字、图像、声音等多种媒体信息的数据库。例如，由 OVID 营销的 Primal pictures 三维人体解剖学数据库，可以从不同角度看人体结构组织的立体画面，集动画、视频短片、幻灯片、文字解释于一体。

以上各类数据库中，提供情报为主的有书目数据库、全文数据库，提供知识为主的有事实数据库、图谱数据库、多媒体数据库。

（张 帆）

第一节 实习题

一、判断题

1. 电子文献主要有以下一些格式：文本（text）型、多媒体（multimedia）型、超文本

（hypertext）型等。（ ）

2．常用图书的种类有以下 3 种：教科书、专著、参考工具书。（ ）

3．私人笔记属于零次文献。（ ）

4．特种文献包括科技报告、学位论文、专利说明书、标准文献、会议文献、政府报告及产品说明书等。（ ）

5．期刊论文属于三次文献。（ ）

二、选择题

1．ISSN0023-1231 是（ ）

A．国际标准书号 B．国际标准刊号

C．图书分类号 D．标准号在数据库

2．情报的 3 个基本属性是（ ）

A．知识性 B．传递性 C．效用性 D．效率性

3．医学文献就是记录着医学知识、信息的物质载体，比如包括（ ）等。

A．医学图书 B．医学期刊

C．医学会议录 D．医学教科书

4．书目类（bibliography）文献，包括（ ）文献。

A． 题录型 B．全文型 C．文摘型 D．目录型

5．按文献信息的加工程度划分为（ ）

A．一次文献 B．二次文献

C．三次文献 D．零次文献

三、简答题

1．信息素养是什么？

2．信息、知识、文献和情报的相互关系是什么?

3．文献信息资源按载体类型划分主要分为哪些类型？

4．一次文献的含义及特点?

5．三次文献的含义是什么?

6．特种文献包括哪些?

第二节 实习题

一、判断题

1．在布尔算符中用“and”表示“逻辑或”，用“or”表示“逻辑与”，用“not”表示“逻辑非”。（ ）

2．在外文数据库中，下列字段的意思是：AU 为文献来源，LA 为语种，TI 为标题，AB 为摘要。（ ）

3．检索语言的种类，检索语言分两大类：描述文献外表特征的检索语言和描述文献内容特征的检索语言。（ ）

4．PubMed 数据库中采用主题词加权检索意味着仅检索“主重讨论”该主题的文献，而不包含“仅仅提到”该主题文献，是提高检索结果专指性和查准率的常用方法。（　）

5．跨库检索（cross search）是指通过一次性的检索操作，在统一的检索平台上同时检索多个数据库中的记录。（　）

二、选择题

1．广义的信息检索包括（　）两个过程。

A．信息存储　　B．信息检索

C．信息分类　　D．数据库创建

2．检索式：（糖尿病 and 白内障）not 老年的检索结果是（　）

A．糖尿病性白内障

B．有关糖尿病或白内障的文献

C．有关非老年人的糖尿病或白内障的文献

D．有关非老年人的糖尿病性白内障的文献

3．描述文献外表特征的检索语言包括（　）

A．书名　　B．刊名　　C．著者机构　　D．著者

4．下列对逻辑算符的运算次序表达正确的是（　）

A．not>or>and　　B．and>or>not

C．or>and>not　　D．not>and>or

5．描述文献内容特征的检索语言包括（　）

A．全文检索　　B．著者检索

C．分类检索语言　　D．主题检索语言

三、简答题

1．文献检索的基本步骤是什么？

2．请简述通过哪些技巧以提高查全率？

3．导致检索不匹配的原因有哪些?

4．主题词的含义及其特点是什么?

5．引文检索的含义及作用是什么?

第三节　实习题

一、判断题

1．数据库由文档构成。（　）

2．文档由记录构成。（　）

3．记录由字段构成。（　）

4．文档是指数据库中的顺排文档和倒排文档。（　）

5．字段是组成记录的数据项。（　）

二、选择题

1. 书目数据库有（　　）三种。

A. 题录型数据库　　B. 文摘型数据库

C. 馆藏书目数据库　　D. 全文数据库

2. 记录是构成文献数据库的基本单元，它揭示文献的（　　）特征。

A. 内容特征　　B. 外表特征

C. 主题特征　　D. 关键词特征

3. 题录是检索结果显示和文献后所列参考文献的常用格式，也是获取原文所需要的基本信息。（　　）三个字段构成题录。

A. 题名　　B. 摘要　　C. 文献来源　　D. 著者

4. 每个字段都有自己的字段标识符（field tag）以供识别，如 TI 表示（　　）

A. 题名　　B. 主题　　C. 著者　　D. 文献来源

5. 存储文字、图像、声音等多种媒体信息的数据库为（　　）

A. 事实数据库　　B. 图谱数据库

C. 多媒体数据库　　D. 全文数据库

三、简答题

1. 数据库的概念是什么？
2. 记录与文献的概念区别是什么？
3. 记录细化成字段的作用有哪些?
4. 数据库包括哪些类型?
5. 举例说明常用的中外文全文数据库有哪些?

第二章　中文期刊文献数据库检索

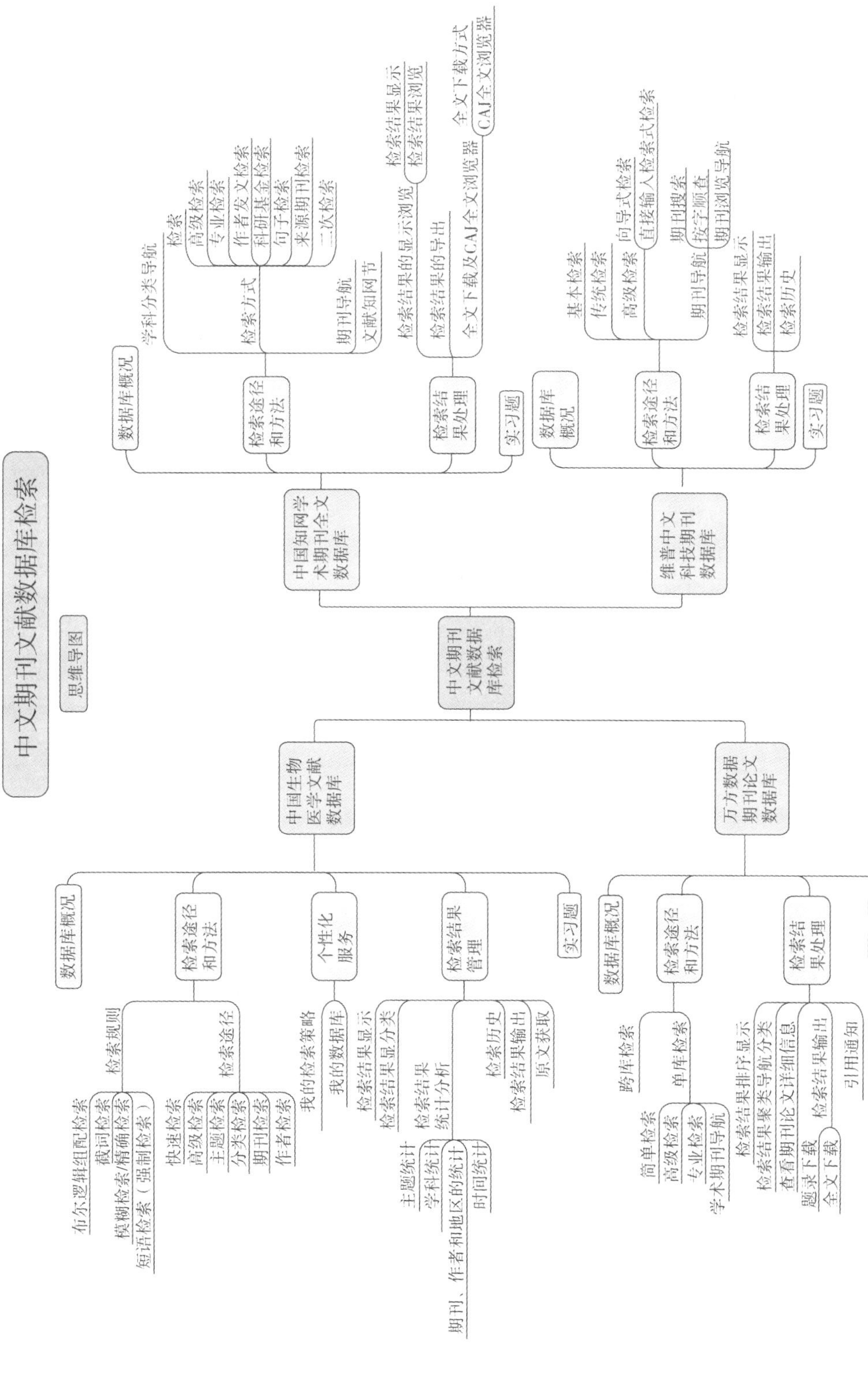

第一节　中国生物医学文献数据库

【教学要求】

1. 掌握 CBM 的主要检索途径、方法及特殊功能

2. 熟悉 CBM 的数据库结构（文档、记录、字段及其代码），检索系统的功能及打印和下载检索结果的方法

3. 了解 CBM 收录的学科范围、时间范围、文献类型

【案例】“禽流感”近年来多有暴发，受到广泛的关注。某学生欲查找 CBM 收录人感染“禽流感”的文献情况，并希望了解在《中华临床医学杂志》发表的有关文献。

一、数据库概况

中国生物医学文献服务系统（SinoMed），由中国医学科学院医学信息研究所图书馆开发，涵盖资源丰富、专业性强，能全面、快速地反映国内外生物医学领域研究的新进展，是集检索、统计分析、免费获取、全文传递服务于一体的生物医学中外文整合文献服务系统。现整合了中国生物医学文献数据库（China BioMedical Literature database，CBM）、西文生物医学文献数据库（WBM）、中国医学科普文献数据库、北京协和医学院博硕士学位论文数据库、日文生物医学文献数据库、俄文生物医学文献数据库、英文文集汇编文摘数据库、英文会议文摘数据库 8 种资源，学科范围广泛，年代跨度大，更新及时。

中国生物医学文献数据库收录了 1978 年至今 1800 余种中国生物医学期刊以及汇编、会议论文的文献题录 740 余万篇，新增 1989 年以来中文参考文献 386 余万篇，学科覆盖基础医学、临床医学、预防医学、药学、中医学、中药学以及医院管理和医学情报学等生物医学的各个领域。数据库的全部题录均根据美国国立医学图书馆《医学主题词表》（MeSH）、中国中医研究院中医药信息研究所《中国中医药学主题词表》以及《中国图书馆分类法 • 医学专业分类表》进行主题标引和分类标引。同时对作者机构、发表期刊、所涉基金等进行规范化加工处理，支持在线引文检索，辅助用户开展引证分析、机构分析等学术分析。CBM 实现与维普全文数据库的链接功能，可直接通过链接维普全文数据库获取 1989 年以来的全文。

二、检索途径和方法

（一）检索规则

1. 布尔逻辑组配检索　中国生物医学文献数据库常用的逻辑运算符有三种：分别为“AND”（逻辑与）、“OR”（逻辑或）和“NOT”（逻辑非）。三者间的优先级顺序为：NOT > AND > OR。加括号可以改变优先运算顺序，圆括号中的检索式最先运算。

2. 截词检索　中国生物医学文献数据库允许使用单字通配符“？”和任意通配符“%”进行截词（通配）检索。每个单字通配符“？”替代任何一个字符，如检索式“血？动力”，可检索出含有以下字符串的文献：血液动力、血流动力等。任意通配符（%）替代任意一个字符。如检索式“肝炎%疫苗”。可检索出含有以下字符串的文献。肝炎疫苗、肝炎病毒基因疫苗、肝炎减毒活疫苗、肝炎灭活疫苗。

3. 模糊检索／精确检索　模糊检索也称包含检索，即在返回的检索结果中命中的字符

串包含输入的检索词。模糊检索能够扩大检索范围，提高查全率。如无特殊说明，中国生物医学文献数据库中默认进行的是模糊检索；精确检索是检索结果中命中的字符串等同于检索词的一种检索，适用于关键词、主题词、特征词、分类号、作者、第一作者、刊名、期字段。

4．短语检索　又称强制检索，即对检索词用半角双引号进行标识，中国生物医学文献数据库将其作为不可分割的词组、短语在数据库的指定字段进行检索。便于检索含“-”“( )”等特殊符号的词语，如“β- 内酰胺”。

（二）检索途径和方法

中国生物医学文献数据库检索途径有快速检索、高级检索、主题检索、分类检索、期刊检索、作者检索、机构检索、基金检索和引文检索等检索途径（图 2-1）。

1．快速检索　本系统默认的检索方式是快速检索，快速检索是在数据库的全部字段内执行检索。

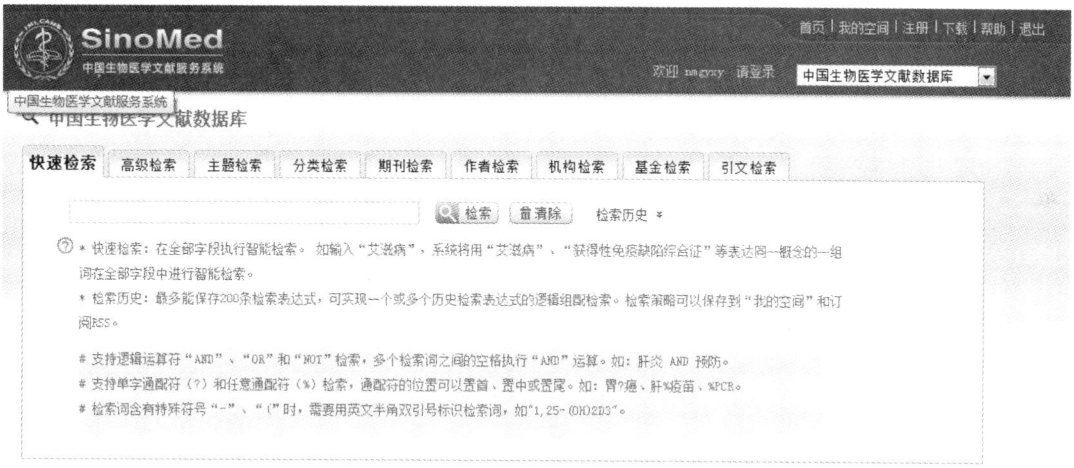

图 2-1　中国生物医学文献数据库检索界面

（1）输入检索词或检索式：检索词输入框键入检索词或检索式，检索词本身可使用通配符，检索词之间还可使用逻辑运算符。检索词可以是单词、词组、主题词、关键词、字母、数字等。

1）任意字词检索：在检索式输入框可输入任意中英文字、词、数字、带有通配符的字词和检索历史中的序号。如：肝癌；Liver cancer；IL6；乙肝 * 疫苗；#3。

2）全字段智能检索：默认在全部字段执行智能检索。如：输入“艾滋病”，点击“检索”按钮，系统将自动用“艾滋病”“获得性免疫缺陷综合征”等表达同一概念的一组词在全部字段中进行检索。

3）逻辑运算：多个检索词之间的空格默认为“AND”运算，也可使用逻辑运算符“AND”“OR”和“NOT”。如：肝炎 and 预防。

（2）二次检索：二次检索是在已有检索结果基础上再检索，逐步缩小检索范围。两个检索式之间的关系为“AND”运算。操作为再次输入检索式之后选“二次检索”。

（3）检索历史：查看检索过程、检索词，任意进行逻辑组配。一次成功的检索经常是经历检索策略的调整才能完成。

【案例】在“快速检索”中查找“人感染禽流感”方面的文献。

第一步：在检索页面的快速检索入口检索词输入框输入“人 and 感染 and 禽流感”，第二步：点击“检索”按钮，即可检出切题文献(图 2-2)。

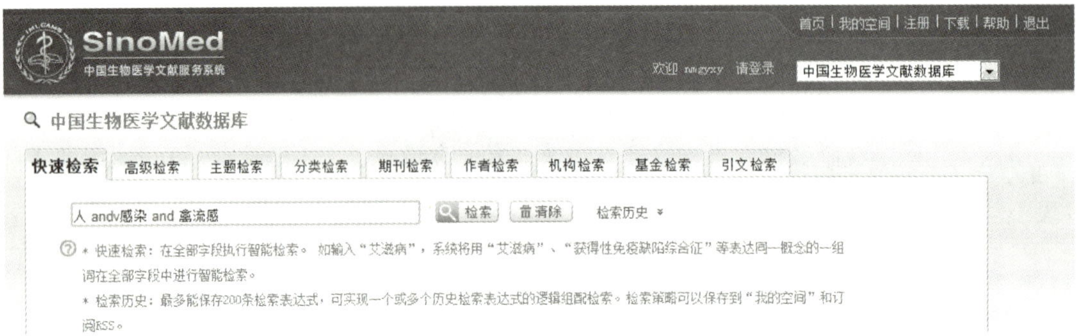

图 2-2 中国生物医学文献数据库快速检索界面

2. 高级检索 高级检索支持多个检索入口、多个检索词之间的逻辑组配检索，方便用户构建复杂检索表达式。通过文献类型、年龄组、性别及研究对象限定检索，提高检索准确率。

检索步骤：选择“高级检索”入口，在构建表达式选择字段，输入检索词，点击“发送到检索框”；继续在构建表达式选择字段，输入检索词，在逻辑组配选择框中选择逻辑算符后，点击“发送到检索框”后再执行“检索”操作。

1)常用字段：在中国生物医学文献数据库(CBM)中，常用字段指的是中文标题、摘要、关键词、主题词的组合。

2)智能检索：自动实现检索词及其同义词(含主题词)的同步扩展检索。

3)精确检索：是检索结果等同于检索词的一种检索，适用于关键词、主题词、作者、刊名等字段。如：“马明”[作者]。

4)限定检索：限定检索把年代、来源语种、文献类型、年龄组、性别、对象类型、其他等常用限定条件整合到一起，用于对检索结果的进一步限定，可减少二次检索操作，提高检索效率。一旦设置了限定条件，除非用户取消限定条件，否则在用户的检索过程中，限定条件一直有效。

5)构建表达式：构建包含多个检索词的表达式。构建表达式时，输入的字符串自动用英文双引号包围作为一个整体。如：“肺肿瘤”[常用字段]。

6)检索历史：最多允许保存 200 条检索表达式，可从中选择一个或多个检索表达式并用逻辑运算符“AND”“OR”和“NOT”组成更恰当的检索策略。检索策略可以保存到“我的空间”。

【案例】在“高级检索”中查找“人感染禽流感”方面的文献。

第一步：在检索页面的高级检索，构建检索表达式入口检索词输入框输入“禽流感”发送到检索框；第二步：构建检索表达式入口检索词输入框输入“感染”，选择逻辑算符“and”，发送到检索框；第三步：在限定条件、对象类型，选定“人类”；第四步：点击“检索”按钮，即可检出切题文献(图 2-3)。

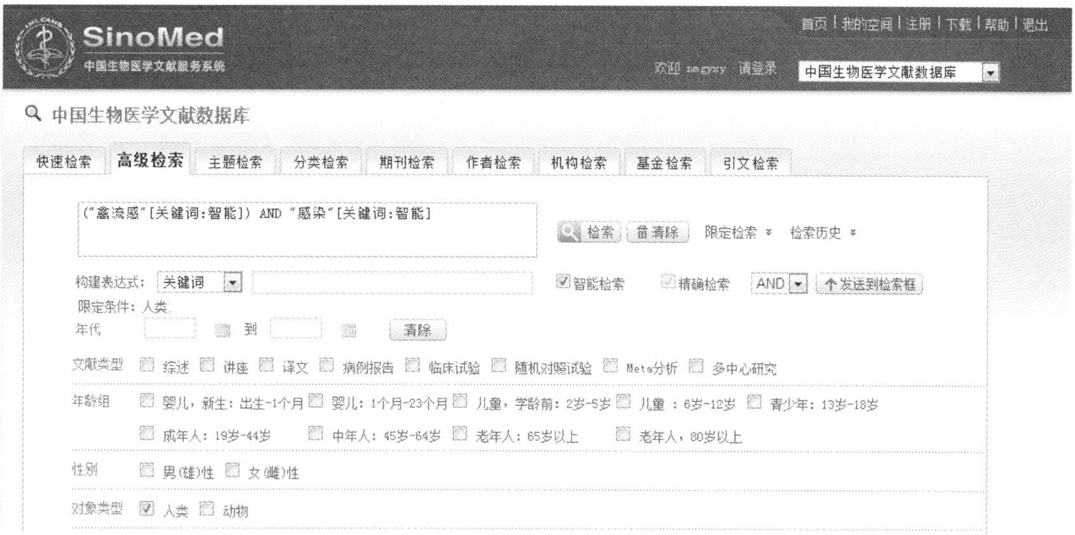

图 2-3　中国生物医学文献数据库高级检索界面

3．主题检索　主题检索又称主题词表辅助检索，输入检索词后，系统将在《医学主题词表（MeSH）》中文译本及《中国中医药学主题词表》中查找对应的中文主题词。也可通过“主题导航”，浏览主题词树查找需要的主题词。与关键词检索相比，主题检索能有效提高查全率和查准率。

主题检索可用中文主题词、英文主题词及同义词进行查找，可浏览主题词注释信息和树形结构，确定恰当的主题词。通过设置是否加权、是否扩展、选择合适的副主题词，使检索结果更符合检索者的需求。查找多个主题词，并使用逻辑运算符“AND”“OR”和“NOT”组配检索。

（1）检索步骤：选择“中文主题词”或“英文主题词”检索入口，输入检索词，点击“查找”按钮；在主题词列表中浏览选择主题词；在主题词详细信息界面，浏览主题词注释信息和树形结构。选择是否扩展检索、加权检索、组配副主题词以及副主题词扩展检索等选项；点击“主题检索”按钮执行检索。

（2）主题检索选项的功能：主题检索选项主要有加权检索、扩展检索、副主题词组配检索及主题词释义等功能（图 2-4）。

1）主题词选项：①加权检索：表示仅对加 * 主题词（主要概念主题词）检索，非加权检索表示对 * 主题词和非 * 主题词（非主要概念主题词）均进行检索。默认状态为非加权检索，若进行加权检索对“加权检索”选择框进行标记。②扩展检索：对当前主题词及其所有下位主题词检索，不扩展检索则仅限于对当前主题词的检索，默认状态为扩展检索，若不进行扩展检索选择“不扩展”选项。③主题词 / 副主题词组配检索：副主题词用于对主题词的某一特定方面加以限制，强调主题词概念的某些专指方面。CBM 副主题词一共有 94 个，表明同一主题的不同方面。主题词与副主题词的组配有严格的规定。

2）主题词注释及树形结构：主题词注释包括：主题词的中英文名称、款目词、树状结构号、相关主题词、检索回溯注释、标引注释、历史注释、主题词详解（定义）等内容。有助于正确使用主题词，并为选择更合适的主题词（包括英文数据库检索）提供线索。树形结构是主题词的上下位类列表，供逐级查看其上位词和下位词，可根据需要改换主题词，可以直接点击当前主题词的上位词或下位词进行检索。

（3）主题检索的注意事项：仔细阅读主题词注释信息的定义和历史注释，看看是否有更合适的相关主题词、上位词及下位词可参与检索；通过快速检索查到文献后，在检索结果的主题词字段中若发现更合适的主题词，再用主题词到“主题检索”中重新检索；在找不到最专指词的情况下，可选择其最邻近的上位词进行检索，再从检索结果中筛选所需要的文献。

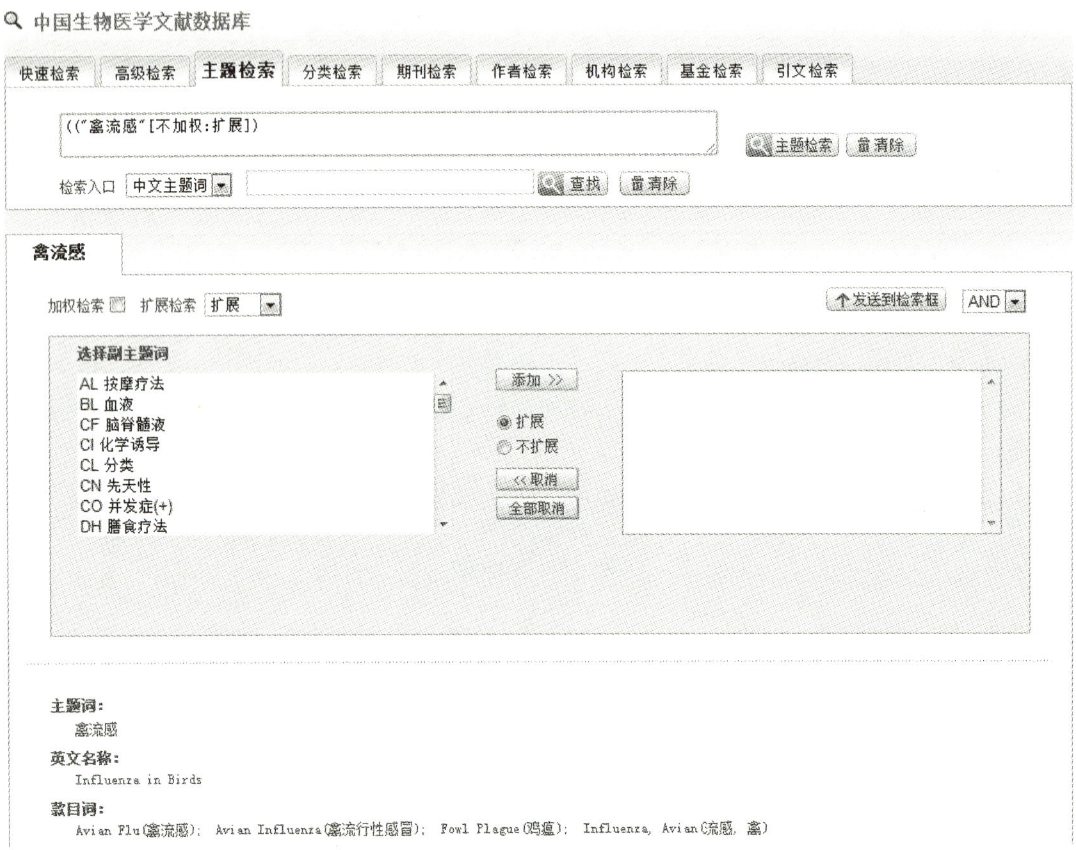

图 2-4 主题词选项、主题词释义树形结构图界面

【案例】在“主题检索”中查找“人感染禽流感”方面的文献。

第一步：在检索页面的主题检索，检索入口选择中文主题词字段，检索词输入框输入“禽流感”，查找到主题词“禽流感”，选择扩展检索发送到检索框；第二步：检索入口选择中文主题词字段，检索词输入框输入“感染”，查找到主题词“感染”，选择扩展检索，选择逻辑算符“and”，发送到检索框；第三步：检索入口选择中文主题词字段，检索词输入框输入“人类”，查找到主题词“人类”，选择扩展检索，选择逻辑算符“and”，发送到检索框；第四步：点击“检索”按钮，即可检出切题文献（图 2-5）。

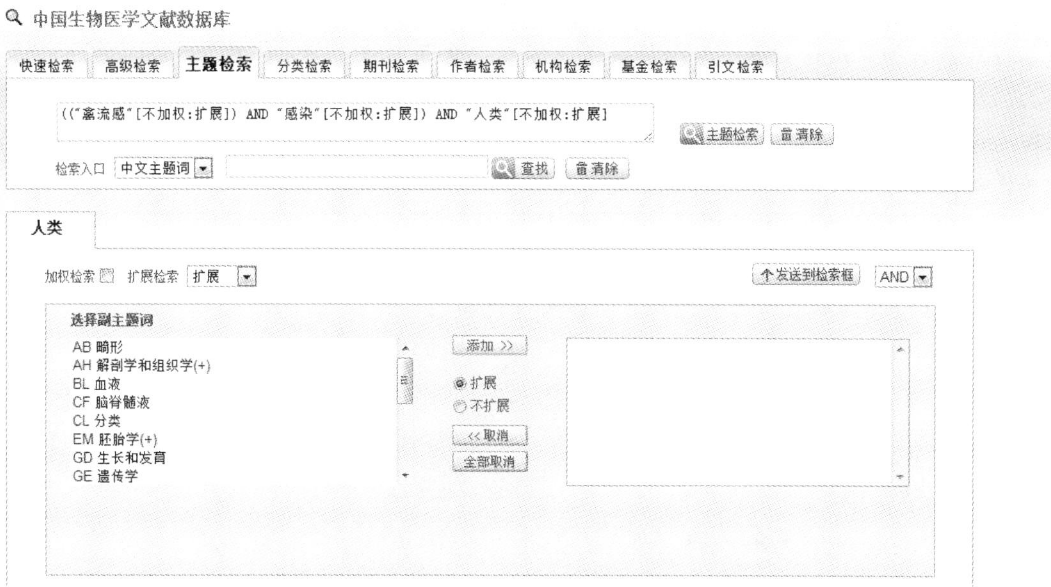

图 2-5　中国生物医学文献数据库主题检索界面

4．分类检索　按文献所属学科体系进行检索，具有族性检索的功能。检索入口包括类名和类号。系统将在《中国图书馆分类法•医学专业分类表》中查找对应的类号或类名。分类检索从文献所属的学科角度进行查找，能提高族性检索效果（图 2-6）。

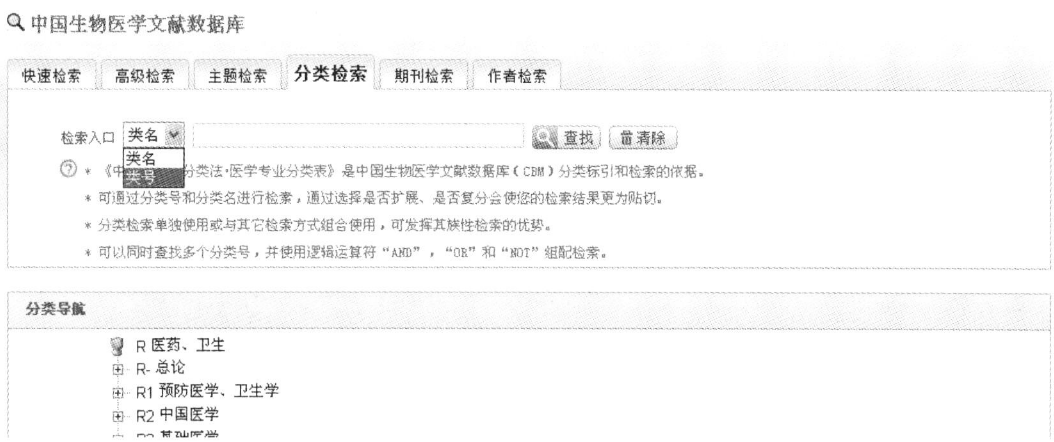

图 2-6　中国生物医学文献数据库分类检索界面

通过选择是否扩展、是否复分使检索结果更准确。分类检索单独使用或与其他检索方式组合使用，可发挥其族性检索的优势。可以同时查找多个分类号，并使用逻辑运算符“AND”“OR”和“NOT”组配检索。

（1）检索步骤：选择检索入口“类名”或“类号”。输入检索词，点击“查找”按钮；在分类列表中选择合适的类名。在分类检索界面选择扩展检索、复分组配检索，点击“分类检索”按钮，系统自动进行检索并显示检索结果。

（2）检索选项的功能：扩展检索表示对该分类号及其全部下位类号进行检索，不扩展表示仅对该分类号进行检索；复分组配检索表示“选择复分号”是供用户选相应的复分号与主类号组配，作用类似主题检索时选择副主题词。复分组配用于对主类号某一特定方面加以限制。选择某一复分号，表示仅检索当前主类号的某一方面文献。分类检索还可以通过输入类名关键词迅速确定分类号，以便于撰写论文前置部分。

5．期刊检索　期刊检索提供从期刊途径获取文献的方法，并能对期刊的发文情况进行统计与分析。通过CBM的期刊表，浏览数据库中收录期刊的详细信息，可以从刊名、出版地、出版单位、ISSN及期刊主题词途径直接查找期刊（图2-7）。

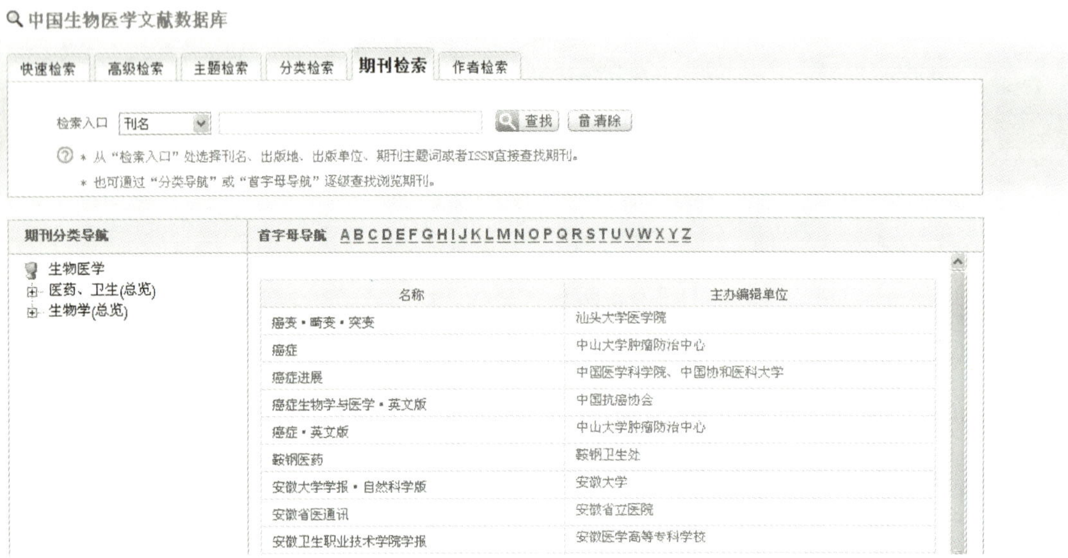

图2-7　中国生物医学文献数据库期刊检索界面

检索的步骤：点击界面上方的“期刊检索”按钮，即进入期刊检索界面；选择检索入口：刊名、出版单位、出版地、ISSN或期刊主题词，输入检索词，点击“查找”按钮。“刊名”字段检索，输入所查刊名（或刊名中的任何字、词），点击“查找”便可显示带有检索字、词片段的所有期刊刊名、ISSN和命中文献数。“出版地”字段检索，输入某一地名，点击“查找”显示该地出版的所有期刊刊名；从含有该检索词的期刊列表中选择合适的期刊名；选择“含更名期刊”，可以检索出该刊和更名期刊；设置年代及刊期（默认为全部），屏幕下方还提供该刊的基本信息，包括主办编辑单位、编辑部地址、刊号、创刊日、邮发代码、邮编、电话等。点击“浏览本刊”按钮，执行检索。

【案例】在“期刊检索”中，检索《中华临床医学杂志》发表的关于“人感染禽流感”的相关文献。

第一步：在检索页面的期刊检索，检索入口选择刊名字段，检索词输入框输入“中华临床医学杂志”，点击“查找”按钮，选择“中华临床医学杂志”；第二步：在本刊中检索，检索词输入框输入“禽流感”，点击“浏览本刊”按钮，即可检出切题文献。

6．作者检索　通过作者检索，可以查找该作者署名发表的文献，还能查找该作者作为第一作者发表的文献。并能通过指定作者的单位，准确查找所需文献（图2-8）。

图 2-8 中国生物医学文献数据库作者检索界面

检索步骤：点击界面上方的“作者检索”按钮，即进入作者检索界面；输入作者姓名，勾选“第一作者”后即指定为第一作者查找；点击“下一步”；显示命中作者的信息列表，勾选“第一作者”，点击“下一步”；查看选中作者在系统中的单位分布；根据实际需求对作者单位进行选择，可多选。点击“完成”，显示检索结果。

三、个性化服务

中国生物医学文献数据库有两种用户：集团用户和个人用户。集团用户是指以单位名义或 IP 地址进行系统注册的用户，某一集团用户下可以有多个子用户；个人用户则是指以个人名义进行系统注册的用户，下面不再设子用户。中国生物医学文献数据库的“个人用户”无需二次注册，直接使用系统注册时所用的用户名和密码即可登录“我的空间”；但“集团用户”下的子用户则需要单独注册“我的空间”后才可登录使用。登录 SinoMed，点击界面右上方的“我的空间”按钮，进入“我的空间”注册界面，设置个人用户名和登录密码并提交即可注册我的空间。用户注册个人账号后便能拥有 SinoMed 的“我的空间”权限，享有检索策略定制、检索结果保存和订阅、检索内容主动推送及短信、邮件提醒等个性化服务。

（一）我的检索策略

在已登录了“我的空间”的前提下，从检索历史页面，勾选一个或者多个记录，保存为一个检索策略，并且可以为这个检索策略赋予贴切的名称。保存成功后，可以在“我的空间”里对检索策略进行导出和删除操作。点击策略名称进入策略详细页面，可对策略内的检索表达式进行“重新检索”“删除”“推送到邮箱”和“RSS 订阅”。通过策略详细页面的“重新检索”，可以查看不同检索时间之间新增的数据文献。

（二）我的数据库

在登录了“我的空间”的前提下，从检索结果页面，可以把感兴趣的检索结果添加到“我的数据库”。在“我的数据库”中，可以按照标题、作者和标签查找文献，并且可以对每条记录添加标签和备注信息。

四、检索结果管理

（一）检索结果显示

CBM 检索结果显示有题录、文摘两种格式。系统默认显示格式为题录格式，包括标题、著者、著者单位、出处和相关链接；每页的显示条数可为 20、30、50、100。可选择入库、年代、作者、期刊、相关度、被引频次对检索结果进行排序，并且可以进行翻页操作和指定页数跳转操作。

（二）检索结果分类

中国生物医学文献数据库对检索结果从全部、核心期刊、中华医学会期刊、循证文献四方面进行分类，核心期刊指被《中文核心期刊要目总览》或者《中国科技期刊引证报告》收录的期刊，中华医学会期刊是由中华医学会编辑出版的医学期刊、循证医学文献指中国生物医学文献数据库系统对检索结果进行循证医学方面的策略限定所得结果。

（三）检索结果统计分析

检索结果页面右侧，按照主题、学科、期刊、作者、时间和地区 6 个维度对检索结果进行了统计，点击统计结果数量可以在检索结果页面中展示所需内容。最大支持 200 000 条文献的结果统计。

1．主题统计　按照美国国立医学图书馆《医学主题词表（MeSH）》中译本进行展示的，主题统计最多可以展示到第 6 级内容。

2．学科统计　按照《中国图书馆分类法 • 医学专业分类表》进行展示的，学科统计最多展示到第 3 级内容。

3．期刊、作者和地区的统计　按照由多到少的统计数量进行排序的，默认显示 10 条，点击更多显示统计后的前 50 条。

4．时间统计　按照年代进行排序的，默认显示最近 10 年，点击更多显示最近 50 年。

（四）检索历史

检索历史界面是对已经完成的检索进行重新组织，该界面按照时间顺序从上到下依次显示已完成的检索史，最后完成的检索史在最上方。可从检索史中选择一个或多个检索史用逻辑运算符“AND”“OR”或“NOT”组配。要删除某个检索史，只需选中其前方的复选框，然后点“清除检索史”按钮。超时退出系统，检索历史仍将保留，可继续检索。但若选择“退出系统”，检索历史则被清除。一次检索最多能够保存 1000 条策略，每页最多显示 100 条。

（五）检索结果输出

在检索结果页面用户可根据需要，点击结果输出，选择输出方式、输出范围、保存格式。中国生物医学文献数据库有“打印”“保存”“E-mail”和“写作助手”四种检索结果输出方式。在“文本显示”状态下点击“结果输出”。单次“打印”“保存”的最大记录数为 500 条。单次“E-mail”发送的最大记录数为 50 条。可对全部检索结果记录进行输出，也可只对感兴趣的记录进行输出。

（六）原文索取

原文索取是中国生物医学文献数据库提供的一项特色服务。对感兴趣的检索结果直接进行原文索取。也可以通过填写“全文申请表”“文件导入”等方式申请所需要的文献。中国生物医学文献数据库将在发出原文请求后两个工作日内，以电子邮件、普通信函、平信挂号、传真或特快专递方式，提供所需原文。在中国生物医学文献数据库检索结果页面直接索取原文。

（程　鸿）

第二节　中国知网学术期刊全文数据库

【教学要求】

1. 掌握《中国学术期刊网络出版总库》的收录范围、检索方法和全文下载方法

2. 熟悉“知网节”特色检索功能、“学科数字图书馆”检索功能及知识元搜索的“学术趋势”检索功能

3. 了解 CNKI 的起源、中国知网概况及 CAJViewer 的用法

【案例】我国社会人口趋于老龄化，阿尔兹海默病（老年痴呆症）发病机制越来越被重视，某学者欲在中国知网检索阿尔兹海默病与载脂蛋白 E 基因（ApoE）相关性期刊论文，并下载全文文献。

一、数据库概况

中国学术期刊网络出版总库（China Academic Journal Network Publishing Database，简称 CAJD），是中国知识基础设施工程（China National Knowledge Infrastructure，CNKI）数字出版平台中影响最大和利用率最高的核心数据库，回溯至 1915 年，部分期刊回溯至创刊年。该库分十大专辑：基础科学、工程科技Ⅰ、工程科技Ⅱ、农业科技、医药卫生科技、哲学与人文科学、社会科学Ⅰ、社会科学Ⅱ、信息科技、经济与管理科学。十大专辑下分为 168 个专题。截至 2015 年 3 月，收录国内学术期刊 8049 种，全文文献总量 4000 多万篇。其产品形式有 Web 版（网上包库）、镜像站版、光盘版和流量计费等。

二、检索途径和方法

登录网址：http：//www.cnki.net，进入 CNKI 首页，进入跨库检索平台（图 2-9）。有授权使用中国知网或建有镜像站的单位，可通过图书馆进入检索平台。点击“期刊”，进入《中国学术期刊网络出版总库》检索平台（图 2-10）。

图 2-9　中国知网跨库检索平台

图 2-10 《中国学术期刊网络出版总库》检索平台

（一）学科分类导航

《中国学术期刊网络出版总库》提供了以 168 个学科导航为基础的文献导航（图 2-11）。通过使用文献导航既可控制检索的学科范围，也可直接查看 / 浏览每个导航类目下的文献。单击 全选 可一次性选择全部导航类目，单击 清除 可一次性全部清除所选导航类目，单击学科名称类目前的□可将检索范围控制在一个类或多个类中进行检索。层层单击类目名称，可层层展开显示各层类目名称和类级，并直接导出末级类目下的全部文献。

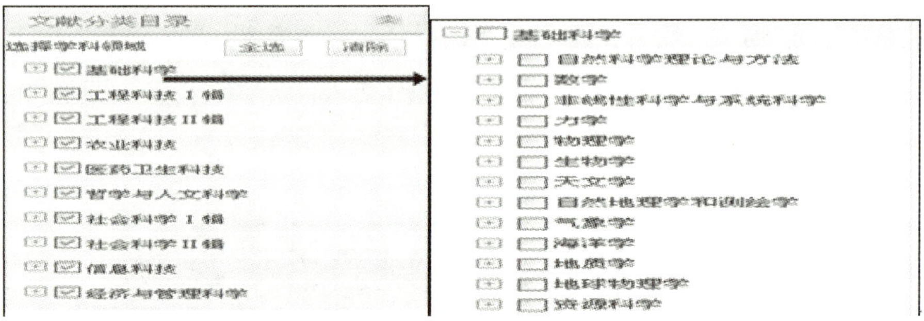

图 2-11 学科分类导航

（二）检索方式

根据学术文献检索的需求，检索平台提供了检索、高级检索、专业检索、作者发文检索、科研基金检索、句子检索和来源期刊检索 7 种不同需要的检索方式。

1．检索 系统默认的检索方式即为“检索”方式。用户只需输入检索词即可检索到相关文献。“主题”字段检索指的是检索词主要来源于文献的“中英文标题”“中英文摘要”或“中英文关键词”。

【案例】在“检索”中查找“阿尔兹海默病与载脂蛋白 E 基因相关性”方面的文献。

第一步：在检索页面的检索入口第一个检索框选择“主题”，检索词输入框输入“阿尔兹海默病”，第二个检索词输入框输入“载脂蛋白 E”；第二步：选择逻辑算符“并含”。第三步：

点击“检索”按钮，即可检出切题文献(图 2-12)。

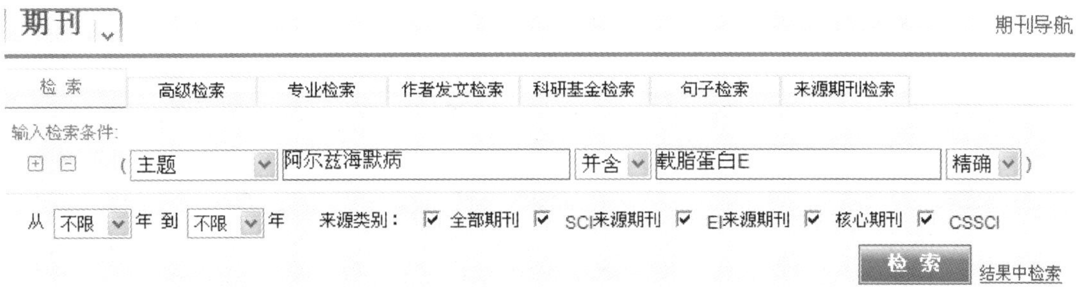

图 2-12　检索界面

2．高级检索　高级检索即可以通过多种检索渠道进行检索，文献内容特征的检索项有全文、篇名、主题、关键词、中图分类号。可以单击检索入口前的“+”“-”，增加或减少输入项。

(1)行间逻辑：各行检索项之间的逻辑关系。

(2)列间关系：同一检索项中两个检索词间的检索关系。(提示：系统的运算顺序是先进行“列间关系”运算，再进行“行间逻辑”运算)。

(3)词频控制：可控制该检索词在检索项中出现的次数要大于等于选择的次数。

(4)精确模糊检索：可控制该检索项的检索词的匹配方式。

【案例】在“高级检索”中查找“阿尔兹海默病与载脂蛋白 E 基因相关性”方面的文献。

第一步：在检索页面的检索入口第一行检索框选择“主题”，检索词输入框输入“阿尔兹海默病”，第二个检索词输入框输入“老年痴呆”。选择行逻辑算符“或含”；第二步：第二行检索框选择“主题”，检索词输入框输入“载脂蛋白 E”，第二个检索框检索词输入框输入“ApoE”。选择行逻辑算符“或含”；第三步：选择列逻辑算符“并且”。点击“检索”按钮，即可检出切题文献(图 2-13)。

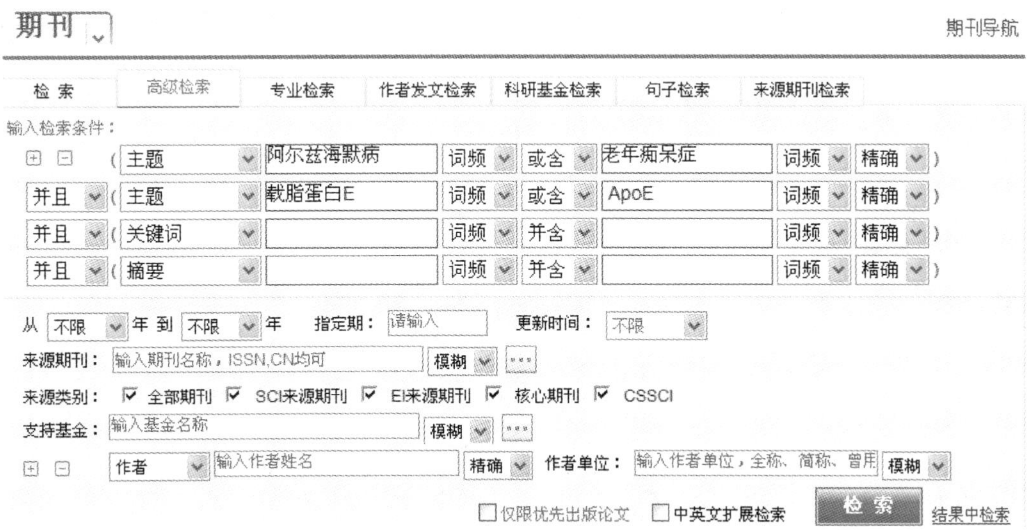

图 2-13　高级检索界面

3．专业检索　专业检索是指使用数据库的所有检索项，采用系统所提供的检索语法，将各种检索条件构造成检索表达式，并将其直接输入到检索框中进行检索的方法。

专业检索项可选择 20 个检索字段：SU= 主题，TI= 题名，KY= 关键词，AB= 摘要，FT= 全文，AU= 作者，FI= 第一作者，AF= 作者单位，JN= 期刊名称，RF= 参考文献，RT= 更新时间，YE= 期刊年，FU= 基金，CLC= 中图分类号，SN=ISSN，CN=CN 号，CF= 被引频次，SI=SCI 收录刊，EI=EI 收录刊，HX= 核心期刊。专业检索的检索表达式使用 “AND”“OR”“NOT” 进行组合；三种逻辑运算符的优先级相同；如果改变组合的顺序，使用英文半角圆括号 “( )” 将条件括起。专业检索的所有符号和英文字母，都必须使用英文半角字符，逻辑关系符号 “AND”“OR”“NOT” 前后要空一个字节。

【案例】在“专业检索”中查找“阿尔兹海默病与载脂蛋白 E 基因相关性”方面的文献。

第一步：在检索框中输入检索式：SU=（阿尔兹海默病 + 老年痴呆）*（载脂蛋白 E+ApoE）；第二步：点击“检索”按钮，即可检出切题文献（图 2-14）。

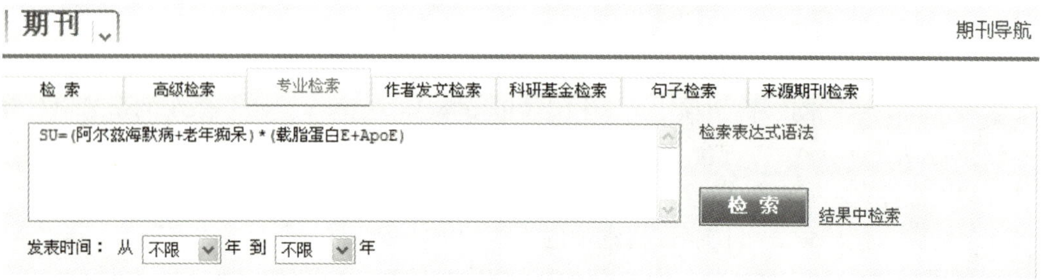

图 2–14　专业检索界面

4．作者发文检索　作者发文检索是指通过作者姓名、单位等信息，查找作者发表的全部文献及被引下载情况。通过作者发文检索不仅能找到第一作者发表的文献，可以通过对结果的分组筛选情况来全方位地了解作者的主要研究领域、研究成果等情况。检索项包括：作者姓名、第一作者姓名及作者单位。可在检索框中输入相关名称进行检索（图 2-15）。

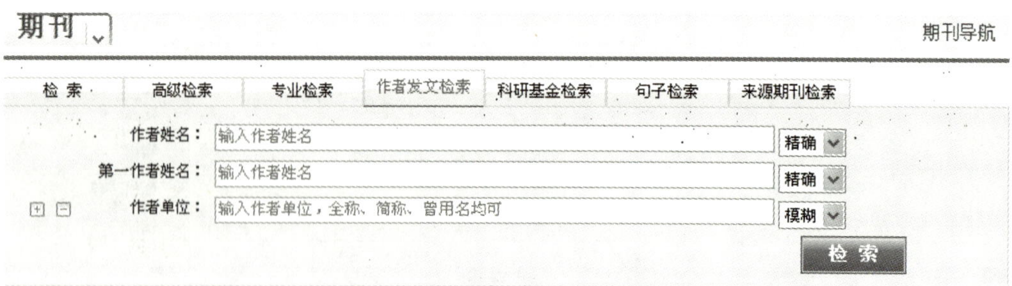

图 2–15　作者发文检索界面

5．科研基金检索　科研基金检索是指通过科研基金名称，查找科研基金资助的文献。通过对检索结果的分组筛选，还可全面了解科研基金资助学科范围、科研主题领域等信息。检索时，可直接在检索框中输入基金名称的关键词，也可以单击检索框后按钮，选择支持基金（图 2-16）。

图 2-16 科研基金检索界面

6．句子检索 句子检索是指通过用户输入的两个关键词，查找同时包含这两个词的句子。由于句子中包含了大量的事实信息，通过检索句子可以为用户提供有关事实的问题的答案。可在全文的同一段或同一句话中进行检索。同句指两个标点符号之间，同段指 5 句之内。单击增加检索行，单击减少检索行。在每个检索项后输入检索词（图 2-17）。

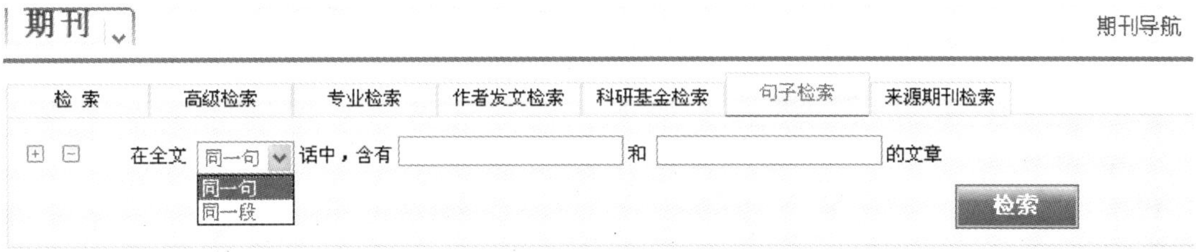

图 2-17 句子检索界面

7．来源期刊检索 来源期刊检索是指通过输入来源期刊的名称、类别和年期等信息，来查找包含相关信息的期刊。可在检索框中直接输入相应期刊名称作为检索词，可以点击对期刊进行选择。根据期刊所属类别，可选择全部期刊、SCI 来源期刊、EI 来源期刊、核心期刊及 CSSCI，检索默认为“全部期刊”（图 2-18）。

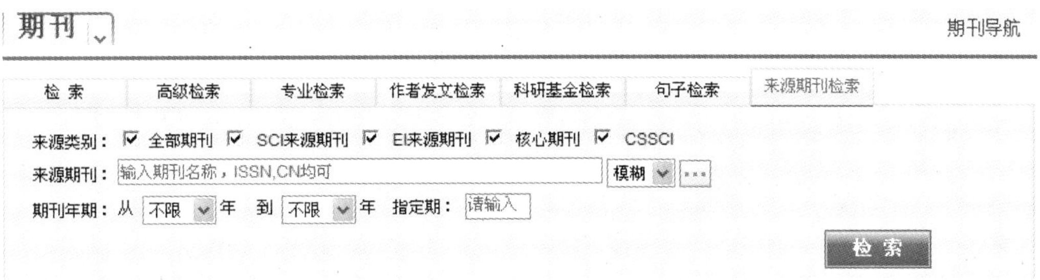

图 2-18 来源期刊检索界面

8．二次检索 一次检索后可能会有很多记录是用户所不期望的文献，这时可在第一次检索的基础上进行二次检索。二次检索只是在一次检索结果的范围内进行检索的，可以多次进行。这样可逐步缩小检索范围，使检索结果越来越接近希望的结果。7 种检索方式均可进行二次检索，即在一次检索结果的基础上，在检索框内输入二次检索检索词。点结果中检索 即可。

（三）期刊导航

期刊导航按期刊的不同属性对收录期刊分类，中国学术期刊网络出版总库设置了以下导航：首字母导航、专辑导航、优先出版期刊导航、独家授权期刊导航、总库收录期刊导航、世纪期刊导航、核心期刊导航、数据库刊源导航、期刊荣誉榜导航、中国高校精品科技期刊导航、刊期导航、出版地导航、主办单位导航、发行系统导航（图 2-19）。

期刊导航以三种方式显示：图形显示（默认）、列表显示和详细显示。默认为图形显示。图形显示：完整显示纸本期刊的封面。单击封面或其下的刊名，可浏览期刊库所收录该刊的全部文献及期刊的复合、综合影响因子；列表显示：刊名呈列表形式，单击刊名，可浏览期刊库所收录该刊的全部文章，复合、综合影响因子及被引次数；详细显示：显示纸本期刊的封面及刊名。单击封面、“阅读期刊” 可浏览期刊。

图 2-19 期刊导航界面

（四）文献知网节

在 CNKI 检索系统中，提供单篇文献详细信息和扩展信息的浏览页面被称为“知网节”。“知网节”以单篇文献为节点（亦称“节点文献”），对该节点文献的信息资源进行了深度挖掘和加工，并通过概念相关、事实相关、参考引证等多种方法揭示知识之间的各种关联，将整个 CNKI 检索平台上的文献资源编织成纵横交错的文献网络和知识网络。利用“知网节”界面，有助于在检索的过程中更加方便地追溯知识的源头，掌握知识发展的脉络。

【案例】检索密切相关文献“阿尔茨海默病与载脂蛋白 E 的相关研究进展”的节点文献。

在一篇文献“知网节”部分的界面显示了该文链接的网络图示，即在本文的“引文网络”中显示了本文的参考文献、引证文献、共引文献、同被引文献、二级参考文献、二级引证文献（图 2-20）。

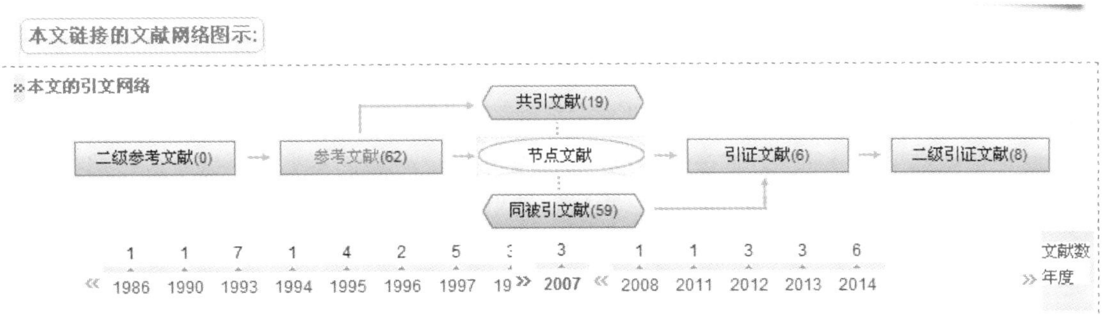

图 2-20　知网节文献网络示意图

三、检索结果处理

（一）检索结果的显示浏览

1．检索结果显示　检索得到的检索结果选择“切换到列表”或“切换到摘要”两种显示方式。系统默认以“列表显示”的形式展示。每页可显示记录数有“10”“20”“50”。系统默认每页最多显示记录数“50 篇”。上述两种显示格式均提供每一篇文献的“被引频次”和“下载频次”结果。单击“被引频次”相应的统计数字，即可看到引用此文的文献题录。

2．检索结果浏览

（1）检索结果按分组浏览：检索结果按不同分组显示聚类结果。分组的类型包括：“学科”“发表年度”“基金”“研究层次”“作者”“机构”。单击检索结果列表上方的分组类型，再单击具体分组栏目，其下方检索结果显示区可按照该分组类型的分组栏目展开分组具体内容（图 2-21）。

（2）检索结果按排序浏览：检索结果按“主题排序”“发表时间”“被引”次数和“下载”次数四种方式排序浏览。系统默认“主题排序”浏览，即根据检索结果与检索词的主题相关程度进行排序，越相关越排前（图 2-21）。

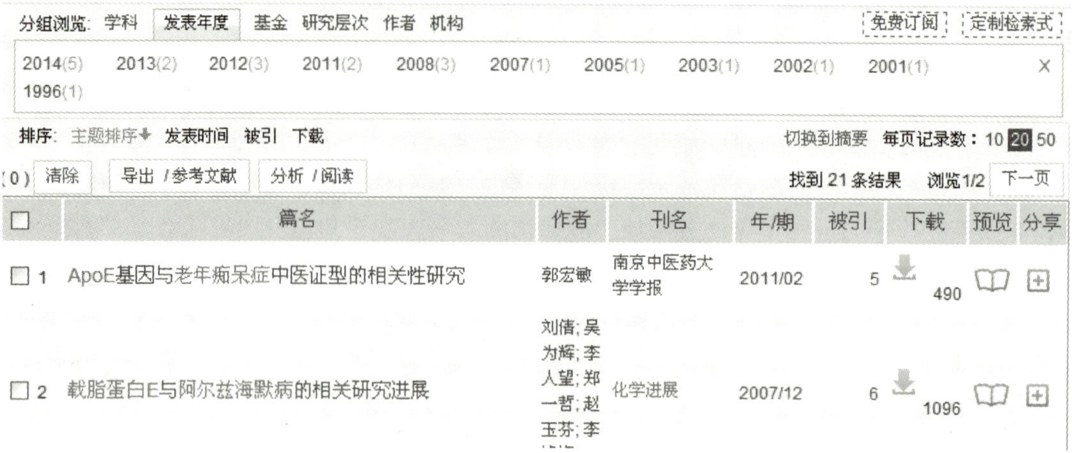

图 2-21 检索结果的显示浏览

（二）检索结果的导出

每条检索结果题录的序号栏或题名前方均有多选框，可以对检索结果题录进行选择。或者单击检索结果显示区上方的“全选”，将检索结果题录全部选择。单击“导出 / 参考文献”进入“题录导出”页面（图 2-22）。题录导出页面可显示检索历史，单击“生成检索报告”可以形成本次检索的检索报告结果。

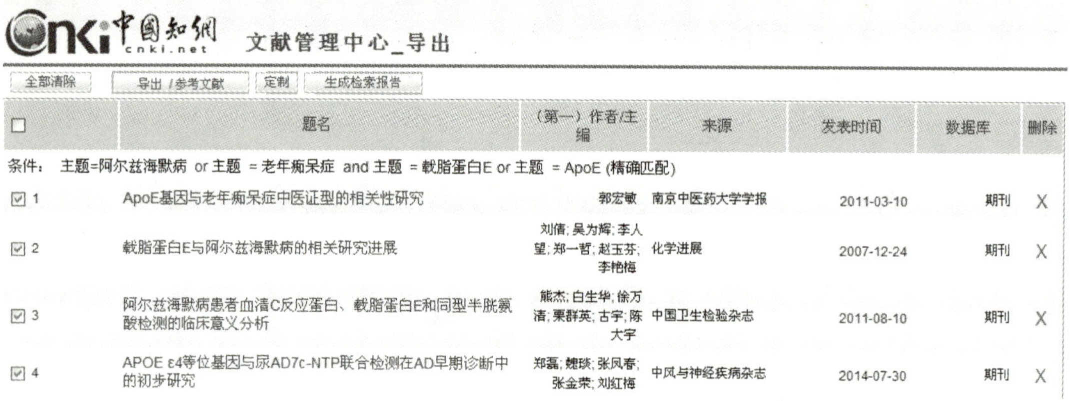

图 2-22 检索题录导出界面

单击“导出 / 参考文献”超链接可以进入“文献输出”界面（图 2-23）。该页面提供“查新引文”“查新自定义引文”“CNKI E-Learning”“CNKI 桌面数字图书馆”“Refworks”“EndNote”“NoteExpress”“NoteFirst”“自定义”9 种题录导出格式。系统默认以“引文”格式显示。不同导出格式适用于不同的文献管理需要。

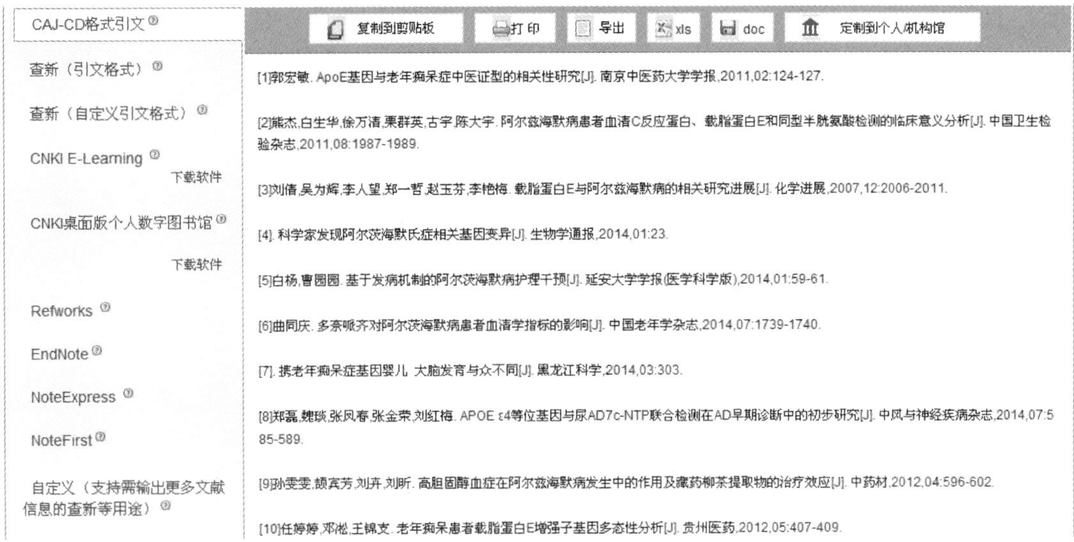

图 2-23　检索题录输出界面

（三）全文下载及 CAJ 全文浏览器

1．全文下载方式　一是检索结果显示页面中单击，下载相应的 CAJ 格式原文。二是单击要下载文献的“篇名”，进入该文献的“知网节”页面。选择 CAJ 或 PDF 格式的原文下载。

2．CAJ 全文浏览器　CAJ 全文浏览器是“中国知网”的专用全文格式的电子图书阅读器。CAJ 全文浏览器可配合网上原文的阅读，也可以阅读下载后的中国期刊网全文，并且它的打印效果与原版的效果一致。在“中国知网”主页（网址：http://www.cnki.net）下方的“CNKI 常用软件下载”区提供该软件的下载链接。

（程　鸿）

第三节　万方数据期刊论文数据库

【教学要求】

1．掌握万方数据期刊论文数据库的检索方法、下载方法

2．了解万方数据知识服务平台的数据库资源概况

【案例】胃癌的发病原因已经长期被业界关注。某研究人员欲在万方数据期刊论文数据库中查找胃癌与幽门螺杆菌相关性的文献，并撰写综述。

一、数据库概况

万方数据知识服务平台（http://www.wanfangdata.com.cn），是万方数据股份有限公司（由中国科技信息所控股）研制开发，在互联网领域，提供集信息资源产品、信息增值服务和信息处理方案为一体的综合信息服务系统。万方数据知识服务平台是以中国科技信息研究所

（北京万方数据股份有限公司）全部信息服务资源为依托，以科技信息为主，集经济、金融、社会、人文信息为一体，以互联网为网络平台的大型科技、商务信息服务系统。汇集学术论文、期刊论文、学位论文、会议论文、外文文献、学者、专利、标准、成果、图书、法规、机构、专家等文献信息的跨库检索平台。

万方学术期刊全文数据库是万方数据知识服务平台的重要组成部分，分为哲学政法、社会科学、经济财政、教科文艺、基础科学、医药卫生、农业科学和工业技术 8 大类 94 个类目。该数据库收录了 1998 年以来 7000 余种期刊，其中核心期刊 2500 余种，中国医药卫生领域的期刊 1100 余种，包括中华医学会和中华医师协会独家授权数字化出版期刊 200 多种。期刊论文总数量达 1700 万余篇，每年约增加 200 万篇，每周两次更新。

万方数据知识服务平台访问方式包括远程包库访问、本地镜像方式和检索卡三种。个人用户可使用检索卡形式访问，机构用户一般使用本地镜像或远程包库方式访问，采用 IP 控制方式登录，在本单位局域网范围内共享使用。

二、检索途径和方法

万方数据知识服务平台提供跨库检索与单库检索两种方式，这两种检索方式均提供简单检索、高级检索、专业检索等检索方法。万方数据知识服务平台跨库检索界面见图 2-24。

图 2-24 万方数据知识服务平台跨库检索界面

（一）跨库检索

在跨库检索界面上方的检索词输入框中可以直接输入检索词，系统自动在期刊论文、学位论文、会议论文、外文期刊、外文会议论文等数据库中进行检索；也可在跨库检索高级检索界面中的检索词输入框中输入检索词，选择在全部、标题、作者、单位、关键词或摘要、日期等字段中进行检索。通过点击输入分栏前的“+”“-”按钮，可增加或减少一个检索输入行。增加或减少限定条件，得到满意的检索效果；在检索结果页面可以进一步缩小检索范围。

（二）单库检索

本节主要以万方数据期刊论文数据库为例介绍单库的检索方法，学位论文、会议论文等数据库的检索见第五章第一节与第二节。在万方数据知识服务平台首页点击“期刊”链接，进入万方数据期刊论文数据库的检索界面（图 2-25）。

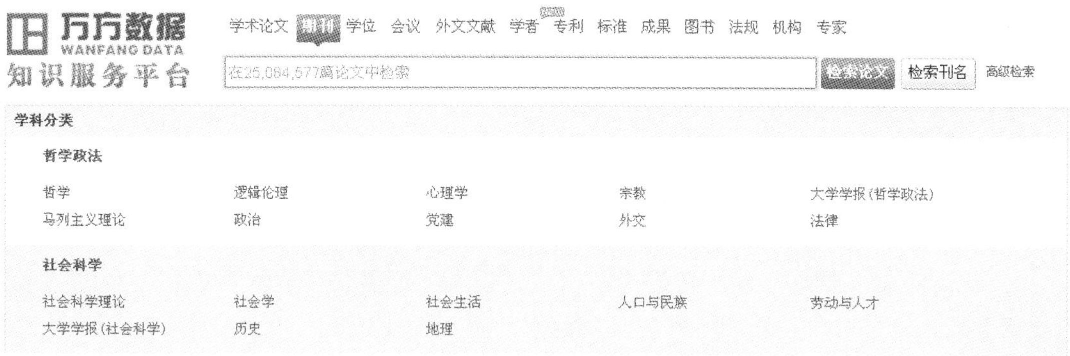

图 2–25　万方数据期刊论文数据库的检索界面

1．简单检索　简单检索是系统默认的检索方式，该界面可进行“检索论文”和“检索刊名”的切换。

（1）检索论文：系统默认“检索论文”状态，在检索词输入框中输入检索词，点击“检索”按钮，在检索结果界面，系统提供了二次检索功能，可通过选择标题、作者、关键词、刊名或年代字段以及勾选是否有全文，进一步缩小检索范围；检索结果上方的检索词输入框中仍保留着上次检索使用的检索词，可以清空，重新输入新的检索词以及检索字段，进行新的检索。

【案例】在“简单检索”中查找幽门螺杆菌与胃癌的相关文献。

第一步：在简单检索界面系统默认“论文检索”状态下，检索词输入框中输入“胃癌”，点击检索；第二步：检索结果界面下，在“关键词”字段，检索词输入框中输入检索词“幽门螺杆菌”，点击在结果中检索，即可获得切题文献。

（2）检索刊名：选择“检索刊名”，在检索词输入框中输入全部或部分期刊名称，点击“检索”按钮即可。

2．高级检索　高级检索的功能是在指定的范围内，通过增加检索条件满足用户更加复杂的要求，检索到满意的信息。点击“高级检索”按钮，进入高级检索界面。

高级检索提供了分栏式检索词、检索式输入方式，输入框默认为三组，可以通过点击“+”或“-”号来添加或删除，最多可增加到六组。并可选择检索字段（主题字段包含标题、关键词、摘要）、匹配条件（精确匹配表示精确检索，输入的检索词和检出结果一致；模糊匹配表示模糊检索，检出词含有输入的检索词的词素）、逻辑运算（逻辑与、逻辑或、逻辑非），检索年度限定。查看检索历史，检索历史表达式可以拼接，查看检索结果的高频关键词，提供相关检索词。

【案例】在“高级检索”中查找幽门螺杆菌与胃癌的相关文献。

第一步：在高级检索输入框中输入“胃癌”，在第二行检索词输入框中输入“幽门螺杆菌”；第二步：选择逻辑“与”；第三步：点击检索，即可获得切题文献（图 2-26）。

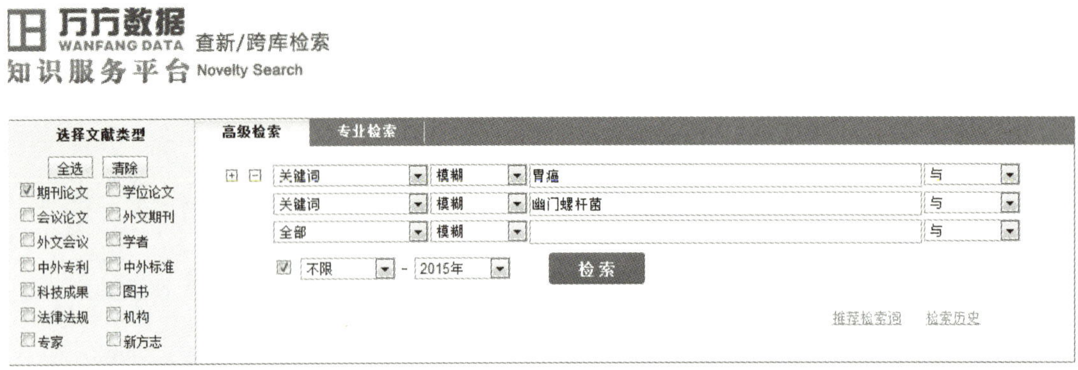

图 2-26 万方数据期刊论文数据库高级检索界面

3．专业检索 专业检索比高级检索功能更强大，但需要检索人员根据系统的检索语法编制检索式进行检索，适用于熟练掌握检索技术的专业检索人员，检索表达式采用 CQI（common query language）检索语言编制。

检索规则：含有空格或其他特殊字符的单个检索词：用引号“”括起来，多个检索词之间根据逻辑关系使用“and（*）”“or（+）”“not（-）”连接。系统提供检索的字段有主题、题名或关键词、题名、创作者、作者单位、关键词、摘要、日期。在检索表达式框中直接输入检索式，点击“检索”按钮，执行检索。

【案例】在“专业检索”中查找幽门螺杆菌与胃癌的相关文献（图 2-27）。

第一步：检索词输入框中输入检索式：关键词：胃癌 * 幽门螺杆菌；第二步：点击检索，即可获得切题文献。

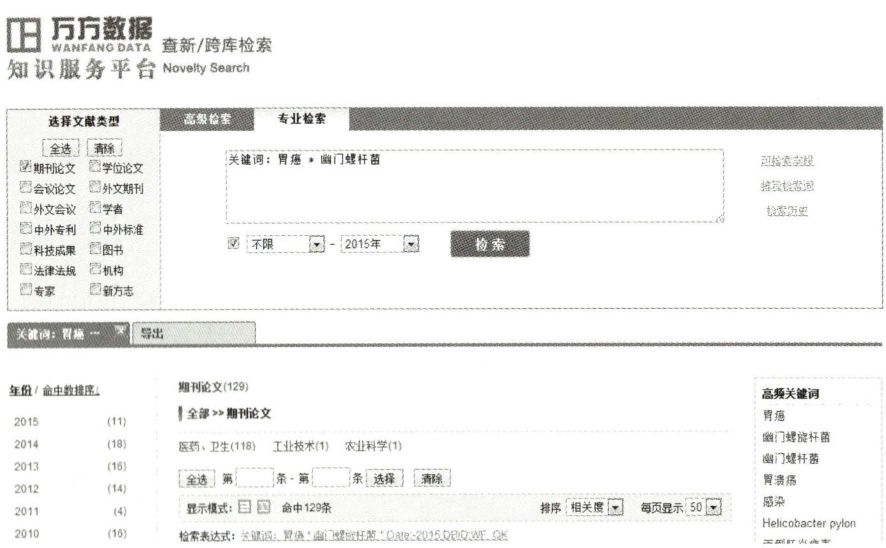

图 2-27 万方数据期刊论文数据库专业检索界面

4．学术期刊导航 万方数据期刊论文数据库提供了学科分类导航、地区导航和首字母导航三种期刊分类导航方式，以实现期刊快捷地浏览和查找（图 2-28）。在学术期刊的主页列出了全部分类目录，点击目录名称即可查看该分类下的期刊。

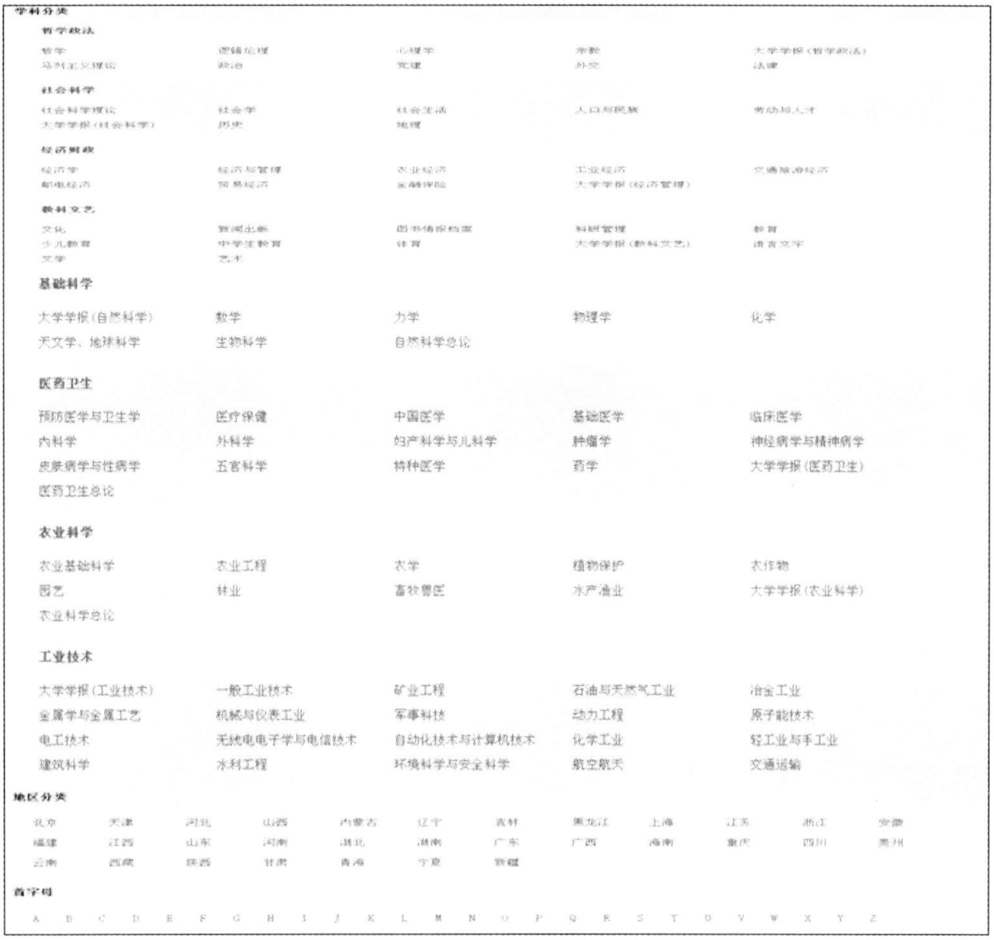

图 2-28　万方数据期刊论文数据库学术期刊导航界面

（1）学科分类导航：在学术期刊的主页选择需要查看的学科，进入期刊导航结果界面，系统显示期刊按学科分类的导航树状结构表。万方数据系统将收录的全部期刊分为哲学政法、社会科学、经济财政、教科文艺、基础科学、医药卫生、农业科学、工业技术八大类，各大类下又分为若干个次级类目，医药卫生大类下分有 16 个次级类。通过点击表中的各级类目可列出该类目下的全部期刊，选中并依次点击：刊名→刊期→期刊目录即可查得某种期刊的各年、期的目录和全文。

1）查看导航结果：在导航结果列表的顶部列出各学科分类及其期刊数量，可以点击不同的学科分类，浏览不同学科的期刊。点击“只显示核心刊”，可以查看属于该学科的核心期刊。

2）查看期刊详细信息：在导航结果或者是检索结果界面上点击刊名，进入期刊的详细信息界面。在该界面可以查看期刊的主要信息，如期刊简介、最新一期目录、期刊信息、主要栏目、获奖情况、联系方式等。该界面中的“收录汇总”提供了系统所收录期刊所有年代各期论文的链接，“刊内检索”提供了本刊论文检索的功能，还提供了同类期刊的推荐链接。

（2）地区导航：地区导航将期刊按照 31 个省市出版地进行分类。在学术期刊主页选择某一地区后，如：北京，系统自动列出北京出版发行的期刊数量及刊名。

（3）首字母导航：在学术期刊主页将刊名按照首字母 A-Z 排列。选择某一字母，系统自动列出以此字母为首的期刊数量及刊名。

三、检索结果处理

（一）检索结果排序显示

在简单检索状态下，检索结果可以按相关度优先、经典论文优先、新论文优先和其他（仅相关度、仅出版时间、仅被引次数）进行排序，并可以在不同的排序方式之间进行切换。经典论文优先是指被引用次数比较多，或者文章发表在水平较高的期刊上的、有价值的文献排在前面。相关度优先是指与检索词最相关的文献优先排在最前面。新论文优先指的是发表时间最近的文献优先排在前面。在高级检索状态下，检索结果可以按相关度和新论文排序，用户可根据检索需求的不同，灵活调整。均可选择每页按 10、20、50 篇文献显示检索结果。

（二）检索结果聚类导航分类

在简单检索状态下，检出的文献按学科类别、论文类型、发表年份、期刊等条件进行分类，选择相应的分组标准，可达到限定检索，缩小检索范围的目的。

（三）查看期刊论文详细信息

在检索结果界面点击文献标题，进入期刊论文详细信息界面，可获得文献的详细内容和相关文献信息链接。包含文献的详细信息如题名、作者、刊名、摘要和基金项目等，以及参考文献、相似文献、相关博文、引证分析、相关专家、相关机构等链接。

（四）检索结果输出

1. 题录下载　在高级检索或专业检索状态下，检索结果界面全选或部分勾选所需文献题录，点击“导出”按钮，最多可导出 50 条题录。系统默认“导出文献列表”，在该界面可以删除部分或全部题录。系统提供“参考文献格式”“自定义格式”和“查新格式”“NoteExpress”“Refworks”“NoteFirst”和“Endnote”格式保存题录，根据需要选择导出方式，点击“导出”按钮，题录按照所选方式保存下来或导出来（图 2-29）。

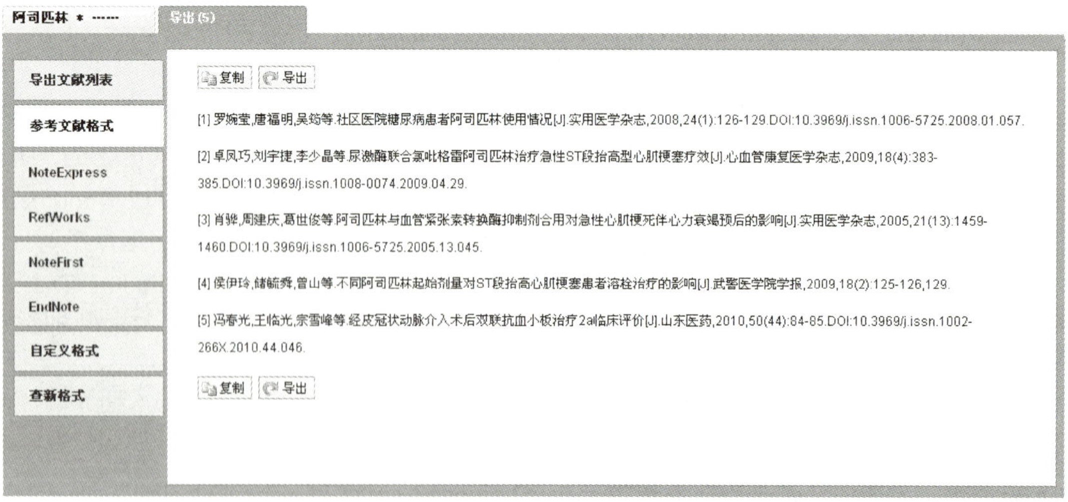

图 2-29　万方数据期刊论文数据库题录导出界面

2. 全文下载　万方数据提供了全文查看和下载功能，期刊全文的文件格式为 PDF 格式，查看和下载全文需安装 Acrobat Reader 软件。全文不能批量下载，每次只能下载一篇。在检索结果界面点击“下载全文”按钮或图标，系统弹出对话框，根据需要打开或保存期刊论文全文。对于万方数据库的非正式用户，如需查看和下载全文，可通过购买万方充值卡或手机付费等方式获取全文。

（五）引用通知

万方数据知识服务平台为用户提供指定论文的引用通知服务。当订阅的论文被其他论文引用时，系统将以 E-mail 或 RSS 订阅的方式及时通知用户，有利于用户了解指定论文的权威性和受欢迎程度。目前，该服务仅面向注册用户开放。

（程　鸿）

第四节　维普中文科技期刊数据库

【教学要求】

1. 掌握维普中文科技期刊数据库的检索方法、下载方法
2. 了解维普期刊资源整合服务平台基本资源情况

【案例】肾衰竭作为常见病，一直是研究热点。某研究人员欲在维普中文科技期刊数据库查找“肾衰竭药物疗法”方面的文献。

一、数据库概况

中文科技期刊数据库由重庆维普资讯有限公司创建，隶属维普期刊资源整合服务平台（http: //lib.cqvip.com）。数据库除了进行中文科技期刊全文数据库检索及全文获取，还增加了文献传递、检索历史编辑、参考文献、基金资助、期刊被知名国内外数据库收录情况查询、选择主题学科查询、在线阅读、全文快照、相似文献提示等功能。

中文科技期刊资源收录了 1989 年至今的中文期刊 12 000 多种，核心期刊 1957 种。分为社会科学、自然科学、工程技术、农业科学、医药卫生、经济管理、教育科学、图书情报 8 个专辑。并成为 Google 搜索、百度搜索的重要战略合作伙伴，是 Google Scholar 最大的中文内容合作网站。

数据库访问方式包括远程包库访问、本地镜像方式和检索卡 3 种。个人用户可使用检索卡形式访问，机构用户一般使用本地镜像或远程包库方式访问，采用 IP 控制方式登录，在本单位局域网范围内共享使用。

二、检索途径和方法

登录维普期刊资源整合服务平台，系统默认为期刊文献检索界面。在该界面除提供了基本检索、传统检索、高级检索外，还提供了期刊导航和检索历史功能（图 2-30）。

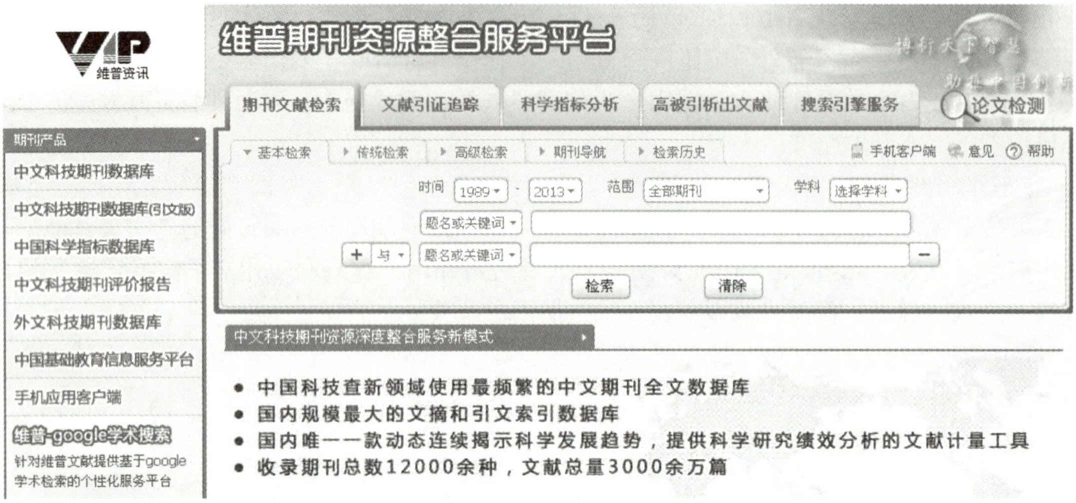

图 2-30 维普期刊资源整合服务平台主界面

(一) 基本检索

在期刊文献检索界面，默认检索方式为基本检索。在该界面可选择时间范围、期刊范围、学科等检索限定条件。使用下拉菜单可进行检索时间范围的限定，限定的时间范围是 1989 年至今；限定检索期刊的范围为全部期刊、核心期刊、EI 来源期刊、CA 来源期刊、CSCD 来源期刊、CSSCI 来源期刊；限定检索的学科范围包括基础医学、临床医学、药学等 45 个学科，利用复选框可进行多个学科的限定；可以选择的检索字段包括任意字段、题名或关键词、题名、关键词、文摘、作者、第一作者、机构、刊名、分类号、参考文献、作者简介、基金资助、栏目信息，共 14 个检索字段。默认检索词输入框为两行，点“+”或“-”可增加或减少检索词输入框的数量，可选择使用逻辑“与”、逻辑“或”、逻辑“非”的逻辑关系组配检索词输入框内输入的检索词。在检索结果界面可以进行重新搜索，也可以在第一次的检索结果基础上进行二次检索，包括“在结果中搜索”“在结果中添加”“在结果中去除”三种方式。根据需要缩小或扩大检索范围、精练检索结果。

【案例】在“基本检索”中查找“肾衰竭药物疗法”方面的文献。

第一步：在基本检索页面的检索入口第一个检索框选择“关键词”，检索词输入框输入“肾衰竭”，第二个检索框选择“关键词”，检索词输入框输入“药物治疗”；第二步：选择逻辑算符“与”；第三步：点击“检索”按钮，即可检出切题文献。

(二) 传统检索

在首页检索方式切换区域点击传统检索，即进入传统检索界面 (图 2-31)。

在传统检索界面的检索词输入框中输入检索词、检索式，选择期刊范围、检索年代、检索入口后，点击“检索”按钮完成检索。如果需要在检索结果的基础上继续检索。可在检索词输入框内继续输入检索词。选择逻辑关系，选择检索限定，点击“二次检索”按钮，在上次检索结果中进行再检索。也可同时在左侧导航树中选择分类类别或期刊类别限制。

1. 选择检索入口　提供题名或关键词、题名、关键词、作者、刊名、第一作者、分类号、文摘、机构、任意字段等 10 个检索入口。字段名前的英文字母为检索途径代码，主要用于复合检索。

图 2-31　维普中文科技期刊文献检索的传统检索界面

2．限制检索范围　学科类别限制：分类导航系统是参考《中国图书馆分类法》(第四版)进行分类，每一个学科分类都可按树形结构展开，利用导航缩小检索范围，进而提高查准率和查询速度；数据年限限制：数据收录年限从 1989 年至今，检索时可进行年限选择限制；期刊范围限制：包括全部期刊、核心期刊和重要期刊 3 种。用户可根据检索需要来设合适的范围以获得更加精准的数据。

3．在输入框中输入检索词或检索式，选择精确或模糊，点击“检索”即可。“模糊”表示“含有”该功能只有在选项“关键词”“刊名”“作者”“第一作者”和“分类号”这 5 个字段进行检索时才生效。系统默认为“模糊”检索。

4．二次检索　在已经进行了检索操作的基础上进行再次检索，以得到理想的检索结果。

5．复合检索　在检索框中直接输入复合检索式进行检索。如输入“K= 麻黄碱 *J= 生物学杂志”，和前述二次检索结果一样。在该检索途径中，“*”表示逻辑与，“+”表示逻辑或，“-”表示逻辑非。

6．辅助检索功能

(1)同义词库：勾选页面左上角的“同义词”，选择关键词字段进行检索，可查看到该关键词的同义词。检索中使用同义词功能可提高查全率。只适用于三个检索字段：关键词、题名或关键词、题名。

(2)同名作者库：勾选页面左上角的“同名作者”，选择检索入口为作者(或第一作者)，输入作者名，点击“检索”按钮，即可找到作者名的作者单位列表，用户可以查找需要的信息以做进一步选择。通过对“同名作者”中作者单位信息的筛选，过滤掉那些并不需要的同名同姓不同人的文献。只适用于两个检索字段：作者、第一作者。

【案例】在“传统检索”中查找“肾衰竭药物疗法”方面的文献。

第一步：在传统检索页面的检索入口选择“关键词”，检索词输入框输入“肾衰竭”，勾选左上角“同义词”，点击“检索”按钮，勾选相关同义词，点击“确定”；第二步：检索入口选择“关键词”，检索词输入框输入“药物治疗”，勾选左上角“同义词”，点击“检索”按钮，勾选相关同义词，选择逻辑“与”；第三步：点击“二次检索”按钮，即可检出切题文献。

（三）高级检索

在首页检索方式切换区域点击高级检索，即进入高级检索界面。提供向导式检索和直接输入检索式两种检索方式。支持多检索条件逻辑组配检索及一次输入复杂检索式查看命中结果。可查询同时满足几个检索条件的文献，使检索更加准确快捷。

1．向导式检索　向导式检索采用分栏式检索词输入方法，是布尔逻辑式检索的直观表现形式。界面上提供多个检索词输入框，可输入检索词并做检索限定和布尔逻辑组配。向导式检索的检索操作严格按照检索词输入框由上到下的顺序进行，用户可根据检索需求选择检索字段，选择逻辑“与”、逻辑“或”、逻辑“非”的逻辑组配关系。还可进行相应限定字段扩展信息，有利于提高查准率。

（1）选择检索入口：检索时严格按照由上到下的顺序进行，用户在检索时可根据检索需求进行检索字段的选择。检索字段的代码：U= 任意字段，M= 题名或关键词，T= 题名，K= 关键词，R= 文摘，A= 作，S= 机构，J= 刊名，C= 分类号等。

（2）选择逻辑算符：逻辑“与”表示相交关系、逻辑“或”表示并列关系、逻辑“非”表示排斥关系。

（3）扩展检索功能：右侧所有按钮均可实现相应的功能。用户只需要在前面的输入框中输入需要查看的信息，再点击相应的按钮，即可得到系统给出的提示信息。

1）查看同义词：如用户输入“非典型性肺炎”，点击查看同义词，即可检索出非典型性肺炎的同义词：SARS、严重急性呼吸综合征。用户可以全选，以扩大检索范围。

2）查看同名 / 合著作者：点击查看同名作者，以列表形式显示不同单位同名作者，用户可以选择作者单位来限制同名作者范围。最多勾选不超过 5 个。

3）查看变更情况：可输入刊名，点击查看其变更情况，系统会显示出该期刊的创刊名和曾用刊名，使用户可以获得更多的信息。

4）查看分类表：点击查看分类表，会弹出分类表页，选择类目检索。

5）查看相关机构：可以输入“中华医学会”，点击查看相关机构，即可显示以中华医学会为主办（管）机构的所属期刊社列表。最多勾选不超过 5 个。

6）查看期刊导航：可以检索期刊的刊期、是否核心刊，ISSN、CN 及期刊评价。

（4）更多检索条件：可根据需要以时间条件、专业限制、期刊范围进一步限制检索范围，获得符合检索需求的检索结果。

（5）二次检索：二次检索可多次应用。在结果中检索：检索结果中必须出现所有检索词。相当于布尔逻辑的“与”；在结果中添加：检索结果中至少出现任一检索词。相当于布尔逻辑的“或”；在结果中去除：检索结果中不应该出现包含某一检索词的文章。相当于布尔逻辑的“非”。

【案例】在“高级检索的向导式检索”中查找“肾衰竭药物疗法”方面的文献（图 2-32）。

第一步：在高级检索的向导式检索页面的第一个字段检索入口选择“关键词”，检索词输入框输入“肾衰竭”，点击右侧“同义词”检索，勾选相应同义词，点击“确定”；第二步：第二个字段检索入口选择“关键词”，检索词输入框输入“药物治疗”，勾选左上角“同义词”，点击“检索”按钮，勾选相关同义词，选择逻辑“与”；第三步：点击“检索”按钮，即可检出切题文献。

图 2-32　维普期刊文献检索高级检索向导式检索界面

2．直接输入检索式检索　高级检索界面下方提供了直接输入检索式的检索方式。用户在检索词输入框中直接输入由逻辑运算符、字段标识符及检索词等构成的检索式，并可使用更多检索条件进行相关条件限制。

（1）输入检索式：在检索框中直接输入由逻辑运算符、字段标识符及检索词等构成的检索式。字段代码为：U= 任意字段、M= 题名或关键词、K= 关键词、A= 作者、C= 分类号、S= 机构、J= 刊名、F= 第一作者、T= 题名、R= 文摘。

（2）更多检索条件：可根据需要以时间条件、专业限制、期刊范围进一步限制检索范围，获得符合检索需求的检索结果。

（3）检索规则：无括号时逻辑与“*”优先运算，有括号时先括号内后括号外。括号（）不能作为检索词进行检索；检索词中带有“*”“+”“-”“（）”“《》”等特殊字符必须用半角双引号括起来，不在双引号内的 *、+、- 按逻辑运算符“与”“或”“非”处理。

直接输入检索式的方式比较简便，功能强大，需要用户对检索式的构建有一定的了解，该方式更适用于专业人员，一般用户适合使用向导式检索。

【案例】在“高级检索的直接输入检索式检索”中查找肾衰竭药物疗法方面的文献。

第一步：在检索框中输入检索式 :（K= 肾衰 +K= 肾衰竭 +K= 肾功能衰竭）*K= 药物治疗；第二步：点击“检索”按钮，即可检出切题文献（图 2-33）。

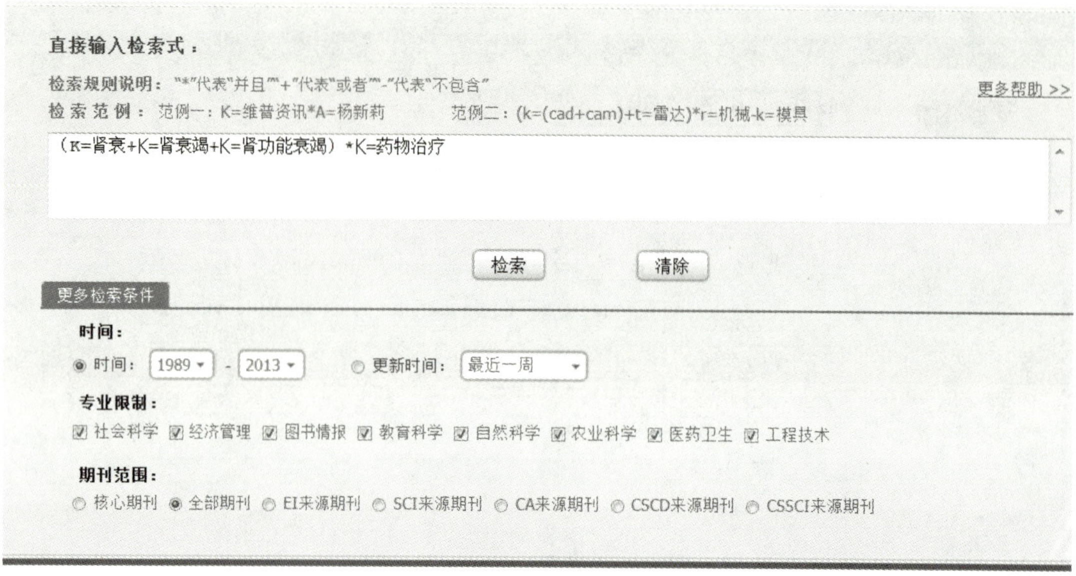

图 2-33 维普期刊文献检索高级检索直接输入检索式界面

（四）期刊导航

在首页检索方式切换区域点击期刊导航，即进入期刊导航界面（图 2-34）。

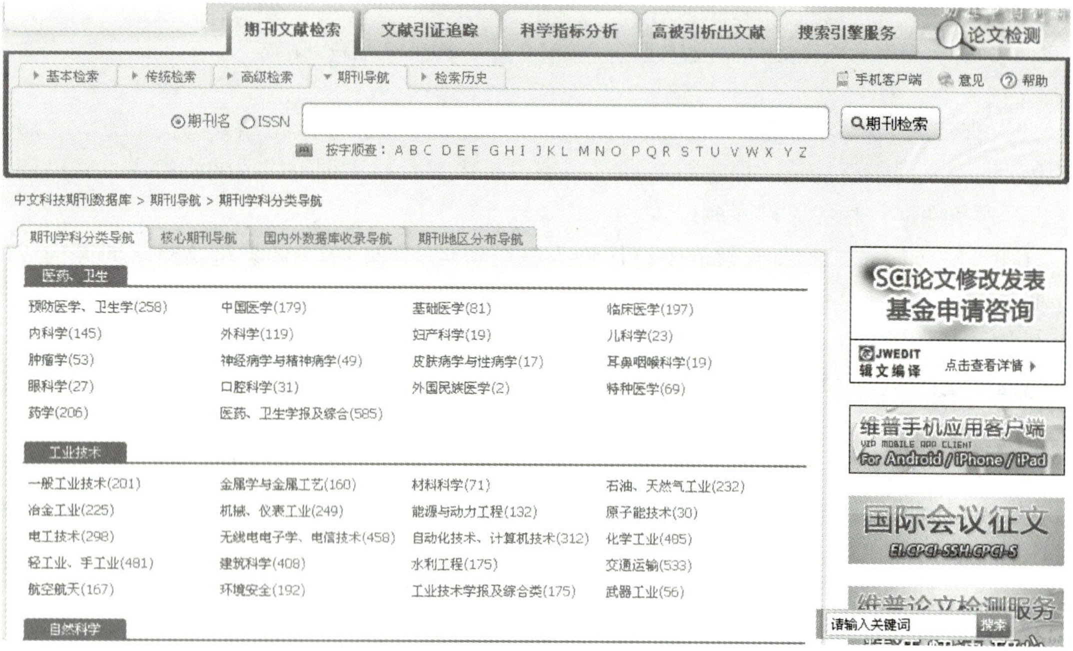

图 2-34 维普期刊文献检索期刊导航界面

期刊导航设有期刊搜索、按字顺查和按期刊浏览导航 3 种方式。

1．期刊搜索　按刊名和 ISSN 两种方式查询。

2．按字顺查　期刊导航首页界面通过期刊刊名拼音字顺首字母查找期刊文献的检索。

单击刊名字顺首字母，即显示刊名以字母开头的刊名列表，显示出刊名、ISSN 号、国内刊号和核心期刊的标志。

3．期刊浏览导航　期刊浏览导航包括按期刊学科分类导航、核心期刊导航、国内外数据库收录导航、期刊地区分布导航。在期刊导航界面，使用检索功能或使用浏览功能找到所需期刊后。可按期刊收录的刊期查看该刊收录的文献。可进行刊内文献检索。查看期刊评价报告。在期刊评价报告界面提供该刊的被引次数、影响因子等多个指标的详细统计。

三、检索结果管理

（一）检索结果显示

在检索结果界面显示的信息包括检索式、检索结果数量以及检索结果的题录信息（包括题名、作者、出处、基金、摘要），在出处字段显示期刊被国内外知名数据库收录最新情况的提示标识，与基金字段一起帮助用户判断文章的重要性。检索结果可按时间筛选：全部、一个月内、三个月内、半年内、一年内、当年内发表的文献。在检索结果界面点击“被引期刊论文”“被引学位论文”“被引会议论文”“被引专利”“被引标准”“被引图书专著”等选择文献显示界面。

（二）检索结果输出

全选或勾选检索结果题录列表前的复选框后，点击“导出”可将选中的文献题录以文本、参考文献、XML、NoteExpress、Refworks、EndNote、自定义格式导出；点击文献题名可进入查看文献的详细信息和知识节点链接；点击“下载全文”“在线阅读”和“文献传递”分别可将文献下载保存到本地磁盘、进行在线全文阅读和申请文献传递。其中原文传递功能是对不能直接下载全文的数据快速地原文传递。

（三）检索历史

查看检索历史可以实现检索策略的调整。每次检索操作后，系统自动保存用户检索历史；点击检索历史中保存的检索式可进行该检索式的重新检索；选中检索历史中保存的检索式并选择“与”“或”“非”逻辑组配，可进行组配检索。检索历史中最多允许保存 20 条检索表达式。在基本检索、传统检索和向导式高级检索中，都可利用检索历史的组配功能进行组配检索。

（程　鸿）

第一节　实习题

一、判断题

1．CBM 中主题检索的加权检索是检索重点论述检索内容的检索。（　　）

2．CBM 中扩展检索是仅限于对当前主题词的检索。（　　）

3．CBM 中检索机构“北京大学”发表的文献选用的是“精确”检索。（　　）

4．CBM 中分类检索是从文献所属学科体系进行检索，具有族性检索的功能，可以提高查全率。（　　）

5．CBM 中通过维普数据库可以获得文献的全文。（　　）

二、选择题

1. CBM 中的“二次检索”相当于下列哪一个逻辑运算检索？（ ）

A. AND　B. OR　C. NOT　D. IN

2. CBM 中，复分组配检索表示“选择复分号”是供用户选相应的复分号与主类号组配，作用类似（ ）

A. 加权检索　B. 主题检索时选择副主题词

C. 主题检索的扩展检索　D. 主题检索

3. CBM 中，主题检索能有效提高（ ）

A. 查全率　B. 查准率　C. 查全率和查准率

4. CBM 中，对当前主题词及其所有下位主题词检索，选择（ ）

A. 不扩展检索　B. 扩展检索　C. 加权检索

5. 检索儿童疟疾发病率的文献，通过主题词检索，选择的是（ ）

A. 主题词检索　B. 关键词检索　C. 主题词 / 副主题词组配检索

三、简答题

1. 什么是主题词 / 副主题词组配检索？

2. CBM 中，主题词选择为什么可以通过主题词注释查找标准英文主题词，实现 PubMed 主题检索？

3. CBM 中“精确”检索与“模糊”检索的区别是什么？

4. CBM 中“加权检索”指的是什么？

5. 简述 CBM 数据库的特殊功能。

6. 分类检索时，“扩展分类号”表示什么？

四、检索题

1. 在 CBM 的“快速检索”中查找李华有关尼群地平研究的文献。

2. 在 CBM 的“高级检索”中查找协和医科大学发表的“禽流感”或“H5N1”的文献。

3. 在 CBM 的“分类检索”中查找“糖尿病并发症白内障的治疗”方面的文献。

4. 在 CBM 的“分类检索”中查找“胃肿瘤的药物疗法”方面的文献。

5. 在 CBM 的“期刊检索”中查找“北京大学学报•医学版”2012 年第 3 期的文献。

第二节　实习题

一、判断题

1. CNKI 中，主题字段检索就是主题词检索。（ ）

2. 检索内蒙古医科大学作者发文量，应该选择精确检索。（ ）

3. 从检索字段来源的范围来看，“全文”检索 > “主题”检索 > “关键词”检索或“篇名”检索。（ ）

4. 专业检索的检索表达式使用“AND”“OR”“NOT”进行组合；三种逻辑运算符的优

先级关系为 NOT>AND>OR。(　　)

5．句子检索指的是同句两个标点符号之间，同段 5 句之内进行检索。(　　)

二、选择题

1．CNKI 中的“结果中检索”相当于下列哪一个逻辑运算检索(　　)

A．AND　　B．OR　　C．NOT　　D．IN

2．CNKI 中，主题语言是一类检索语言，以下哪个不是检索语言。(　　)

A．高级语言　　B．主题词语言　　C．分类语言　　D．关键词语言

3．中国学术文献网络出版总库跨库检索平台的检索方法有(　　)

A．高级检索　　B．专业检索　　C．作者发文检索　　D．来源期刊检索

4．“主题”字段检索指的是检索词主要来源于文献的(　　)

A．中英文标题　　B．中英文摘要　　C．中英文关键词　　D．中英文作者

5．CNKI 中，可以检索到期刊的影响因子有(　　)

A．复合影响因子　B．综合影响因子　　C．中文影响因子　D．外文影响因子

三、简答题

1．中国学术文献网络出版总库跨库检索平台的检索方法有哪些?

2．中国学术文献网络出版总库中知网节的功能有哪些？

3．中国学术文献网络出版总库的检索结果如何进行分组筛选？

4．什么是期刊的综合影响因子和复合影响因子?

5．通常从哪几方面优选检索到文献?

四、检索题

1．检索音乐疗法治疗失眠方面的相关文献，并查看参考文献。

2．检索“2005 年以来钟南山院士以第一作者在《中华结核和呼吸杂志》上刊登的文章”，下载一篇最新文献的 CAJ 和 PDF 格式的全文。

3．查找《腹腔外科杂志》的期刊信息，查看期刊综合影响因子和复合影响因子、ISSN 号、创刊年、出版地、主办单位及电子邮箱地址。

4．检索有关艾滋病治疗在分子生物学及遗传工程领域的研究文献，并找出被引用次数最多的文章。

5．利用 CNKI 知识元搜索功能查看近 5 年来肿瘤基因治疗的学术研究趋势。

第三节　实习题

一、判断题

1．万方数据期刊论文数据库中，简单检索是系统默认的检索方式，界面可进行“检索论文”和“检索刊名”的切换。(　　)

2．万方数据期刊论文数据库中，主题字段包含标题、关键词、摘要。(　　)

3．万方数据期刊论文数据库提供了学科分类导航、地区导航和首字母导航 3 种期刊分

类导航方式。(　　)

4．万方数据期刊论文数据库不提供题录批量下载。(　　)

5．万方数据期刊论文数据库论文可以批量下载。(　　)

二、选择题

1．万方数据期刊论文数据库中的“结果中检索”相当于下列哪一个逻辑运算检索？(　　)

A．AND　　B．OR　　C．NOT　　D．IN

2．万方数据期刊论文数据库中，简单检索是系统默认的检索方式，界面可在哪里进行切换？(　　)

A．“论文检索”和“刊名检索”　　B．“期刊检索”和“作者检索”

C．“分类检索”和“主题检索”　　D．“句子检索”和“机构检索”

3．万方数据期刊论文数据库中，主题字段包含(　　)

A．标题　　B．关键词　　C．摘要　　D．作者

4．万方数据期刊论文数据库提供了以下几种期刊分类导航方式(　　)

A．学科分类导航　　B．地区导航　　C．首字母导航　　D．音序导航

5．万方数据期刊论文数据库，查看核心期刊可以从(　　)

A．查看导航结果　　B．学科分类导航

C．地区分类导航　　D．首字母导航

三、简答题

1．万方学术期刊数据库的检索途径有哪些？

2．什么是精确匹配和模糊匹配?

3．万方数据期刊论文数据库提供的导航方式有哪些?

4．利用万方数据期刊论文数据库如何查看期刊详细信息?

5．万方学术期刊数据库的检索途径有哪些？

四、检索题

1．在“学术期刊导航”中查找《中华微生物和免疫学杂志》的编辑部信息。

2．使用高级检索查找膳食对肥胖症预防及辅助治疗作用研究的相关文献。

3．使用专业检索查找黄连素治疗糖尿病伴高脂血症的文献。

4．通过“期刊分类浏览”功能浏览肿瘤学方面的核心期刊。

5．用高级检索查找并下载苏秀兰在2008年发表的题名为《抗癌生物活性肽–S对胃癌细胞周期和凋亡的影响》文章的全文，并查看其参考文献有几篇？被哪几篇文献引用(即引证文献有几篇)？

第四节　实习题

一、判断题

1．中文科技期刊数据库中，二次检索在已经进行了检索操作的基础上进行再次检索，以得到理想的检索结果。(　　)

2. 中文科技期刊数据库中,“*”表示逻辑与,“+”表示逻辑或,“-”表示逻辑非。(　　)

3．中文科技期刊数据库中，同义词检索，选择关键词字段进行检索，可查看到该关键词的同义词。检索中使用同义词功能可提高查准率。(　　)

4．中文科技期刊数据库中，同名作者检索，选择检索入口为作者(或第一作者)，通过对“同名作者”中作者单位信息的筛选，过滤掉那些并不需要的同名同姓不同人的文献。可提高查全率。(　　)

5．中文科技期刊数据库中，高级检索有向导式检索和专业检索两种方式。(　　)

二、选择题

1．中文科技期刊数据库中，“模糊”表示“含有”该功能，只有在以下哪个选项的字段进行检索时才生效？(　　)

A．关键词　　B．刊名　　C．作者、第一作者　　D．分类号

2．中文科技期刊数据库中，同义词适用以下哪些字段检索？(　　)

A．关键词　　B．题名或关键词　　C．作者　　D．题名

3．中文科技期刊数据库中，高级检索有哪两种方式？(　　)

A．专业检索　　B．向导式检索　　C．直接输入检索式检索　　D．传统检索

4．中文科技期刊数据库中，同义词检索可以提高(　　)

A．查全率　　B．查准率　　C．查全率和查准率

5．期刊导航设以下几种方式？(　　)

A．期刊搜索　　B．按字顺查　　C．浏览导航　　D．学科导航

三、简答题

1．维普期刊资源整合服务平台的“期刊文献检索”功能提供哪些检索方法？

2．“期刊文献检索”功能中“高级检索”提供的“查看同义词功能”，对提高检索效率有什么意义？

3．维普期刊资源整合服务平台，期刊导航有哪些方式？

4．维普期刊资源整合服务平台，检索到文献可以按哪些格式导出？

5．维普期刊资源整合服务平台，如何进行科学指标分析？

四、检索题

1．在“期刊导航”中查找《毒理学杂志》的编辑部信息。

2．在“期刊导航”中查找北大核心期刊收录哪些内科学期刊？

3．使用基本检索，查找硬膜外腔注射吗啡用于术后镇痛研究的文献。

4．使用高级检索的直接输入检索式检索，查找检索新生儿窒息护理方面的相关文献。

5．使用高级检索的向导式检索，查找黄连素联合二甲双胍治疗糖尿病的相关文献。

第三章 外文数据库及检索系统

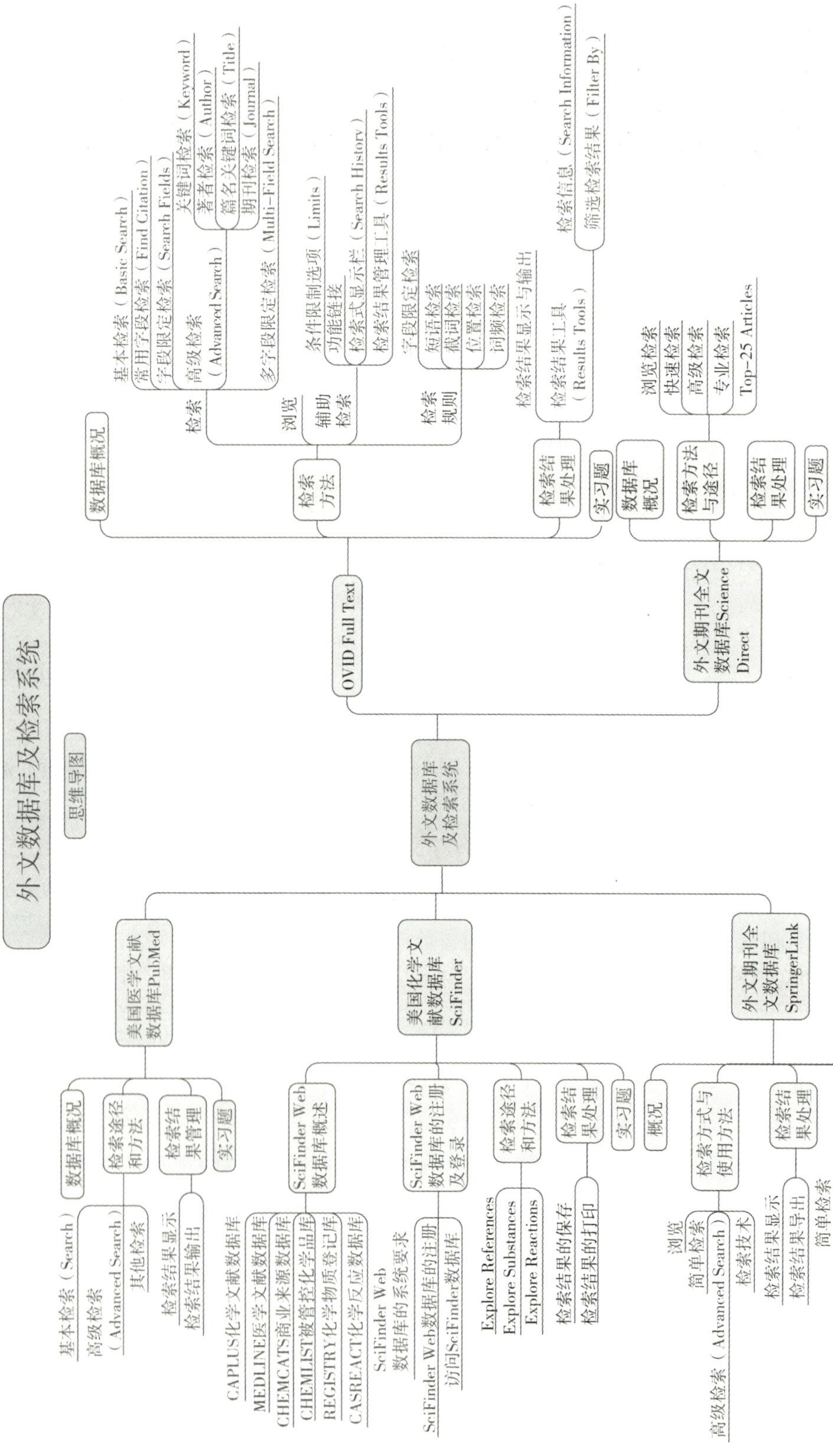

在学习和科研工作中，外文信息资源是不可或缺的，这是因为占世界人口20%的发达国家拥有全世界信息量的80%，而占世界人口80%的发展中国家却只拥有信息量的20%，尤其是网上的英语内容达90%。因此本章为了开阔大家的视野，了解和掌握国外发达国家的先进理念和技术，选择了有代表性的4个外文数据库加以介绍。

第一节　美国医学文献数据库（PubMed）

【教学要求】

1．了解数据库概况，期刊数据库、单引文匹配器、批引文匹配器、临床咨询等辅助检索功能，掌握检索规则

2．熟悉基本检索、高级检索、主题词数据库，检索结果显示、输出

【案例】某医学院的教师在期刊上看到一篇文章《多肽调控因子AcSDKP的生物学活性及构效关系研究进展》，通过对该文章的阅读获得如下信息：AcSDKP是从胎牛骨髓中提取的一种多功能生理调控因子，即N-acetyl-seryl-aspartyl-lysyl-proline，具有抑制造血干细胞生长的生物学功能，近年来还发现其对心肌成纤维细胞、肾间质成纤维细胞、淋巴细胞等多种细胞均有增殖抑制作用。该教师得到启示，欲进行“AcSDKP防治心肌梗死后心肌纤维化的作用机制”的研究，由于学院没有购买外文数据库，所以在获得外文文献了解国外研究现状时遇到了困难，请帮助他解决这个难题。

一、数据库概况

MEDLINE数据库是美国国立医学图书馆（National Library of Medicine，NLM）研制开发的、世界上最权威的生物医学书目型文献数据库，收录了1946年以来，来自世界各地39个语种的文献数据，涵盖印刷型医学文献检索工具、美国医学索引（Index Medicus）、牙科文献索引（Index to Dental Literature）和国际护理索引（International Nursing Index）的全部内容，主题范围涉及生物医学和卫生保健，包括生命科学（内容增长始于2000年）、行为科学、化学、保健专业相关的生物工程等各个领域，以及基础医学研究和临床、护理、公共卫生、卫生政策制定、相关教育活动等内容。数据库的显著特点是文献记录均依据MeSH表进行主题标引。

MEDLINE数据库所涵盖的出版物大多数是学术期刊，期刊绝大多数由文献选择技术评审委员会（Literature Selection Technical Review Committee，LSTRC）推荐，所收录的文献大部分在美国发表，并有作者撰写的英文摘要。此外，还有少数报纸、杂志、通讯等文献类型。NLM允许各种机构、数据库开发商租用MEDLINE数据，所以可从多种途径使用MEDLINE数据，通过不同途径使用的检索界面或检索平台不同，检索规则也不同。MEDLINE的产品包括光盘版和网络版。光盘版产品主要有美国银盘公司的银盘版MEDLINE以及其他公司的Cambridge、Dialog等；网络检索平台主要有PubMed，OVID、CSA、ISI web of Knowledge、EBSCO等。但在众多的产品中，只有PubMed在网上提供免费检索服务。

PubMed（http://www.ncbi.nlm.nih.gov/pubmed/）是由美国国立医学图书馆下属的国家生

物技术信息中心（National Center for Biotechnology Information，NCBI）研制开发的一个网络生物医学文献检索系统，收录了 MEDLINE、生命科学期刊和在线图书的 2400 万篇文献，数据回溯至 1946 年，1996 年开始在网上向用户免费提供 MEDLINE 检索，并且提供部分文献的免费或付费全文链接服务。同时，它也是 NCBI 的 Entrez 生命科学综合信息检索系统的一个组成部分，通过 PubMed 可以访问其他 Entrez 系统的分子生物学资源和相关网站。

PubMed 的收录范围主要包括：① MEDLINE 数据：是 PubMed 数据的主体部分，检索记录带有 [PubMed-index for MEDLINE] 标记。② PreMEDLINE 数据：是一个临时性数据库，收录准备进行标引的文献信息，每天对其进行标引和加工，经过深度加工的数据转为 MEDLINE 数据，而在 PreMEDLINE 中将其删除。检索记录带有 [PubMed-in process] 标记。③ Publisher Supplied Citations：主要包括各期刊出版商直接提供的数据和超出 MEDLINE 收录范围的数据，检索记录分别带有 [PubMed-as supplied by publisher] 和 [PubMed] 标记，如出版商提供的文献先于纸质期刊出版在网上发行，则还带有 [Epub ahead of print] 标记。

二、检索途径和方法

PubMed 的检索方式大致可分为基本检索、高级检索和其他检索。

（一）基本检索（Search）

PubMed 首页即为基本检索，用法是在首页检索词输入框中直接输入检索词（至少 2 个字符），点击“Search”执行检索（图 3-1）。系统允许进行的检索有：

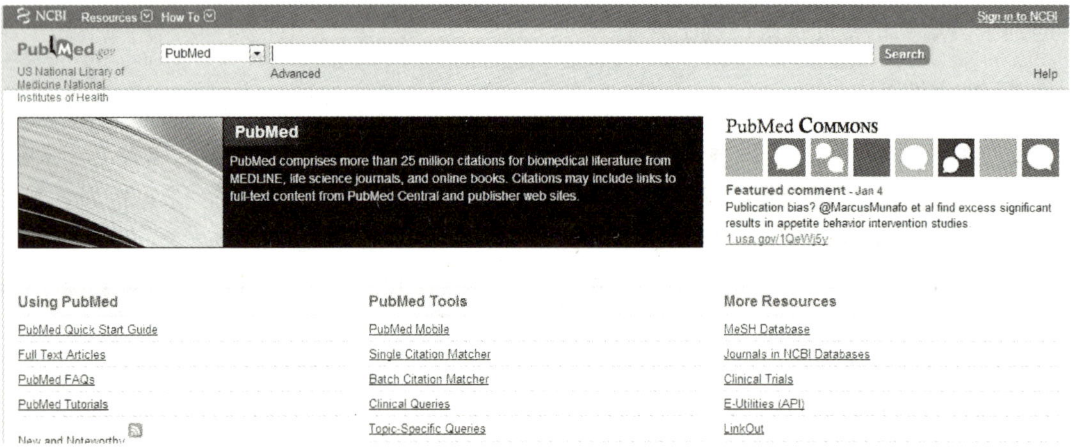

图 3-1　PubMed 基本检索

1. 基本检索规则　以任何具有实质性意义的词语检索，可直接以单词、短语或缩略语词作为检索词进行检索，例如 anaemia、HIF-1、hypoxia inducible factor 1 等，检索词间空格系统默认为 AND。

2. 自动词语匹配（Automatic Term Mapping）　在 PubMed 主页的检索词输入框中输入检索词进行检索，系统会执行自动词语匹配功能。用户输入的检索词会依次到主题词转换表（MeSH Translation Table）、刊名转换表（Journals Translation Table）、作者姓名全称转换表（Full Author Translation Table）和调研者或合作者姓名索引表［Investigator（Collaborator）index］中去匹配和转换。一旦在某个表中获得匹配的词，系统就用该词进行检索，不再找下一个表。如果在上述 4 个表中都找不到可以匹配的词，系统会将词组或短语拆分成单词，再用这些单词依次到这 4 个表中去匹配，这些单词间为 AND 关系。如果仍找不到相匹配的词，就用这些单词在所有字段中查找，各词间仍为 AND 关系。输入检索词后的详细匹配运算可通过系统设置的 Search details 功能查看（详见本节“检索结果显示”的“其他功能”部分）。

3．自动扩展检索　如果输入的检索词为 MeSH 词表中的主题词，系统自动进行规范词的下位词及概念以及副主题词的扩展检索。如：输入 hypertension therapy（高血压的治疗），系统自动将高血压的药物治疗、饮食疗法进行扩展检索。

4．作者检索　输入作者姓名的全称或姓氏全称加名首字母缩写（姓与名中间空一格）均可进行检索，但输入作者姓名全称只能检索到 2002 年以后文中有作者姓名全称的文献。如检索作者 Juan Carlos Diaz 可输入 Juan Carlos Diaz、Diaz Juan Carlos、Diaz，Juan Carlos、Diaz JC、Diaz J 等形式。

5．刊名检索　可以直接用刊名全称、MEDLINE 格式的标准缩写、ISSN（国际标准连续出版物号）和 Electronic ISSN（电子出版物国际标准连续出版物号）进行检索，如 American journal of hypertension 或 Am J Hypertension、0895-7061 或 1879-1905 等形式。中文期刊刊名为汉语拼音，如查找中华内科杂志，应输入 Zhonghua Nei Ke Za Zhi。

6．限定字段检索　PubMed 的 MEDLINE 显示格式中共设 81 个字段，在这些字段中，有的字段可以用来检索（47 个），称为可检索字段；但有的字段只能浏览，不能进行检索。其中，ALL（All Fields）字段用于代指所有可检索字段（出版地和经翻译的篇名除外）。表达式为“检索词 [字段标识符]”。如 AcSDKP [TI]，即篇名中含有 AcSDKP 的文献。

7．逻辑表达式检索　在检索词输入框中，可直接使用布尔逻辑运算符（AND、OR 和 NOT）进行检索，运算符要大写。多个布尔逻辑运算符同时出现时，遵循自左向右运算，加括号改变运算顺序的规则。如检索本节案例中主题概念 AcSDKP，可用布尔逻辑运算符 OR 连接其所有表达方式。即：输入“AcSDKP” OR “Ac-SDKP” OR “N-acety-Ser-Asp-Lys-Pro” OR “N-acetyl-seryl-aspartyl-lysyl-proline”。

8．强制检索　对于词组或短语形式的检索词，如果没有找到与之匹配的词，系统会将其拆分成单个词检索，如果不希望拆分，可以加半角的双引号，将其作为一个整体进行强制检索。强制检索时，系统直接到所有字段中查找，不执行自动扩展检索，也不进行自动词语转换匹配。

9．截词检索　PubMed 数据库支持截词检索，截词符为“*”，为多字符截词符，最多可代替 50 个字符。截词检索时，系统不执行自动扩展检索，也不进行自动词语转换匹配。

（二）高级检索（Advanced Search）

高级检索界面提供了 Builder（构建检索表达式）和 History（检索历史）两种功能，以列表形式提供多栏、多字段词语复合检索以及对检索历史进行查看、编辑等服务。

1．构建检索表达式（Builder）　系统默认提供两个检索输入框，用户在输入框中输入检索词，在输入框前的 ALL Fields 下拉列表中选择所需的检索字段，当在最后一个输入框中输入检索词时，系统会自动增加一个输入框，如需去除一个输入框，可以点击框后的⊖按钮。系统默认当前检索词与前一检索词间的逻辑关系为 AND，如需改变，可以点击输入框前的逻辑关系下拉列表，选择相应的逻辑关系，运算顺序按从前至后的顺序进行，完成上述操作后点击 Search 完成检索。

2．检索历史（Search History） Search History 记录检索过程中每一步的检索策略、检索时间和检索结果数量，最多可保留 100 条检索式，若超过 100 条，系统自动删除最早的检索式；如果对该数据库没有任何检索操作，8 小时后系统自动清空检索史。利用 History 可进行检索历史的回顾，直接点击检索结果数量链接即可浏览该组结果的内容；此外，点击某个检索式序号，可以从弹出的快捷菜单（option）中选择 AND、OR、NOT 与其他检索式进行布尔逻辑运算，还可选择 Delete 删除该检索式，选择 View 显示检索结果，选择 Details 查看该检索式的详细策略，选择 Save in My NCBI 保存该检索式。Clear History 按钮可以清除 History 界面所有的检索式。如果一个检索内容所涉及的主题概念较多且各主题概念间的逻辑关系较复杂，则可通过基本检索、高级检索或主题词检索分别将每个主题概念检索出来，然后在检索历史中对所检索出来的检索式进行再次编辑以检索到理想的结果。

【案例】本节案例经分析得出主题概念有三个，分别是 AcSDKP、心肌梗死、心肌纤维化，相应的检索词分别为 AcSDKP：AcSDKP、Ac-SDKP、N-acety-Ser-Asp-Lys-Pro、N-acetyl-seryl-aspartyl-lysyl-proline；心肌梗死：myocardial infarction、heart infarction；心肌纤维化：myocardial fibrosis、heart muscle fibrosis、endomyocardial fibrosis，检索式为（AcSDKP OR Ac-SDKP OR “N-acety-Ser-Asp-Lys-Pro” OR “N-acetyI-seryl-aspartyl-lysyl-proline”）AND（“myocardial infarction” OR “heart infarction”）AND（“myocardial fibrosis” OR “heart muscle fibrosis” OR “endomyocardial fibrosis”），检索式较为复杂，因此本节案例可在高级检索界面进行如下操作：

（1）在 Builder 下的检索词输入框中依次输入 AcSDKP、Ac-SDKP、“N-acety-Ser-Asp-Lys-Pro”“N-acetyl-seryl-aspartyl-lysyl-proline”，逻辑运算符选择 OR，生成检索表达式 AcSDKP OR Ac-SDKP OR “N-acety-Ser-Asp-Lys-Pro” OR “N-acetyI-seryl-aspartyl-lysyl-proline”，点击 Search 检索出 AcSDKP 相关的文献。

（2）在 Builder 下的检索词输入框中依次输入 myocardial infarction、heart infarction，逻辑运算符选择 OR，生成检索表达式“myocardial infarction” OR “heart infarction”，点击 Search 检索出 myocardial infarction 相关的文献。

（3）同理，我们可获得“myocardial fibrosis”OR“heart muscle fibrosis”OR“endomyocardial fibrosis”的检索结果（图 3-2）。

（4）查看 Search History 可见 #3 Search “myocardial fibrosis” OR “heart muscle fibrosis” OR “endomyocardial fibrosis” 13377 #2 Search “myocardial infarction” OR “heart infarction” 211457 #1 Search AcSDKP OR Ac-SDKP OR “N-acety-Ser-Asp-Ly-Pro” OR “N-acetyl-seryl-aspartyl-lysyl-proline” 243，分别点击 #1、#2 和 #3，在弹出的 Option 菜单中均选择 AND in builder，分别将三个检索表达式发送至 Search Box，生成逻辑表达式（AcSDKP OR Ac-SDKP OR N-acety-Ser-Asp-Lys-Pro）AND（myocardial infarction OR heart infarction）AND（myocardial fibrosis OR heart muscle fibrosis OR endomyocardial fibrosis），点击 Search 完成检索（图 3-3）。

高级检索界面同时设有 MeSH Database、Journals in NCBI Databases、Single Citation Matcher、Clinical Queries 和 Topic-Specific Queries 的链接，点击相应的链接，即可进入相应的功能模块。

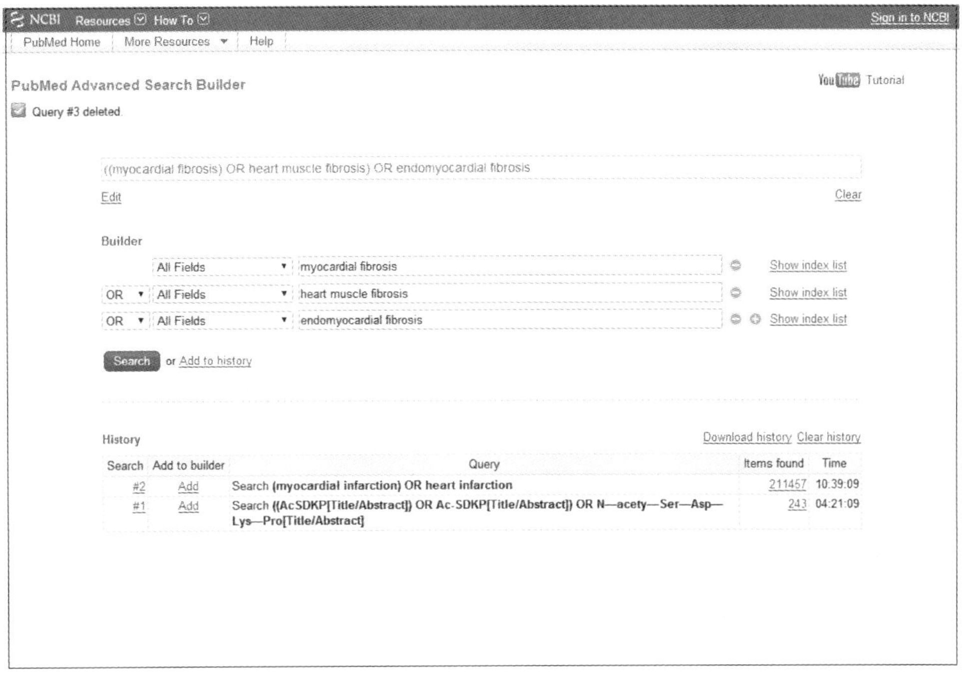

图 3-2　PubMed 高级检索界面

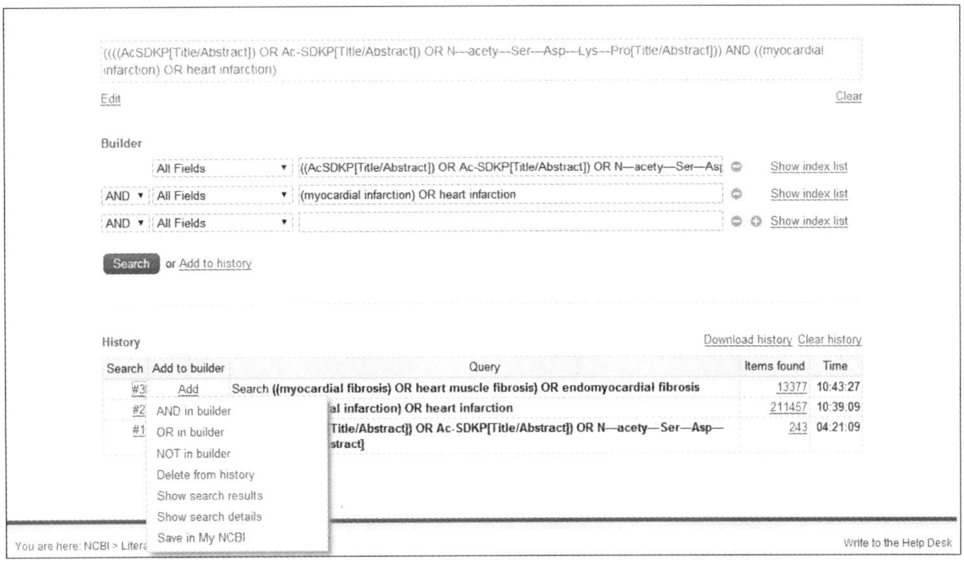

图 3-3　检索历史中进行检索式逻辑组配

（三）其他检索

PubMed 主页下端提供了主题词数据库（MeSH Database）、期刊数据库（Journals in NCBI Databases）、单引文匹配器（Single Citation Matcher）、批引文匹配器（Batch Citation Matcher）、临床查询（Clinical Queries）、特定主题查询（Topic-Specific Queries）、外部链接（Link Out）、个性化服务（My NCBI）等特色检索服务，下面介绍几种常用的特色服务功能。

1．期刊数据库（Journals in NCBI Databases）　收录了 NLM 馆藏中涉及 NCBI 数据库的期刊，提供每种期刊刊名（包括全称、缩写）、ISSN 号（包括印刷版和电子版）、创刊年、出版商、语种、出版地、主题词、NLM ID 等信息。可通过关键词、刊名全称、缩写、ISSN 号进行检索。该库中检索的结果只是期刊信息，而不是期刊所刊载的文章。

2．主题词数据库（MeSH Database） 提供规范化主题词的定义、注释、历史变更、适用范围、匹配的副主题词、轮排索引、树状结构等内容，可进行主题词扩展检索、主题词组配副主题词检索。在主页上点击 MeSH Database，进入 MeSH Database 界面，在检索框中输入检索词，点击 Search 按钮，系统检索出与该检索词相匹配或相关的主题词，用户根据需要点选合适的主题词，进入主题词注释页面。在该页面显示主题词的定义及概念注解、副主题词、主题词的分类号、上下位主题词。勾选所需副主题词，并选择是否加权检索（Restrict to MeSH major topic）、是否扩展检索（Do not include MeSH terms found below this term in the MeSH hierarchy）。如果不做上述选择，系统自动选择组配全部副主题词，并对该主题词进行加权检索和扩展检索，点击 Add to search builder 将主题词发送至 PubMed search builder，点击 Search PubMed 执行检索。如不需要组配副主题词，直接点击 Add to search builder 将主题词发送至 PubMed search builder，如需多个主题词，可重复上述操作，在选择好副主题词和是否加权及扩展后选择与前一主题词适当的逻辑关系（AND、OR、NOT），再点选 Add to search builder 构建检索式，构建完成检索式后点击 Search PubMed 执行检索，如同时存在多种逻辑关系，按输入的先后顺序运算。

3．单引文匹配器（Single Citation Matcher）和批引文匹配器（Batch Citation Matcher） 这两种功能主要用于特定文献的查找，即根据已知文献的部分信息（篇名、作者姓名、刊名、卷期页、出版年），检索特定文献的详细信息。Single Citation Matcher 采用填写表单的形式，按照检索框的要求，输入已知信息，点击 Search 得到文献的全面信息；Batch Citation Matcher 可供同时查找多篇文献的 PMID，查找时须按照系统设定好的顺序输入各篇文献的书目信息，格式为：刊名出版年 | 卷 | 起始页码 | 作者姓名 | 关键词 |。每两项间以竖线（|）分隔，末尾以竖线结束，检索结果会发送到用户指定的邮箱中。

4．临床咨询（Clinical Queries） Clinical Queries 是专门为临床医生和临床试验工作者设计的检索服务，主要包括三部分：① Clinical Study Category：对临床疾病的诊断、治疗、病因、预后及临床预测指南进行查询；② Systematic Reviews：用于查找系统评价、Meta 分析、临床试验综述、循证医学文献、指南等；③ Medical Genetics：用于查找医学遗传学的文献。在检索词输入框中输入检索词，可同时显示三个部分的检索结果。

三、检索结果管理

（一）检索结果显示

PubMed 检索结果的显示可通过 Display Settings 下拉菜单设定，包括显示格式（Format）、每页显示数量（Items per page）和排序（Sort by）的设定。系统默认显示格式为 Summary 格式，每页显示 20 条记录，检索结果按记录入库的时间降序排列（Recently Added），自动筛选综述（Review）和带有免费全文（Free Full Text）的文献。此外，在检索结果界面还提供了其他相关功能的链接。

1．检索结果显示格式 PubMed 检索结果的显示格式有 Summary、Summary（text）、Abstract、Abstract（text）、MEDLINE、XML、PMID List 等。以下介绍主要显示格式：

（1）Summary/Summary（text）：系统默认的显示格式为 Summary 格式，包括作者、团体作者、篇名（非英文篇名英译后加方括号）、期刊出处、综述（文献类型）、非英文文献的原文语种、“无文摘”注释、PMID、评论/校正链接、数据加工状态、免费全文提示、PubMed Central 和 Bookshelf（Entrez 系统的免费在线图书）的全文链接。

（2）Abstract/Abstract（text）：包括期刊出处、评论/校正链接、篇名、非英文文献的原文语种、作者、协作者、团体作者、第一作者单位地址、文摘、出版物类型（期刊论文作为最常见类型，不予标注）、主题词、人名主题词、化学物质名词、第二来源数据库记录号、基金号、PMID、数据加工状态、全文链接图标（包括免费和付费的），Abstract（text）格式没有主题词数据。

（3）MEDLINE：包括全部字段，字段标识符采用 2 个字符的缩写形式，这种格式适于将记录输出到参考文献管理器中。

2．检索结果显示数量　系统默认每屏显示 20 条。也可根据浏览的需要选择每屏显示 5、10、20、50、100 或 200 条。

3．检索结果排序　PubMed 的检索结果默认按记录入库的时间降序排列。用户可根据需要，按照出版时间、第一作者、末位作者、期刊名称和篇名排序。

4．其他功能

（1）检索结果过滤（Filter your results）：在检索结果显示页面左侧栏系统提供文献类型（临床实验、综述、其他），提供文本类型（文摘、全文、免费全文），出版时间（5 年、10 年、指定日期）等。此外，还可利用 My NCBI 个性化服务的 Search Filters，设定其他筛选条件。

（2）检索相关数据库（Find related data）：可在 Database 下拉列表中选择 Entrez 检索系统中的其他数据库，会出现与之相应的数据选项（Option），再从中选择所需数据类型，点击 Find items 即可获得检索词在该数据库中的检索结果。

（3）检索细节（Search details）：可查看详细检索策略，浏览经 Automatic Term Mapping 转换后的检索策略，即检索词自动被系统转换成了哪些词，并使用了什么样的检索规则，根据检索要求，用户可参考转换后的检索式编辑修改检索策略；如果输入的检索词有主题词，可以根据检索式中的［MeSH Terms］查看其主题词。如案例中涉及的检索词“心肌纤维化（endomyocardial fibrosis）”，检索后查看 Details，实际系统采用的方案是：“endomyocardial fibrosis”[MeSH Terms]OR（“endomyocardial”[All Fields] AND “fibrosis”[All Fields]）OR “endomyocardial fibrosis”[All Fields]，如果对 endomyocardial fibrosis 进行强制检索后，系统使用的检索方案是“endomyocardial fibrosis”[All Fields]；这里 endomyocardial fibrosis 是主题词。

（4）最近操作（Recent activity）：显示最近 5 次的检索操作，包括检索表达式和检索结果数量、下载过的全文等。点击检索表达式即可进行检索结果的回顾，点击 See more 登录 My NCBI 可查看更多的检索操作。

（5）相关文献（Related Citations）：PubMed 在显示检索结果的同时，还提供每条记录的相关文献链接。

（6）免费全文（Free Article）：如果某条记录有免费全文，还会提供 Free Article 或 Free PMC Article 的提示。

此外，在用检索词检索所得结果界面，还提供 AISO try（推荐与检索词相关的词语）、Titles with your search terms（筛选文献篇名中出现检索词的文献）、free full-text articles in PubMed Central（筛选 PubMed Central 数据库收录的免费全文）功能。

（二）检索结果的输出

1．题录输出　在 Send to 下拉列表中有：File、Clipboard、Collections、E-mail、Order 和 My Bibliography 共 6 种选择。

（1）File：是将结果保存为“.txt”文件，可对保存题录的格式和排序方式进行选择。

（2）Clipboard：是剪贴板，供用户临时存储检索结果的一个免费空间，可多次存入以便集中打印或存盘，存入剪贴板后界面右上角会出现“Clipboard：n items”的提示，之后可以随时点击该项查看剪贴板中保存的内容，剪贴板存储的最高限量为 500 条，而且在停止对 PubMed 或 Entrez 系统任何其他数据库的操作达 8 小时后，系统会自动清空剪贴板，也可以在剪贴板界面点击“Remove all items”清空剪贴板。

（3）Collections：是 My NCBI 个性化服务的一部分，是供用户无限期存储检索结果的一个免费空间，可以多次存入不同检索式的结果，形成多个 collections，但是每个账户最高存储限量为 500 条，用户可以对这些 collections 进行删除、合并等管理操作。

（4）E-mail：是将检索结果以邮件附件形式存入电子邮箱，可便于异地存取，可对保存题录的格式、排序方式和发送结果数量进行选择。

（5）Order：是向出版商或全文服务机构订购检索结果的全文文献。

（6）My Bibliography：也是 My NCBI 个性化服务的一部分，每个账户最高存储限量为 500 条，用户可以对这些结果进行添加、删除、下载、排序等操作，需要用户先注册 NCBI 账号。

2．全文输出　PubMed 数据库提供免费全文链接服务，其全文来源主要有两个：

（1）PubMed Central（PMC）：NCBI 开发和管理的生命科学的免费期刊全文数据库，用户可免费获取全文。

（2）期刊网站：一些出版商在期刊网站上提供免费全文，通过刊名链接能获取该文献的全文。在 Summary 显示格式下，具有免费全文链接的记录分别带有 Free PMC Article 和 Free article 标志。这些全文有 HTML 格式和 PDF 格式，但有的文献只有其中一种全文格式。

在检索结果页面选择 Summary 格式显示检索结果，找到带有免费全文链接的题录，点击其篇名链接，进入文摘界面，找到 Free PMC article 或 Free article 图标，点击上述两个图标即可进入全文下载页面。

（白玉晟）

第二节　Ovid Full Text

【教学要求】

1．掌握基本检索、高级检索、检索规则

2．了解数据库的基本情况和浏览检索功能

3．熟悉常用字段检索、字段限定检索、辅助检索、检索结果处理

【案例】头痛是一种常见的临床症状，在许多疾病中都会出现，同时也是一项医疗难题，有一名医学研究生准备进行头痛治疗方面的研究，需要一些国外研究资料作为参考，请你帮他查找相关的外文文献。

一、数据库概况

OVID 数据库系统是由隶属于全球五大出版集团之一的荷兰威科（Wolters Kluwer）集团旗下健康出版事业集团的美国 Ovid 公司（Ovid Technologies INC.）建立的。

Ovid 全文期刊数据库（Ovid Full Text）是 OVID 数据库系统中向用户提供多学科期刊论文在线检索及全文下载服务的子库，该数据库收录了 60 多个出版商和协会提供的生物医学期刊，这些期刊大多数被 SCI 收录。

二、检索方法

进入数据库后，首先显示的是数据库选择界面，在数据库选择界面中的数据库列表，是用户所在机构订购的数据库，在此可根据需要点击所要使用的数据库进入单库检索模式，也可同时选择多个数据库进行跨库检索。在数据库列表中，期刊全文数据库有两个链接，分别是“Journals@OvidFull Text” 和“X X X Journals@Ovid”（图 3-4），前者包含 Ovid 全部全文期刊的文献题录和文摘信息，可供用户免费检索使用，所检索到的结果，仅本机构订购的文献可获得全文，没有订购的期刊仅能获得文献题录、文摘等信息；后者仅包含本机构所订购的期刊，在此库中检索到的文章全部能获取到全文。

全文数据库的检索功能有检索（Search）、浏览（Journals）和辅助检索，此外，Ovid SP 平台还提供个性化服务功能。

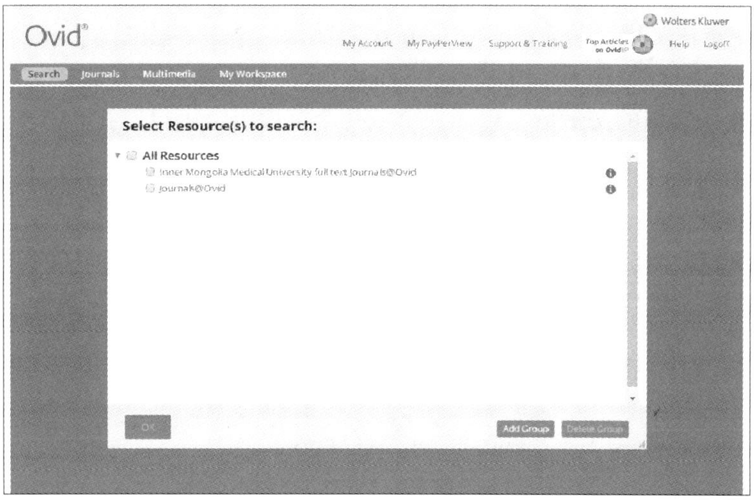

图 3-4 Ovid 数据库选择

（一）检索

进入所选择的数据库后，系统默认界面即为检索界面。检索包括基本检索、常用字段检索、字段限定检索、高级检索、多字段限定检索 5 种检索方式（图 3-5）。

1. 基本检索（Basic Search） 是该数据库的默认检索方式。基本检索支持自然语言检索，即利用此方法检索时，用户可以不必考虑检索语言和语法规则，自由输入检索词或提问语句，系统会自动分析检索语句，从中选择相关检索词后，系统可将所输入的检索词的各种词形加以搜集；系统还可以将常用的缩写自动转换为全称，如输入“AIDS”，并勾选检索输入框下的“Include Related Terms”复选框，系统自动将其转换成“Acquired immunodeficiency syndrome”，将其与“AIDS”同时进行检索，二者间为“逻辑或”的关系。利用基本检索功能时应尽量使用名词来表达检索语义，以提高检索效率。

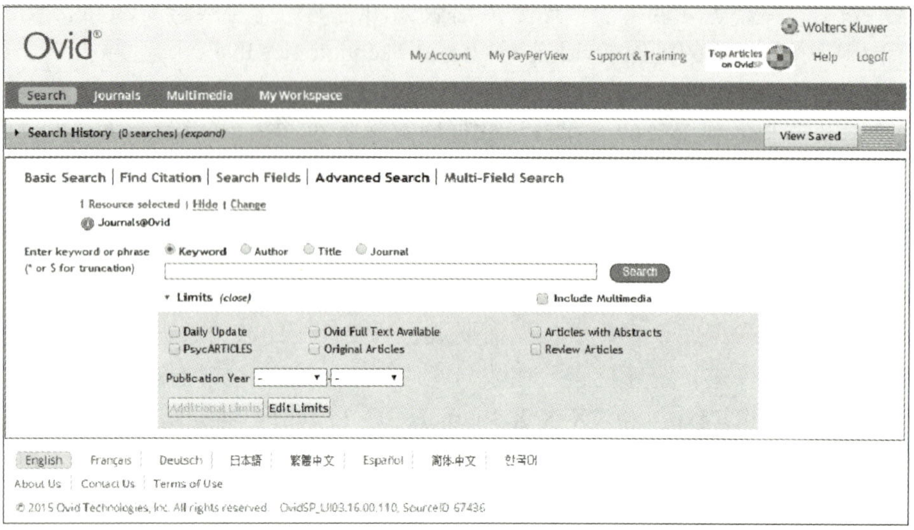

图 3-5　Ovid 检索方式选择

2．常用字段检索（Find Citation）　在该检索模式下，系统提供一种表单式的检索菜单，可按文章题目、期刊名称、著者姓名、文章出版的年、卷、期及首页页码、出版者、索取号码和数字文献识别符等常用字段来查找特定文献，页面中的各检索项之间默认为“逻辑与”。用户可根据所掌握的文献信息选择一个或几个字段组合进行查找（图 3-6）。

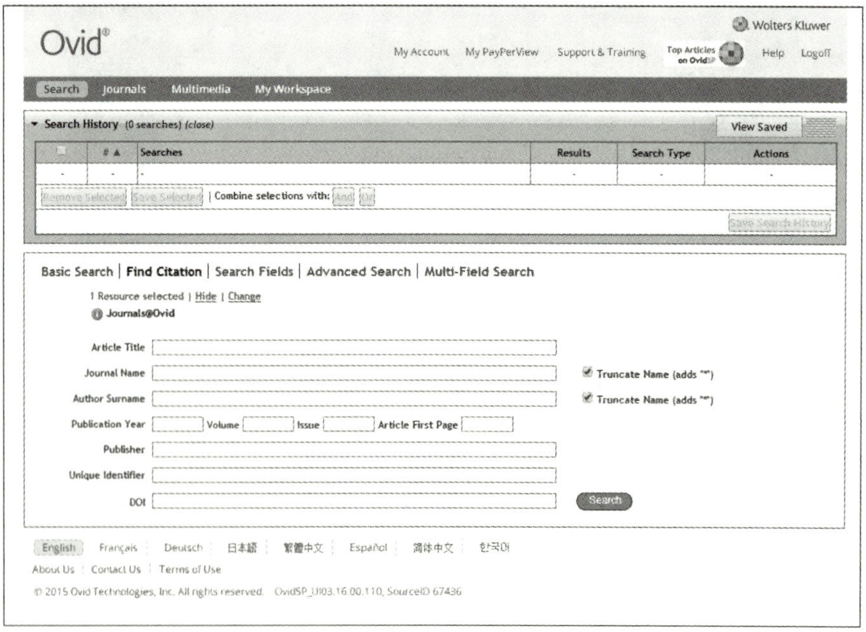

图 3-6　Find Citation

3．字段限定检索（Search Fields）　系统为用户提供 27 个限定检索词的字段，包括著者、文摘、索取号、著者关键词、标题下署名文本、标题文本、DOI 号码、文献类型等，在使用此项功能时。在检索词输入框内输入检索词，然后选择所要限定的字段，单选、多选均可，当选择多个字段时，表示检索词出现在任一字段即为命中记录（图 3-7）。

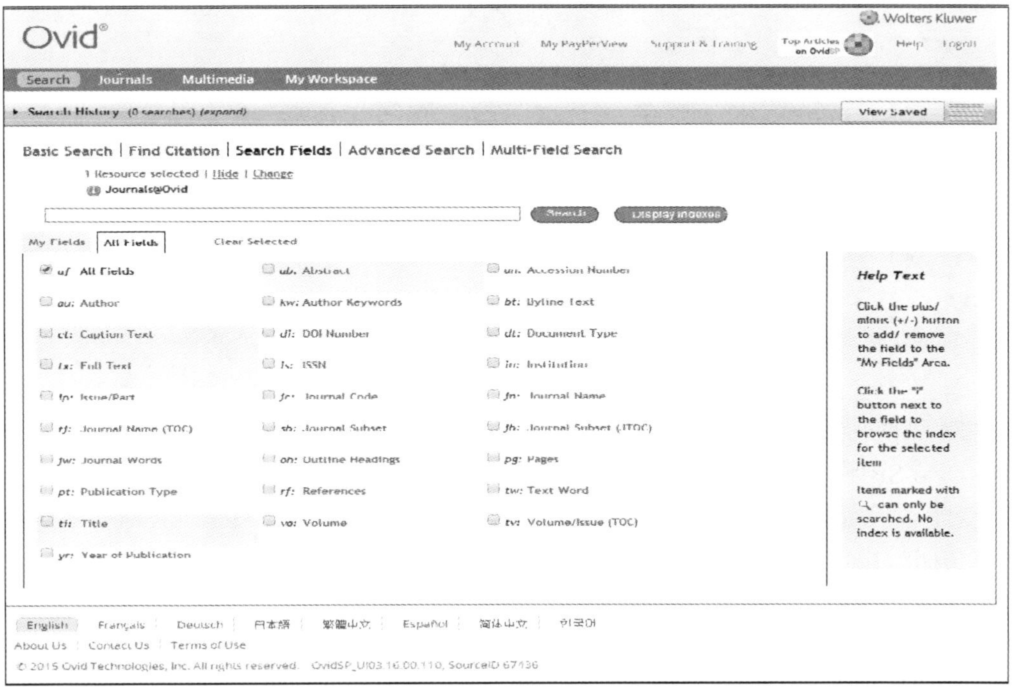

图 3-7　字段限定检索（Search Fields）

4．高级检索（Advanced Search）　提供关键词、著者、题名关键词及刊名 4 个检索入口。

（1）关键词检索（Keyword）：是指在文章的标题、文摘、全文及标题文本等字段中检索所输入的关键词，可使用“$”或“*”进行截词检索。它是高级检索界面中默认的检索途径。

（2）著者检索（Author）：用于在数据库中查找某人所发表文章的检索途径。在检索时输入著者姓名，要求姓在前名在后，名仅用首字母即可，姓和名间空一格。

（3）篇名关键词检索（Title）：将检索词或词组限定在文献题目中，可使用“$”或“*”进行截词检索。

（4）期刊检索（Journal）：此项检索途径要求必须输入期刊的全称或全称的开头部分加截词符号（* 或 $），不能用缩写刊名检索，也不能用刊名中的关键词进行检索。

5．多字段限定检索（Multi-Field Search）　系统提供三个检索词输入框，如果需要输入多个检索词，可通过点击“+Add New Row”增加检索词输入框。检索词之间可用“AND”“OR”“NOT”进行逻辑组配，每个检索词后的限定字段可在 27 个字段中任意选择。

【案例】本节案例可采用基本检索完成：可在检索框中直接输入 treatment for headache 进行检索，系统自动将 treatment、therapeutic aspects、disease management、therapy、therapeutic procedure、therapeutic interventions 作为治疗的检索词，各词间为逻辑或；将 headache、headaches、head pain、pain head、cephalalgia 共同作为头痛的检索词，各词间为逻辑或，并

与前者进行逻辑与组配（图 3-8）。

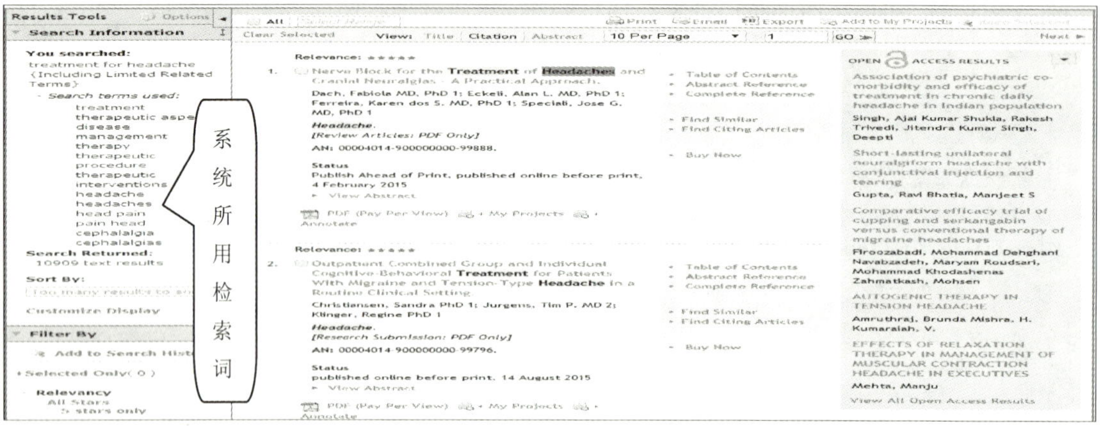

图 3-8　系统自动分析检索语句结果

（二）浏览

在 Ovid SP 平台上的数据库选择界面或各数据库的检索界面的顶部点击“Journals”，即可打开期刊浏览界面。在浏览界面的左侧是期刊浏览导航栏，在此提供三种期刊浏览方式：一是按访问权限浏览期刊（Filter by Availability），可选择浏览本单位订阅期刊（My Subscriptions）或浏览 Ovid SP 全部全文期刊（All Ovid journals）；二是按刊名字顺（A-Z）浏览期刊（Filter By Title），即按期刊全称的首字母顺序浏览期刊；三是按学科主题浏览期刊（Filter by subject），系统将其所收录的期刊按主题分十六大类，每一大类下又分成若干个子类，个别子类目还细分下一级类目，在每一终级类目下有相对应的期刊数，点击类目链接即可调出该类期刊列表。利用学科主题浏览方式，用户可以方便地了解在数据库中有哪些与自己专业相关的期刊。在期刊列表中，通过刊名链接，可进入该刊卷期浏览界面，也可以对某种期刊定制 RSS 和 E-mail 的自动提醒功能，并可以根据需要在个人空间中设置感兴趣的期刊目次通报等（图 3-9）。

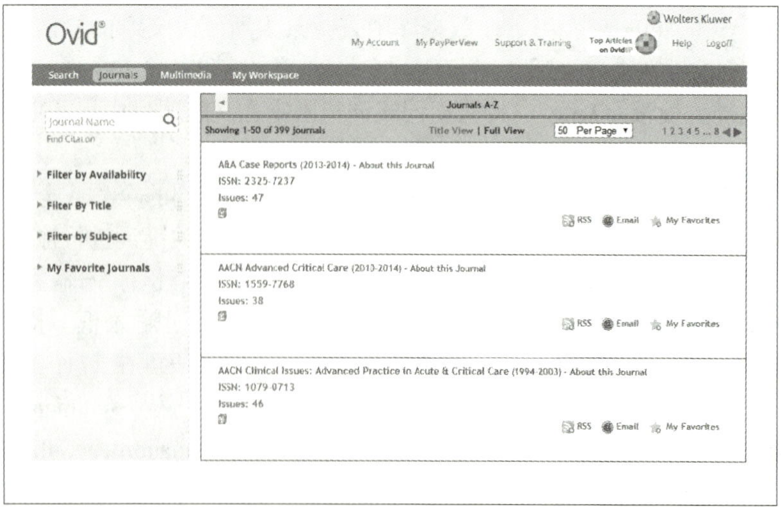

图 3-9　期刊浏览检索页面

（三）辅助检索

辅助检索功能包括条件限制选项、功能链接、检索式显示栏、检索结果管理工具、命令检索及相关资源链接等。

1．条件限制选项（Limits）　对检索结果进行多种条件限制，条件限制分为外部选项和附加选项两部分，外部选项是通过点击检索词输入框下的“Limits”打开每日更新数据（Daily Update）、带文摘的论文（Articles with Abstracts）、原始论文（Original Articles）、心理学论文（Psyarticies）、综述（Review Articles）、出版年限（Publication Year），外部选项可通过“Edit Limits”进行自定义；点击附加限定选项（Additional Limits）打开限定检索界面，在此还提供有图片的论文（Articles with Graphics）、有文摘的论文（Articles with Abstracts）、期刊所属子辑（Journal Subsets）及出版类型（Publication Types）等选项。

2．功能链接　有个人账户（My Account）、咨询邮件的发送（Ask a Librarian）、用户支持与培训（Support&Training）、在线帮助（Help）；退出系统（Log off）、换库检索功能（Ovid Resources）及其他语种界面的选择等。

3．检索式显示栏（Search History）　其默认方式是关闭的，点击”Search History”即可打开。其位置可通过光标拉动设置在检索词输入框的上方或下方。检索式显示栏包括检索式选择框、检索式序号、检索式、检索结果的文献篇数、检索类型及显示结果按钮，在检索式显示栏下方还有功能按钮：检索式删除指令（Remove Selected）、组合检索（Combine selections with）、将检索式定制（RSS Feeds）及保存检索式（Save Search History），这些功能必须在已有检索式存在的情况下才能被激活使用。

4．检索结果管理工具（Results Tools）　在检索结果文章列表的左侧，在检索信息中列出检索词（You searched）、检索到的文章数（Search Returned）、检索结果排序（Sort By）及检索结果显示格式的设置（Customize Display）等。当对检索结果不满意时，还可通过“Filter By”功能按文章出版的年限、期刊及出版类型等再次筛选（图3-10）。

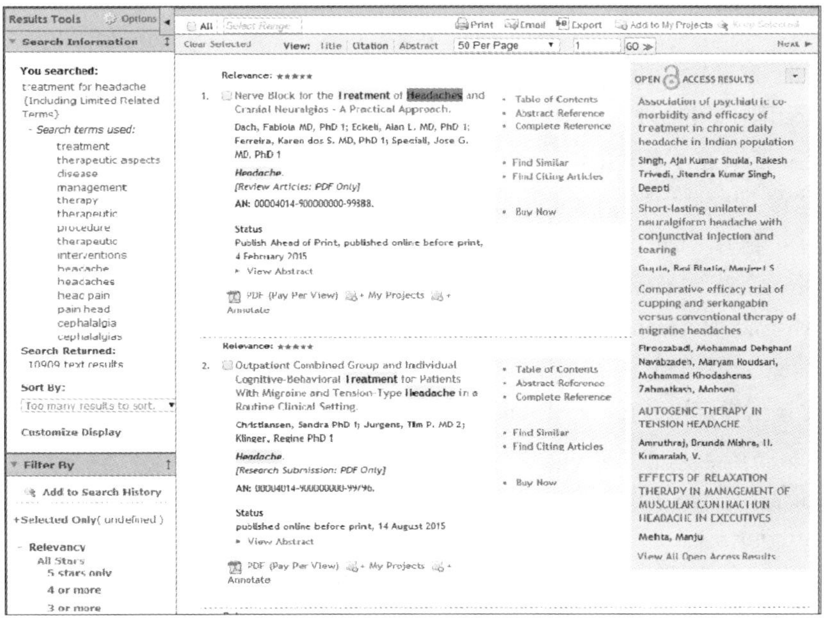

图3-10　检索结果管理工具（Results Tools）

（四）检索规则

1．字段限定检索　用户可以利用高级检索、字段检索或多个字段检索模式将检索词限定在特定的字段，也可以在检索词后面加上字段标识符指定检索词出现的位置。格式为："检索词．字段标识符缩写．"。（例如，cancer．TI．）。

2．短语检索　如果希望将多个检索词作为词组出现，需要将该词组用英文半角双引号引起。

3．截词检索

（1）"$"：用于词尾，可代替多个字符。例如，disease$，可查到的词语是 disease、diseases、diseased 等；后面加上数字可以指定字根后可接受最大数量字符的数目．如 dog$1，会找到 dog、dogs，但是不会找到 dogma。

（2）"#"：用于词中或词尾，代替至少一个字符。例如，Wom#n，可查到 woman、women，若用在查询词的后面，如 dog#，则会查到 dogs，但不会查到 dog；在使用时前面至少要两个字符才可以查询。

（3）"?"：用于词中或词尾，仅代替一个字符，例如，colo?r，可以查到 color、colour；使用"?"时前面不能只有一个字符，否则会查不到。

4．位置检索

（1）"ADJ"：如 Coral ADJ reef 表示 Coral 与 reef 要相邻，前后顺序固定。

（2）"ADJn"：在两个检索字中间最多可以放进 *n* 个字符，而且前后两个检索字可以互换。例如，physician ADJ5 relationship 查到的资料有 physician patient relationship、patient physician relationship、relationship of the patient to the physician。

5．词频检索"freq"用于限定检索词出现的频率，格式为："检索词．字段标识符缩写．/freq=n"，n 是出现的频率。例如，library．aB．/freq=2，表示检索在文摘字段检索词"library"至少出现 2 次以上的文献记录。

三、检索结果处理

检索框的下方显示最近一次检索的结果，在该页面通过相应的操作可以对结果进行保存、打印、分组筛选等处理。

（一）检索结果显示与输出

系统默认为 Citation 格式，每页显示 10 条记录，用户可以选择"Title""Abstract"格式，或者通过左侧的"Customize Display"自定义显示格式。对于每一条记录，系统除了提供题名、作者、文摘、来源和全文获取方式等基本信息外，还在记录右侧提供有"Table of Contents""Abstract Reference""Complete Reference""Find Similar""Find Citing Articles"等相关链接信息。用户还可以对自己所勾选的记录设置特定格式进行打印（Print）、保存（Export）、发送到指定电子邮箱（E-mail）或者加入到个人项目（Add to My Projects）。

（二）检索结果工具（Results Tools）

1．检索信息（Search Information）显示当前检索式（Your searched）、系统所执行的检索词（Search terms used）、检索结果数量（Search Returned）以及排序方式（Sort By）。用户可以点击"Sort By"下拉菜单选择检索结果排序方式，还可以自定义检索结果的显示格式（Customize Display）。

2．筛选检索结果（Filter By）"Filter"可以辅助用户对检索结果进行分组显示。筛选条件包括相关度（Relevancy，仅针对基本检索模式）、出版年代（Years）、期刊（Journal）以及文献类型（Publication Type）。例如，用户点击“Years”下的“Past 5 years”，系统将显示最近五年的命中文献记录。

（白玉晟）

第三节 美国化学文献数据库（SciFinder）

【教学要求】

1. 掌握 SciFinder 数据库检索系统的特点、方法、技术
2. 熟悉 SciFinder 数据库检索系统概况
3. 了解 SciFinder 数据库检索系统的检索结果处理方式

【案例】阿司匹林作为心脑血管疾病的常用预防药物，早已成为世界范围内消耗量最大的药物之一，作者想初步了解有关该药最新的研究进展有哪些？（包括：最新发表的相关专利、期刊论文、结构修饰。）请通过 SciFinder 数据库来完成。

化学文摘（Chemical Abstracts，CA）由美国化学学会化学文摘社（Chemical Abstracts Service，CAS）编辑出版，创刊于 1907 年，其前身是美国在 1895—1901 年间出版的《美国化学研究评论》与 1867—1906 年间出版的《美国化学学会杂志》中的文摘部分。

CA 是当今世界上公认的大型文摘检索工具，也是目前世界上应用最广泛、最为重要的化学、化工及相关学科的检索工具，被誉为“打开世界化学化工文献的钥匙”。

CA 报道的内容几乎涉及了化学家感兴趣的所有领域，其中除包括无机化学、有机化学、分析化学、物理化学、高分子化学外，还包括冶金学、地球化学、药物学、毒物学、环境化学、生物学以及物理学等诸多学科领域。

为了适应新时期文献信息的需求，2012 年成功开发并运行了网页版 CA，简称为 SciFinder，CA 收集的数据库得到了更广泛应用。本节以 SciFinder 为主要内容，介绍其概况、检索途径与方法、检索结果管理等方面内容。

一、数据库概述

SciFinder 数据库是由 CAPLUS、MEDLINE、CHEMCATS、CHEMLIST、REGISTRY 和 CASREACT 等 6 个数据库构成。在 SciFinder 界面做检索，检索结果中包含这 6 个数据库里的内容，但在检索界面不能选择与设置某一个子数据库进行检索。SciFinder 数据库与传统印刷版 CA 的主要区别在于：① SciFinder 增加了结构式检索、亚结构式检索、相似结构式检索、markush 检索等检索途径；② SciFinder 增加了反应式检索途径；③ SciFinder 提供了检索结果独特的分析与再处理功能，同时也链接了商业来源信息；④ SciFinder 信息更新及时，新信息仅延迟一天即公布。

（一）CAPLUS 化学文献数据库

CAPLUS 包含来自 150 多个国家，9500 多种期刊的文献，文献时间范围为 1907 年至今，部分文献来源于 1907 年以前。文献类型主要有期刊、专利、会议记录、论文、书、技术报

告等，收录的文献主要涵盖了化学、生化、化学工程以及相关学科。目前大约有 2500 万条文章记录，每天更新大约 3000 条左右。

（二）MEDLINE 医学文献数据库

MEDLINE 包含来自 70 多个国家、3900 多种期刊的生物医学文献，文献的时间范围为 1951 年至今。目前大约有 1300 万条文章记录，每周更新 4 次。

（三）CHEMCATS 商业来源数据库

CHEMCATS 是化学品的来源信息数据库，包括化学品目录手册以及供货商的地址、价格等相关信息。目前大约有 893 万条商业化学物质记录，来自 734 家供货商的 834 种目录。

（四）CHEMLIST 被管控化学品库

CHEMLIST 包括从 1979 年至今、来自 19 个国家和国际性组织的管制化学品信息，包括物质的特征、详细目录、来源以及许可信息等。目前大约有 23.7 万种化合物的详细清单，每周更新大约 50 条记录。

（五）REGISTRY 化学物质登记库

REGISTRY 涵盖了从 1957 年到现在的特定的化学物质，包括有机化合物、生物序列、配位化合物、聚合物、合金和片状无机物。每天更新约 7 万条，每种化学物质有唯一对应的 CAS 注册号。

（六）CASREACT 化学反应数据库

CASREACT 包括从 1907 年到现在的单步或多步反应信息。REACT 中的反应信息包括 CAS 编目的反应记录、ZIC-VINITI 数据库、INPI 数据库，以及由 Kieslich 博士指导编辑的生物转化数据库。每周更新大约 700 ～ 1300 条。

二、数据库的注册及登录

（一）SciFinder Web 数据库的系统要求

SciFinder Web 数据库系统要求 Windows 用户支持 IE7.0、FireFox 2.0 或者更高版本，同时对于 Mac 用户支持 Safari 浏览器。操作系统必须安装最新版本的 java 平台，安装 Java 是为了支持编写化学结构式，以进行物质或反应式的检索。Java 插件的下载请在百度、google 中搜索“JAVA 下载”，点击相应的检索结果下载安装即可。

（二）SciFinder Web 数据库的注册

使用 SciFinder Web 数据库必须先进行网络注册，找到 SciFinder Web 注册网址，它是以互联网的用户形式注册，建立个人的 SciFinder 用户名和密码，并通过 SciFinder Web 数据库验证，但验证通过的前提是必须通过购买机构提供的 URL 进行注册。点击购买机构提供的 URL 创建 SciFinder Web 账号，联系信息必须包括：姓名和电子邮件。在提交申请之后，CAS 会发送电子邮件进行确认，需要注意的是该电子邮件地址必须是该购买机构的电子邮件域。用户名：可以只包含字母或字母组合数字或特殊字符。密码必须包含 7 ～ 15 个字符，并且至少包含三个以下字符：混合的大小写字母、数字、非字母数字的字符。验证只需通过点击邮件中的确认链接，需要在 24 小时之内确认。

（三）访问 SciFinder 数据库

在购买机构的 IP 范围内，输入注册的用户名和密码即可登录。SciFinder 数据库主页（图 3-11）。

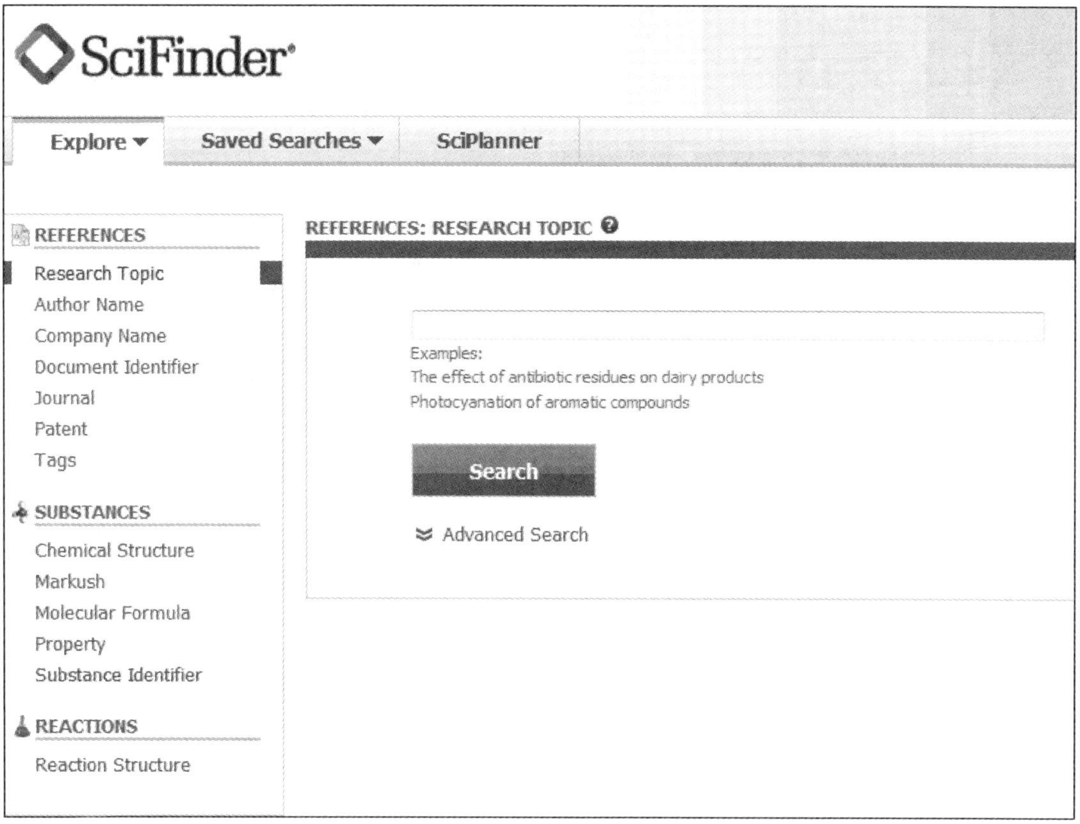

图 3-11　SciFinder 数据库主页

三、检索途径和方法

SciFinder 数据库为用户提供了 Explore References（文献检索）、Explore Substances（物质检索）、Explore Reactions（反应检索）三种检索方法。登录后，系统默认为 Explore References 界面。

（一）Explore References

提供 Research Topic（研究主题）、Author Name（著者姓名）、Company Name/Organization（公司或机构名称）、Document Identifier（文档号）、Journal（期刊名称）、Patent（专利）、Tag（标签）七种途径。其检索界面见图 3-12。例如，检索本课程案例相关的文献，在 research topic 检索框内输入 aspirin，点击 search，选择“92418 references were found containing‘aspirin’as entered”，查看检索结果（图 3-12）。我们可以通过左侧的 Refine 功能对检索结果进行限定，以缩小我们的检索范围，使得结果更加精确，点击 Refine，选择 Document Type，然后选择 Journal，这样检索结果中都是包含 aspirin 检索词的期刊类型的文献，若选择 Patent，检索结果里为包含 aspirin 检索词的专利类型的文献。我们还可以对 Research Topic、Author、Company Name、Publication Year、Language 等方面进行限定。

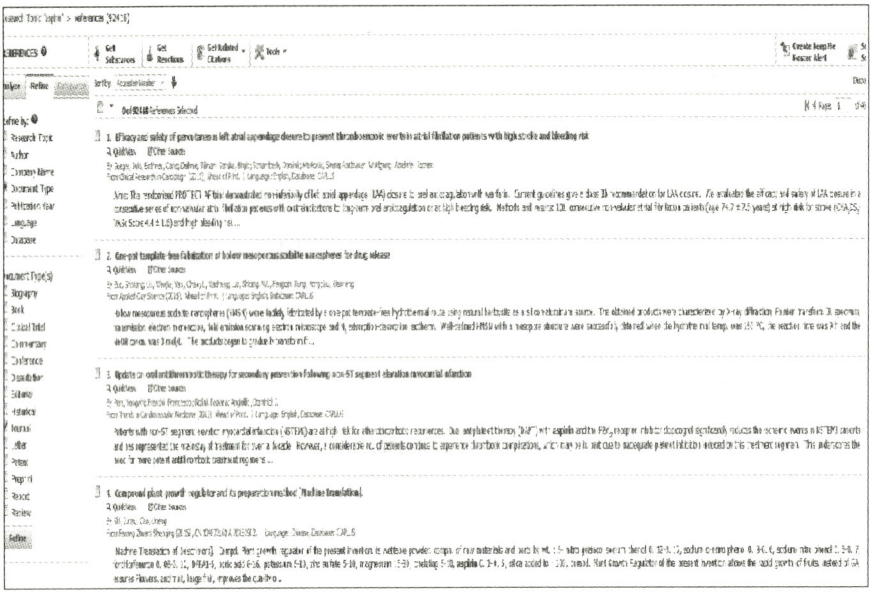

图 3-12 aspirin 进行 Explore References 的检索结果

（二）Explore Substances

提供 Chemical Structure（化学物质结构）、Makush（马库什）、Molecular Formula（化学分子式）、Property（物质性质）、Substances Identifier（化学物质名或登记号）5 种途径。Makush 检索可直接获得包含该通式结构的所有专利文献，可以检索结构检索检不到的专利，是结构检索的补充。性质检索是将物质的某一性质限定在某一特殊值或某一范围进行检索。其检索界面见图 3-13）。例如，检索本课程案例中 aspirin 相关的结构修饰情况，在 Chemical Structure 界面编写出 aspirin 结构式，如图 3-13 所示，点击 OK 得到检索结果（图 3-14），我们可以初步得到阿司匹林的结构修饰相关研究的基本情况。

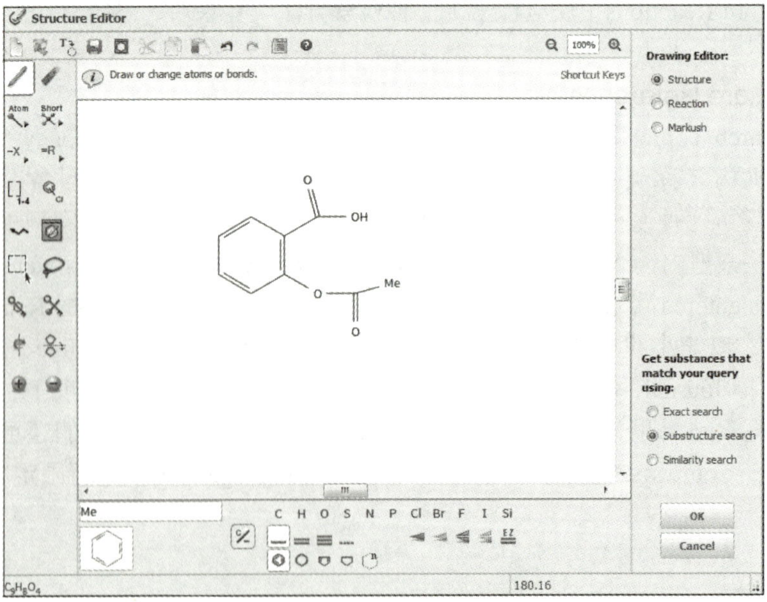

图 3-13 aspirin 进行 Chemical Structure 检索界面

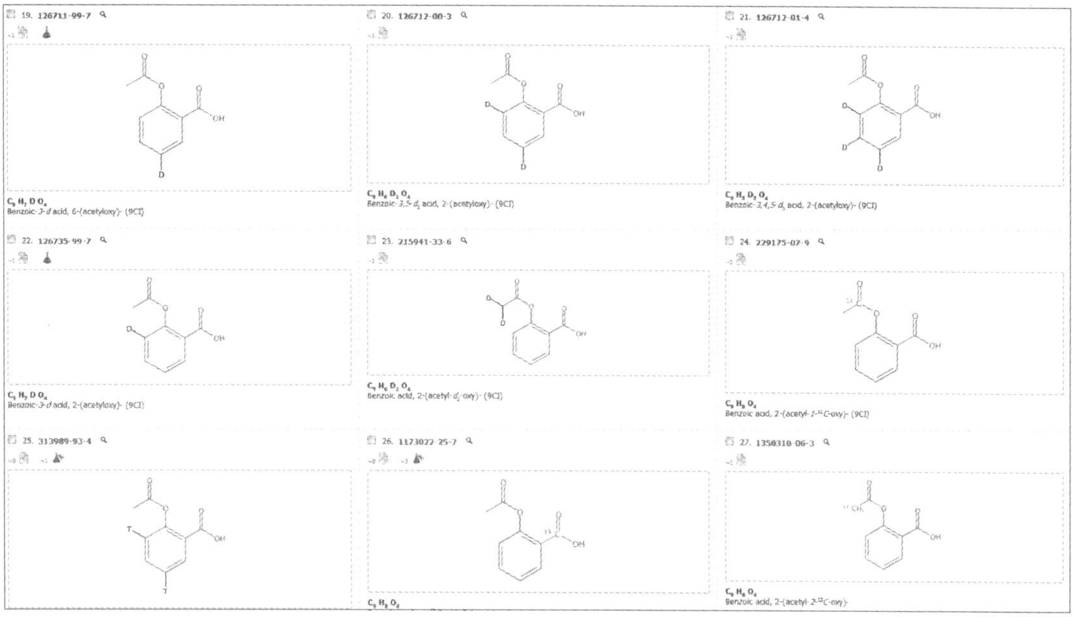

图 3-14　aspirin 进行 Chemical Structure 检索结果界面

（三）Explore Reactions

提供由化学物质结构作为反应物或产物的反应检索。其检索界面见图 3-15。例如，检索本课程案例中 aspirin 相关的合成路径，在 Reaction Structure 界面，绘出阿司匹林的结构式，Select a role for the structure fragment : product，然后点击 OK，得到检索结果（图 3-16），我们可以得到反应步骤、条件、催化剂、产率等与化学反应相关的一系列信息。

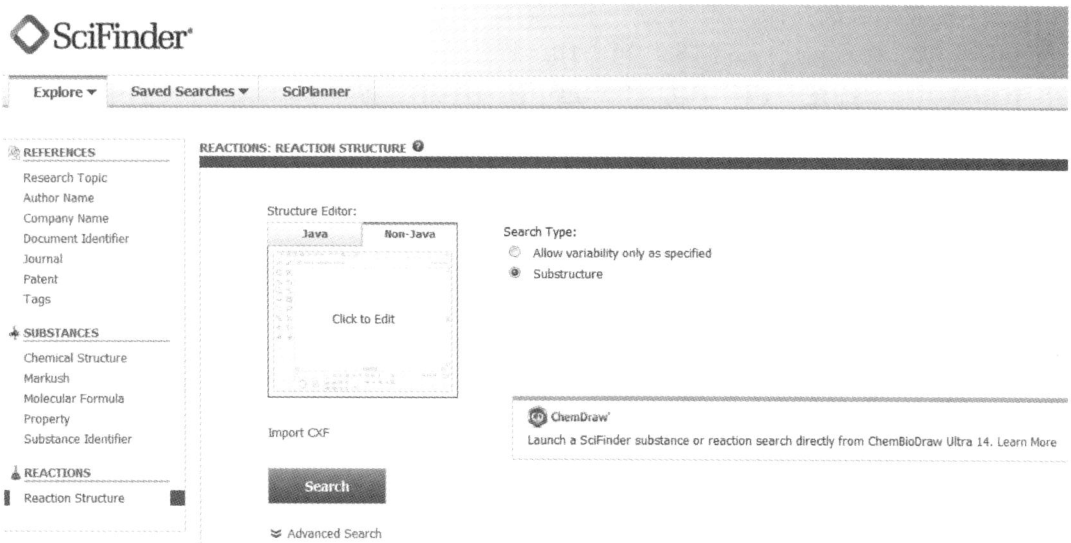

图 3-15　aspirin 进行 Reaction 检索界面

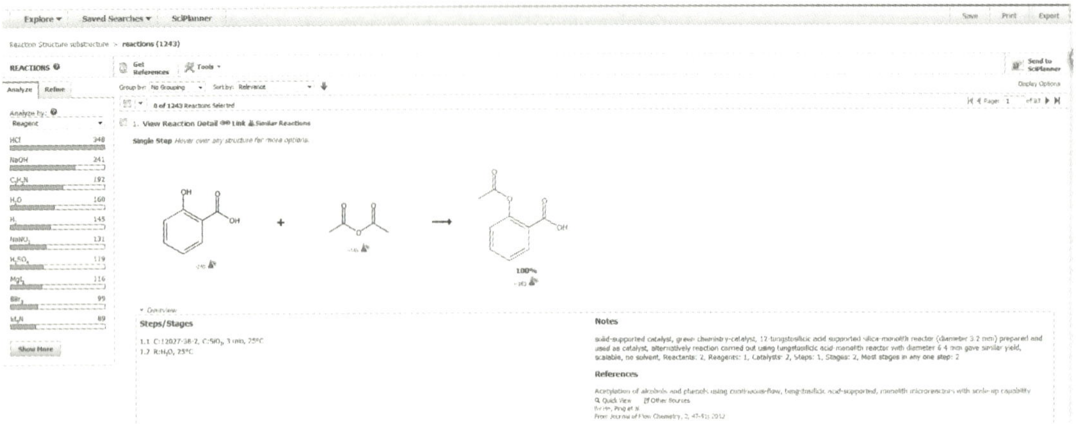

图 3-16 aspirin 进行 Reaction 检索结果界面

四、检索结果处理

SciFinder 的检索结果处理有保存到本地与在线打印两种方式。

（一）检索结果的保存

在“文件”（File）菜单中选择“保存”（Save As），或使用工具栏上的“保存”按钮，会出现“保存”对话框，与 Windows 相同，在选择文件夹的位置、文件名、保存格式后单击“保存”即可。检索结果可以保存为多种格式，主要有：Plain ASC Ⅱ（简单文本）、rich Text Format（保留文本、部分页面格式、颜色和图形）、Quoted Format（用户自己创建需要的格式）、Tagged Format（输入数据到参考文献数据库）、Answer Keys（根据文献标识符或其他检索结果，在 Options 按钮内制表）等。

（二）检索结果的打印

参考文献、物质和反应的结果均可打印。打印前一定要选择打印部分，否则系统会打印所有检索结果。选择“文件”（File）菜单中的“打印”（Print）命令，或单击主菜单上的 Print（打印）按钮会出现打印对话框。进行打印选择后，单击 OK（确定）按钮开始打印，打印后会自动返回到检索结果页面。

（肖志彬）

第四节 外文期刊全文数据库（Science Direct）

【教学要求】

1. 掌握 Science Direct 数据库检索系统的特点、方法、技术
2. 熟悉 Science Direct 数据库检索系统概况
3. 了解 Science Direct 数据库检索系统的检索结果处理方式

【案例】某研究生想追踪了解病毒性心肌炎的致病因素方面的内容，想下载近几年相关

的英文全文文献。

一、数据库概况

Science Direct 是荷兰著名的学术出版商 Elsevier 公司的综合性全文数据库，收录 2500 多种经同行评议的期刊及 26 000 多种图书手册。学科范围覆盖四大主题领域，分别为 Physical Sciences and Engineering（物理科学与工程）、Life Sciences（生命科学）、Health Sciences（健康科学）、Social Sciences and Humanities（人文社会科学），每个主题大类下又细分 24 个小类。该平台还提供 Top-25 Articles 链接，直接阅读各学科下载量最高文献。在 Science Direct 主页进行用户注册后，可以进行一些个性化设置，如保存检索历史、E-mail 提示、内容推送等。值得一提的是 Science Direct 收录的期刊大多数被 SCI、EI 所收录，因此，该库在科研过程中发挥着不可替代的重要作用。

二、检索途径和方法

数据库提供浏览检索、快速检索、高级检索、专业检索等四种主要检索方法。注册用户可直接链接到自己的设置，减少检索时间，系统首页见图 3-17。

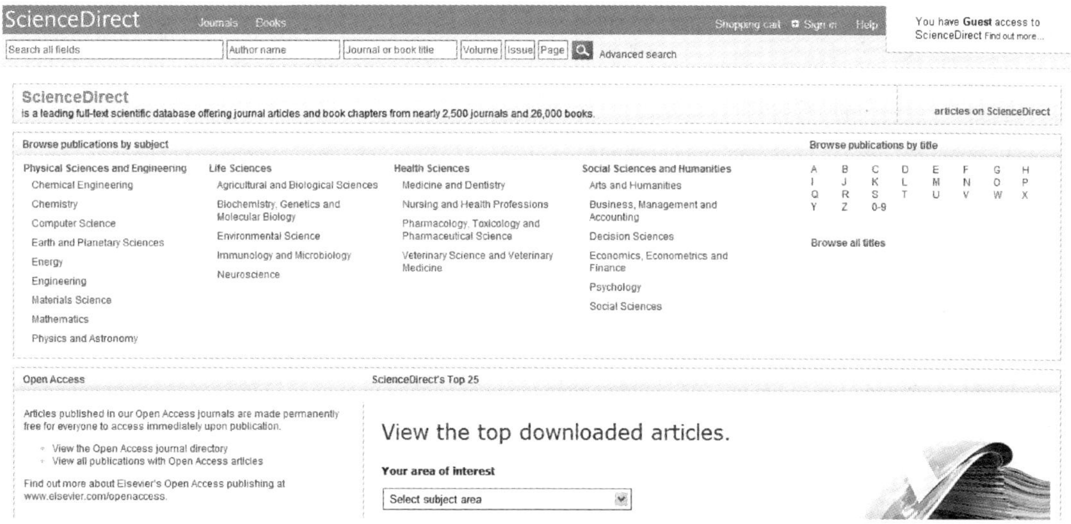

图 3-17　Science Direct 主界面

（一）浏览检索

Science Direct 主页有 Browse publications by subject 与 Browse publications by title 两个界面，前者提供学科主题分类期刊、图书浏览，后者按字母顺序提供期刊、图书浏览。通过以上两种方式都可以找到需要查找的学术期刊与图书，浏览检索到所需期刊后，通过点击期刊名进入该期刊浏览，可以显示出最新一期刊载文献（图 3-18）。通过点击左侧卷、期目录，可以阅读其他时期的刊载文献。点击“About this Journal”，链接期刊的出版编辑信息，提供作者投稿指南、作者稿件追踪、期刊影响因子等（图 3-19）。

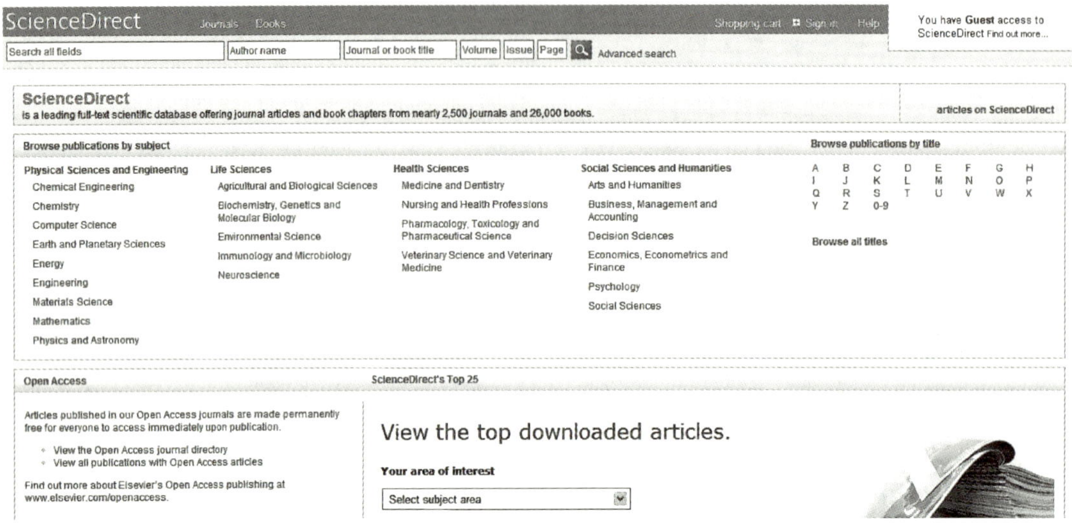

图 3-18 相关期刊信息界面

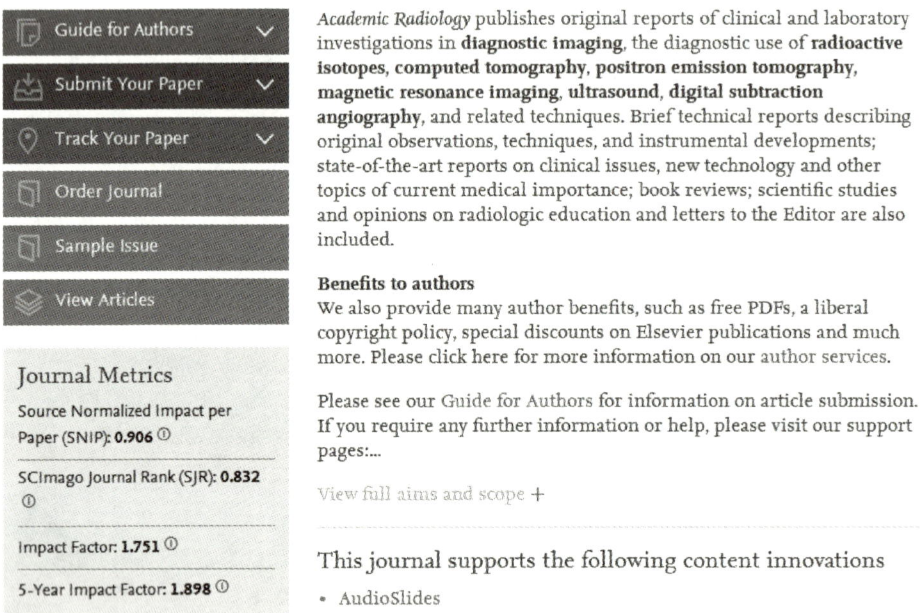

图 3-19 相关期刊信息界面

（二）快速检索

快速检索可以对文章、期刊、书籍进行检索，其界面存在每一页的顶部（图 3-20）。需要注意的是快速检索时，检索词默认搜索全部字段，若知道作者、期刊相关信息也可以在相应检索框输入，空白状态下，默认是全部作者、全部期刊与图书进行检索。

图 3-20 快速检索界面

（三）高级检索

点击“Advanced search”，进入高级检索界面（图 3-21）。可以通过检索字段（All Fields、Abstract-Title-Keywords、Authors、Source Title、Title、ISSN、Affiliation）、文献类型（期刊、图书、参考工具书、图像等）、学科领域、出版年等限定方式进行检索。例如，检索本课程案例中所提到的相关文献，在高级检索界面检索框内输入：“Viral myocarditis”，字段限定在 title，在另一检索框输入：pathogenic or factor，字段限定在 Abstract-Title-Keywords，年份限定：2013 至今，点击检索，结果见图 3-22。以上这些文献都是关于病毒性心肌炎的致病因素方面的内容，可以帮助案例中的学生解决问题。

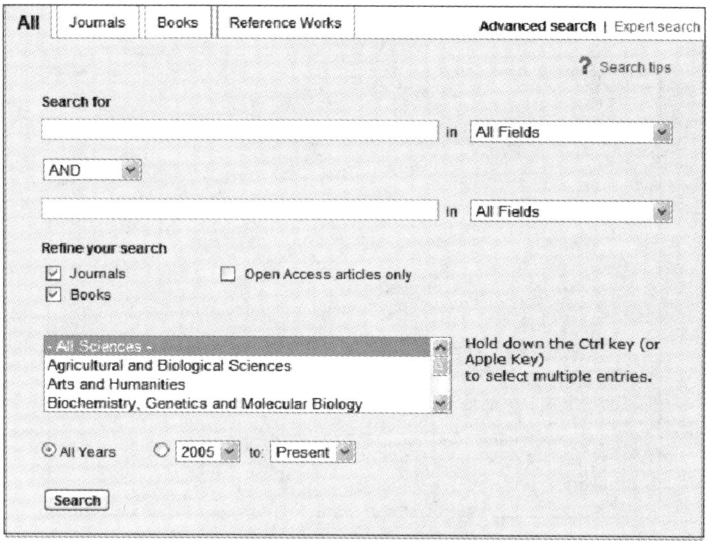

图 3-21　高级检索界面

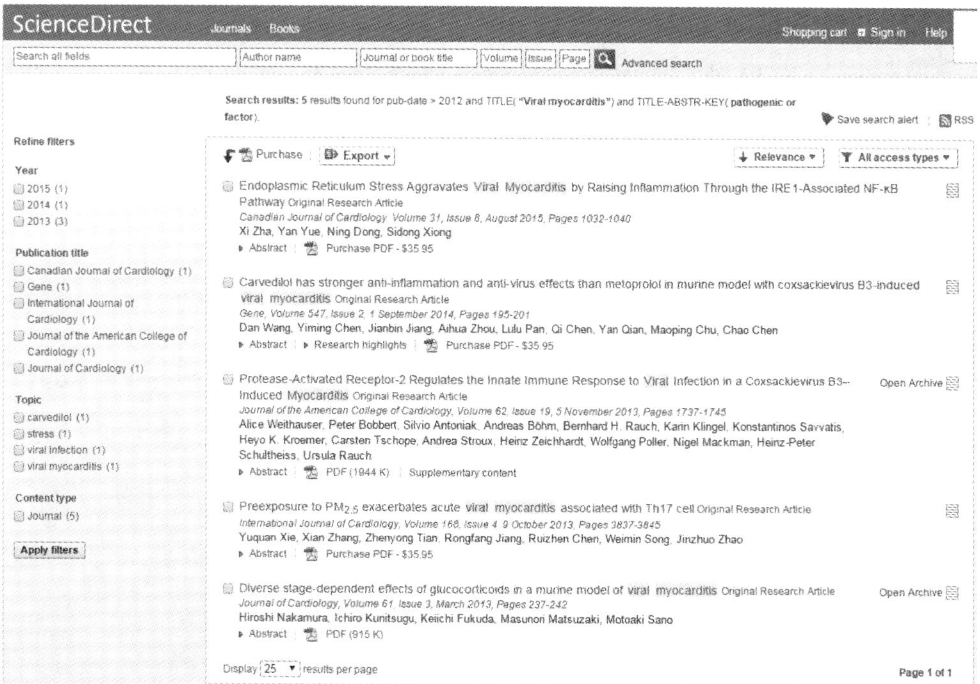

图 3-22　病毒性心肌炎的致病因素检索结果

（四）专业检索

在高级检索界面，点击“Expert search”，进入专业检索界面（图 3-23）。“Expert search”需要由逻辑算符、位置算符、通配符、字段标识符、括号来构建检索式进行检索。专业检索常用字段有：Title-Abstract-Keywords（复合字段）、Abstract（摘要）、Author（作者）、Affiliation（机构）、Keywords（关键词）、Reference（参考文献）、Title（文章标题）、Journal-Name（期刊名称）。例如，检索本课程案例中所提到的相关文献，在专业检索界面检索框内输入：Title/Abstract/Keywords（pathogenic or factor）AND Title（“Viral myocarditis”）。特别需要说明的是，专业检索对信息检索者有较高的信息检索要求，对于初学者不建议使用专业检索。

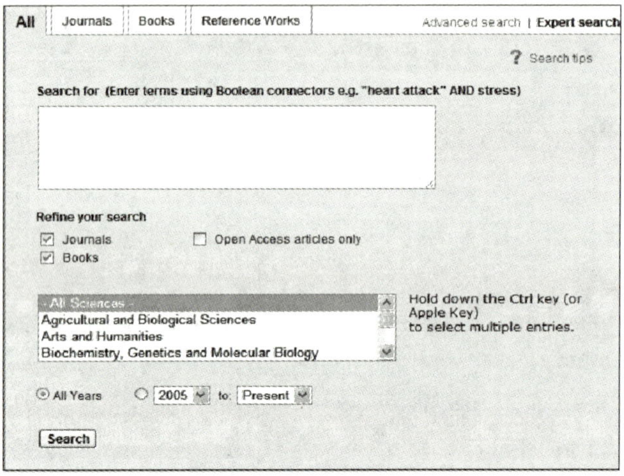

图 3-23　专业检索界面

（五）Top-25 Articles

在数据库主页，点击 top25.sciencedirect.com，进入 Top-25 Articles 浏览界面，显示最新时段全学科下载量最高的 25 篇文献（图 3-24）。可以选择自己需要的学科及文献类型。

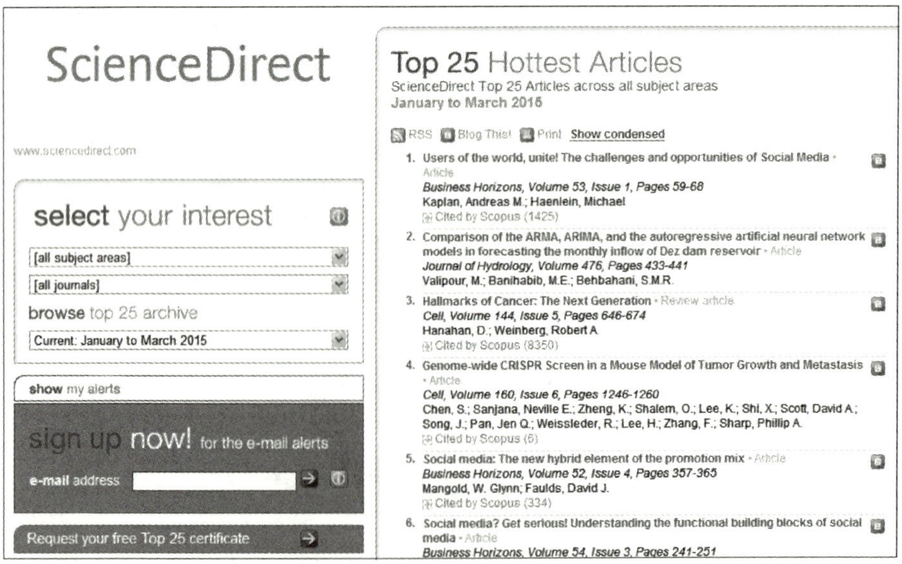

图 3-24　Top-25 Articles 主界面

三、检索结果处理

Science Direct 检索结果分别可以依照相关度与日期进行排序，通过精炼检索框对结果进一步筛选等功能。Science Direct 检索结果的获取有 E-mail 发送 PDF 链接、以参考文献形式输入文献、批量下载（每次最多 20 篇）、预览所选文献、PDF 全文下载等方式。特别是在 Science Direct 提供文献的批量下载，在检索结果界面点击 Download multiple PDFs 即可按照提示完成下载任务。首次批量下载时，需要安装插件，此时同意安装即可。进入批量下载页面后，先通过 Possible File Naming Bits 和 Selected File Naming Bits 来对下载文件的命名进行设置。再对所要下载文献保存的文件夹进行确定后，点击 Begin Down Load 即可开始进行批量下载。批量下载的结果中可能存在 HTM 文档和 PDF 两种格式，HTM 文档说明这些文献不能获取全文，但是可以打开浏览主要的主题信息（题目、作者、摘要以及其他免费显示的内容）。

（肖志彬）

第五节 SpringerLink

【教学要求】

1. 掌握检索技术
2. 熟悉检索方式与使用方法
3. 了解数据库概况，检索结果处理

【案例】介入治疗是临床对冠心病治疗的常见的有效手段，良好的护理能够有效预防和减少术后并发症，提高预后。某医院的护理人员拟开展相关研究，需要了解这方面的研究进展、方向、方法，请为他们查找有关的国外期刊论文。

一、数据库概况

SpringerLink 数据库是由世界上著名的科技出版集团德国施普林格（Springer-Verlag）公司研究开发的、科学技术和医学类全文数据库，提供了包括各类期刊、丛书、图书、参考工具书以及回溯文档的在线服务。SpringerLink 的数字资源有：全文电子期刊 2700 余种；图书和科技丛书（包括 Lecture Notes in Computer Science，LNCS）25 000 种以上；超过 200 万条期刊文章的回溯记录。

目前，SpringerLink 提供的全文电子期刊涵盖建筑和设计、天文学、生物医学、商业和管理、化学、材料科学、计算机科学、地球和地理科学、经济学、教育和语言、能源、工程学、环境科学、食品科学与营养学、社会科学、法律、生命科学、数学、医学、统计学、物理学、哲学、心理学、公共卫生 24 个学科。

二、检索方式与使用方法

国内个人用户可通过 SpringerLink 主站（http：//www.springerlink.com）免费浏览、检

索文献的题录和文献信息，如需查阅全文，用户可在订购该数据库的机构用户 IP 地址范围内通过数据库链接访问。目前该数据库提供浏览、简单检索、高级检索三种检索方式。

（一）浏览

SpringerLink 数据库首页左侧提供学科范围和文献类型两种浏览方式。

1．按学科范围浏览（Browse by discipline） 数据库将文献分为 24 个学科，用户在数据库首页左侧点击相应学科链接既可进入该学科文献显示页面，结果默认按所有内容出版时间倒序显示文献，即最新文献显示在前，在该页面的左侧同时还提供了文献类型（Content Type）、学科分类（Discipline）、二级学科（Subdiscipline）、语言（Language）等对检索结果进行筛选，用户可根据需求做进一步的选择（图 3-25）。

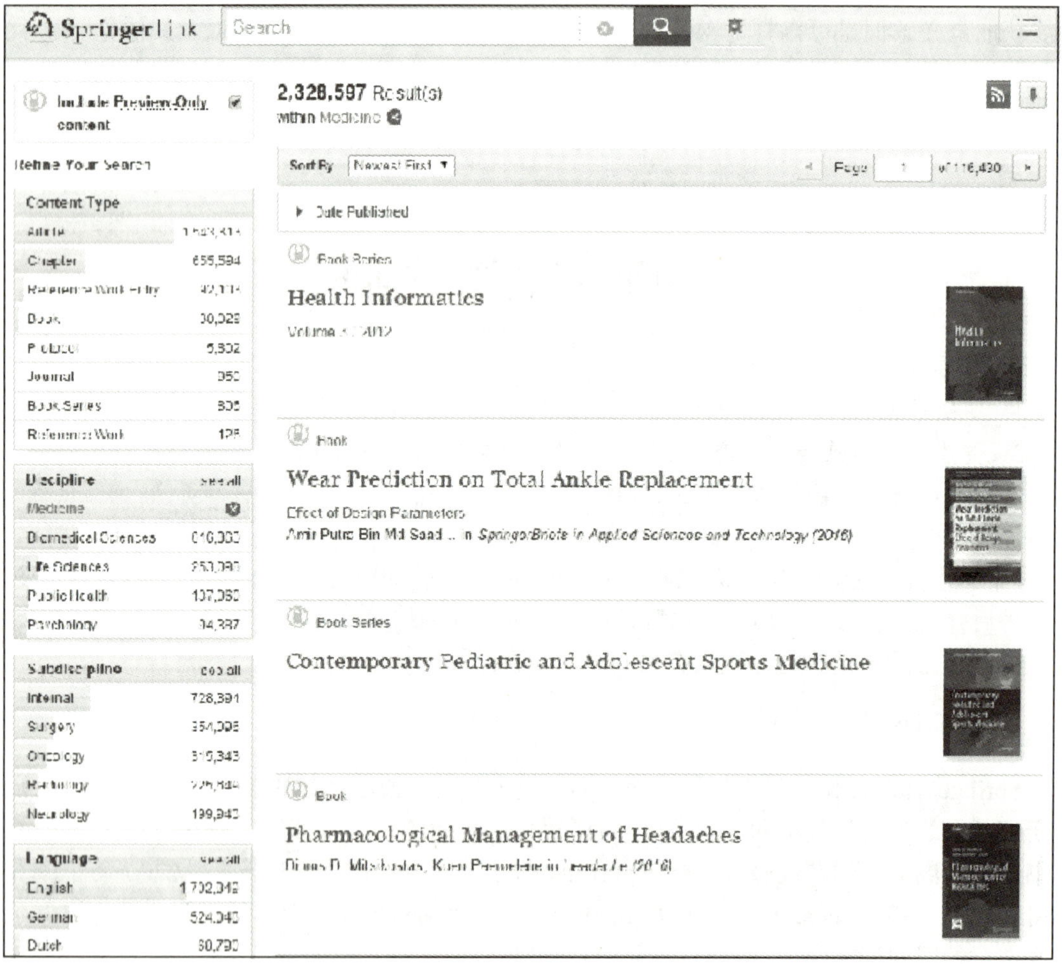

图 3-25 按学科范围浏览结果

2．按文献类型浏览 在数据库首页左侧下端系统提供了按 Articles（期刊论文）、Chapters（图书章节）、Reference Work Entries（参考工具书）、Protocols（规范、指南）浏览文献，点击某一文献类型后进入该类文献显示页面，结果默认按所有内容出版时间倒序排序，在结果显示页面的左侧还提供了按学科分类、二级学科、语言浏览，用户可再根据需求做进一步的选择。

（二）简单检索

在 SpringerLink 数据库首页顶端即为简单检索，其检索范围默认为数据库中的所有内容。在主页检索区的检索框中直接输入检索词进行检索，提供类似 Google 关键字检索的功能，既可直接使用词或词组检索，也支持布尔组配检索。检索时还具有自动建议拼写功能，例如输入“diabe”，系统自动出现相关的建议搜索内容的提示（图 3-26）。

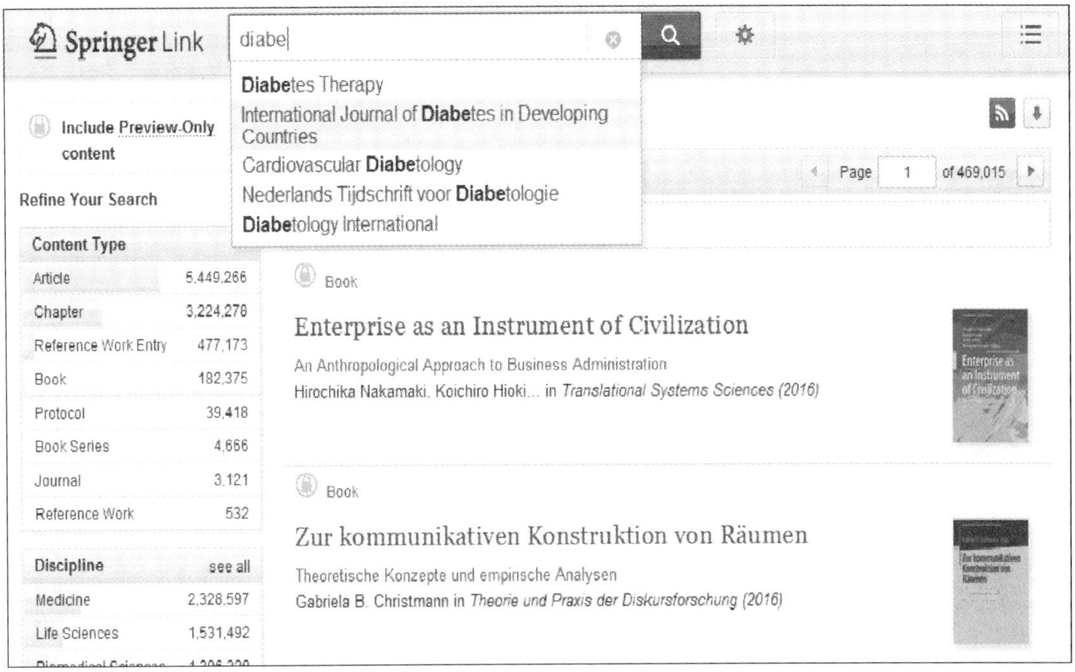

图 3–26　简单检索

（三）高级检索（Advanced Search）

在首页检索框后单击“ ”，在下拉菜单中选择 Advanced Search，进入高级检索界面（图 3-27）。

在高级检索页面中提供了多个检索项，用户可通过不同的选项或其组合检索特定文献，各检索项间为逻辑与：

1．with all of the words　包含全部检索词，可同时输入多个检索词，检索词间为逻辑与；

2．with the exact phrase　精确匹配；

3．with at least one of the words　包含至少一个检索词：输入的检索词间为逻辑或；

4．without the words　不包含该检索词，即检索结果中排除含有该检索词的文献；

5．where the title contains　标题包含，即检索词应出现在标题中；

6．where the author/editor is　作者 / 编者是，按作者姓名检索；

7．Show documents Published　出版时间限定，可限定具体时间和时间范围。

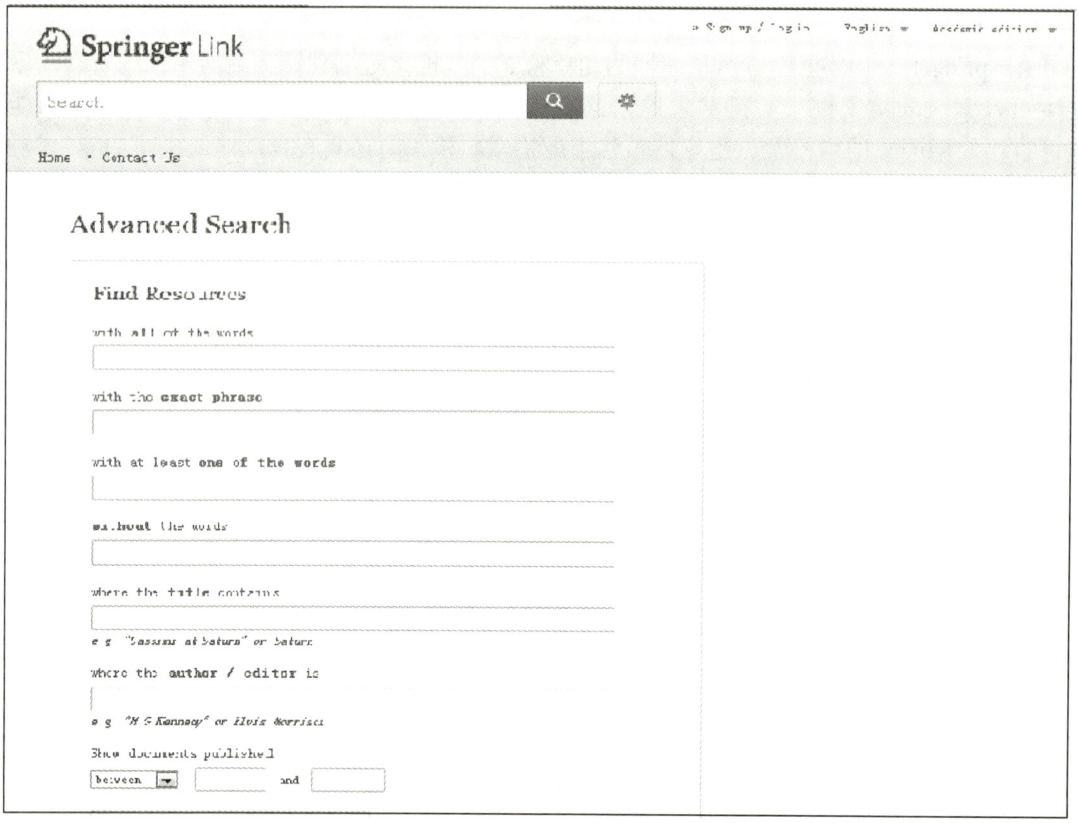

图 3-27　高级检索页面

（四）检索技术

1. 截词检索　在 SperingerLink 系统中截词符有“*”“**”和“？”三种。“*”用于词尾，可代替至少一个字符，如输入 leukemi*，可检索到含有 leukemia、leukemic、leukemogenesis 的论文；“**”用于词尾，表示该词的所有时态变化词都在检索范围内，如输入 drink**，则含有 drink、drinking、drank、drunk 的文献均是命中文献；“？”用于词中，可代替零到一个字符，如输入 colo?r，可命中含有 color 或 colour 的文献。

2. 布尔逻辑检索　系统支持使用布尔逻辑算符 AND、OR、NOT 运算顺序按 NOT>AND> OR，如果要改变运算顺序，可使用英文小括号将需要先运算的检索词括起来。

3. 位置检索　SperingerLink 系统中的位置算符为 NEAR，表示两词间最多相隔 0 ～ 5 个词，词顺可以改变，如果希望词序不变，可以用引号将检索式用英文半角双引号括起来。

三、检索结果处理

（一）检索结果显示

系统默认显示所有类型的检索结果，如果只想看到权限范围内（所订购内容）的检索结果，可页面左侧上端的复选框取消“Include Preview-Only Content（含仅可预览内容）”上的勾选。带有“🔒”图标表示该条结果为“Preview-Only Content”（仅可预览内容），不提供全文下载权限。OA 资源的记录在其右侧显示“Open Access”图标。

1. 检索结果排序　以浏览方式检索到的结果，系统仅提供按时间排序，在结果列表上端点击 Sort By 的下拉菜单选择排序方式，系统默认为发表时间由新到旧（Newest first）排序，还可选择由旧到新（Oldest first）排序；以检索方式获得的文献系统提供按相关度（Relevance）、时间排序，系统默认按相关度排序，相关度高的排在前面。

2. 检索结果筛选（Refine Your Search）　在检索结果显示页面左侧可选择按不同方式聚类检索结果，系统提供按文献类型（Content Type）、学科（Discipline）、二级学科（Subdiscipline）、语言（Language）进行筛选。选择聚类的形式后，检索结果列表上方会显示相应的过滤条件。单击“Date Published”会显示时间范围限定选项，系统提供两种限定方式，一是 between，可限定显示某两年间出版的文献，另一种是 in，可限定只显示某一年内的全部文献。

3. 浏览文章　单击某篇文章题录下方的“View Article”可在线以 HTML 格式浏览全文；单击某篇文章标题进入文章浏览页面，提供该文章的出处、篇名、作者、摘要、文章主题、关键词、机构等信息以及全文下载和在线浏览的链接。此外，通过超链接功能可以打开相应的检索内容，如作者作品链接、相关文章链接（related contents）、补充材料（Suppementary Material）的链接、在此期刊内的链接（Within this Article Links）等。通过“CrossRef”链接，大部分的参考文献可以链接到原始出处。

4. PDF 预览功能　新版 SpringerLink 平台提供文献 PDF 格式的预览功能。不同文献类型单击其标题超链接进入浏览页面后，单击页面右侧的“Look Inside”图标，即可预览文章的前两页内容，在预览后再确定是否下载。

5. 浏览期刊（Journals）　如果文献类型为期刊时，则会显示该刊的名称、系统收录该刊的起始年、卷和最新年、卷，单击该条期刊记录的刊名或右侧的期刊封面图，进入该期刊的浏览界面。在该页面可以在检索框中输入期刊的卷、期查找具体刊期，或者点击蓝色条状按钮“Browse Volumes&Issues”按期刊的“卷 / 期浏览”；此外，期刊浏览页面不仅有刊名、ISSN 号、期刊简介、最新文章列表、期刊主题词等信息，还提供本刊的开放获取论文的查看链接（View Open Access Articles）。

（二）检索结果导出

1. 导出题录　检索结果列表右上方，①单击“”图标，可将结果通过 RSS 推送；②单击箭头可以导出最多 1000 条检索结果的 CSV 格式的 EXCEL 文件；③单击文章浏览页面右下方“Other Actions”提供的“Export Citations”超链接，进入题录导出页面，即可以按不同格式导出该条题录，以适应不同的文献管理软件的需要。

2. 全文下载　检索结果列表中有权限的文献和开放获取文献提供全文下载。单击该条记录下方的“Download PDF”可直接下载全文。

四、案例分析

本节案例可采用简单检索与高级检索两种方式来实现。

（一）简单检索

（1）在数据库首页检索框中输入（“Coronary Disease”OR“Coronary Heart Disease”）AND Interventional AND nurse，点击；

（2）在检索结果列表左侧点击 Content Type 下的 Article 查看所有的论文（图 3-28）。

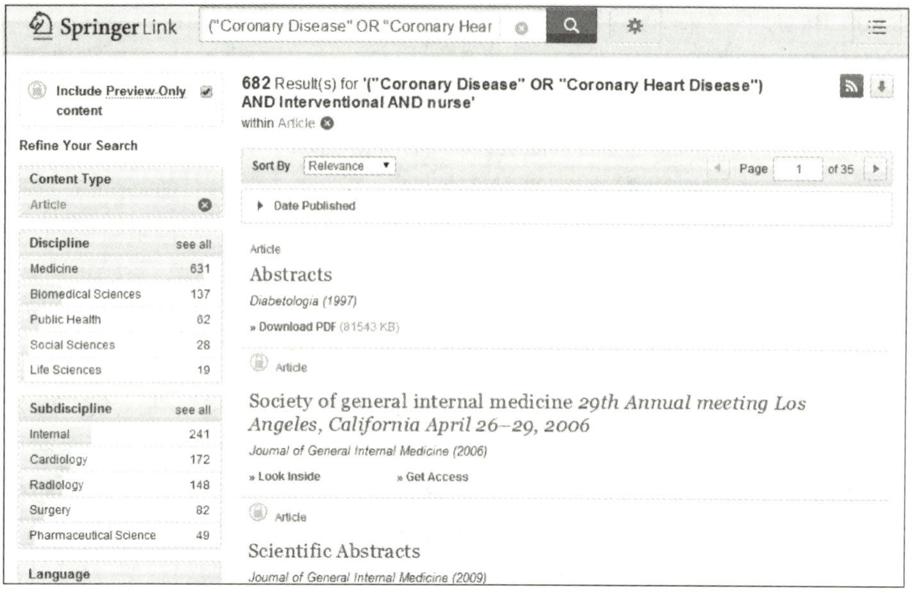

图 3-28 案例的简单检索方式检索结果

（二）高级检索

（1）在数据库首页点击检索框右侧的 ，在下拉菜单中选择 Advanced Search，进入高级检索页面；

（2）在 with all of the words 检索框中输入 Interventional nurse Coronary Disease 点击 Search；

（3）在检索结果显示列表点选页面左侧 Content Type 下的 Article 查看所有的论文（图 3-29）。

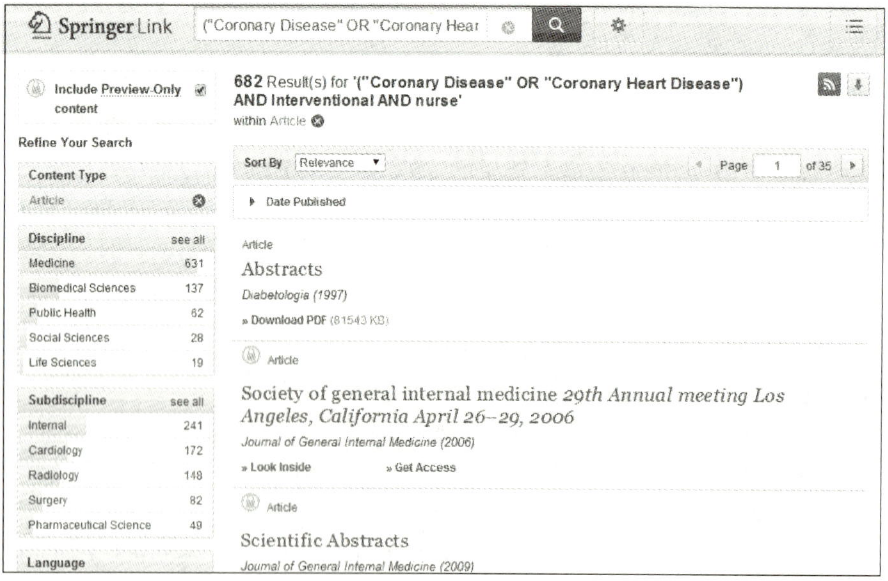

图 3-29 案例高级检索结果

（白玉晟）

第一节　实习题

一、判断题

1．PubMed 不支持截词检索。(　　)
2．在 PubMed 中可用刊名缩写进行期刊检索。(　　)
3．在 PubMed 中进行作者检索时，只能用姓名全称。(　　)
4．带有 PreMEDLINE 标识的数据可以利用主题词检索。(　　)
5．在 PubMed 中逻辑运算符不分大小写。(　　)

二、选择题

1．MEDLINE 数据库的显著特点是文献记录均依据__________进行主题标引。(　　)
A．MeSH 表　B．中文主题词表　C．医学名词术语表　D．叙词表
2．MEDLINE 数据库的产品中，在网上提供免费检索服务的是(　　)
A．OVID　B．ISI web of Knowledge
C．PubMed　D．EBSCO
3．在 MEDLINE 数据库中进行检索期刊可用(　　)
A．刊名全称　B．MEDLINE 格式的标准缩写
C．ISSN 号　D．Electronic ISSN 号
4．下列关于在 MEDLINE 数据库中进行字段限定检索的表达式不正确的是(　　)
A．检索词 = 字段标识符　B．检索词 [字段标识符]
C．检索词 in 字段标识符　D．检索词：字段标识符
5．下列关于 MEDLINE 的描述不正确的是(　　)
A．不支持截词检索　B．全文文献获取需要付费
C．期刊检索时不能使用刊名缩写　D．不提供 Meta 分析相关资料检索

三、简答题

1．简述 PubMed 的收录范围和各自的标记。
2．简述 Search History 的功能作用。
3．简述自动词语匹配 (Automatic Term Mapping) 的功能作用。
4．简述在 PubMed 如何进行逻辑表达式检索。
5．简述在 PubMed 如何获取免费全文。

四、检索题

1．用基本检索查找有关干细胞 (stem cell) 移植 (transplation) 治疗渐冻症 (肌萎缩侧索硬化 amyotrophic lateral sclerosis，ALS) 的文献。

2．用高级检索查找有关胆囊炎 (cholecystitis) 治疗的文献。

3．查找期刊 Acta Cardiologica 中有关系统性红斑狼疮 (systemic lupus erythematosus) 的论文。

4．检索 Cahill DJ 以第一作者发表的有关子宫内膜异位症 (endometriosis) 的论文。

5. 用主题词途径检索有关尼莫地平（nimodipine）治疗蛛网膜下隙出血（subarachnoid-hemorrhage）的副作用方面的论文。

第二节　实习题

一、判断题

1. 在 OVID 系统中基本检索时可以直接输入一个语句进行检索。(　　)
2. OVID 系统的 Find Citation 功能中各检索项间默认为逻辑或。(　　)
3. OVID 系统不支持截词检索。(　　)
4. 在 OVID 系统中进行著者检索时，要用姓名全称，姓名间用逗号隔开。(　　)
5. 在 OVID 系统中用刊名检索期刊时不能用刊名缩写来检索。(　　)

二、选择题

1. OVID 系统中浏览检索方式包括(　　)

A. 按访问权限浏览　　B. 按刊名字顺浏览
C. 按学科主题浏览　　D. 按出版地浏览

2. 在 OVID 系统中用于词尾，可代替多个字符的截词符是(　　)

A. #　　B. $　　C. *　　D. ?

3. 下列运算符中用于在 OVID 中表示所连接的两个检索词相邻，前后顺序固定的是(　　)

A. ADJ　　B. ADJn　　C. near　　D. with

4. OVID Full Text 的检索方式包括(　　)

A. Basic Search　　B. Find Citation
C. Search Fields　　D. Advanced Search
E. Multi-Field Search

5. 下列有关 OVID Full Text 的描述正确的是(　　)

A. OVID 数据库系统中向用户提供多学科期刊论文在线检索及全文下载服务的子库
B. Basic Search 可以不必考虑检索语言和语法规则，自由输入检索词或提问语句
C. 进行著者检索时，姓名均需全称，且姓在前、名在后
D. 可以用期刊全称和刊名缩写检索期刊

三、简答题

1. OVID Full Text 中如何进行截词检索？请举例说明。
2. OVID Full Text 的位置算符有哪些？如何应用？请举例说明。
3. OVID Full Text 中如何进行期刊浏览检索？
4. 简述 OVID Full Text 的高级检索方式。
5. 简述在 OVID Full Text 中如何查找特定文献。

四、检索题

1. 通过浏览方式查找下列文献的全文，查看该文献有多少参考文献？其中能获得全文

的有几篇?

Lenzi A，Maltinti E，Poggi E，et al．Effects of rivastigmine on cognitive function and quality of life in patients with schizophreniA．Clin-Neuropharmacol．2003，26（6）: 317-321.

2．通过基本检索查找有关胃食管反流（gastroesophageal reflux）与食管癌（esophageal cancer）关系的文献，请写出检索到的文献数量，并下载按刊名字顺降序排序后的第一篇论文的全文。

3．请利用 Find Citation 查找以下文献并以 OVID 引文格式在 D 盘中保存其摘要，文件格式为 PDF。

Glenn，Tammy F．MSN，RN，FNP．Esophageal cancer : facts，figures，and screening. Gastroenterology Nursing，2001，24（6）: 271-273.

4．请利用 Advanced Search 功能查找作者 Wenzl，Tobias G 撰写的论文。

5．利用 Search Fields 方式查找题目中带有胃食管反流（gastroesophageal reflux）与食管癌（esophageal cancer）的文献。

第三节 实习题

一、判断题

1．SciFinder 的中文全称是化学文献。（ ）

2．SciFinder 数据库是由 CAPLUS、MEDLINE、CHEMCATS、CHEMLIST、REGISTRY 和 CASREACT 6 个数据库构成。（ ）

3．SciFinder 数据库为用户提供了 Explore Refeltences（文献检索）、Explore Substances（物质检索）、Explore Reactions（反应检索）三种检索方法。（ ）

4．SciFinder 数据库的物质检索提供 Chemical Structure（化学物质结构）、Makush（马库氏）、Molecular Formula（化学分子式）、Property（物质性质）、Substances Identifier（化学物质名或登记号）五种途径。（ ）

5．SciFinder 物质检索中的性质检索途径，是将物质的某一性质限定在某一特殊值或某一范围内进行的检索。（ ）

二、选择题

1．SciFinder 数据库为用户提供了以下哪几种检索方式？（ ）

A．Explore References B．Explore Substances

C．Explore Reactions D．Explore title

2．以下属于 SciFinder 物质检索途径的有（ ）

A．Chemical Structure B．Makush

C．Molecular Formula D．Property

3．以下属于 SciFinder 数据库中 Explore References 检索途径的有（ ）

A．Research Topic B．Author Name

C．Patent D．Company Name

4．以下属于 SciFinder 子数据库的是（ ）

A．CAPLUS B．MEDLINE C．CHEMCATS D．CASREACT

5．以下属于 SciFinder 数据库反应检索途径的有（ ）

A．Plain ASC Ⅱ B．rich Text Format

C．Tagged Format D．Answer Keys

三、简答题

1．简要回答 SciFinder 数据库中物质检索途径有哪些？

2．简要回答 SciFinder 数据库中有哪些子数据库？

3．简要回答 SciFinder 数据库中 Explore References 检索途径有哪些？

4．简要回答 SciFinder 数据库为用户提供了哪几种检索方法？

5．简要回答 SciFinder 数据库中“rich Text Format”检索结果保存格式的具体含义？

四、检索题

1．请通过 SciFinder 数据库中反应检索，查找阿司匹林的合成途径。

2．请通过 SciFinder 数据库检索心肌梗死相关的专利。

3．请通过 SciFinder 数据库检索糖尿病专利中相关的结构。

4．请通过 SciFinder 数据库检索得到 $C_{29}H_{50}O$ 的分子结构与相应性质。

5．请通过 SciFinder 数据库检索得到 LD50 为 $100mg \cdot kg^{-1}$ 的物质有多少。

第四节 实习题

一、判断题

1．Science Direct 是美国著名的学术出版商 Elsevier 公司的综合性全文数据库。（ ）

2．Science Direct 收录文献的学科范围覆盖四大主题领域，分别为 Physical Sciences and Engineering（物理科学与工程）、Life Sciences（生命科学）、Health Sciences（健康科学）、Social Sciences and Humanities（人文社会科学）。（ ）

3．Science Direct 数据库提供浏览检索、快速检索、高级检索、专业检索等四种主要检索方法。（ ）

4．Science Direct 数据库主页，点击 top25 articles，进入后显示最新时段全学科下载量最高的 25 篇文献。（ ）

5．Science Direct 快速检索可以进行期刊、书籍等类型文献的检索，不能进行图片检索。（ ）

二、选择题

1．Science Direct 数据库为用户提供了以下哪几种检索方式？（ ）

A．浏览检索 B．快速检索 C．高级检索 D．专业检索

2．Science Direct 数据库可以检索到以下哪些类型文献？（ ）

A．期刊 B．报纸 C．图书 D．图片

3．Science Direct 收录的文献学科范围包括以下哪几大类主题？（　　）

A．Physical Sciences and Engineering　　B．Life Sciences

C．Health Sciences　　D．Social Sciences and Humanities

4．Science Direct 数据库高级检索界面包括哪些常用限定方式？（　　）

A．文献类型　　B．学科领域　　C．出版年　　D．检索字段

5．Science Direct 数据库常用的专业检索字段有（　　）。

A．Abstract　　B．Author　　C．Keywords　　D．Title

三、简答题

1．简要回答 Science Direct 数据库中有哪些主要检索途径？

2．简要回答 Science Direct 收录文献的学科范围覆盖哪些主题领域？

3．简要回答 Science Direct 数据库主页上的 top25 articles 的作用？

4．简要回答 Science Direct 数据库高级检索界面常用的限定方式有哪些？

5．简要回答 Science Direct 数据库常用的专业检索字段有哪些？

四、检索题

1．通过 Science Direct 数据库的快速检索，查找胃黏膜损伤方面的期刊文献。

2．通过 Science Direct 数据库高级检索，查找内蒙古医科大学发表的文献有哪些？

3．想检索心肌梗死最近研究的热点危险因子有哪些？请通过 Science Direct 数据库的专业检索界面来实现。

4．请通过 Science Direct 数据库的专业检索界面，检索文献标题中含有糖尿病、摘要里含有胰岛素方面的期刊类型文献。

5．通过 Science Direct 数据库的快速检索，查找并下载内蒙古医科大学 2014 年李刚第一作者发表在 International Immunopharmacology 上的第 20 卷、1 期的文献全文。

第五节　实习题

一、判断题

1．SpringerLink 数据库是全文型期刊数据库。（　　）

2．SpringerLink 数据库可按字顺浏览方式查找期刊。（　　）

3．SpringerLink 数据库高级检索可进行多字段的逻辑组配检索。（　　）

4．SpringerLink 数据库中用“NEAR”连接的两个检索的词顺可以改变。（　　）

5．SpringerLink 数据库中以浏览方式检索到的结果，系统仅提供按时间排序。（　　）

二、选择题

1．下列外文数据库中是全文型数据库的是（　　）

A．SCI　　B．SpringerLink　　C．PubMed　　D．Ovid

2．SpringerLink 数据库浏览检索方式包括（　　）

A．按学科范围　　B．按文献类型

C．按期刊字顺　　D．按作者字顺

3．SpringerLink 数据库的检索方式不包括（　　）

A．引文检索　　B．浏览检索　　C．简单检索　　D．专业检索

4．下列符号中在 SpringerLink 数据库中用于词尾，表示检索词的所有时态变化词都在检索范围内的是哪个？（　　）

A．?　　B．**　　C．*　　D．#

5．下列对 SpringerLink 数据库描述正确的是（　　）

A．支持布尔逻辑检索

B．是全文型期刊数据库

C．支持截词检索

D．仅可按学科浏览文献

三、简答题

1．简述 SpringerLink 浏览检索。

2．简述 SpringerLink 高级检索。

3．简述在 SpringerLink 中如何进行截词检索。

4．简述在 SpringerLink 中如何导出检索结果。

5．简要描述在 SpringerLink 中如何对检索结果进行筛选。

四、检索题

1．检索有关 mir-199a 研究的相关论文。

2．检索有关糖尿病肾病治疗的论文（diabetic nephropathy）。

3．检索有关抗肿瘤坏死因子 -α 治疗强直性脊柱炎的论文（Anti-Tumor Necrosis Factor-α、Ankylosing spondylistis）。

4．用高级检索查找有关莪术醇抗肿瘤研究的论文（Curcumol）。

5．通过高级检索查找在 Reactions Weekly 中刊登的有关乙肝疫苗研究的论文（hepatitis b、vaccine*）。

第四章　引文数据库及检索系统

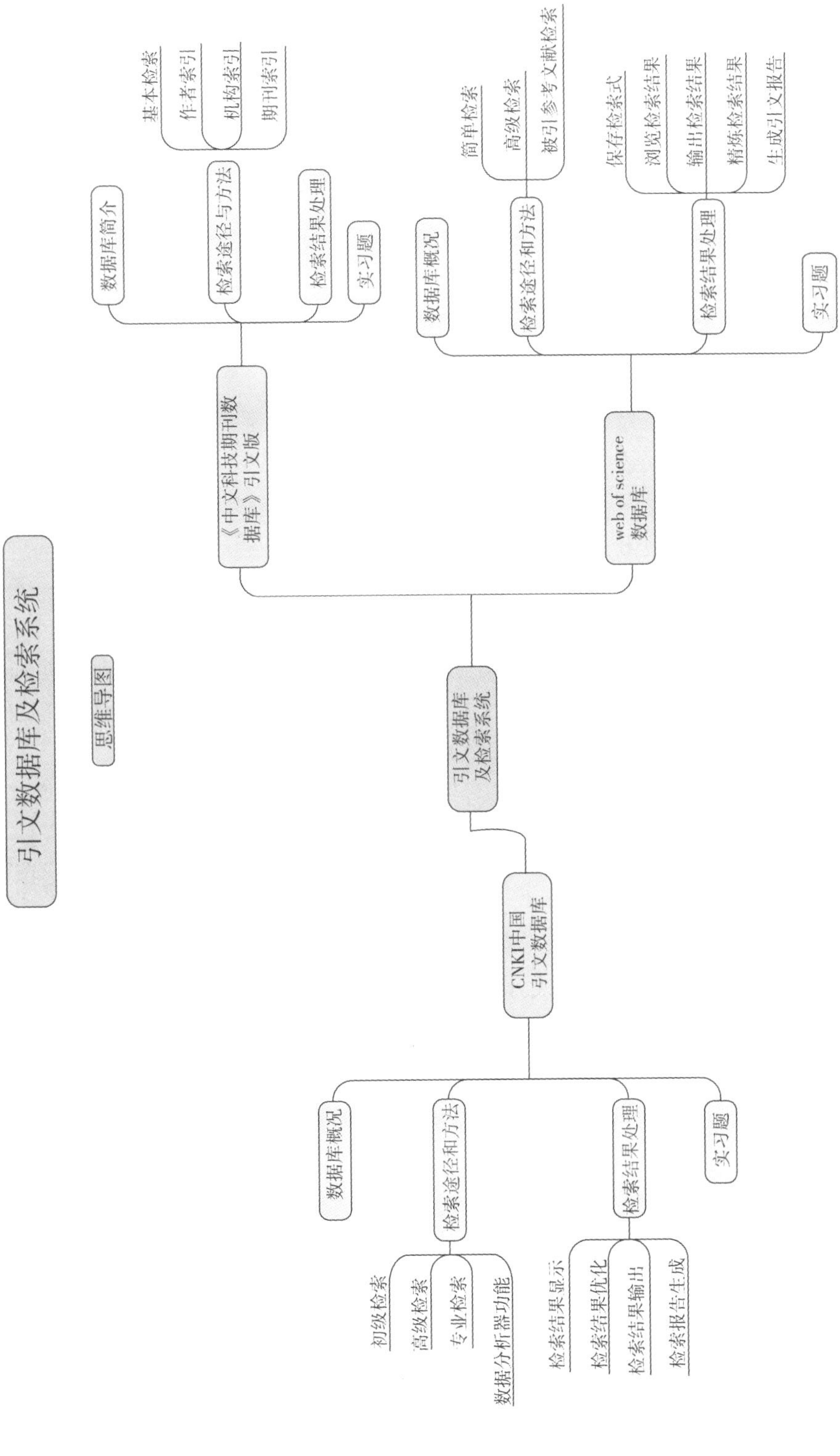

在科研活动中，引文检索发挥着两个方面的重要作用。在检索方面，通过检索与跟踪某一学科领域的某一研究方向，掌握该研究方向的作者、机构、国家、期刊等方面已发表论文的被引用情况，得到研究基础，关注该研究方向的热点问题，把握该研究领域的脉络与前沿；在评价方面，通过检索获得的该研究方向的作者、机构、国家、期刊等方面已发表论文的被引用情况，衡量该研究方向的作者、机构、国家、期刊等方面的研究水平与学术影响力。

《中国大百科全书·新闻出版》这样定义“引文”（quotation）：著书或撰文时，从其他书籍、文章或有关文献资料中摘引文辞。《现代汉语词典》对“引文”的解释是：引文是引自其他书籍或文件的语句。引文的主要作用：一是用来论证有关本书主题的著者自己的见解，二是用以介绍他人的思想观点及某一方面的情况。对引文分析有许多测量指标，在这里介绍比较常用的指标。

期刊被引频次：这是指在一定时期内，某种期刊被引用的绝对次数，即被引总次数。该指标可以客观地说明该期刊总体被使用和受重视的程度，以及在学术交流中的作用和地位。

引文率：指某时间段内，每篇论文平均占有的参考文献数。引文率是衡量研究对象吸收情报能力的一个指标。根据研究对象不同可分为期刊引文率、著者引文率、学科引文率、机构引文率、国家引文率等。对期刊而言，引文率等于该刊中参考文献总数除以载文量，即每篇论文平均占有的参考文献数。

被引文量：指对象含参考文献的数量。实际应用时，根据不同的研究需要，对被引文量还可以按照不同的学科、地区、部门、语种等加以细分。

被引次数：指被所有文献引用过的次数，使用时需冠以特定范围。

影响因子：一般情况下，普遍认为论文在其发表一两年后即可达到被引用的峰值阶段，因此，加菲尔德在20世纪70年代提出了影响因子（impact factor）这一评价期刊影响力的指标，其定义为：某期刊第k年的影响因子=第k年对该期刊在第k-1年和第k-2年发表文献的引用数量/该期刊第k-1年和第k-2年发表的文献数量。

H指数（也叫h-index）：是一个混合量化指标，其计算方法为一个人在其所有学术文章中有N篇论文分别被引用了至少N次，他的H指数就是N。如美国耶鲁大学免疫学家理查德·弗来沃（Richard Flavell）发表的900篇文章中，有107篇被引用了107次以上，他的H指数是107。

第一节 CNKI中国引文数据库

【教学要求】

1. 掌握CNKI中国引文数据库的检索方法
2. 熟悉引文分析的基本方法
3. 了解引文检索的基本概念

【案例】内蒙古医科大学的苏秀兰教授拟申报自治区某奖项，申报人按相关要求应提供近5年自己发表的文献被引用的数量，请在中国引文数据库中检索作者的所有中文期刊文献被引用情况，并按出版时间排序。

一、数据库简介

中国知网（简称 CNKI）的中国引文数据库（Chinese citation database，CCD）收录了中国学术期刊（光盘版）电子杂志社出版的所有源数据库产品的参考文献，其中源数据库包括：中国期刊全文数据库、中国优秀博硕士学位论文全文数据库、中国重要会议论文全文数据库、中国重要报纸全文数据库、中国图书全文数据库、中国年鉴全文数据库等。中国引文数据库分为十大专辑：理工 A、理工 B、理工 C、农业、医药卫生、文史哲、政治军事与法律、教育与社会科学综合、电子技术与信息科学、经济与管理，各专辑分为若干专题，共 168 个专题。中国引文数据库揭示了各种类型文献之间的相互引证关系，既可以为科学研究提供新的交流模式，也可以作为一种有效的科学管理及评价工具。

该数据库收录年限为 1979 年至今，更新频率为：CNKI 中心网站及数据库交换服务中心每日更新，各镜像站点通过互联网或卫星传送数据可实现每日更新，专辑光盘每月更新，专题光盘年度更新。

二、检索途径与方法

（一）初级检索

在检索框中输入词、词组、短语或句子等进行快速查询。输入的检索词默认在主题、题名、关键词、摘要、作者、单位、文献来源 7 个检索字段中匹配查找。该页面没有提供精确的查找或合适的限定条件，搜索效果不理想，往往得到的干扰信息比较多。适用于快速了解一个新名词等信息搜索（图 4-1）。

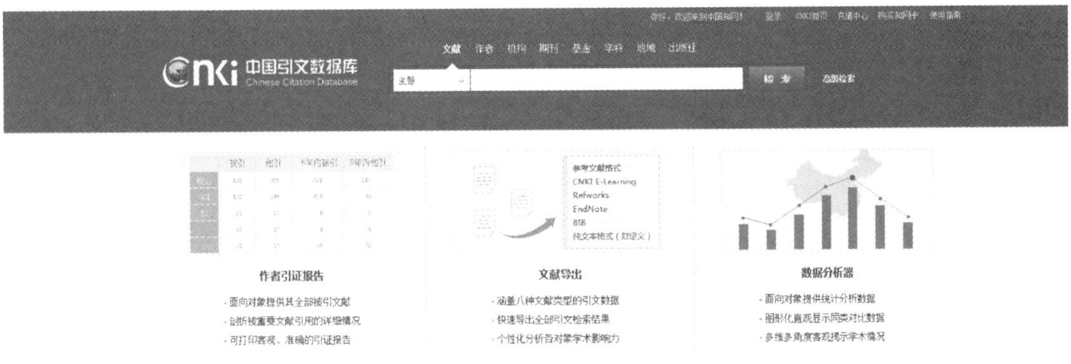

图 4-1 初级检索界面

（二）高级检索

提供文献检索、作者检索、机构检索、期刊检索、基金检索、学科检索、地域检索、出版社检索等不同文献类型被引用信息查询入口。提供的检索字段包括题名、关键词、摘要、参考文献、作者、第一责任人等选项（图 4-2）。

【案例】进入 CNKI 中国引文数据库检索界面后，选择高级检索进行检索。在高级检索界面，默认为“文献检索”。选择作者字段，输入苏秀兰，在单位一栏里输入内蒙古医科大学，被引时间选择从 2010 年到 2015 年，点击检索。

图 4-2 高级检索界面

（三）专业检索

需要使用逻辑运算符和检索词编制检索式进行检索，它支持对下列检索项的检索：SU=主题，TI=题名，KY=关键词，AB=摘要，JN=文献来源，RF=参考文献，YE=被引年，AU=作者，FI=第一责任人。

（四）数据分析器功能

数据分析器功能可以精确查找某学者、机构、期刊、基金、学科、地域、出版社的发文量、被引用情况、被引排名等信息（图 4-3）。

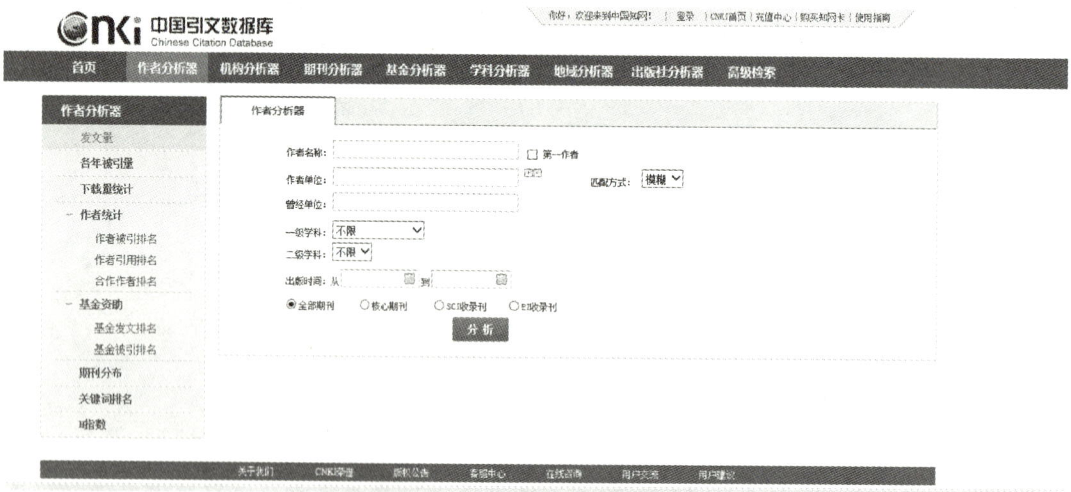

图 4-3 数据分析器功能界面

1．作者分析器 为用户提供全面详实的特定作者文献被引信息，统计指标包括：发文量、作者被引量、下载量、H指数及H指数名次、期刊分布统计、作者被引排名、作者引用排名、作者关键词排名等详细信息。

2．机构统计分析器 为用户提供准确的机构文献被引情况统计，统计指标包括：发文量、各年被引量统计、下载量、H 指数、作者发文排名、作者被引排名等。

3．期刊分析器　是最重要的一种统计工具，统计指数包括：引文统计、引用期刊排名、被引期刊排名、作者统计、基金论文统计、被引统计、发文量、下载量、H 指数、Price 指数、影响因子、扩散因子、即年指标等。

4．基金分析器　为用户提供准确的基金文献被引情况统计。统计包括：发文量、隔年被引量、下载量等。

5．学科分析器　对 CNKI 根据专业划分的十个一级学科专辑，和每个专辑下设二级学科，通过一系列指标为用户提供准确的各学科文献被引情况，统计指标包括：发文量、各年被引量、引用专题排名、下载量等。

6．地域分析器　为用户提供准确的按地域文献被引情况统计，该对象可实现的统计指标包括：发文量、隔年被引量、下载量、H 指数及 H 指数名次。

7．出版分析器　为用户提供准确的出版社文献被引情况统计，该对象可实现的统计指标包括：发文量、隔年被引量、下载量、H 指数及 H 指数名次。

三、检索结果处理

（一）检索结果显示

不同检索界面的检索结果可显示为简要格式和详细格式。检索结果默认显示为简要格式。检索界面显示记录的被引题名、被引作者、被引文献来源、被引频次等内容。

（1）简要格式页面还可以按照被引频次、相关度、出版日期和更新日期等内容对检索结果进行排序显示。另外，每页显示的页数，可以选择 10、20、30、40、50 等不同的选项，根据检索结果数量多少加以选择。

（2）点击每篇论文的题目，可以显示详细格式，显示内容在简要格式基础上。还增加了机构、关键词、摘要、全文链接、被引频次、参考文献、相似文献、同行关注文献、相关作者文献、相关机构等内容，还提供了本文的引文网络图示。

（二）检索结果优化

通过左侧学科类别，进一步优化检索结果。

（1）通过检索框下面的限定条件，资源范围、时间范围等进一步扩大或缩小检索结果。

（2）资源范围包括：全部期刊、核心期刊、SCI 和 EI 刊登选项。

（三）检索结果输出

选择需要的文献，之后点击“存盘按钮，再选择记录的字段格式，预览格式，最后保存或打印文献。一次最多能保存 50 录”，如果检索结果比较多，则需保存多个文件。注意，每保存完一次结果，要点击“清除”按钮。否则保存的都是重复记录。

（四）检索报告生成

选择需要的文献，点击“报告”按钮，则会自动生成一个 CNKI 引文数据库检索报告。一次最多能分析 50 录的引用情况。

（高世英）

第二节 《中文科技期刊数据库》引文版

【案例】一个机构发表论文的被引情况显示了该单位的科研实力。请利用《中文科技期刊数据库》引文版检索某校发表的期刊文献的数量，被引频次最高的作者。

一、数据库简介

《中文科技期刊数据库（引文版）》（Chinese Citation Database），简称CCD，是维普在2010年推出的期刊资源整合服务平台的重要组成部分，是文摘和引文索引型数据库。该数据库采用科学计量学中的引文分析方法，对文献之间的引证关系进行深度数据挖掘，除提供基本的引文检索功能外，还提供基于作者、机构、期刊的引用统计分析功能，可广泛用于课题调研、科技查新、项目评估、成果申报、人才选拔、科研管理、期刊投稿等用途。

《中文科技期刊数据库（引文版）》收录文摘覆盖8000多种中文科技期刊，引文数据加工追自2000年，能帮助客户实现引文分析功能，并采用数据链接机制实现同维普资讯系列产品的功能对接定位，提高科学研究的效率。

二、检索途径与方法

《中文科技期刊数据库（引文版）》目前仅对订购用户提供服务，用户通过IP地址认证，进入维普期刊资源整合服务平台主页后，点击主页上端的“文献引证追踪标签即可进入《中文科技期刊数据库（引文版）》的检索页面。系统提供基本检索、作者索引、机构索引和期刊索引四种检索方式。

（一）基本检索

基本检索为系统默认检索方式（图4-4），基本检索提供菜单式检索，可进行多词多条件限制检索。系统默认有两个检索框，如果超过两个检索词，可以点击检索框前的“+”号来增加检索框；在检索框左侧可进行检索字段的选择，系统提供题名/关键词、题名、关键词、文摘、作者、机构、刊名7个字段，系统默认为题名/关键词字段；在检索框前可通过逻辑关系选择框来限定当前检索词与前一检索词的逻辑关系，系统默认为“逻辑与”，如果有多种逻辑关系，则按输入的先后顺序运算；在检索框上端左侧是时间范围选项，可进行检索内容的时间范围限定，系统默认为自1989年至最新；在检索框上端右侧为学科范围选项，在下拉菜单中可选择所要检索的学科，系统默认为全部学科。

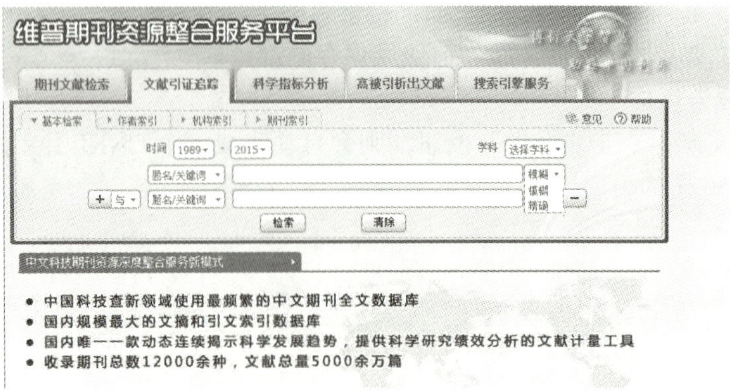

图4-4 《中文科技期刊数据库》引文版基本检索界面

（二）作者索引

在基本检索页面，点击页面上端的作者索引标签进入作者索引检索界面（图 4-5），系统提供直接输入作者姓名检索，也提供按拼音浏览作者和按学科浏览作者两种便捷的检索方法。

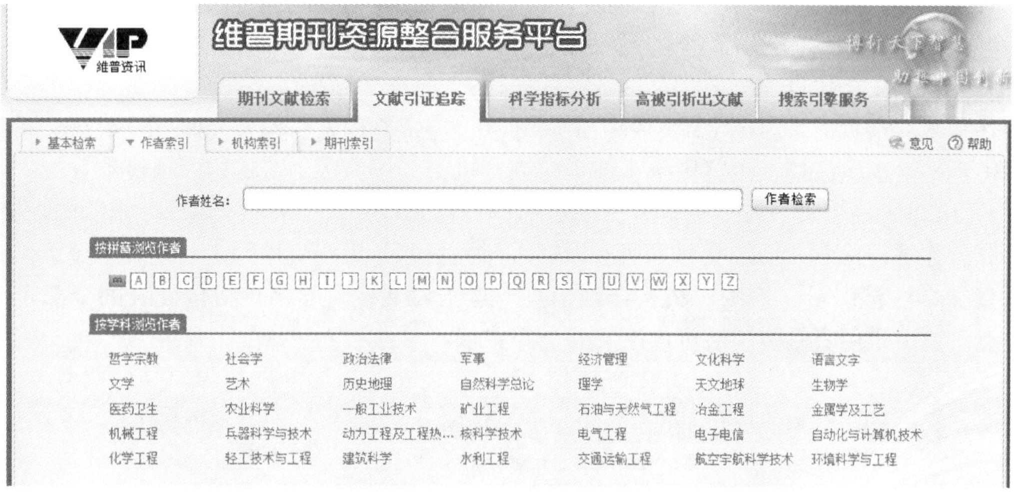

图 4-5 《中文科技期刊数据库》引文版作者索引检索界面

1．直接输入作者姓名检索　系统支持模糊检索，既在检索框中直接输入检索词，点击作者检索后，系统会显示所有以所输入检索词开头的作者列表，作者按被引量降序排列；列表中提供作者姓名、机构、发文量、被引量和作者详细信息，用户可点击所需查找作者的发文量查看该作者发表论文的情况，点击被引量可查看引用该作者论文的文献。例如输入王茂，检索得到王茂贵、王茂强、王茂起等 10 名作者，分属第四军医大学、解放军总医院等 10 个单位（图 4-6）。

图 4-6　作者检索结果显示页面

2．按拼音浏览作者　在检索框下端系统提供按作者姓名拼音首字母浏览的检索方式，点击拼音首字母进入作者浏览页面，该页面提供作者的姓名、机构、发文量、被引量和作者详细信息，作者按被引量降序排列。用户可点击所需查找作者的发文量查看该作者发表论文的情况，点击被引量可查看引用该作者论文的文献。

3．按学科浏览作者　在按拼音浏览作者下端系统提供了哲学宗教、社会学、政治法律、军事等35个学科，点击所需学科，显示该学科所有作者列表，显示内容同上。

（三）机构索引

在基本检索页面，点击上端的机构索引标签，进入机构索引检索界面（图4-7）。系统提供机构名称检索、按拼音浏览机构、按学科浏览机构、按地区浏览机构四种检索方式。

1．机构名称检索　可直接输入机构名称进行检索，系统支持模糊检索，既可输入机构的部分名称进行检索，系统会显示所有以输入的检索词开头的机构列表。列表中显示机构名称、发文量、被引量、地区、机构详细信息。点击发文量可显示该机构发表的全部论文情况；点击被引量可查看引用该机构论文的全部文献。

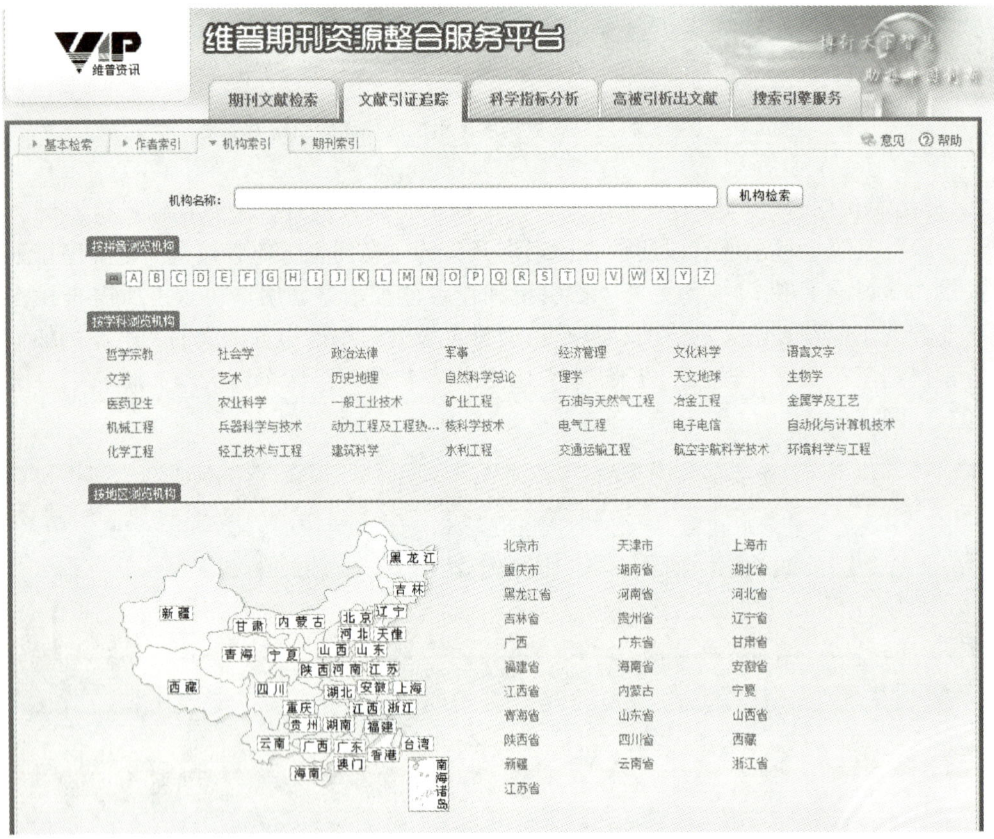

图4-7 《中文科技期刊数据库》引文版机构索引检索界面

2．按拼音浏览机构　在机构名称检索框下端，系统提供按机构名称拼音首字母浏览的检索方式，点击拼音首字母进入机构浏览页面，显示内容同上。

3．按学科浏览机构　在按拼音浏览机构下端，系统提供了哲学宗教、社会学、政治法律、军事等35个学科，点击所需学科，显示该学科所有机构列表，显示内容同机构名称检索。

4．按地区浏览机构　在按学科浏览机构下端，系统提供按省级地区浏览机构的检索方式，用户可点击需要检索机构所在的地区名，进入该地区机构列表，显示内容同机构名称检索。

（四）期刊索引

在基本检索页面，点击页面上端的期刊索引标签进入期刊索引检索界面（图 4-8），系统提供期刊名称检索、按拼音浏览期刊、按学科浏览期刊三种检索方式，可查看期刊刊载论文情况、期刊被引情况。

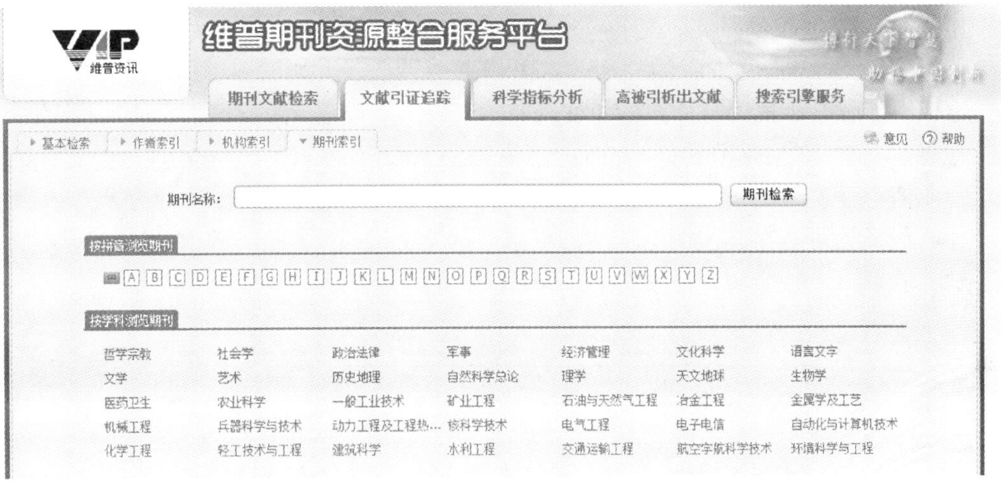

图 4-8 《中文科技期刊数据库》引文版期刊索引检索界面

1．期刊名称检索　可直接输入期刊名称进行检索，系统支持模糊检索，既可以输入期刊的部分名称进行检索，系统会显示所有以输入的检索词开头的期刊列表。列表中显示期刊名称、刊期、是否核心刊、ISSN 号、CN 号、被引量和期刊详细信息。点击被引量可查看引用该期刊论文的全部文献；点击期刊详细信息，显示该刊的基本信息，各年期刊发文量、被引量。

2．按拼音浏览期刊　在期刊名称检索框下端，系统提供按期刊名称拼音首字母浏览的检索方式，点击拼音首字母进入期刊浏览页面，显示内容同期刊名称检索。

3．按学科浏览期刊　在按拼音浏览期刊下端，系统提供了哲学宗教、社会学、政治法律、军事等 35 个学科，点击所需学科，显示该学科所有期刊列表，显示内容同期刊名称检索。

三、检索结果处理

（一）检索结果显示

检索结果直接显示在基本检索的检索项下端，检索结果列表提供检索到的论文的题名、作者、年代、出处、被引量，按被引量降序排列。列表仅显示题录，如需查看文摘，可点击标题进入所选论文的详细显示页面，该页面显示论文的题名、作者机构地区、出版、摘要、关键词、分类号、引证文献、参考文献、耦合文献以及全文链接。

（二）检索结果处理

1．导出　在检索结果页面勾选需要的文献前的复选框，点击检索结果列表上端的导出按键进入选中文献导出页面，系统提供了文本、参考文献、XML、NoteExpress、Refworks、EndNote、自定义导出 7 种导出格式。文本格式提供复制、导出、打印三种导出方式；自定义导出格式用户可根据需要选择导出的内容，系统仅提供导出一种导出方式；其他文件格式均提供复制、导出两种导出方式。选择需要的导出格式后点击导出，弹出文件存储对话框，用户根据需求选择文件存储的位置、文件名后点击保存即可。

2. 查看参考文献　勾选要查看的文献，点击检索结果列表上端的查看参考文献按键，显示该文献的所有参考文献。

3. 查看引证文献　勾选要查看的文献，点击检索结果列表上端的查看引证文献按键，显示引用文献的所有论文。

4. 引用追踪　勾选要查看的文献，点击检索结果列表上端的引用追踪按键，系统以条形图的方式显示该文献的引证文献的年代分布。

5. 获取全文　在检索结果显示页面，点击需要下载全文的论文题名，进入论文详细显示页面，点击查看全文按键进入全文查看页面，在论文标题下面有在线阅读和下载全文两种按键，点击在线阅读可直接在线浏览全文，点击下载全文进行下载方式选择页面，用户选择适合的下载方式即可下载全文，全文为 PDF 格式。

（白玉晟　高世英）

第三节　Web of Science 数据库

【教学要求】

1. 掌握 Web of Science 数据库检索系统的特点、方法、技术
2. 熟悉 Web of Science 数据库检索系统概况
3. 了解 Web of Science 数据库检索系统的检索结果处理方式

【案例】某研究生在阅读英文文献时发现，胰岛素抵抗是 2 型糖尿病的主要致病机制，因此，其想查找 2013 年以来，被 SCIE 收录的胰岛素抵抗方面的文献，该研究领域被引频次最高、最有影响力的几篇文献。

一、数据库概况

ISI（Institute for Scientific Information）译名为科学情报研究所，是世界著名的学术信息出版机构，Web of Science 是 ISI 建设的三大引文数据库的 Web 版。Web of Science 由三个独立的数据库组成（既可以分库检索，也可以多库联合检索），分别为 Science Citation Index Expanded（SCI）、Social Sciences Citation Index（SSCI）、Arts & Humanities Citation Index（A&HCI）。内容涵盖自然科学、工程技术、社会科学、艺术与人文等诸多领域内的 8500 多种学术期刊。Web of Science 不仅收录核心期刊中的学术论文，而且 ISI 把其认为有意义的其他文章类型也收录进数据库，包括期刊中发表的信件、更正、补正、编者按和评论、会议文摘等 17 种类型。

Web of Science 所独有的引文检索机制提供了强大的检索能力。数据库具有以下特点：

通过引文检索功能可查找相关研究课题各个时期的文献题录和摘要；可以看到论文引用参考文献的记录、论文被引用情况及相关文献记录；可选择检索文献出版的时间范围，对文献的语种、文献类型作限定检索；检索结果可按照相关性、作者、日期、期刊名称等指标进行排序；可保存、打印、E-mail 发送检索式和检索结果；数据每周更新。

二、检索途径和方法

Web of Science 提供简单检索、高级检索、被引参考文献检索三种检索方式。

（一）简单检索

通过主题、作者、单位、区域、国家等常用字段进行检索，每次检索最多显示 100 条记录。基本检索页面即为 Web of Science 首页（图 4-9）。

图 4-9　基本检索界面

基本检索提供一个检索输入框，若需更多，可用“添加另一字段”进行添加。通过下拉菜单选择检索字段，常用的检索字段主要有：TS（主题）、TI（标题）、AU（作者）、PY（年份）、LA（语种）、DT（文献类型）等。

同时系统提供了作者索引、地址索引以及出版物名称索引。利用地址检索时，可输入单位名称或地址中的单词或短语，如单位地址无法确定准确写法，可以使用“机构扩展”字段限定，从其系统提供的索引中查找地址的正确表述。从字段下拉菜单中选择“语种”或“文献类型”时，页面会显示语种或文献类型下拉菜单，系统提供 55 个语种和 38 种文献类型，可同时选择其中若干选项。利用作者字段检索时，姓须写全称，名可以写全称也可以缩写，用户也可使用“作者索引”工具进行检索，但需注意的是，因作者姓名可以用缩写表示，因此重名的现象较多，利用作者检索时，一般需要再加其他检索条件，如地址、研究领域等，否则很难保证查准率。出版物名称的输入方式可以参见系统提供的出版物索引。例如，检索本课程案例中所述及的胰岛素抵抗方面的文献，简单检索界面的检索框内输入“insulin resistance”，字段限定在标题内，时间限定在 2013—2015，可以得到图 4-10 结果。检索结果按被引频次降序排列，通过本次检索已经得到了该研究领域 2013—2015 年被引频次最高、最有影响力的文献。

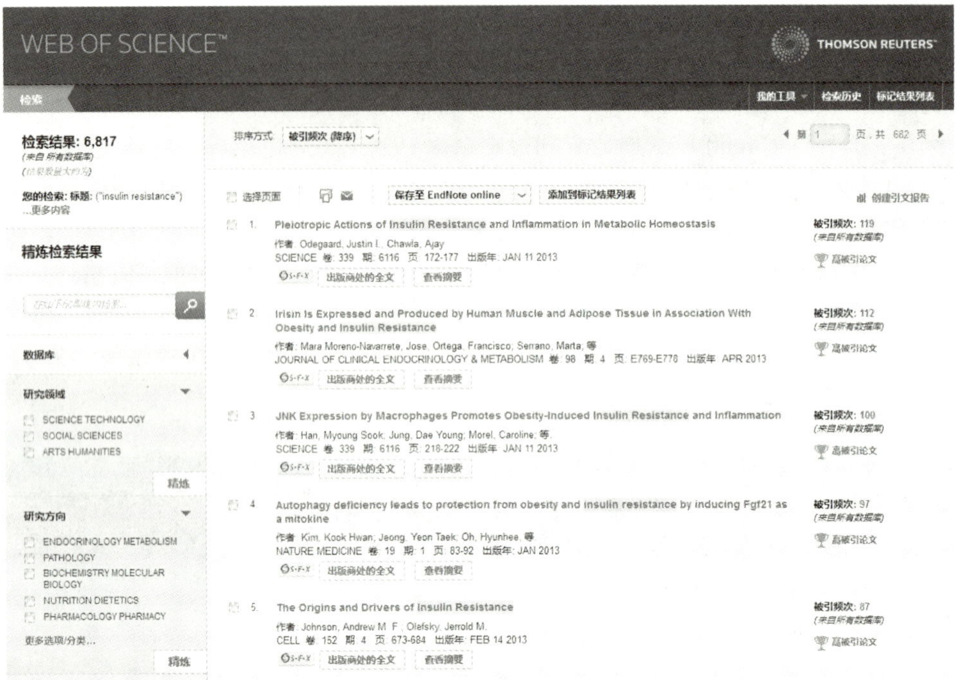

图 4-10　insulin resistance 检索结果界面

（二）高级检索

单击“基本检索”右侧的下拉菜单，选择“高级检索”即可进入检索页面（图 4-11）。此种检索方式适合检索条件较多，不方便在基本检索中一次完成，或该检索课题需长期跟踪，检索策略需长期保存的情况。例如，检索本课程案例中所述及的胰岛素抵抗方面的文献，高级检索界面的检索框内输入：TI=（“insulin resistance”）AND PY=2013 ～ 2015，它的检索结果与简单检索是一致的，同样也找到了该研究领域 2013—2015 年被引频次最高、最有影响力的文献。

图 4-11　高级检索界面

（三）被引参考文献检索

被引参考文献检索是将一篇文献（期刊论文、会议论文、著作、专利、技术报告等）作为检索对象，直接检索引用该文献的文献，不受主题词、学科及文献类型的限制。在对检索课题了解不多、不能提取恰当的检索词时，该检索方式特别适用。研究者可以从一篇高质量的文献入手，了解课题的全貌。如了解某一理论有没有得到进一步的证实，是否已经应用到了新的领域，某项研究的最新进展及其延伸，某个实验方法是否得到了改进，如何了解某篇论文、某部论著的影响力，以及是否有新的研究方法和研究思路等。

单击“基本检索”右侧的下拉菜单，选择“被引参考文献检索”，进入引文检索页面（图 4-12）。系统提供被引作者（Cited Author）、被引著作（Cited Work）、被引文献发表年代（Cited Years）等几个常用字段。被引作者一般是以被引文献的第一作者进行检索。被引著作检索词为刊登被引文献的出版物名称，如期刊名称缩写形式、书名或专利号，点击“list”，查看并复制粘贴准确的刊名缩写形式。被引年份是对被引用文献发表年代进行检索，检索词一般为四位数字的年号。以上三个检索字段可以单独使用，也可同时使用，系统默认多个检索字段之间为逻辑“与”的关系。

图 4-12　被引参考文献检索界面

三、检索结果处理

（一）保存检索式

使用高级检索时，输入检索式后，点击“SAVE QUERY”按钮，可以将检索式保存在软盘或硬盘上，自己选择路径和文件名。在屏幕最下方的“Using Saved Queries”调用已经保存的检索式。

（二）浏览检索结果

得到结果后，首先分页（每页 10 条）显示检索结果的简单记录，简单记录包括文献的前三位作者、文献标题、出版物名称、卷、期、起止页码和出版时间，窗口上方标明检索字段、检索内容、数据库、其他限定条件，满足检索要求的记录数显示在窗口的左下方，点击文献标题，可以看到该条结果的全记录，包含记录的全部字段，利用翻页按钮可以迅速跳到希望查看的页码。

（三）输出检索结果

在显示标记结果的窗口点击“Marked List”，可以输出这些记录。输出的格式可以选择，缺省格式为简单记录，用户可选择增加引用参考文献、地址、文摘等字段，输出多记录时可以按时间、第一作者、原始出版物或被引用次数排序，输出方式主要有：

1．Foramt for Print　以简单记录格式在 WEB 浏览器中显示检索结果，可通过浏览器的打印功能打印。

2．Save to File　以纯文本的格式将检索结果保存在检索终端。

3．Export to Reference software　以 cgi 格式将检索结果保存在检索终端，保存的文件可以输入到个人参考文献管理软件，也可以用写字板等软件打开。

4．E-mail 的形式将检索结果送出。

（四）精炼检索结果

在检索结果页面，系统提供了精炼检索结果功能，可增加限定词在结果中继续检索，或将结果按文献类型、作者、来源出版物、国家、语种、出版年等进行分类排序显示。快速锁定该领域高影响力论文，在系统提供的排序方式内，选择“被引频次（降序）”对所有论文按被引次数的多少重新进行排序，排名靠前的是该领域高影响力论文。

（五）生成引文报告

单击“创建引文报告”，即可生成引文报告。该报告对检索结果进行分析，使读者可以一览全局。直接生成“每年出版的文献数”及“每年的引文数”柱状关系图，直接给出被引频次总数、去除自引的被引频次总数、施引文献、去除自引的施引文献数、每项平均引用次数及 H 指数等指标（图 4-13）。

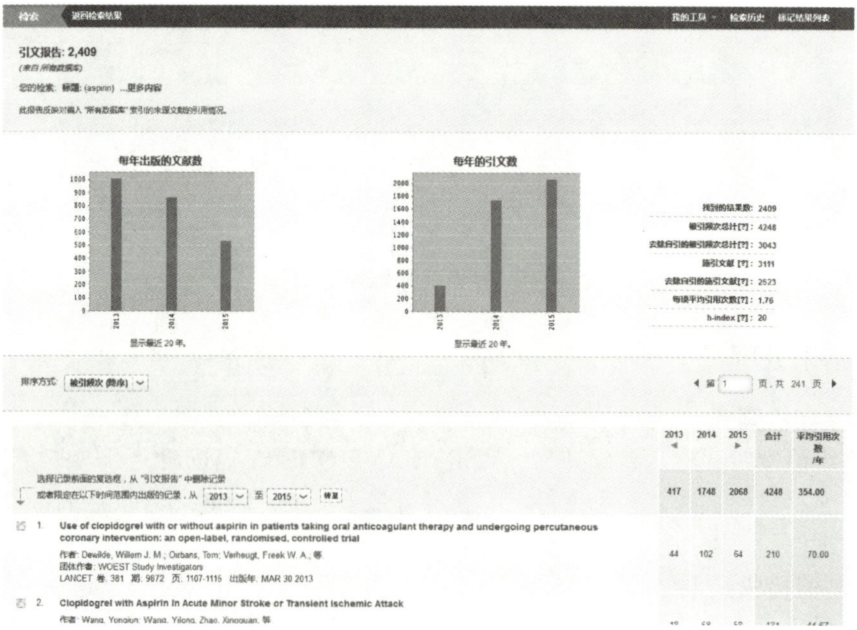

图 4-13　引文报告界面

（肖志彬）

第一节　实习题

一、判断题

1. 中国引文数据库收录年限为 1979 年至今。(　　)
2. 中国引文数据库初级检索可以对所有字段进行匹配查找。(　　)
3. 中国引文数据库共有 10 个专辑。(　　)
4. 检索界面的检索结果可显示为三种格式。(　　)
5. 检索报告一次最多能分析 50 录的引用情况。(　　)

二、选择题

1. 中国引文数据库十大专辑包括(　　)

A. 理工 A　　B. 理工 B　　C. 理工 C　　D. 理工 D

2. 数据分析器包括哪些？(　　)

A. 机构分析器　　B. 期刊分析器　　C. 基金分析器　　D. 学科分析器

3. 引文检索的起点可以从哪些字段入手？(　　)

A. 关键词　　B. 作者姓名　　C. 作者单位　　D. 引证文献

4. 提供的检索结果输出方式有(　　)

A. 直接保存为文本文件　　B. 输出到文献管理软件

C. 打印　　D. 输出到 WORD

5. 中国引文数据库高级检索提供哪几个字段检索方式？(　　)

A. 题名　　B. 关键词　　C. 作者机构　　D. 刊名

三、简答题

1. 简述高级检索的方法。
2. 如何使用数据分析器？
3. 简述引文的作用。
4. 简述检索结果如何显示。
5. 如何优化检索结果？

四、检索题

1. 请利用中国引文数据库检索你所在学校生物化学教研室某教授近 5 年发表的论文总被引次数？其中被引次数最高的文章他引多少次？

2. 某医学院中药学教授的一篇论文想发表在影响因子很高的期刊上，让你帮忙找几种。

3. 已知一篇论文的题目，检索出参考文献和引证文献。

4. 某教授要申报省部级科技进步奖，需要检索其发表在核心期刊的文章的被引用情况，请利用中国引文数据库进行检索。

5. 请检索贵校 2000 年以来被 SCI 收录文献有多少篇。

第二节 实习题

一、判断题

1.《中文科技期刊数据库（引文版）》是文摘和引文索引型数据库。（ ）

2.《中文科技期刊数据库（引文版）》提供简单检索、高级检索、被引参考文献检索三种检索方式。（ ）

3.《中文科技期刊数据库（引文版）》机构名称检索可直接输入机构名称进行检索，系统支持模糊检索。（ ）

4．在检索框中直接输入检索词点击作者检索后，系统会显示所有以所输入检索词开头的作者列表，作者按被引量降序排。（ ）

5．快速锁定该领域高影响力论文，在系统提供的排序方式内，选择“被引频次（降序）”对所有论文按被引次数的多少重新进行排序，排名靠前的是该领域高影响力论文。（ ）

二、选择题

1.《中文科技期刊数据库（引文版）》为用户提供了哪几种检索方式？（ ）

A．基本检索　B．作者索引　C．机构索引　D．期刊索引

2.《中文科技期刊数据库（引文版）》基本检索包括以下哪些常用字段？（ ）

A．题名　B．关键词　C．文摘　D．作者

3.《中文科技期刊数据库（引文版）》机构检索提供哪几种检索方式？（ ）

A．名称检索　B．按拼音浏览机构

C．按学科浏览机构　D．按地区浏览机构

4.《中文科技期刊数据库（引文版）》期刊检索提供哪几种检索方式？（ ）

A．期刊名称检索　B．按拼音浏览期刊

C．按学科浏览期刊　D．按地区浏览机构

5.《中文科技期刊数据库（引文版）》检索结果提供哪几种导出格式？（ ）

A．文本　B．参考文献　C．XML　D．NoteExpress

三、简答题

1．简述《中文科技期刊数据库（引文版）》的检索方式。

2．简述《中文科技期刊数据库（引文版）》基本检索的方法。

3．简述《中文科技期刊数据库（引文版）》作者索引的检索方式。

4．简述《中文科技期刊数据库（引文版）》机构索引的检索方式。

5．简述《中文科技期刊数据库（引文版）》检索结果的导出格式。

四、检索题

1．查找内蒙古医科大学张振涛教授（第一作者）1998 年发表于《内蒙古医学院学报》“茜草多糖的抗氧化作用”一文被引用情况。

2．以内蒙古医科大学附属医院、内蒙古医科大学第二附属医院、内蒙古医科大学第三附属医院机构署名发表的文章，3 所医院发表的文章被引频次超过 20 次的各有几篇？

3．查找作者苏秀兰发表的“生物活性肽的研究进展”一文参考文献。

4．检索内蒙古医科大学文献被引频次前20位的作者名称及相对应的被引频次。

5．已知一篇文献“迟发性皮肤卟啉症患者敏活性研究”，查看它的引证文献。

第三节　实习题

一、判断题

1．Web of Science 是ISI建设的三大引文数据库的网络版本。(　　)

2．Web of Science 由三个独立的数据库组成，分别为 Science Citation Index Expanded (SCI)、Social Sciences Citation Index(SSCI)、Arts & Humanities Citation Index(A&HCI)。(　　)

3．Web of Science 提供简单检索、高级检索、被引参考文献检索三种检索方式。(　　)

4．Web of Science 在进行机构检索时，如单位地址无法确定准确写法，可以使用“机构扩展”字段限定，从其系统提供的索引中查找地址的正确表述。(　　)

5．Web of Science 快速锁定该领域高影响力论文，在系统提供的排序方式内，选择“被引频次(降序)”对所有论文按被引次数的多少重新进行排序，排名靠前的是该领域高影响力论文。(　　)

二、选择题

1．Web of Science 数据库为用户提供了以下哪几种检索方式？(　　)

A．简单检索　B．高级检索　C．被引参考文献检索　D．参考文献检索

2．Web of Science 数据库的被引参考文献检索包括以下哪些常用检索字段？(　　)

A．被引作者　B．被引著作　C．被引文献发表年份　D．被引用年份

3．Web of Science 由以下哪几个引文数据库组成？(　　)

A．SCIE　B．SSCI　C．A&HCI　D．CSCD

4．以下属于 Web of Science 常用检索字段的是(　　)

A．TS　B．AU　C．LA　D．PY

5．以下属于 Web of Science 检索结果精炼的常用限定条件的是(　　)。

A．文献类型　B．作者　C．国家　D．出版年

三、简答题

1．简要回答 Web of Science 数据库中有哪些主要检索途径。

2．简要回答 Web of Science 数据库如何快速锁定领域高影响力文献。

3．简要回答 Web of Science 数据库的被引参考文献检索。

4．简要回答 Web of Science 数据库基本检索里的常用检索字段有哪些。

5．简要回答 Web of Science 数据库被引参考文献检索里的常用检索字段有哪些。

四、检索题

1．通过 Web of Science 数据库快速查找冠心病方面的高影响力文献。

2．通过 Web of Science 数据库查找该文献的被引频次（Dewilde WJ，Oirbans T，Verheugt FW，et al．Use of clopidogrel with or without aspirin in patients taking oral anticoagulant therapy and undergoing percutaneous coronary intervention：an open-label，randomised，controlled trial[J]．Lancet，2013，381（9872）：1107–1115．）。

3．请检索内蒙古医科大学李刚老师发表在 SCIE 中的文献。

4．请检索内蒙古医科大学发表在 SCIE 中的文献。

5．通过 Web of Science 数据库查找 2015 年动脉硬化方面的高影响力文献。

第五章　特种文献检索

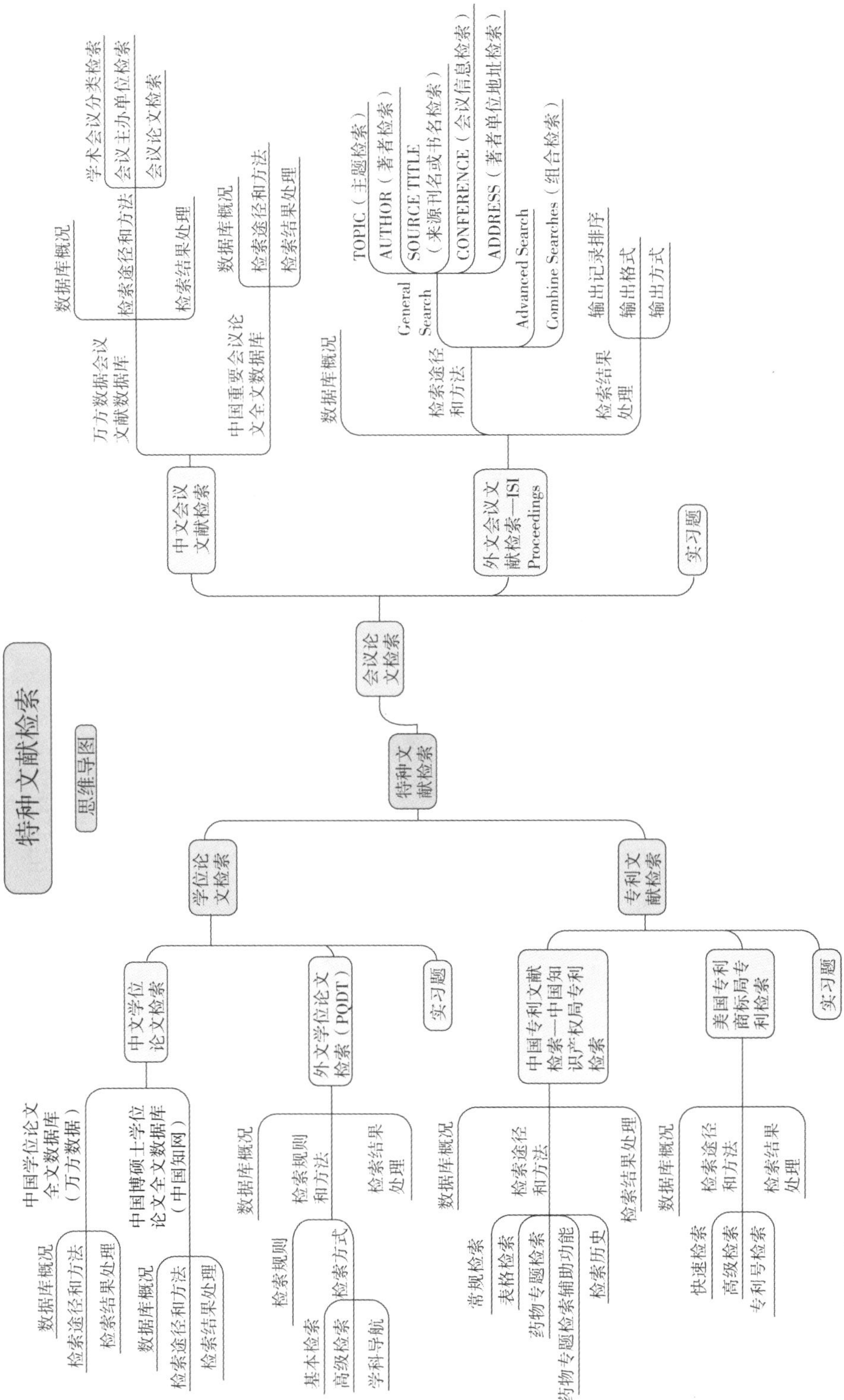
特种文献检索
思维导图
特种文献检索
会议论文检索
中文会议文献检索
万方数据会议文献数据库
数据库概况
检索途径和方法
学术会议分类检索
会议主办单位检索
会议论文检索
检索结果处理
中国重要会议论文全文数据库
数据库概况
检索途径和方法
检索结果处理
外文会议文献检索—ISI Proceedings
数据库概况
检索途径和方法
General Search
TOPIC（主题检索）
AUTHOR（著者检索）
SOURCE TITLE（来源刊名或书名检索）
CONFERENCE（会议信息检索）
ADDRESS（著者单位地址检索）
Advanced Search
Combine Searches（组合检索）
检索结果处理
输出记录排序
输出格式
输出方式
实习题
学位论文检索
中文学位论文检索
中国学位论文全文数据库（万方数据）
数据库概况
检索途径和方法
检索结果处理
中国博硕士学位论文全文数据库（中国知网）
数据库概况
检索途径和方法
检索结果处理
外文学位论文检索（PQDT）
数据库概况
检索规则和方法
检索规则
检索方式
基本检索
高级检索
学科导航
检索结果处理
实习题
专利文献检索
中国专利文献检索—中国知识产权局专利检索
数据库概况
检索途径和方法
常规检索
表格检索
药物专题检索
药物专题检索辅助功能
检索历史
检索结果处理
美国专利商标局专利检索
数据库概况
检索途径和方法
快速检索
高级检索
专利号检索
检索结果处理
实习题

特种文献是指那些公开或内部发行，出版形式比较特殊的科学技术资料，是现代文献的一大类型。其内容比较新颖、类型复杂多样。从多个侧面、多个角度、多个层次反映当前科学技术的发展前沿动态、最新的发明创造和最新的发展水平，具有特殊的借鉴作用和重要参考价值。特种文献主要包括专利文献、会议文献、学位论文、技术标准、科技报告、政府出版物、产品资料、技术档案等。

在知识经济迅猛发展的今天，特种文献由于具有种类繁多，报道内容新、技术含量高、报道速度快、专业性强、参考价值大等特点，使得人们越来越重视这方面信息的获取。随着计算机和网络通讯技术的发展，大量的特种文献数据库应运而生，本章主要介绍一些与生物医学相关的常用特种文献数据库。

第一节　学位论文检索

【教学要求】

1. 掌握万方数据学位论文数据库、中国知网学位论文全文数据库及 PQDT 学位论文数据库的特点、检索方法、技术

2. 熟悉万方数据学位论文数据库、中国知网学位论文全文数据库及 PQDT 学位论文数据库的检索结果处理方式

3. 了解万方数据学位论文数据库、中国知网学位论文全文数据库及 PQDT 学位论文数据库的概况

【案例】某同学即将撰写学位论文，他的研究方向是肿瘤耐药性。他需要在学位论文数据库中了解学位论文的撰写格式、撰写要求，并检索有关肿瘤耐药性研究的主要方法、步骤和最新研究进展方面的文献信息。

学位论文（Thesis/Dissertation）是以体现科技成果和科研方法为内涵，表明作者从事科学研究取得了创造性的结果或有了新的见解等。它是高等院校或研究机构的毕业生为取得学位资格而撰写并通过答辩委员会认可的学术性研究论文。学位论文分为学士、硕士、博士论文。它的特殊性在于出版目的特殊，流通范围有限，是具有学术价值、情报价值的重要资源，是一种有重要参考价值的信息源。

一、中文学位论文检索

（一）中国学位论文全文数据库（万方数据）

1. 数据库概况　中国学位论文全文数据库是万方数据知识服务平台的重要组成部分，精选全国重点学位授予单位的硕士、博士学位论文以及博士后报告。内容涵盖理学、工业技术、人文科学、社会科学、医药卫生、农业科学、交通运输、航空航天和环境科学等各学科领域。其学位论文原始数据由国家法定的学位论文收藏机构——中国科技信息研究所提供，至 2015 年 8 月收录了自 1980 年以来各高等院校、研究生院及研究所向该机构送交的我国各学科领域的硕士、博士及博士后论文 3 255 879 万篇。

2. 检索途径和方法　数据库提供浏览和检索两种论文获取方式，浏览方式中可通过学科专业、学校所在地分别进行浏览学位论文；检索方式有初级检索和高级检索两种，可检索

字段包括全文、主题、题名或关键词、题名、关键词、创作者、创作者单位、摘要、专业、学位、导师姓名、授予单位。

3．检索结果处理　用户可根据自己的需求下载全文或查看全文。

【案例】检索有关药物动力学方面的学位论文（图 5-1）。

第一步：在进入万方数据库主页后，单击“学位论文”项；第二步：在其学位论文检索窗口输入“药物动力”，单击“检索”按钮，检到有关“药物动力学”方面的学位论文，用户可根据自己的需求下载全文或查看全文。

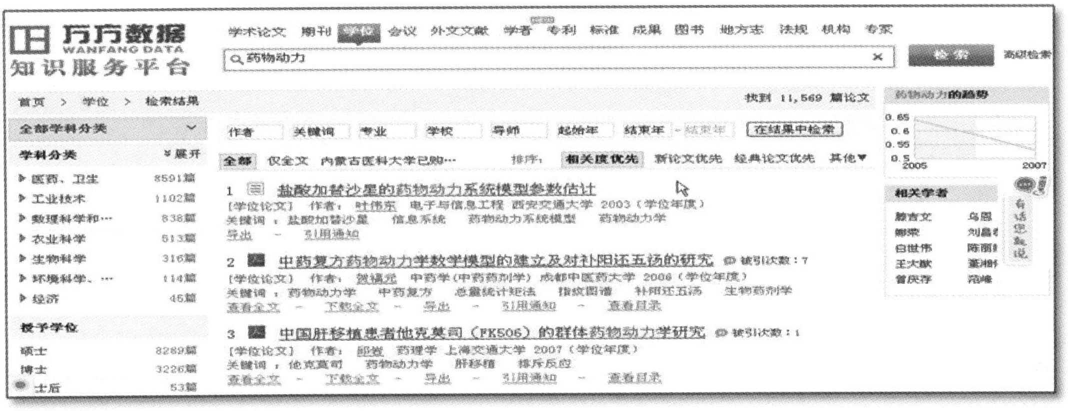

图 5-1　检索结果界面

（二）中国博硕士学位论文全文数据库（中国知网）

1．数据库概况　中国知网的中国优秀博、硕士学位论文全文数据库是中国知网系列数据库之一，由清华同方股份有限公司等研制开发，其结构与中国期刊全文数据库基本一致，收录的学位论文来源于我国高等学校、科研院所、研究部门所属的博士、硕士培养点，每年收录优秀博士、硕士学位论文 20 000 篇，包括 122 个专题数据库，学科范围覆盖理工 A（数理科学）、理工 B（化学）、理工 C（工业技术）、农业、医药卫生、文史哲、经济政治与法律、教育与社会科学、电子技术与信息科学等各个领域，是目前我国国内资源最完备、收录质量最高的博士、硕士学位论文全文数据库。该数据库分为中国博士学位论文全文数据库和中国优秀硕士学位论文数据库两个子库，至 2015 年 7 月中国博士学位论文全文数据库收录了我国 1984 年以来博士研究生培养单位的 26 万余篇论文，中国优秀硕士学位论文数据库收录了我国 1984 年以来硕士研究生培养单位的 238 万余篇论文。

2．检索途径和方法　中国博硕士学位论文全文数据库提供简单检索、高级检索、专业检索、科研基金检索、句子检索等检索途径。可检索字段包括题名、关键词、主题、作者、导师、学位授予单位、学科专业名称、摘要、目录、全文、参考文献、中图分类号。

3．检索结果处理　用户可根据自己的需要选择在线阅读、整本下载、分章下载或分页下载等。

【案例】在中国博士学位论文全文数据库中检索 1999—2015 年有关神经细胞方面的博士论文（图 5-2）。

第一步：在中国知网主页检索输入框上方文献类型中点选“博硕士”后点选“高级检索”进入高级检索界面，在高级检索界面上端点选博士。第二步：有两种检索方式可供选择，此处以高级检索为例，点击“高级检索”，检索字段选择“主题”，在输入框中输入“神经细胞”；第三步：在检索输入框下的学位年度中选择 1999—2015 年，单击“检索”按钮，检到博士论文。从检索结果页可看到序号、中文题名、作者姓名、学位授予单位、学位授予年度等内容。

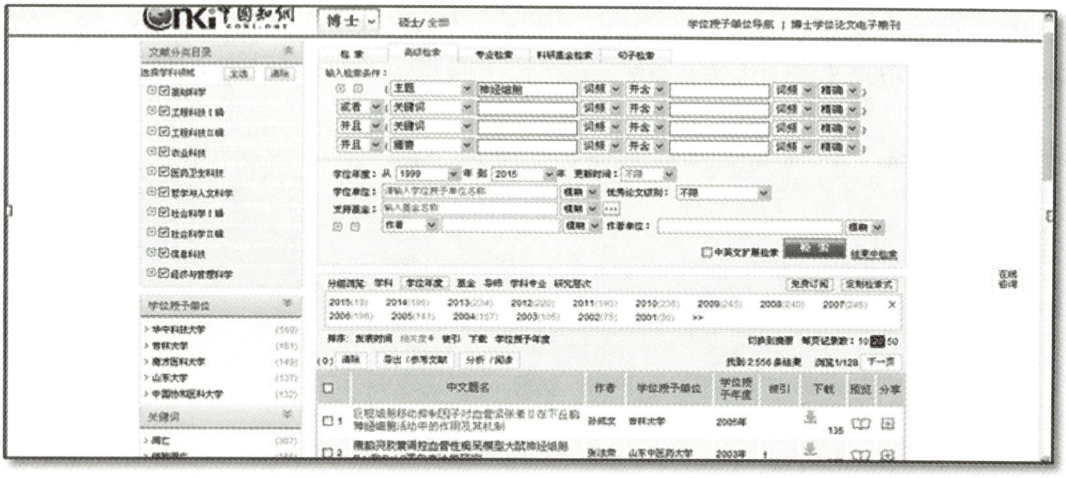

图 5-2 检索结果界面

下载全文：用户可单击论文题录后的下载选项，或点击题名进入论文摘要页面，数据库提供在线阅读、整本下载、分章下载或分页下载等方式，用户可根据自己的需要选择。

二、外文学位论文检索（PQDT）

（一）数据库概况

PQDT（ProQuest Digital Dissertations&Theses）是美国 ProQuest Information and Learning（原 UMI）公司出版的博士、硕士论文全文数据库。该数据库收录自 1861 年起欧美 2000 余所大学的超过 240 万篇博士、硕士论文的文摘索引，北美地区每年通过的学位论文 90% 以上收入该库。内容覆盖文、理、工、农、医等多个领域，每年约增加 4.5 万篇博士和 1.2 万篇硕士论文摘要。

PQDT 具有收录时间长（从 1861 年开始）、报道速度快、报道内容深入等特点。PQDT 官方网站 http：//www.lib.umi.com/dissertations 的数据库，可以免费检索近两年的学位论文摘要和题录；免费提供 1997 年以后博士学位论文原文前 24 页内容，可以为用户提供论文内容的预览。拥有 100 多万篇学位论文原文，论文全文需通过付费方式获取，原文下载提供了 PDF 和 TIFF 两种格式。2002 年开始，为满足国内对国外博硕士论文全文的广泛需求，国内各高等院校、学术研究单位以及公共图书馆，以优惠的价格集团采购该库，建立了 ProQuest 博硕士论文全文数据库中国镜像站，实现了学位论文的网络共享，国内检索平台为：http://proquest.calis.edu.en/umi/index.jsp。

（二）检索规则和方法

1. 检索规则　该数据库可以运用布尔逻辑算符、词组检索和二次检索等检索技术。适用于基本检索与高级检索。

（1）使用“and”或空格搜索全部关键词：多个关键词用空格或“and”隔开，如“digital library”或“digital and library”，这两个词将同时出现在标题、正文或摘要中（两个词的出现位置不一定相邻）。

（2）使用“or”搜索任意关键词：搜索多个关键词中的任一词，如“digital or library”，这时搜索结果将包含这两个词中的任一个或全部。

（3）使用“and not”排除关键词：排除包含指定关键词的搜索结果，如“digital library and not study”，这时搜索结果将同时包含前两个词，但不包含“study”。

（4）使用双引号搜索完整的关键词：如果输入的关键词本身包括空格并且不希望被分割，可以在关键词两边加上西文双引号，表示符号内词组不得拆分，如“digital library”。

（5）本数据库检索字段“Full Text”的检索范围并非传统意义上的“全文检索”（在整篇文章中检索），而是表示“全字段”检索的意思（在所有可检字段中检索）。

2．检索方式　PQDT 全文库提供基本检索、高级检索和学科导航三种检索方式。

（1）基本检索：检索界面即数据库主页上提供的检索输入框。直接输入检索词或检索式，如：science and nano，检索框下方提供“全部”和“只显示有全文的结果”两个限制选项，默认的是在“全部”论文中进行检索，点击检索即可进行检索。

（2）高级检索：点击“高级检索”标签即可进入高级检索界面。高级检索可提供不同检索字段的逻辑组配，检索字段共 9 个，包括：标题、摘要、学科、作者、学校、导师、来源、ISBN、出版号。对检索结果可从出版年度、学位等级、语种和有无全文等方面进行限定。

（3）学科导航：PQDT 数据库首页上的学科导航，按学科分成 Applied Sciences（应用科学）、Biological Sciences（生物科学）、Communications and Arts（通信与艺术）、Earth and Environmental Sciences（地球与环境科学）、Education（教育）、Health Sciences（健康与卫生）、Language，literature and linguistics（语言，文学与语言学）、Philosophy，Religion，and Theology（哲学，宗教与神学）、Psychology（心理学）、Pure Sciences（纯粹科学）、Social Sciences（社会科学）等 11 个一级类目。每个一级类目之后的括号中显示的是该类目下的论文总数。点击一级类目将显示该类目下的所有论文列表。

（三）检索结果处理

无论是何种检索方式，其检索结果首先是检索结果列表的形式。检索结果列表可选择按相关度或出版时间排序。在该列表显示页面右侧可按学科、发表年度和学位精简结果。在检索结果列表页面可通过标记选择需要输出的记录，然后在列表的右上角选择 E-mail 或下载等输出图标。在此页面点击每条记录的题名链接或查看详情链接，则进入该记录的详细“书目信息 + 摘要”显示页面。

【案例】查找有关协同物流模型优化方面的课题。

第一步：在第一个检索框中输入 collaborative logistics，字段限定选择“全文”，在第二个检索框中输入 optimization model，字段限定选择“全文”；第二步：两个检索框的逻辑运算符选择“并且”，点击“检索”键，检到切题文献（图 5-3）。

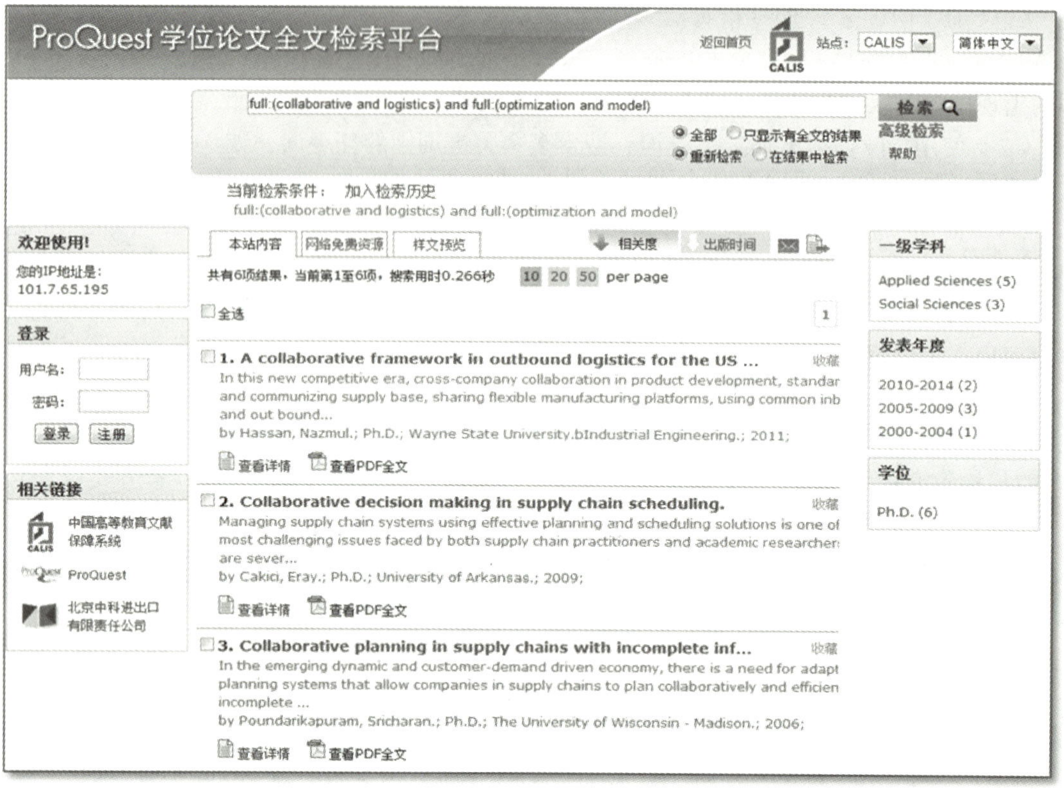

图 5-3 检索结果界面

（张 帆）

第二节 会议文献检索

【教学要求】

1. 掌握万方数据会议文献数据库、中国重要会议论文全文数据库及外文会议文献检索——ISI Proceedings 的特点、检索方法、技术

2. 熟悉万方数据会议文献数据库、中国重要会议论文全文数据库及外文会议文献检索——ISI Proceedings 的检索结果处理方式

3. 了解万方数据会议文献数据库、中国重要会议论文全文数据库及外文会议文献检索——ISI Proceedings 的数据库的概况

会议作为直接交流的方式一直以来在科学交流活动中起着不可低估的作用。随着科学技术对生产和生活水平影响力度的扩大，各个国家的学会、协会、研究机构及国际学术组织越来越多，它们定期或不定期召开学术会议，形成信息交流中数量颇丰的一类信息源——会议文献。

会议文献是指各学术研究机构的科技工作者在国内外重要学术会议上发表的论文和报告，也包括一些非学术性会议的报告。特别是国际性会议和全国性会议，一般提交的论文都是经过挑选的学术性比较强、内容比较新颖的论文。会议文献因为往往比专利、标准、成果等文献更能及时地反映国内外科技发展的最高水平和最新动态而为科研工作者瞩目，也成为各类研究机构及时了解科技发展动态，在科研竞争中取得有利地位，占领科技前沿的重要参考文献。会议文献的重要性和利用率仅次于期刊。

会议文献按会议议程进展的时间先后顺序分为会前文献（Preconference Literature）、会中文献（Literature Generated During the Conference）和会后文献（Post Preconference Literature）三种。

一、中文会议文献检索

（一）万方数据会议文献数据库

1. 数据库概况 万方数据资源系统是一个收费的检索系统，其中的“会议论文全文数据库”收录了自然科学、工程技术、农林、医学等领域的10多万条中文会议文献的全文。这些会议文献来源于国家一级学会1998年以来在国内组织召开的全国性学术会议。收录范围包括自然科学、工程技术、农林、医学等多个领域。

2. 检索途径和方法 中国学术会议论文全文数据库有强大的检索功能，提供了一站式的检索，可直接在检索输入框输入相关内容，既可检索论文，又可检索会议。另外还可按照学术会议分类、会议主办单位进行检索。

（1）学术会议分类检索：分类浏览检索分20个专题分类链接。检索步骤为：专题分类名—会议名称—全文。

（2）会议主办单位检索：会议名录检索供查询会议情况，检索入口有：会议名称、主办单位、会议时间、会议地点等。通过会议名称链接，可获取该次会议上的论文目录与全文链接。

（3）会议论文检索：是直接从论文的角度查找会议论文的全文。可以在高级检索中查找。会议论文的检索字段主要包括主题、题名或关键词、创作者、作者单位、关键词、摘要、日期、DOI、会议 - 会议名称、会议 - 主办单位、会议 - 会议 id。会议论文检索也可进行“专业检索”，在专业检索中可将检索要求直接以检索式的形式输入到检索框中。数据库提供“可检索字段”“推荐检索词”、“检索历史”等供用户选择。布尔运算符分别用“*”“+”“-”表示逻辑“与”“或”“非”。

【案例】查找郑晓辉在全国血磁学术交流年会上发表的论文（图5-4）。

将郑晓辉和全国血磁学术交流年会分别限定在作者和会议名称中进行检索。会议中点击“高级检索”，作者中输入“郑晓辉”，在会议 - 会议名称中输入“全国血磁学术交流年会”，点击“检索”，检到切题文献。

3. 检索结果处理 检索结果可以以命中记录条数的详细信息界面输出。每条记录显示格式包括：会议名称、主办单位、会议年代、会议地点等基本信息。可进行会议名称、文摘查看、全文查看。也可进行论文的查看、打印、保存。

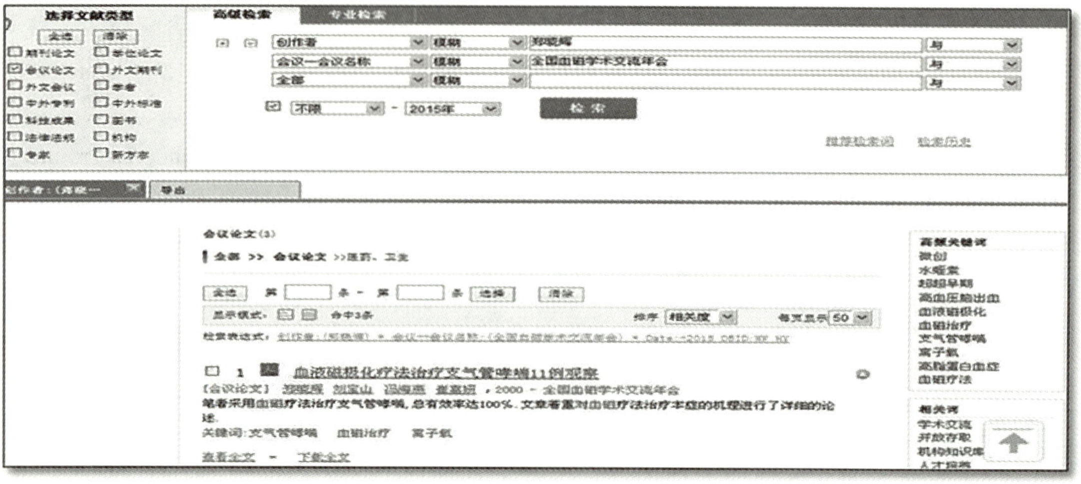

图 5-4　检索结果界面

（二）中国重要会议论文全文数据库

1．数据库概况　中国重要会议论文全文数据库是中国知识基础设施工程（CNKI）的一个数据库，中国重要会议论文全文数据库将 1500 余家会议主办单位的会议论文进行整合出版，是我国第一个连续出版重要会议论文的全文数据库，是覆盖各学科的最完备的中国会议论文全文数据库。重点收录 1999 年以来中国科协、社科联系统及省级以上的学会、协会，高校、科研机构、政府机关等举办的重要会议上发表的文献。其中，全国性会议文献超过总量的 80%，部分连续召开的重要会议论文回溯至 1953 年。该库分为基础科学（A）、工程科技Ⅰ辑（B）、工程科技Ⅱ辑（C）、农业科技（D）、医药卫生科技（E）、信息科技（I）、哲学与人文科学（F）、社会科学Ⅰ辑（G）、社会科学Ⅱ辑（H）、经济与管理科学（J）10 大专辑，168 个专题。收录年限为自 1953 年至今的会议论文集。目前，已收录出版 15 282 次国内重要会议投稿的论文，累积文献总量 1 804 144 篇。

2．检索途径和方法　数据库提供检索、高级检索、专业检索、作者发文检索、科研基金检索、句子检索、来源会议检索 7 种检索方式。其中“高级检索”中可同时输入检索控制条件和内容检索条件进行逻辑与运算后再进行检索，这样可以既快又准地找到会议文献，提高查准率。

高级检索提供的检索字段有：主题、篇名、关键词、摘要、全文、论文集名称、参考文献、中图分类号等检索字段中选择进行逻辑组配检索。还可以对会议时间、更新时间、会议名称、会议级别、支持基金、报告级别、论文集类型、语种、作者单位等进行限定。

3．检索结果处理　支持对检索结果进行进一步的筛选，可以按照指标进行分组排序，包括按照学科类别、会议论文集、会议主办单位、研究资助基金、研究层次、文献作者、作者单位、论文关键词进行分组浏览，可以按照会议召开时间、相关度、被引频次、下载频次、浏览频次进行排序浏览。可以链接到期刊、博硕士、会议、报纸、专利、标准、年鉴、Springer 期刊、外文题录等数据库使用。

二、外文会议文献检索——ISI Proceedings

（一）数据库概况

ISI Proceedings 是美国 ISI 编制的网络版会议文献数据库，收录 1990 年至今的会议文献摘要。该数据库由 Science&Technology Proceedings（ISTP）和 Social Sciences&Humanities Proceedings（ISSHP）两个子库组成，收录 1990—2002 年间 6 万多个会议中的 250 万篇会议论文，并在会议论文与 Web of Science 之间建立了双向链接，使学者能快捷地获取会议论文的引文及相关文献信息。

（二）检索途径和方法

ISI Proceedings 的检索分有 General Search（常规检索）、Advanced Search（高级检索）和 Combine Searches（组合检索）。

1．General Search　在 Full Search 的 General Search 中，可通过主题、著者、著作名称、会议或著者地址检索文献。系统默认多个检索项间逻辑关系为 AND，并可对文献类型和语种限定检索。

（1）TOPIC（主题检索）：可用论文题名、关键词、文摘中的单词或短语作为检索词，也可以选择 Title Only 将检索限制在题名中。

（2）AUTHOR（著者检索）：著者名检索，姓在前，空一格输入名首字母。头衔、学位和排行不作为姓名输入。

（3）SOURCE TITLE（来源刊名或书名检索）：刊名全称或缩写检索，或点击 Source List 在来源刊名列表中选择刊名全称，复制粘贴到检索框。

（4）CONFERENCE（会议信息检索）：可用会议名称、地点、日期、主办者作为检索词，检索词间使用 AND。

（5）ADDRESS（著者单位地址检索）：可用地址中的单词作为检索词，检索词间使用 SAME 连接。ISI 机构名往往采取标准缩略形式，可以参考 abbreviations list 得到标准缩写。

2．Advanced Search　即在检索词前使用 General Search 的字段标识符，通过逻辑组配符来编写复杂的检索策略。常用字段标识符有：TS=Topic、TI=Title、AU=Author、SO=Source 和 AD=Address。检索式编写如 AD=（Children*Hosp*SAME Phila*）AND AU=Shep TH，表示检索地址中含 Children*Hosp 以及 Phila，并且作者为 Shep TH 的文献。高级检索也具有 Combine Search 的组合检索功能。

3．Combine Searches（组合检索）　在 General Search 或 Advanced Search 页面上，点击工具栏中的 Combine Searches 按钮，可对 General Search、Advanced Search 的检索式进行组合检索。

（三）检索结果处理

ISI Proceedings 可显示题录格式或全记录格式。检出结果在 General Search Result Summary 界面显示题录格式，对所需记录作标记，再点击 Submit Marks 按钮，提交标记的题录格式，以便输出。

点击带下划线的标题，系统显示全记录。如果出现“GO TO WEB OF SCIENCE”按钮，表示该会议论文由于同时刊登在期刊上而被 Web of Science 收录，便可直接链至 Web of Science 查看文献被引用情况。

若有记录被提交，在显示结果的页面上方出现 Marked List 按钮，点击 Marked List，可以选择已标记记录的输出格式和输出方式：

1．输出记录排序　可按时间、第一著者、原始出版物或会议名称。

2．输出格式　缺省格式为简单记录，也可自定义。

3．输出方式

（1）Format for Print：通过浏览器打印功能打印检索结果；

（2）Save to File：将检索结果以纯文本格式保存；

（3）Export to Reference software：将检索结果保存，以便输出至个人参考文献管理软件（Reference Manager 等）中；@E-mail：以电子邮件的形式将检索结果发送至个人邮箱。

【案例】查找王吉耀教授参加 Meeting of the Asian Pacific Association for the Study of the Liver TAIPEI，TAIWAN，SEP 26—29，2002 会议的论文 A role of heme oxygenase in hyperdynamic circulation of cirrhotic rats 被 ISI Proceedings 收录情况。

第一步：在 ISI Proceedings 主页选择 Full Search；第二步：在 Full Search 界面选择学科 Science & Technology-Proceedings，然后选择检索方式 General Search；第三步：在 General Search 界面的 Author 检索框内输入 Wang JY，在 Conference 检索框内输入 TAIWAN and 2002，多个检索选项间的逻辑关系为 AND，点击 Search 按钮；第四步：对记录进行标记，点击 Submit Marks 提交记录。然后点击 Marked List，进行记录的输出。第五步：完成全部检索后，点击窗口右上角 HOME 按钮，返回 ISI Web of Knowledge 主页，开始新的检索，或点击 Log out，退出检索系统。

（张　帆）

第三节　专利文献检索

【教学要求】

1．掌握中国专利文献检索的特点、检索方法、技术

2．熟悉中国专利文献检索——中国知识产权局、美国专利商标局专利检索的检索结果处理方式

3．了解中国专利文献检索——中国知识产权局、美国专利商标局专利检索的概况

专利文献检索，首先要了解专利相关的几个概念及专利的概念。专利（patent）是指国家以法律形式授予发明人或其权利继承人在法定期限内对其发明创造享有的权利。各国专利法律规定，申请专利的发明创造，必须将其内容写成完整而详细的说明书，由专利局按照法律规定的期限予以公布。专利实际上包括三方面的含义：专利权（指国家专利主管机关授予申请人在一定时间内享有的不准他人任意制造、使用或销售其专利产品或者使用其专利方法的权利）；受专利法保护的发明创造；专利说明书。

专利文献（Patent Literature）是指记录有关发明创造的文献，是实行专利制度国家、地区及国际专利组织在审批专利过程中产生的官方文件及其出版物的总称。它有狭义和广义之分，狭义专利文献是指专利说明书；广义专利文献包括专利公报、专利文献、专利索引、专利分类表和专利书刊报纸等。其中专利说明书是专利文献的核心部分，是申请人向政府递交

说明其发明创造的书面文件，上面记载着发明的实质性内容及付诸实施的具体方案，并提出专利权范围。它报道的发明内容具体、可靠，附图详细，对制定设计方案和技术路线、解决具体技术问题很有参考价值，是检索专利文献的重要情报源。专利文献每年报道全世界大约95%的新技术，由于其技术新颖、报道翔实，已经成为一种重要的科技情报来源，在各个科学领域中得到广泛应用，成为科研开发过程中必不可少的检索工具，尤其是发达国家特别重视对专利文献中所提供的各种技术、经济和法律信息进行研究利用。互联网通信技术的不断发展，各种形式的专利文献数据库在网上建立，给公众提供了大量的可供使用的专利信息情报源。目前通过互联网检索专利文献信息已成为人们获取专利文献信息的主要途径。

国际专利分类法（International Patent Classification，IPC）是国际上公认的分类体系，由世界知识产权组织控制，由专利局分配给每一个专利文档。IPC 是根据 1971 年签订的《国际专利分类的斯特拉斯堡协定》编制的，使各国专利文献获取统一分类的工具，每 5 年修订一次。许多专利检索系统都提供了 IPC 分类检索的途径，掌握 IPC 的分类体系能极大地提高检索效率。

一、中国专利文献检索——中国知识产权局专利检索

（一）数据库概况

中国国家知识产权局网址为 http://www.sipo.gov.cn。中国国家知识产权局是我国的专利管理机构，其专利检索平台向用户免费提供专利检索服务。该平台可以检索到 1985 年以来公布的全部中国专利信息，包括发明、实用新型和外观设计三种专利的著录项目及摘要，并可浏览到各种说明书全文及外观设计图形。

中国国家知识产权局专利检索及分析系统是集专利检索与专利分析于一身的综合性专利服务系统。本系统依托于丰富的数据资源，提供了简单、方便、快捷、丰富的专利检索与分析功能，丰富的接口服务和工具性功能也为检索和分析业务提供了强有力的支撑。

1．检索功能　常规检索、表格检索、药物专题检索、检索历史、检索结果浏览、文献浏览、批量下载等。

2．分析功能　快速分析、定制分析、高级分析、生成分析报告等。

3．数据范围　收录了 103 个国家、地区和组织的专利数据，以及引文、同族、法律状态等数据信息，其中涵盖了中国、美国、日本、韩国、英国、法国、德国、瑞士、俄罗斯、欧洲专利局和世界知识产权组织等。

4．数据更新　中外专利数据每周三更新；同族、法律状态数据每周二更新；引文数据每月更新。

为了能给用户的专利工作提供更多的帮助，本系统主要为用户提供了门户服务、专利检索服务及专利分析服务，核心功能见图 5-5。

其中专利检索作为本系统的核心服务之一，主要基于丰富的专利数据资源提供多种检索模式和浏览模式。在专利检索中，可以进行查新检索、侵权检索、产品出口前检索等业务操作，为了提升检索效率，还可以通过多种检索辅助工具辅助构建检索式、完善检索思路；可以通过多种浏览辅助工具快速定位专利的核心技术，挖掘技术背后的信息。关于专利检索的核心服务功能见图 5-6。

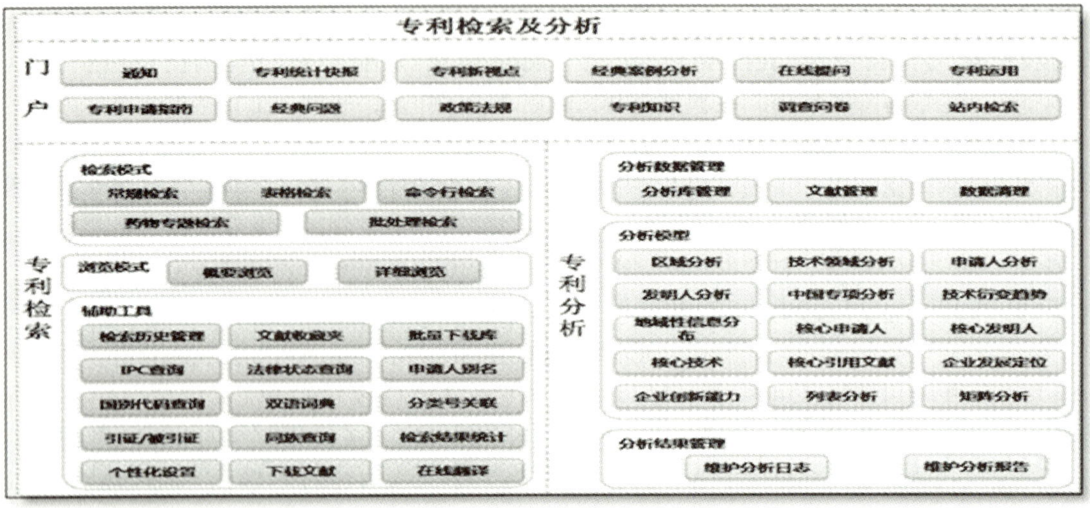

图 5-5　中国国家知识产权局专利检索及分析系统核心功能

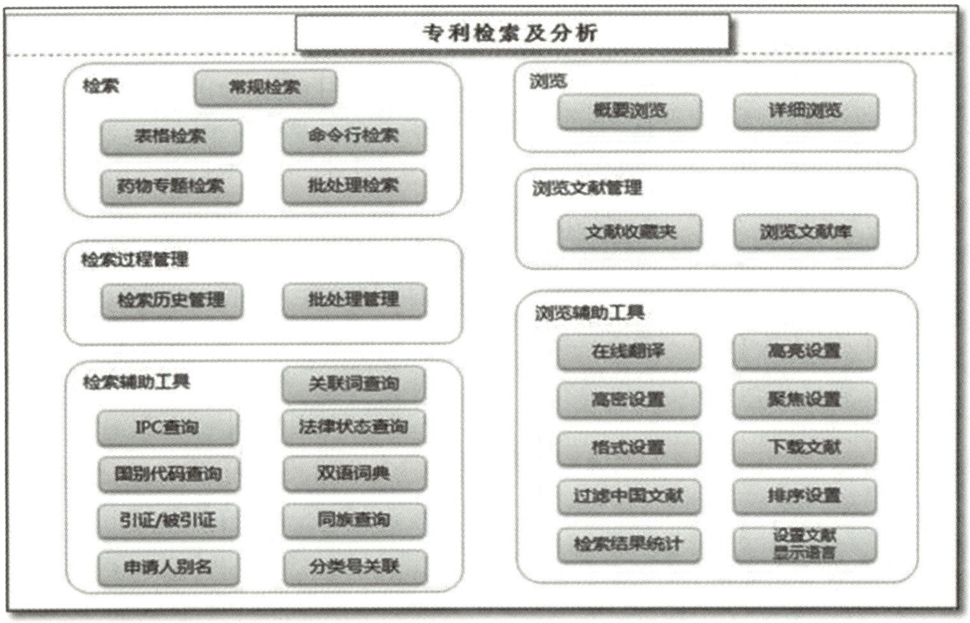

图 5-6　专利检索的核心服务功能

（二）检索途径和方法

本检索系统包括常规检索、表格检索、药物专题检索、检索历史、文献收藏夹、多功能查询器、批处理管理、批量下载库。其中常规检索、表格检索是不需要用户注册即可使用。

1．常规检索

（1）功能介绍：常规检索主要提供了一种方便、快捷的检索模式，帮助您快速定位检索对象（如一篇专利文献或一个专利申请人等）。如果您的检索目的十分明确，或者初次接触专利检索，可以以常规检索作为检索入口进行检索。当鼠标点击到检索输入框时，会自动弹出检索的说明。

为了便于进行检索操作，在常规检索中提供了基础的、智能的检索入口，主要包括自动识别、检索要素、申请号、公开（公告）号、申请（专利权）人、发明人以及发明名称。关于各个入口的详细说明见表 5-1。

表 5-1　常规检索入口介绍表

常规检索 - 检索字段介绍		
序号	字段名称	字段介绍
1	自动识别	选择该字段进行检索，系统将自动识别输入的检索要素类型，并自动完成检索式的构建，识别的类型包括号码类型（申请号、公开号），日期类型（申请日、公开日），分类号类型（IPC、ECLA、UC、FI\FT），申请人类型、发明人类型、文本类型
2	检索要素	选择该字段进行检索，系统将自动在标题、摘要、权利要求和分类号中进行检索
3	申请号	选择该字段进行检索，系统自动在申请号字段进行检索，该字段支持带校验位的申请号或者专利号进行检索。该字段支持模糊检索。并自动联想提示国别代码信息
4	公开（公告）号	选择该字段进行检索，系统自动在公开号字段进行检索，该字段支持模糊检索，并自动联想提示国别代码信息
5	申请（专利权）人	选择该字段进行检索，系统自动在申请人字段进行检索，该字段根据输入的关键词自动联想推荐申请量较高的相关申请人信息
6	发明人	选择该字段进行检索，系统自动在发明人字段进行检索，该字段根据输入的关键词自动联想推荐申请量较高的相关发明人信息
7	发明名称	选择该字段进行检索，系统自动在发明名称字段进行检索，该字段根据输入的关键词自动联想推荐相关的发明名称信息

（2）操作样例：在进入“专利检索”页面后，系统默认显示“常规检索”页面（图 5-7）。

图 5-7　常规检索界面

在“常规检索”页面中，选择检索字段为“自动识别”，然后在“检索式编辑区域”输入检索要素为“翻盖手机”，最后点击“检索”按钮，执行检索操作并显示检索结果页面，见图 5-8。在浏览检索结果的过程中，可以调整系统自动识别的检索式信息，重新进行检索；也可利用辅助工具设置检索结果的显示信息和方式。关于辅助工具集的操作方式请参见相关章节的描述。

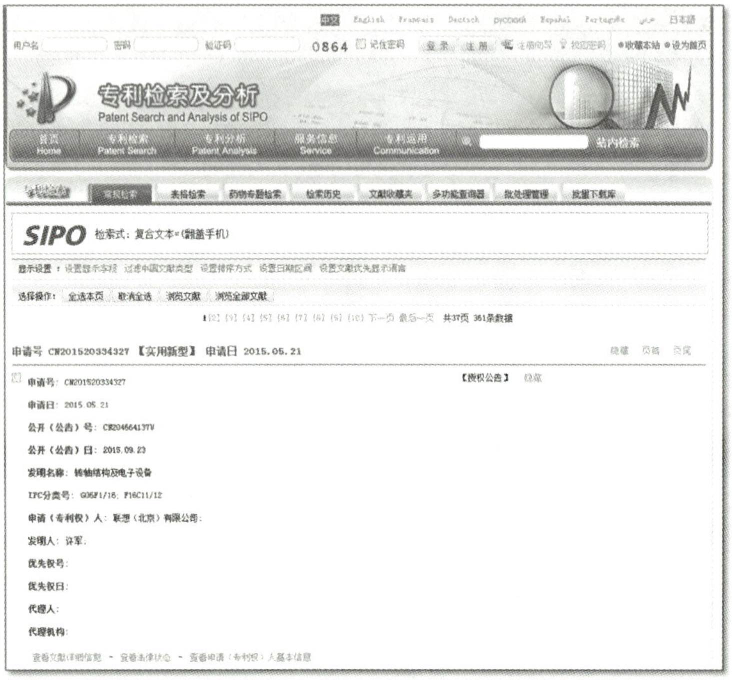

图 5-8　常规检索结果页面

（3）注意事项：在“自动识别”中检索，如果多个关键词之间用空格分隔，系统按照多个关键词之间“AND”的关系进行检索。在“自动识别”中检索，支持最多输入 20 个检索词（包括日期、关键词、号码）。

在“检索要素、申请号、公开（公告）号、申请（专利权）人、发明人、发明名称”中检索，如果多个关键词之间用空格分隔，系统按照多个关键词之间“OR”的关系进行检索。

如果您对各个检索字段的检索规则不了解，可以选择相应的检索字段，然后鼠标移动到检索式输入框中，系统自动显示该字段的检索式输入规则信息。

为方便您快速获取检索要素信息，系统在申请号、公开（公告）号、申请（专利权）人、发明人和发明名称中提供了“自动联想检索要素”的相关功能。

2．表格检索

（1）功能介绍：表格检索主要根据收录数据范围提供了丰富的检索入口以及智能辅助的检索功能。您可以根据自身的检索需求，在相应的检索表格项中输入相关的检索要素，并确定这些检索项目之间的逻辑运算，进而拼成检索式进行检索。如果您希望获取更加全面的专利信息，或者您对技术关键词掌握的不够全面，可以利用系统提供的“智能扩展”功能辅助扩展检索要素信息。当鼠标点击到检索输入框时，会自动弹出检索的说明。

为了保证检索的全面性，为了充分体现数据的特点，系统根据专利数据范围的不同提供了不同的检索表格项。关于具体的检索表格项说明如表 5-2 所示。

表 5-2　表格检索表格项介绍表

<table>
<tr><th colspan="4">表格检索 - 检索字段介绍</th></tr>
<tr><th>序号</th><th>字段名称</th><th>所属数据范围</th><th>用户类别</th></tr>
<tr><td>1</td><td>申请号</td><td rowspan="14">中外专利联合检索
中国专利检索
外国及港澳台专利检索</td><td rowspan="14">匿名用户</td></tr>
<tr><td>2</td><td>申请日</td></tr>
<tr><td>3</td><td>公开（公告）号</td></tr>
<tr><td>4</td><td>公开（公告）日</td></tr>
<tr><td>5</td><td>发明名称</td></tr>
<tr><td>6</td><td>IPC 分类号</td></tr>
<tr><td>7</td><td>申请（专利权）人</td></tr>
<tr><td>8</td><td>发明人</td></tr>
<tr><td>9</td><td>优先权号</td></tr>
<tr><td>10</td><td>优先权日</td></tr>
<tr><td>11</td><td>摘要</td></tr>
<tr><td>12</td><td>权利要求</td></tr>
<tr><td>13</td><td>说明书</td></tr>
<tr><td>14</td><td>关键词</td></tr>
<tr><td>15</td><td>外观设计洛迦诺分类号</td><td rowspan="10">中国专利检索</td><td rowspan="5">匿名用户</td></tr>
<tr><td>16</td><td>外观设计简要说明</td></tr>
<tr><td>17</td><td>申请（专利权）人所在国（省）</td></tr>
<tr><td>18</td><td>申请人地址</td></tr>
<tr><td>19</td><td>申请人邮编</td></tr>
<tr><td>20</td><td>PCT 进入国家阶段日期</td><td rowspan="5">注册用户</td></tr>
<tr><td>21</td><td>PCT 国际申请号</td></tr>
<tr><td>22</td><td>PCT 国际申请日期</td></tr>
<tr><td>23</td><td>PCT 国际申请公开号</td></tr>
<tr><td>24</td><td>PCT 国际申请公开日期</td></tr>
<tr><td>25</td><td>ECLA 分类号</td><td rowspan="12">外国及港澳台专利检索</td><td rowspan="12">注册用户</td></tr>
<tr><td>26</td><td>UC 分类号</td></tr>
<tr><td>27</td><td>FT 分类号</td></tr>
<tr><td>28</td><td>FI 分类号</td></tr>
<tr><td>29</td><td>发明名称（英）</td></tr>
<tr><td>30</td><td>发明名称（法）</td></tr>
<tr><td>31</td><td>发明名称（德）</td></tr>
<tr><td>32</td><td>发明名称（其他）</td></tr>
<tr><td>33</td><td>摘要（英）</td></tr>
<tr><td>34</td><td>摘要（法）</td></tr>
<tr><td>35</td><td>摘要（德）</td></tr>
<tr><td>36</td><td>摘要（其他）</td></tr>
</table>

（2）操作样例：在检索首页面中，点击菜单导航中的“表格检索”按钮，如图 5-9 所示。系统默认显示“中外专利联合检索”的检索表格项页面。还可分为“中国专利检索”“外国及港澳台专利检索”。在“中外专利联合检索”页面中，您可以通过将鼠标移动到检索表格项区域查看检索字段的应用说明信息。在了解各个检索表格项的应用说明之后，在各个字段中输入检索需求，然后通过点击检索字段名称和算符按钮的方式完成检索式的构建，构建后的检索式显示在检索式编辑区域，在编辑完成检索式之后，点击【检索】按钮，系统执行检索操作并显示检索结果。您在浏览检索结果的过程中，可以根据检索结果重新调整检索式进行检索，也可以利用浏览辅助工具快速浏览检索结果。

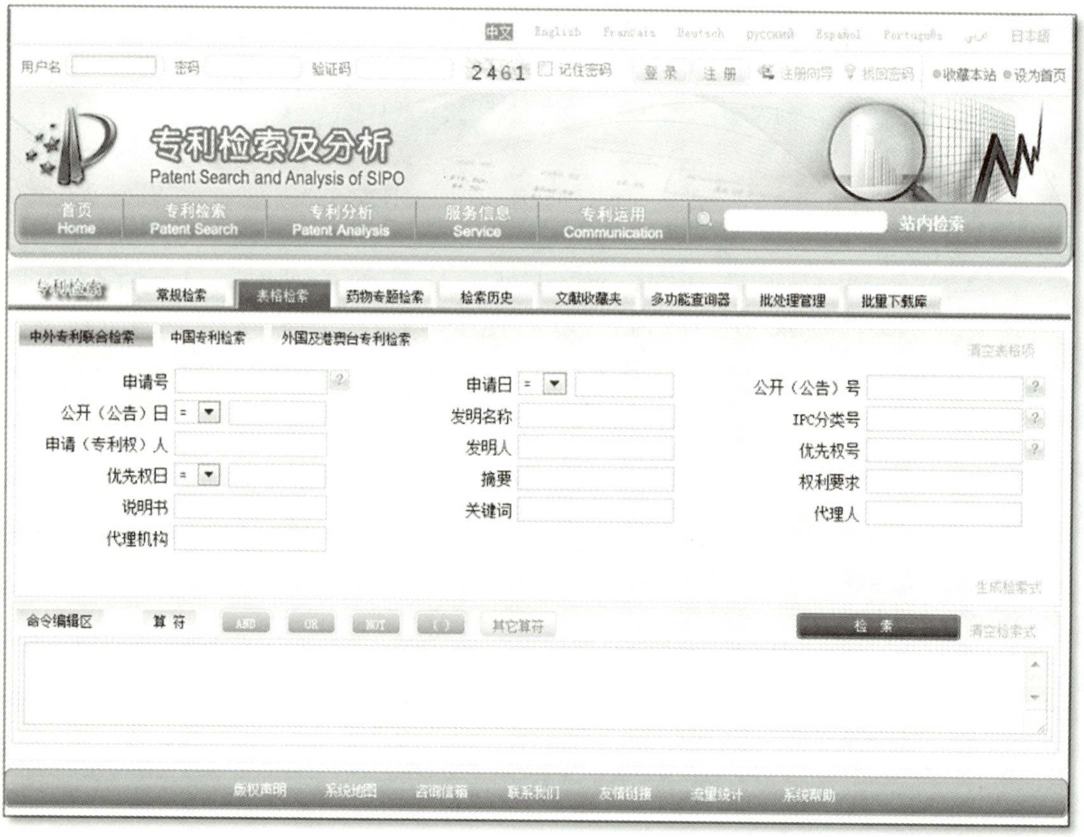

图 5-9 进入“表格检索”操作界面

（3）注意事项：如果您手动输入检索式信息，检索字段名称必须与系统提供的检索表格项名称一致，且所有运算符均为半角符号。

药物专题检索、检索历史、文献收藏夹、多功能查询器、批处理管理、批量下载库等都需要用户注册方可使用。

3．药物专题检索

（1）功能介绍：药物专题检索是基于药物专题库的检索功能，为从事医药化学领域研究的用户提供检索服务。用户可以使用此功能检索出西药化合物和中药方剂等多种药物专利。系统提供高级检索、方剂检索和结构式检索等多种检索模式，方便用户快速定位文献。

（2）操作样例：药物专题检索包括高级检索和方剂检索两种检索模式，下面分别介绍这两种检索模式。

1）高级检索：在“专利检索”页面，点击“药物专题检索”按钮，进入药物专题检索功能，系统默认显示“高级检索”页面，如图 5-10 所示。在对应输入框输入查询内容，或者在检索式编辑区编辑检索式，点击“检索”按钮执行检索操作并显示检索结果页面，在检索结果页面，可以进行显示设置操作过滤文献，或者使用详览功能，具体功能描述请见相关章节。

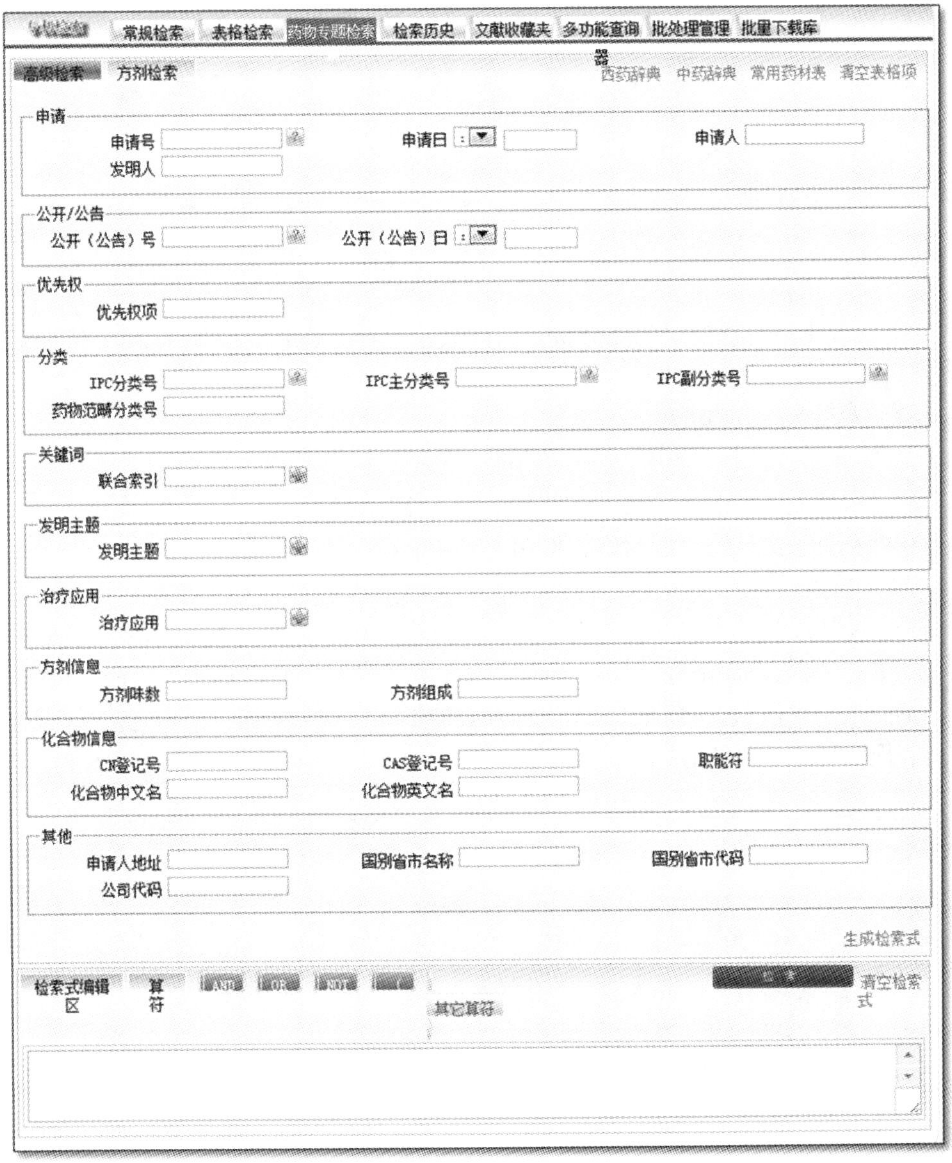

图 5-10 高级检索页面

2）方剂检索：在“药物专题检索”页面，点击“方剂检索”按钮，进入方剂检索功能，如图 5-11 所示。在对应输入框输入查询内容，或者在检索式编辑区编辑检索式，点击“检索”按钮执行检索操作并显示检索结果页面，在检索结果页面，可以进行显示设置操作过滤文献，或者使用详览功能，具体功能描述请见相关章节。

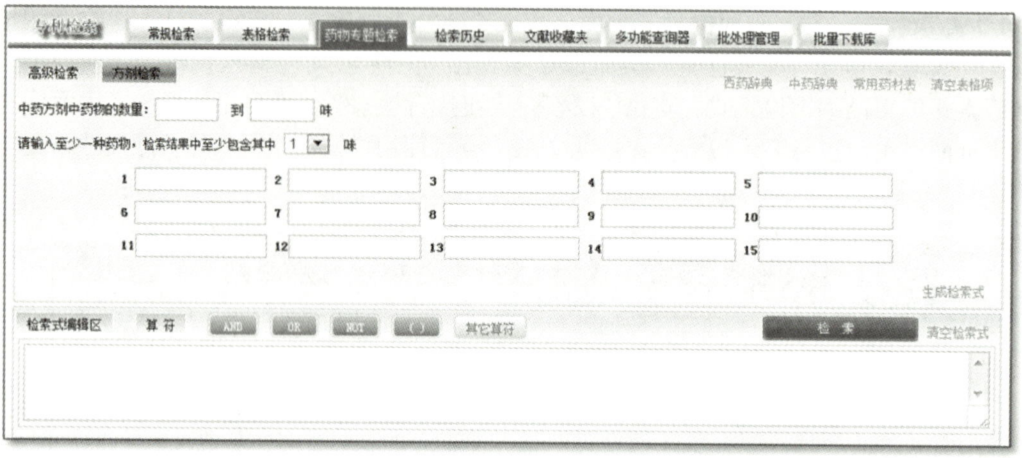

图 5-11　方剂检索页面

（3）注意事项：药物数据不能分析。药物数据保存在药物专题库中，与原有检索数据库相互独立，所以不能进行分析。

4．药物专题检索辅助功能

（1）功能介绍：药物专题检索辅助功能，包括：西药辞典、中药辞典、常用药材表，用户可以通过查询关键词的方式获取药物登记号或者编辑常用药材进行点击输入。

上述功能都是辅助药物专题检索，使用上述功能可以快速定位专利文献。

（2）操作样例

1）西药辞典：点击药物专题检索页面的“西药辞典”链接，系统弹出西药辞典窗口，如图 5-12 所示。勾选查询条件，在输入框中输入查询内容，然后点击“查询”按钮，系统将刷新左侧查询结果区域，将获取的结果以列表的形式展现，点击“药物登记号”链接，系统将刷新右侧区域显示详细信息。

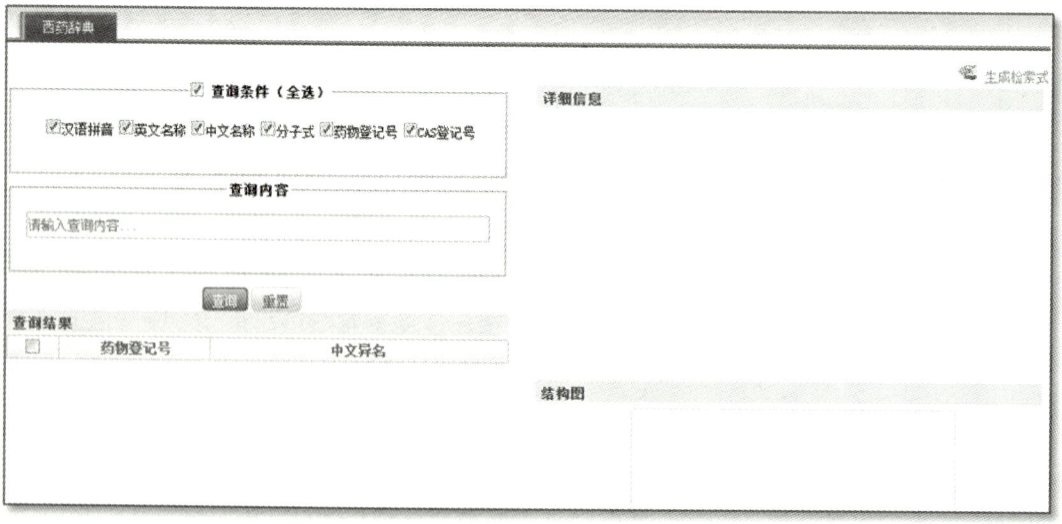

图 5-12　西药辞典初始页面

2）中药辞典：点击药物专题检索页面的“中药辞典”链接，系统弹出中药辞典窗口，如图 5-13 所示。勾选查询条件，在输入框中输入查询内容或点击常用药材输入，然后点击“查询”按钮，系统将刷新左侧查询结果区域，将获取的结果以列表的形式展现。点击“中文正名”链接，系统将刷新右侧区域显示详细信息。

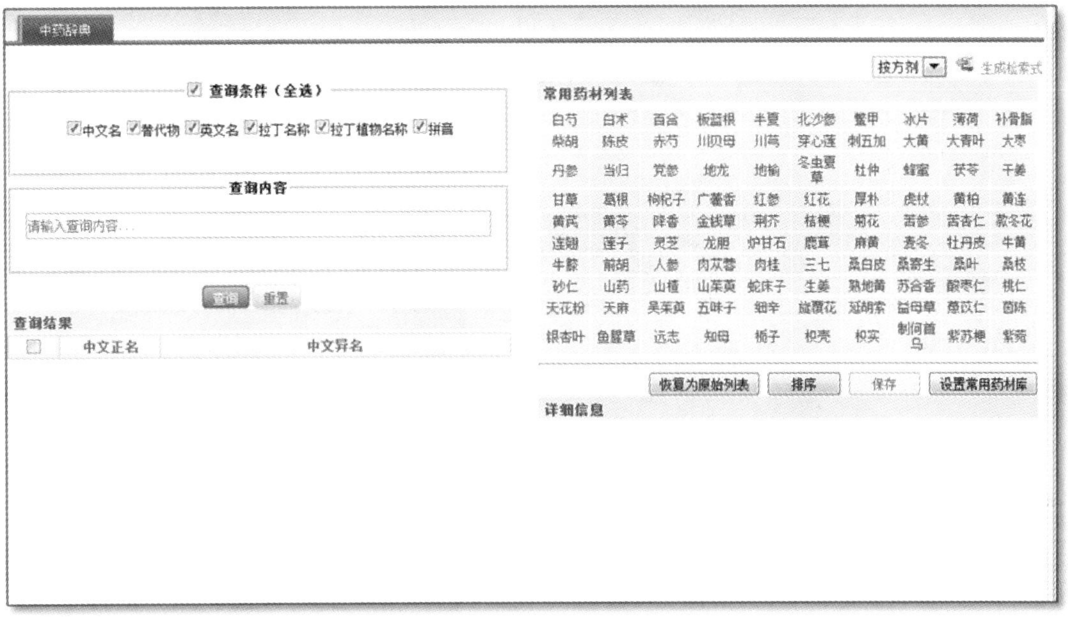

图 5-13　中药辞典初始页面

3）常用药材表：使用高级检索、方剂检索和中药辞典时，可以使用常用药材表功能，点击药材名进行输入，注册用户拥有保存和排序功能，如图 5-14。药材列表可以使用“排序”功能，按照拼音排序。药材列表可以使用“恢复为原始列表”功能，恢复成默认列表。

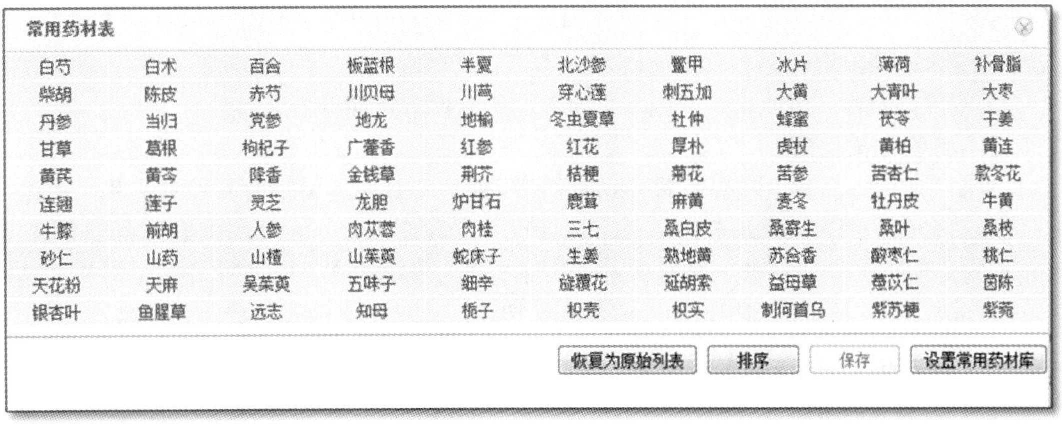

图 5-14　常用药材表

（3）注意事项：常用药材表“恢复默认”“排序”和“设置”功能仅对注册用户开放。

5．检索历史

（1）功能介绍：检索历史主要为注册用户提供了记录检索过程和基于检索过程应用策略的各类功能。检索是一项循序渐进的过程，而复杂的检索思路实现更依赖于对整个检索过程的反复运用，因此，检索历史管理充分借鉴实际检索过程的业务场景，为您提供了多个角度的功能服务。在检索历史管理中，您不但可以浏览到执行过的检索式信息，还可基于历史检索式进行二次检索和限定检索的检索策略运用，也可基于检索式进行复杂的检索式运算。

为便于您管理检索式信息，系统按照数据范围分类管理检索式信息，类别主要包括：中外专利联合检索历史、中国专利检索历史、外国及港澳台专利检索历史及药物专题检索历史，如图 5-15。

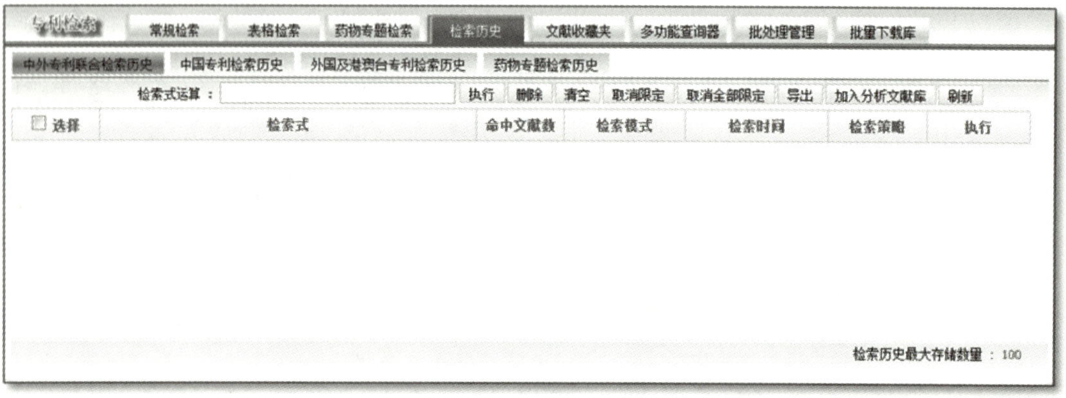

图 5–15 检索历史界面

（2）注意事项：检索历史列表中的编号按检索时间倒序排列。

如果检索式的命中结果大于零，则在检索历史列表的相应检索式记录中提供浏览检索结果列表、二次检索和限定范围检索功能。

用户使用限定范围检索功能时，之后的检索（包括常规和表格检索）范围为该限定检索式的检索结果；如果用户需要取消限定范围检索时，可使用【取消限定】功能或【取消全部限定】功能来取消限定。

如果删除限定检索的检索式，则与之相关的所有检索式都将删除。

（三）检索结果处理

检索结果以列表的形式显示与检索条件相匹配的所有专利申请号和专利名称。点击专利号或专利名称，即进入到该专利著录项显示页。点击著录项上方的“申请公开说明书”和“审定授权说明书”全文页数的链接，可逐页浏览图片格式的专利说明书全文（需先安装专利说明书浏览器），还可以利用页面上方的图标按钮，进行全文内容的打印和保存。

二、美国专利商标局专利检索

（一）数据库概况

USPTO 专利数据库是美国专利和商标局（The United States Patent and Trademark Office，USPTO）提供的网上专利数据库。该数据库提供美国专利的书目、文摘及专利说明书全文等信息的免费检索服务。USPTO 专利数据库可分为授权专利数据库和专利申请数据库两部分，授权专利数据库（PatFT）收录了1790年7月31日以来出版的所有授权的美国专利说明书的全页面扫描图像，其中1976年以后的说明书为全文文本说明书（附图像链接）；专利申请数据库（AppFT）收录了2001年3月15日以来所有公开（未授权）的美国专利申请说明书扫描图形数据。

输入网址 http://patft.uspto.gov/ 即可进入美国专利数据库首页（图5-16）。

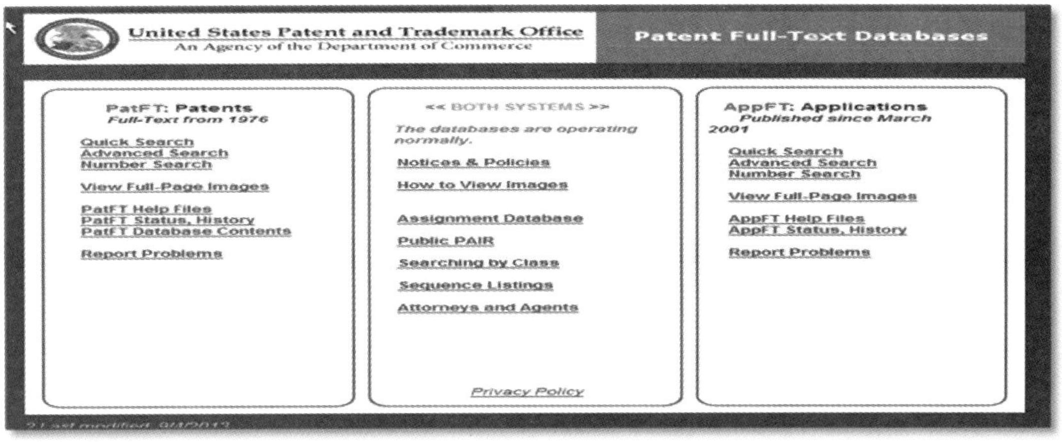

图5-16　美国专利数据库首页

USPTO专利数据库提供快速检索（Quick Search）、高级检索（Advanced Search）和专利号检索（Patent Number Search）三种检索方式。需要注意的是，1790年至1976年的专利只能用专利号检索。

（二）检索途径和方法

1．快速检索　在输入框中输入检索词，选择检索字段。系统提供了24个检索字段，包括题目、摘要、专利权人、代理人等。系统提供了两个检索词输入框，两个输入框之间可由下拉菜单确定两个输入框的逻辑关系。可选算符有“AND”“OR”“AND NOT”。

2．高级检索　高级检索能够实现两个或两个以上概念之间的逻辑运算，获得精确的检索结果。首先在系统提供的检索输入框中编写检索式输入，格式为：字段代码 / 检索词，然后在Select Years列表中选择检索的年限范围，单击“Search”按钮即可。高级检索界面下方列出了该数据库所规定的字段名称（Field Name）及其代码（Field Code）。在构建检索式时，如果对某些字段的定义、表示方法和输入格式等不很清楚，可以单击字段名称超级链接查看字段的使用方法等帮助信息。

需注意的是，如输入“AN/MCNC AND TTL/solder”表示检索代理人名称字段中含有“MCNC”，同时标题中含有“solder”的专利。词组检索时用双引号。如“bowling balls”；日期字段检索时，其格式为月 / 日 / 年。如：“ISD/11/1/1997→5/12/1998”表示检索公告日期为1997年11月1日到1998年5月12日的专利；检索字的前方一致，用“$”表示。如“electronic$”表示检索词中含有“electronic”或“electronically”等的专利。

3．专利号检索　专利号检索是通过专利号查找特定专利的最简洁的方法。直接在查询输入框中输入一个或多个专利号码，多个专利号之间要用一个空格隔开，然后单击Search按钮即可实施检索。

（三）检索结果处理

检索结果首先显示命中记录数及结果列表，每条记录包括专利号和专利号名称。单击专利号链接或专利名称链接，进入检索结果的详细信息页面。详细信息包括该专利的专利号、专利名称、文摘、发明人、分类号、权利要求书和相关专利等详细信息。单击页面中的“Images”按钮，进入专利说明书全文图像查看页面（需先安装 TIF 图像格式的浏览器），利用专利说明书全文图像查看页面上的工具按钮可以进行全文图像的下载、打印等操作。

【案例】检索与 Ceramic（陶瓷）相关的专利。

直接在快速检索项中输入关键词“Ceramic”，选择全部字段进行检索（图 5-17）。

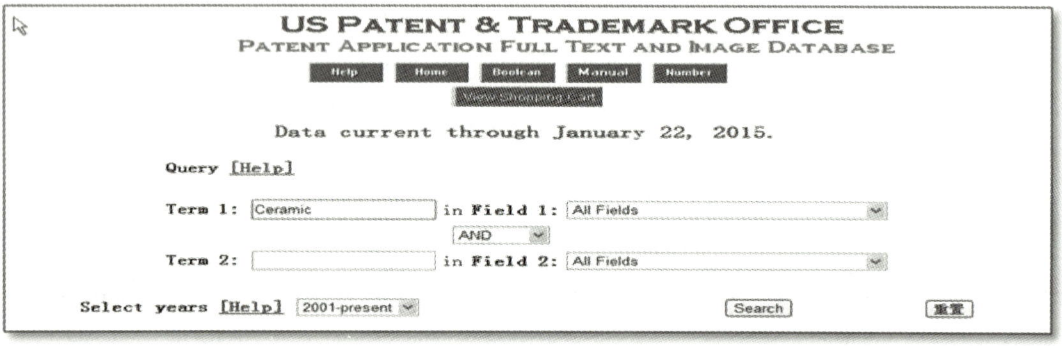

图 5-17　快速检索界面

单击“Search”按钮，检到专利全文中有关键词 Ceramic 的专利（图 5-18）。

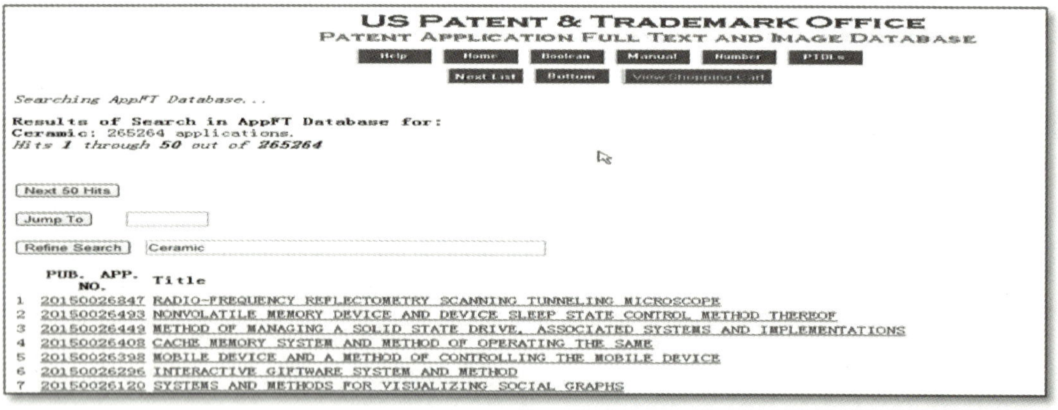

图 5-18　检索结果界面

从检索结果列表中选取任一篇文献，将打开文献显示窗口，就可以直接检索到有关专利的全文（图 5-19）。

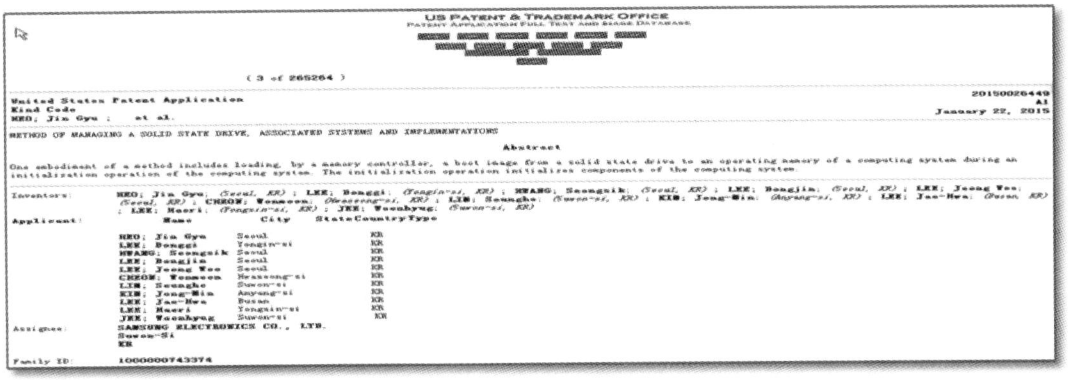

图 5-19　专利全文界面

（张　帆）

第一节　实习题

一、判断题

1．万方数据库——中国学位论文全文数据库只能检索硕士论文。(　　)

2．特种文献包括专利文献、会议资料、学位论文、科技报告、标准文献、政府出版物、产品说明书等。(　　)

3．CNKI 中国知网检索系统可以检索博、硕士论文。(　　)

4．PQDT（ProQuest Digital Dissertations&Theses）是美国 ProQuest Information and Learning（原 UMI）公司出版的博士、硕士论文全文数据库。(　　)

5．PQDT 数据库收录博士、硕士论文可追溯到 1861 年。(　　)

二、选择题

1．下列哪些文献属于特种文献？（　　）

A．专利文献　　B．学位论文　　C．会议文献　　D．期刊论文

2．下列哪些文献不属于特种文献？（　　）

A．会议录　　B．科技报告　　C．期刊论文　　D．实验报告

3．特种文献的特点是(　　)

A．出版形式特殊　　B．获取途径特殊　　C．出版发行无规律　　D．类型复杂多样

4．PQDT 数据库检索字段“Full Text”的检索范围并非传统意义上的“全文检索”(在整篇文章中检索)，而是表示(　　)

A．全字段　　B．所有可检字段中检索

C．全文检索　　D．在整篇文章中检索

5．中国博硕士学位论文全文数据库提供(　　)等检索途径。

A．简单检索　　B．高级检索　　C．专业检索　　D．科研基金检索

E．句子检索

三、简答题

1．学位论文是一类特殊文献，它的特殊性体现在哪些方面？

2．PQDT 的特点是什么？

3．中国博硕士学位论文全文数据库提供哪几种检索途径？

4．中国学位论文全文数据库检索方式有哪几种？可检索字段包括哪些？

5．PQDT 全文库提供哪几种检索方式？

四、检索题

1．查找督脉与认知功能障碍的相关学位论文。

2．在中国学位论文全文数据库（万方）中检索 2001 年论文题名中出现“视网膜脱离”的博士论文。写出检索途径和检出篇数。

3．检索中国学位论文数据库中肿瘤细胞凋亡的博士论文。要求：写出作者单位。

4．PQDT 文摘数据库中使用基本检索（Basic search）查找关于儿童哮喘（children asthma）方面的文献。

5．中国学位论文数据库中检索 2000 ～ 2015 年发表的标题中有关“阿司匹林诱发哮喘”方面的博士论文文献。

第二节　实习题

一、判断题

1．会议文献是指各学术研究机构的科技工作者在国内外重要学术会议上发表的论文和报告，也包括一些非学术性会议的报告。（　　）

2．万方数据资源系统中的“会议论文全文数据库”可以检索到 1998 年以来在国内组织召开的全国性学术会议。（　　）

3．在科技论文正文后的参考文献的著录中，[M] 代表该文献是一篇会议论文。（　　）

4．中国重要会议论文全文数据库中部分连续召开的重要会议论文回溯至 1953 年。（　　）

5．ISI Proceedings 是美国 ISI 编制的网络版会议文献数据库，收录 1990 年至今的会议文献摘要。（　　）

二、选择题

1．会议文献按会议议程进展的时间先后顺序分为（　　）

A．会前文献　B．会中文献　C．会后文献　D．会议集

2．会议文献是指各学术研究机构的科技工作者在国内外重要学术会议上发表的（　　）

A．论文　B．报告

C．非学术性会议的报告　D．会议集

3．ISI Proceedings 的会议论文与（　　）之间建立了双向链接，使学者能快捷地获取会议论文的引文及相关文献信息。

A．CBM　B．CNKI　C．VIP　D．Web of Science

4．ISI Proceedings 可显示哪两种格式？(　　)

A．文摘格式　B．题录格式　C．全记录格式　D．全文格式

5．中国重要会议论文全文数据库提供(　　)检索方式。

A．高级检索　B．专业检索　C．作者发文检索　D．科研基金检索

E．句子检索　F．来源会议检索　G．检索

三、简答题

1．会议文献与专利、标准、成果等相比，它的优点有哪些?

2．ISTP 和 ISI Proceedings 在文献收录范围方面有什么不同？

3．中国重要会议论文全文数据库提供哪几种检索方式?

4．会议文献按会议议程进展的时间先后顺序分为哪三种?

5．万方数据资源系统中的“会议论文全文数据库”中会议名录检索供查询会议情况，检索入口有哪几种?

四、检索题

1．万方数据资源系统中的“会议论文全文数据库”中检索在上海召开的由中国中西医结合学会主办的会议。

2．欲获取“胎儿脏器细胞移植治疗肿瘤”这篇会议论文，请检索查找收藏单位。

3．查找 2010 年“中国药学大会”的会议时间、地点、主办单位及议题及相关会议论文情况。

4．万方数据资源系统中的“会议论文全文数据库”中检索肝癌与肝硬化关系的会议论文。

5．万方数据资源系统中的“会议论文全文数据库”中检索阿司匹林与心肌梗死关系的会议论文。

第三节　实习题

一、判断题

1．GB3793.83 是专利文献的编号。(　　)

2．了解内蒙古医科大学申请专利的情况，可以通过国家知识产权局专利检索系统来实现。(　　)

3．强制性标准具有法律属性，一经颁布，必须贯彻执行。(　　)

4．一项发明创造要获得专利权必须具备新颖性、创造性和实用性。(　　)

5．中国标准分为国家标准、行业标准、地方标准和企业标准四级。(　　)

6．专利是受法律保护的，其中发明专利的保护期限是 10 年。(　　)

7．专利文献是集技术、经济和法律于一体的特种文献。(　　)

8．对无确定形状的产品，如气态、液态、粉末等以及工艺、方法等技术发明，属于实用新型专利的保护范围。(　　)

二、选择题

1．中国专利可以通过以下哪些途径检索？(　　)

A．超星数字图书馆　　B．CBM 数据库

C．万方数据　　D．国家知识产权局

2．依照我国专利法规定，以下发明将不被授予专利权的是(　　)

A．新药的制备　　B．疾病的治疗方法

C．吸毒工具　　D．新式武器

3．一项发明创造要获得专利权必须具备(　　)

A．新颖性　　B．实用性　　C．可复制　　D．创造性

4．按照约束力来分，标准可分为(　　)

A．国家标准　　B．强制性标准

C．推荐性标准　　D．指导性标准

5．按照我国专利法规定下列哪些发明将不被授予专利权？(　　)

A．发明一种新的教学方法　　B．发现一颗新星

C．发现新的物种　　D．发明新药

三、简答题

1．专利具有以下几大特点？类型有哪些？

2．我国国家标准有哪几种？分别用什么代码表示？

3．根据文献类型与文献载体代码规定，请把以下四个答案按照正确的对应关系和另外一栏匹配起来。

专著　　A．[J]

期刊　　B．[M]

学位论文　　C．[C]

论文集　　D．[D]

4．专利文献中常见的几种日有哪些？

5．专利文献中常见的几种人有哪些？专利文献中常见的几种号有哪些？

四、检索题

1．在“国际知识产权局”网站检索 2004—2006 年间口服胰岛素制剂方面的专利。

2．已知道专利号为：20070208394，在 USPTO 专利数据库中查找相关专利。

3．查找有关 3D 打印的相关专利。

4．查找专利号为 CN103037891A 的发明专利。

5．查找有关黄芪制备的相关专利。

第六章　图书文献检索

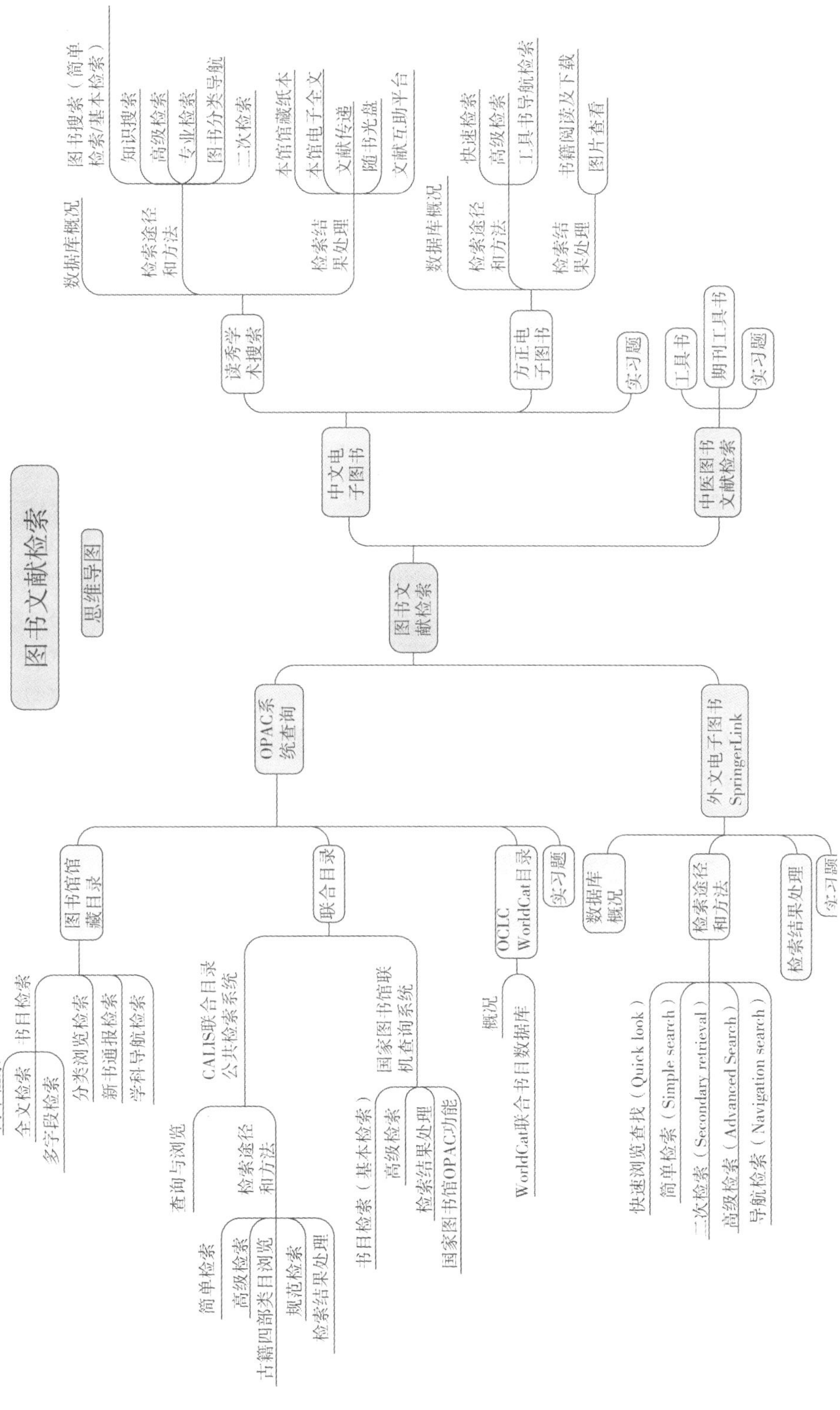

图书文献检索
思维导图
图书文献检索
中文电子图书
读秀学术搜索
数据库概况
检索途径和方法
图书搜索（简单检索/基本检索）
知识搜索
高级检索
专业检索
图书分类导航
二次检索
检索结果处理
本馆馆藏纸本
本馆电子全文
文献传递
随书光盘
文献互助平台
方正电子图书
数据库概况
检索途径和方法
快速检索
高级检索
工具书导航检索
检索结果处理
书籍阅读及下载
图片查看
实习题
中医图书文献检索
工具书
期刊工具书
实习题
OPAC系统查询
图书馆馆藏目录
书目检索
简单检索
全文检索
多字段检索
分类浏览检索
新书通报检索
学科导航检索
联合目录
CALIS联合目录公共检索系统
查询与浏览
检索途径和方法
简单检索
高级检索
古籍四部类目浏览
规范检索
检索结果处理
国家图书馆联机查询系统
书目检索（基本检索）
高级检索
检索结果处理
国家图书馆OPAC功能
OCLC WorldCat目录
概况
WorldCat联合书目数据库
实习题
外文电子图书SpringerLink
数据库概况
检索途径和方法
快速浏览查找（Quick look）
简单检索（Simple search）
二次检索（Secondary retrieval）
高级检索（Advanced Search）
导航检索（Navigation search）
检索结果处理
实习题

随着现代科学技术的发展，图书文献已经成为最基本的文献类型和图书馆馆藏的重要组成部分。随着人们阅读习惯和方式的改变，电子图书越来越凸显出其优势。如何在茫茫书海中快速查找到所需要的图书，是用户查找文献时经常遇到的一个问题。因此，掌握纸介质和电子图书的检索方法，已成为当今社会获取即时信息资源的最主要方式。

第一节　OPAC 系统查询

【教学要求】

1. 掌握本馆 OPAC 系统书目检索、分类浏览检索、新书通报检索和学科导航检索的检索方法
2. 掌握 CALIS OPAC 系统简单检索、高级检索、古籍四部类目浏览和规范检索的检索途径和方法
3. 掌握国家图书馆联机查询系统书目检索和高级检索的检索方法
4. 理解 CALIS OPAC 系统检索结果处理方法
5. 理解国家图书馆联机查询系统检索结果处理方法
6. 了解 OCLC WorldCat 目录概况、优点和特点

【案例】随着人们生活水平快速提高，饮食结构不断优化，高血压、糖尿病已经成为我们身边多发性疾病，而且越来越多的患者呈现低龄化。某学生欲利用图书馆 OPAC 系统查询相关文献情况。

OPAC 系统即联机公共目录查询系统（Online Public Access Catalog，OPAC），是一种通过联机书目检索实现图书馆书目信息资源共享的现代化检索系统。

OPAC 系统是图书馆自动化管理集成系统中的一个重要组成部分，因其集成系统的不同，其系统平台、用户界面也各不相同，但其实现的功能基本相同，读者不用亲身莅临图书馆便可以通过 OPAC 系统查询图书馆馆藏目录信息，从而知晓图书馆收藏哪些图书以及查询图书的详细信息，还可以进行网上续借、查询个人借阅以及新书情况等。因此，OPAC 是将不同载体、不同类型的本地资源与远程资源整合于一体，通过互联网对图书馆馆藏资源、书目数据进行查询的系统，它可有效利用图书馆资源，具有检索方式灵活、服务方式多样的特点。

一、图书馆馆藏目录

在网络环境时代下，每个图书馆都有自己特有的馆藏目录数据库和查询系统，馆藏目录反映了特定图书馆的文献入藏情况，能够揭示和查询图书馆的文献资源，是连接图书馆与读者的桥梁。

OPAC 系统是图书馆自动化管理集成系统中的一个重要组成部分，因其集成系统的不同，其系统平台、用户界面也各不相同，但其实现的功能基本相同。本节以汇文 OPAC 系统为例进行讲解。本馆 OPAC 系统设计方面主要包括：书目检索、热门推荐、分类浏览、新书通报、读者荐购、信息发布和我的图书馆等功能。

（一）书目检索

书目检索是指馆藏书目信息检索，是 OPAC 系统最基本的功能。馆藏书目信息一般包括文献的书目信息、馆藏的流通状态（分为在馆、借出或被预约等）、已借出图书的应还日期、馆藏复本情况、随书光盘信息、期刊馆藏信息（订购状态、最新到馆卷期）、馆藏文献位置等。书目检索有简单检索（Simple Search）、全文检索和多字段检索。

1．简单检索　汇文 OPAC 系统简单检索可对图书题名、责任者、主题词、ISBN 号、分类号、索书号、出版社和丛书名等相关字段进行检索，提供字段选取限制功能，如“前方一致（Publications beginning with）”“完全匹配”和“任意匹配”。在简单检索界面下方还有“热门借阅”和“热门图书”排行榜，便于读者方便快捷地查阅热门书籍。

【案例】利用 OPAC 系统，查找是否有高血压方面的医药卫生类图书，查看是否可借等信息。

第一步：进入内蒙古医科大学图书馆首页，点击网站下方“馆藏书目查询”链接，进入汇文 OPAC 系统；第二步：选择“题名”字段，限制字段选择“任意匹配”，检索框中输入“高血压”；第三步：点击检索按钮；第四步：弹出检索结果浏览页，默认状态是按照“入藏日期”“降序”方式排列；第五步：检索结果浏览页可以查看到题名、分类号、作者（编者）、出版社和出版时间等简单信息，点击题名可以查看详细信息；第六步：点击题名进入图书详细信息界面，包括：书目信息、机读格式和馆藏信息，馆藏信息就可以看出图书借阅情况及所属馆藏地。

2．全文检索　主要是针对任意词在图书中的任意位置进行检索的。检索框输入要注意以下要求：

（1）空格区分多个并列条件。例：高血压 预防 治疗，只检索包含“高血压”且“预防”且“治疗”的记录。

（2）完全匹配请前后加上双引号（“ ”）。例：“高血压 预防”，将不匹配“高血压预防”

（3）可使用通配符 ?（一个任意字符）与 *（多个任意字符）进行检索。不得出现在检索项的开头。

（4）可手动输入逻辑条件 AND、OR、NOT（注意字符必须为大写）进行检索。如：（高血压 OR 预防）AND 治疗。也可以在检索框前点击“⊞”“⊟”进行增加和减少检索输入框。

3．多字段检索　汇文 OPAC 多字段检索相当于数据库检索中的高级检索，检索字段包括：题名、责任者、丛书名、主题词、出版社、ISBN 号、索书号、起始年代字段的输入，以及文献类型、语种类别、结果显示、结果排序等字段选择。

【案例】利用 OPAC 系统，使用多字段检索方式，查找张敏 2013 年度在人民军医出版社所编著出版的糖尿病相关书籍。

第一步：进入 OPAC 书目检索首页，点击左上角书目检索下方“多字段检索”（多字段检索）链接，进入多字段检索界面；第二步：输入相应检索字段，题名输入糖尿病，出版社输入人民军医出版社，责任者输入张敏，起始年代输入 2013，点击界面下方“检索”按钮；第三步：在检索结果界面显示出张敏编写的《糖尿病中西医实用手册》，在界面右边显示出是中文图书，馆藏复本 4 本，可借复本为 3 本等相关信息；第四步：点击《糖尿病中西医实用手册》图书题名，展示此图书的详细书目信息。

（二）分类浏览检索

分类浏览检索是通过《中国图书馆图书分类法》（简称《中图法》）进行分类，采用汉语拼音字母与阿拉伯数字相结合的混合号码，用一个字母代表一个大类，以字母顺序反映大类的次序，大类下细分的学科门类用阿拉伯数字组成。

【案例】利用 OPAC 系统，查找浏览处方治疗相关医学书籍。

第一步：进入 OPAC 系统后点击界面上方“分类浏览”（分类浏览），进入 OPAC 分类浏览检索界面；第二步：在界面右侧有分类法点击条目，因为我们要查找的是医学卫生方面的图书，所以先选择“R 医药、卫生”（⊞R 医药、卫生）；第三步：点击“R 医药、卫生”大类后弹出下拉菜单是医药卫生子类目，我们查找的处方治疗是临床医学范围，所以点击 R 类目下的“R4 临床医学”（⊞R4 临床医学）；第四步：再点击 R4 临床医学下子类目“R45 治疗学”（⊞R45 治疗学）；第五步：再点击 R45 治疗学下子类目“R451 处方法及剂量学”（R451 处方法及剂量学）；第六步：R451 处方法及剂量学为最终类目，它下方再没有子类目，点击 R451 处方法及剂量学条目，在界面中间部位会看到相关图书展示，如：《全科医生处方治疗手册》、《简明临床处方手册》、《北京协和医院处方手册》（第 4 版）等相关图书。

（三）新书通报检索

新书通报检索是通过时间限制结合中图法，进行图书馆最近入馆图书查询。

【案例】利用 OPAC 系统，查找最近半个月入馆的中文医学书籍。

第一步：进入 OPAC 系统后点击界面上方“新书通报”（新书通报），进入 OPAC 新书通报检索界面；第二步：在界面左上角“限制时间”选项中选择“最近半个月”（最近半月）；第三步：然后选择“文献类型”选项中的“中文图书”；第四步：点击“选择条件”检索框下方的“查看全部分类新书”（查看全部分类新书）按钮；第五步：此时弹出的新书展示是最近半个月所有入馆的中文类图书，而我们想要的是医学图书，所以再点击“查看全部分类新书”按钮下方“R 医药卫生”（⊞R 医药、卫生）；第六步：此时弹出的图书就是最近半个月入馆的中文医学类书籍。

（四）学科导航检索

学科导航是按照专业学科门类进行分类查找浏览的检索方式。

【案例】利用 OPAC 学科导航检索，查找医学免疫学书籍。

第一步：进入 OPAC 系统后点击界面上方“学科参考”（学科参考），进入 OPAC 学科参考检索界面；第二步：进入学科参考检索界面后，点击左上角“学科导航”（学科导航）按钮，进入学科导航浏览检索界面；第三步：进入学科导航检索界面，可以看到页面中按照哲学、经济学、法学、教育学、医学、工学、农学等学科门类依次进行分类，我们在此界面中可以直接查找到医学门类中的免疫学专业，进行点击；第四步：此时弹出的图书目录就是医学免疫学专业方面的图书。

二、联合目录

联合目录一般是某个较大的机构与某一个相近或有共性的图书馆联合形成的统一检索界面目录，能够反映多个文献收藏单位所藏文献情况。按地域范围可分为国际性、国家性和地区性的联合目录；按文献类型可分为图书联合目录、期刊联合目录等；按收录文献的内容范围分为综合性、专科性联合目录。联合目录能扩大用户检索和利用文献的范围，也便于图书馆藏协调、馆际互借和实现图书馆资源的共建与共享。

（一）CALIS 联合目录公共检索系统

中国高等教育文献保障系统（China Academic Library & Information System，CALIS），是

经国务院批准的我国高等教育“211 工程”，“九五”“十五”总体规划中三个公共服务体系之一。CALIS 的宗旨是：在教育部的领导下，把国家的投资、现代图书馆理念、先进的技术手段、高校丰富的文献资源和人力资源整合起来，建设以中国高等教育数字图书馆为核心的教育文献联合保障体系，实现信息资源共建、共知、共享，以发挥最大的社会效益和经济效益，为中国的高等教育服务。CALIS 管理中心设在北京大学，下设了文理、工程、农学、医学四个全国文献信息服务中心，华东北、华东南、华中、华南、西北、西南、东北七个地区文献信息服务中心和一个东北地区国防文献信息服务中心。从 1998 年开始建设以来，CALIS 管理中心引进和共建了一系列国内外文献数据库，包括大量的二次文献库和全文数据库；采用独立开发与引用消化相结合的道路，主持开发了联机合作编目系统、文献传递与馆际互借系统、统一检索平台、资源注册与调度系统，形成了较为完整的 CALIS 文献信息服务网络。迄今参加 CALIS 项目建设和获取 CALIS 服务的成员馆已超过 500 家。CALIS 系统涉及的项目、服务众多，本节仅对公共目录检索系统（即 CALIS 联合目录公共检索系统）做简单介绍。

1．查询与浏览　CALIS 联合目录公共检索系统（以下简称 OPAC）采用 WEB 方式提供查询与浏览。

（1）多库分类检索：OPAC 中的数据，按照语种划分，可分为中文、西文、日文、俄文四个数据库；按照文献类型划分，可分为图书、连续出版物、古籍。

（2）排序功能：默认的排序优先次序是题名、相关度。

（3）检索历史：保留用户发出的最后 10 个检索请求，用户关闭浏览器后，检索历史将清空。

（3）显示格式：检索结果分为多种格式显示：详细文本格式、MARC 显示格式。前一种格式对所有用户免费开放，MARC 显示格式只对 CALIS 联合目录成员馆开放，查看或下载 MARC 记录，均按照 CALIS 联合目录下载费用标准收取。

（4）格式输出：对所有用户提供记录引文格式、简单文本格式、详细文本格式的输出，此外，对 CALIS 联合目录成员馆还提供 ISO2709、MARCXML、CALIS bookXML、MARC 列表的输出。提供 E-mail 与直接下载到本地两种输出方式。输出字符集提供常用的“GBK”“UTF-8”“UCS2”“MARC8”四种。用户可根据自己的需要进行选择。

（5）浏览功能：对古籍数据提供四库分类的树形列表浏览。

（6）收藏夹功能：对有权限的用户提供保存用户的检索式与记录列表、标注书签、添加和维护用户评论的功能，目前这些功能不对普通用户开放。

（7）馆际互借：OPAC 系统提供用户直接发送请求到本馆的馆际互借网关，用户无需填写书目信息。

2．检索途径和方法

（1）简单检索：进入 CALIS 联合目录公共检索系统首页，默认状态就是简单检索界面，简单检索默认状态为“全面检索”，也就是全面字段检索，还可以选择题名、责任者、主题、分类号以及 ISBN 号等字段进行检索。

【案例】利用 CALIS 联合目录公共检索系统，查找书名中包含“医学文献检索”类的图书。

第一步：进入 CALIS 联合目录公共检索系统首页，可以直接通过网址：“http://opac.calis.edu.cn/opac/simpleSearch.do”或 http://opac.calis.edu.cn/opac/ 进入首页，也可以进入中

国高等教育文献保障系统 calis 首页后，查找网站服务项，在服务项中点击“书刊联合目录”（书刊联合目录）链接；第二步：在首页界面默认检索字段为“全面检索”，点击下拉菜单选择“题名”字段；第三步：在输入栏中输入“医学文献检索”；第四步：点击输入栏下方的“检索”（检索）按钮或者后面的“ ”选项符号。第五步：弹出检索结果浏览界面详细的目录表，可以查看到“医学文献检索”相关文献的题名、责任者、出版信息、资源类型、馆藏等相关信息。

（2）高级检索：高级检索中选择检索点，输入检索词，选择限定信息，点击“检索”按钮或直接回车即可进行检索。检索界面默认的三个关键词依次是题名、责任者和主题，对应的默认检索匹配方式为包含、前方一致和包含，也可以在复选框中选择其他检索字段和检索方式。注意：CALIS 高级检索中最多只能输入三项检索词，检索词之间的逻辑运算方式默认为“与”，也可以在复选框中选择“或”“非”。在高级检索界面中有“中图分类号表”（中图分类号表）按钮选项，其作用是在检索字段中选择了“分类号”项，可以点击“中图分类号表”按钮进行查找，选中的分类号将自动填写到检索词输入框中。

CALIS 高级检索界面中还包含限制性检索部分，限制性检索的内容包括内容特征、语种、出版时间和资源类型等条件的限制。其中内容特征可选择：统计资料、字典词典、百科全书，默认为全部；文献类型可选择：普通图书、连续出版物、中文古籍，默认为全部类型；出版时间可通过输入对检索结果进行限定，例如：选择“介于之间”并输入“2000 ～ 2014”，即检索 2000 年至 2014 年出版的文献，默认状态为不限；高级检索中的检索词与限制性检索之间为“与”的关系。

【案例】查找马双成在 2012 ～ 2014 年间关于研究《中国药典》方面的书籍在 CALIS 联合目录中心数据库当中是否存在，该如何进行检索？

第一步：进入 CALIS 联合目录公共检索系统首页，点击右上角“高级检索”；第二步：在默认的“题名”检索字段输入框中输入“中国药典”，在“责任者”检索字段输入框中输入“马双成”；第三步：在限制性检索出版年限条件中输入“2012—2014”；第四步：限制性检索中资源类型默认状态是全选，只选择“普通书籍”；第五步：点击“检索”（检索）按钮；第六步：弹出的检索结果浏览页中可以看到简单的检索结果；第七步：点击题名可以查看到关于此书的详细书目信息，默认格式为“文本格式”；第八步：如果想下载 MARC 记录，可以在文本格式界面正上方点击“下载 MARC 记录”（下载MARC记录）选项按钮；第九步：点击“馆藏信息”（馆藏信息）按钮，可以查看馆藏机构的馆藏信息；通过“馆际互借”可以得到此书的文献信息。

（3）古籍四部类目浏览：古籍四部类目浏览范围仅限 CALIS 联合目录中的古籍数据，而左侧的古籍四部分类类目以动态方式反映当前古籍库中已有数据所对应的类目，尚无数据的类目不显示。该界面的检索方式为选择类目名称进行浏览，点击类目名称即返回对应的结果集列表，点击类目名称左侧的“+”（⊞）可以展开显示该类目下的子目；类目名称右侧括号中的数字是该类目下的记录条数。

【案例】利用 CALIS 古籍四部类目浏览，查找金匮要略方面的书籍资料。

第一步：点击 CALIS 联合目录公共检索系统首页中“古籍四部类目浏览”（古籍四部类目浏览）按钮，进入古籍四部类目浏览界面；第二步：因古籍四部类目浏览的检索方式是选择类目名称，所以要进行检索资料分析，“金匮要略”是医学方面书籍，所以此方面的书籍归“医家类”范畴，而各家学说都归经、史、子、集四部中的“子部”；第三步：分析完资料归属后点击“子部”（子部(2460)）或（⊞）选项按钮；第四步：在弹出的下拉菜单中查找点击“医家类”（⊞ 醫家類(82)）选项按钮；第五步：在弹出的下拉菜单中可以看到医家类包含内经、伤寒、金匮、总论和内科五方面的内容；第六步：点击“金匮之属”（金匱之屬）选项，在右侧检索结果栏中可以看到目前有三本这方面的书籍。

（4）规范检索：CALIS 联合目录规范数据库，目前可以检索 / 浏览个人名称、团体名称（包括会议）、统一题名（包括丛编题名）标目和规范记录信息，浏览西文名称 / 题名标目。检索数据范围包括中、西、日、俄文所有规范数据。

【案例】利用 CALIS 规范检索，查找北京中医药大学团体作为主编方面的书籍规范资料。

第一步：点击 CALIS 联合目录公共检索系统首页中“规范检索”（规范检索）选项按钮，进入规范检索界面；第二步：在输入框中输入“北京中医药大学”；第三步：选择标目类型“团体名称”（◉ 团体名称），并点击“搜索”（搜索）按钮；第四步：在弹出的检索结果中可以看到“北京中医药大学”“北京中医药大学伤寒教研室”“北京中医药大学中药教研室”等团体简体和繁体规范标目，而且在每条记录后面都可以看到“连接的书目记录数”；第五步：选择点击“北京中医药大学”标目；弹出“北京中医药大学”团体相关介绍；第六步：点击“检索书目记录”（检索书目记录）选项按钮，弹出“北京中医药大学”主办和主编的一些书目信息。

（5）检索结果处理：CALIS 联合目录公共检索系统首页提供机构服务平台的链接地址，供成员馆注册加入 CALIS，注册后可提供相应的下载服务。

成为联合目录成员馆后，可使用 OPAC 下载多条记录，其工作流程如下：

1）登录：用户在首页输入用户名、密码登录。

2）查询：查看记录的详细文本格式，对需要下载的记录点击“加入收藏夹”，注意：点击“下载 MARC”已经开始计费。

3）保存：完成查询后，点击“收藏夹”，全部选中已收藏的记录，点击“输出”，注意：收藏夹最多只能保留 200 条记录，当超过 200 条时，将自动删除最先保存的那些记录。

4）下载：选择 ISO 2709，选择本地系统可以识别的字符集，点击“下载到本地”。

5）删除“收藏夹”中的所有记录。

6）把下载到本地的文件导入到本地系统，如果使用 CALIS 的客户端，可以使用“文件”菜单中“数据导入”子菜单。

已在 CALIS 馆际互借成员馆注册的用户操作流程：

1）查询：对需要借阅的记录点击馆藏，在记录列表中点击“馆藏”列中的“Y”，在记录显示页面点击“馆藏信息”。

2）查看本馆是否有馆藏：如果有馆藏，可以直接到本馆本地系统借阅即可。如果没有馆藏，在馆藏列表页面“选择馆发送馆际互借请求”选项中选择本馆名称，点击“请求馆际互借”，进入注册馆的馆际互借网关。

3）馆际互借请求：输入馆际互借的用户名与密码，直接进入提交页面，填写补充信息，发送馆际互借请求。

尚未在 CALIS 馆际互借成员馆注册的用户推荐流程：

1）查询记录：对需要借阅的记录点击馆藏，在记录列表中点击“馆藏”列中的“Y”，在记录显示页面点击“馆藏信息”。

2）查看本馆是否有馆藏：如果有馆藏，可以直接到本馆本地系统借阅。如果没有馆藏，请在馆藏页面点击“发送 E-mail”，填写自己的详细信息，然后再发送给本馆的馆际互借员，请求馆际互借。

（二）国家图书馆联机查询系统

国家图书馆编辑全国书刊联合目录始于1929年，先后主持编制了《中国国家书目》《民国时期总书目》和《中国古籍善本书目》等30余种书目，建立起我国的中文图书书本式目录体系。20世纪90年代，随着计算机技术与网络环境的迅猛发展，国家图书馆联合国内多家图书馆完成的《中国国家书目回溯数据库（1949—1987）》和《中国国家书目数据库（1988年至今）》，构成一个规模最大、覆盖面最广的中国国家书目数据库。1997年成立的全国图书馆联合编目中心，在全国范围内组织和管理图书馆联机联合编目工作，共享书目资源。2011年，中心开始向所有成员馆免费提供书目数据服务，积极推动信息资源共建共享。

读者通过网页浏览器访问国家图书馆OPAC主页，在首页中显示登录栏中直接输入读者卡号和密码进行登陆，或者点击旁边“登录”（登录）按钮进入Web OPAC读者登录界面，在登录界面中输入读者卡号和密码，点击“登录”按钮，进入Web OPAC系统。进入国家图书馆联机查询系统有两种方法，方法一：直接输入网址：http://opac.nlc.gov.cn/F/；方法二：进入中国国家图书馆·中国国家数字图书馆网站（http://www.nlc.gov.cn/），然后点击右上角“馆藏目录检索”（馆藏目录检索）选项按钮。

1．书目检索（基本检索） 进入国家图书馆联机查询系统默认网页就是书目检索（基本检索）界面。书目检索包含的字段有：正题名、其他题名、著者、主题词、中图分类号、出版地、出版者等字段，默认字段为所有字段。

【案例】利用国家图书馆OPAC系统，查找关于“糖尿病”有关方面的书籍。

第一步：进入国家图书馆OPAC系统首页（http://opac.nlc.gov.cn/F/）；第二步：选择字段选项“正题名”（如果想扩大选择范围可选择默认字段“所有字段”）；第三步：在输入框中输入“糖尿病”；第四步：文献类型默认状态为“中文文献”，不用进行更改；第五步：点击“书目检索”（书目检索）选项按钮；第六步：检索请求成功后，弹出结果显示列表网页，结果列表网页左上角显示出满足查询要求的记录数（记录 1 - 10 of 9400）；第七步：在结果显示列表中点击图书题名，弹出标准格式的书目信息。在“标准格式”选项按钮处，还可以选择卡片格式、引文格式、字段名格式、MARC格式进行书目信息展示；第八步：如果想要获取此文献内容，可点击题名后边“文献索取”（文献索取）选项按钮，可以请求文献传递服务（注意：使用此服务需要首先注册文献传递账户）。

2．高级检索 主要有多字段检索、多库检索、组合检索、通用命令语言检索以及分类浏览5种检索、浏览模式。

（1）多字段检索：多字段检索可以同时检索多个词组，词组之间的逻辑关系是“AND”。可输入字段包括：主题、著者、题名、出版年和出版者。

【案例】利用国家图书馆OPAC系统多字段检索工具，查找2014年度于仁波编著的有关“糖尿病”方面的书籍。

第一步：进入国家图书馆OPAC系统首页（http://opac.nlc.gov.cn/F/），并且点击“高级检索”中“多字段检索”（多字段检索）选项，进入多字段检索界面；第二步：在“著者”字段填写“于仁波”，在“题名”字段填写“糖尿病”，在“出版年”字段输入“2014”；第三步：在“检索限制”条件中可以使用默认状态，为了更加详细准确，也可以选择“语言”字段为“中文”，“资料类型”字段为“图书”；第四步：点击“确定”（确定）按钮，进行检索；

第五步：检索请求成功后，弹出结果显示网页，只有唯一一本图书资料。

（2）多库检索：多库检索就是可以同时检索多个数据库，在选定的数据库中检索符合指定检索条件的一组记录。

在多库检索界面中不仅分出了中文库和外文库，而且详细分出中外文的图书库、期刊库、古籍库、善本库、音像制品和电子资源库、学位论文库等各类各种资源库。在中文库中还包含中国各类少数民族语言文献资料。在输入框中输入检索词或词组后，就可查看各种各类资源类型的文献资料。

（3）组合检索：可用多个关键词检索数据库，用下拉菜单指定检索字段，并定义检索模式（是否词邻近）。提供多种检索字段：如著者、主题、题名。多个检索字段之间通过逻辑运算符 AND 处理。当输入多个检索词进行检索时，不仅能查出每个检索词所对应的文献资料，而且检索到检索词之间“AND”关系的相关文献。

【案例】利用国家图书馆 OPAC 系统组合检索工具，查找有关“糖尿病”和“肺炎”相关方面的书籍。

第一步：进入国家图书馆 OPAC 系统首页，并且点击“高级检索”中“组合检索”（组合检索）选项，进入组合检索界面；第二步：在相应的输入框中分别输入“糖尿病”“肺炎”等关键字；第三步：点击确定按钮，并没有弹出检索结果界面，而是分别在后面的“命中记录数”下面显示出“糖尿病”“肺炎”相关文献数，以及“以上各检索条件执行“与（AND）”后面“点击命中记录总数查看记录”中显示它们“AND”关系的相关文献数；第四步；分别点击各自记录数，便可以弹出各自的文献资料数据。

（4）通用命令语言检索：利用通用命令语言（CCL），一次就可以在几个不同索引中检索关键词和标目。必须预先在系统中定义检索的词索引和目索引的代码。

下面几个是系统命令行语句中最常用的缩写格式：

WRD—任意字段的关键词，WTI—题名字段中的关键词，

WAU—著者字段中的关键词，WPU—出版者字段中的关键词，

WSU—主题词中的关键词，WYR—出版年字段中的关键词。

通用命令语言检索方式类似于表达式检索，在检索过程中也要构建“表达式”或“检索式”。

【案例】查找“婴儿患甲肝或者乙肝”方面的文献。

在通用命令语言检索界面的输入框中输入：WRD=（甲肝 OR 乙肝）AND 婴儿，便可进行查询检索。

（5）分类浏览：目前提供按《中图分类法》分类浏览图书馆馆藏书目的功能。

3．检索结果处理

（1）显示视图：结果列表提供简洁视图、封面视图、详细格式、题名著者等不同格式的显示视图。

1）在简洁视图的结果列表中：要查看记录的完整显示，请点击题名字段或记录列表行首的序号即可；点击结果列表某一列标题，实现对记录的排序，这个取决于图书馆的参数设置；如：点击“著者”列标题，按著者重新排序记录。点击“馆藏地 / 借出数”栏中的馆藏地链接，查看该册的馆藏信息。

2）在封面视图的结果列表中：查看记录的完整显示，可点击题名字段或直接点击封面图片；鼠标移动至“馆藏复本”处，会以气泡图的方式，展示图书馆该书目的馆藏信息。

3）在详细格式—视图、题名著者—视图以及仅题名—视图的结果列表中：要查看记录的完整显示，请点击列表行首的序号或＜查看＞即可；点击带图标的字段内容，激活ALEPH服务，查找/浏览数据库中相应字段内容的其他记录或标目列表，同时利用搜索引擎（Search Engine）查找相关信息，或查看规范库的参照记录。

（2）检索结果排序：读者可以利用系统已定义的排序选项，对记录进行排序。排序选项出现在结果列表上方的选项栏，通过选择＜排序＞下拉菜单中的各种排序方式，可以实现对结果列表中记录的排序。例如，如果读者用[著者/年（降序）]排序，ALEPH首先按著者排序，再按年排序。

此外，当使用“简洁视图”格式显示结果列表时，读者可以单击列标题，系统将优先按照所单击的列标题对列表中的记录进行排序（例如，单击[著者]列标题，先按著者对记录进行排序，再按年排序）。请注意，ALEPH对记录进行排序时，采用升序或降序取决于图书馆在参数表中的设置。

（3）主题词云图：对当前检索结果集抽取其相关主题词标目后，按照主题词被标引的记录数多少而得到显示结果，并采用云计算的方式揭示给读者。

主题词云图更加直观地体现了图书馆馆藏书目按主题词分类后的收录范围，为读者了解本馆的馆藏资源提供了一个更加便利快捷的平台。

在结果列表右侧的＜主题词＞框中，显示了当前检索结果集按照不同主题词分类后的检索结果；点击某个主题词，系统将在结果列表区域中实时刷新显示与所选择的主题词相关的记录列表。

（4）二次检索：读者对当前的检索结果设置新的检索条件后，重新提交检索请求，这就是二次检索。二次检索通常是针对一个已有的检索结果集而进行的操作。

1）在结果列表中，单击二次检索按钮可出现二次检索窗口。

2）要生成比原来检索结果更小范围的新纪录集合，可选择布尔逻辑运算符AND或NOT，要扩大检索范围，选择OR。

3）选择要检索的字段，例如：著者、题名、主题等，输入新的检索词或词组。

4）填写窗口[检索限制]中的字段，读者可以用所填写的字段内容来限制检索的结果。

5）单击确定时，将显示修改了检索条件之后的检索结果记录列表（如果二次检索未检索到满足条件的记录，则会在屏幕中间显示错误提示信息）。

4．国家图书馆OPAC功能　国家图书馆Web OPAC是通过Internet标准访问ALEPH 500联机目录的一个界面。Web OPAC允许读者以匿名身份或系统读者的身份登录（会激活他们缺省的需求文件）进入系统。

国家图书馆Web OPAC是一种强大而易用的检索工具。图书馆可以定义任意的检索点。ALEPH 500支持无限量的浏览和检索索引，可以帮助读者在研究性图书馆和协会产生的大量结果中选取自己可用的信息。结果集按图书馆定义的缺省值排序顺序显示，但是系统允许其排序选项，如果需要，读者可以激活它们。读者还可以选择按相关性对记录进行排序；可以用日期范围、语种和其他过滤项来制结果集；可以使用各种操作来合并结果集；可以选择或不选一个集合中的单册，以便合适时构成一个子集。

通过Web OPAC，读者可以查看他们的罚款、外借和预约的情况。通过预约请求、文献传递和馆际互借功能请求源文件。可以查看在图书馆流通管理下的当前外借和续借资源。因为ALEPH 500支持MARC基础的连接字段，电子和Internet资源就容易访问。通过Z39．50

网关可以快速、有效地检索世界范围内的图书馆。

Web OPAC 读者可以单击一个按钮，更改界面语言。之后，所有菜单、帮助屏幕和消息会按读者选择的语言显示，直至该读者退出或进程超时或重启。

国家图书馆 Web OPAC 系统完成以下工作：检索馆藏书目记录、查看单册的馆藏信息、查看流通信息、提交单册预约和复印请求（仅对图书馆系统登录读者开放权限）、单册续借（仅对图书馆系统登录读者开放权限）、检索外部数据库、读者荐购馆藏目录或者新书荐购、提供分类浏览功能（按中图分类法和科图分类法）、检索结果集的主题词云图相关度标签查询、新增图书目录、作者简介、网络摘要功能。

当读者访问 Web OPAC 时，它就被赋予了系统馆员定义的缺省读者需求文件（例如：ALEPH）。缺省的读者需求文件定义该读者访问 OPAC 时看到的页面显示、界面语言、所访问的库、读者主库以及相应的权限等缺省参数。

三、OCLC WorldCat 目录

国际上有两个世界性的图书馆组织，一个是国际图书馆协会联合会（国际图联）（International Federation of Library Associations and Institutions，IFLA）主要讨论、协商和制定图书馆工作的国际标准，通过会议研讨在图书馆事业发展中所出现的问题，并提出建议。另一个就是本节所要讲到的联机计算机图书馆中心（Online Computer Library Center，OCLC），主要执行国际标准、促进国际标准发展，向全球的图书馆、信息中心及其用户提供各种信息服务。

1．概况　OCLC 于 1967 年由美国俄亥俄州 54 所大学的校长成立，是一家提供计算机图书馆服务的非营利性会员制研究机构，其宗旨是实现促进世界信息访问和减少图书馆成本这一公共目标。170 个国家和地区的 72 000 多家图书馆已经采用 OCLC 服务对图书馆资料进行定位、获取、编目、出借、保存和管理。无论何时何地，研究人员、学生、教师、学者、图书馆专员以及其他需查询信息的人士都可以使用 OCLC 服务获得书目、摘要和全文信息。

2．WorldCat 联合书目数据库　WorldCat 联合书目数据库创建于 1971 年，是由 OCLC 组织、全世界上万家图书馆共同参加的全球联合编目数据库，是目前世界上最大的书目数据库，WorldCat 展现了世界图书馆的"集体馆藏"，它由图书馆馆员倾力构建并借助个人、地区和国家计划实现扩充和增强。

WorldCat 联合书目数据库的记录每天更新，平均每 10 秒就有一个图书馆增加一条新纪录到 WorldCat 数据库。目前，WorldCat 包括 7000 多万种图书和其他资料的书目，以及这些资料的 13 亿多个馆藏地点。其资料类型包括图书、web 站点和互联网资源、计算机程序、胶卷和幻灯片、期刊和杂志、文章、章节和论文、手稿、地图、乐谱、报纸、录像带、录音带等资源。

OCLC WorldCat 网址：http://www.oclc.org/worldcat.en.html，此网站为英文网站，在此网站右上角可选择区域和语言 Worldwide ▾ English ，点击下箭头可选择亚洲太平洋地区 - 中文简体，进入中文网站；或者直接输入中文站点网址：http://www.oclc.org/zhcn-asiapacific/home.html。

进入 OCLC WorldCat 系统平台界面，点击"产品"下拉菜单可以看出该平台的服务包括：图书馆管理、编目和元数据、资源共享、检索和同步化、数字馆藏管理和虚拟咨询。本节主要对 OPAC 系统的讲解，主要介绍图书馆管理当中的 WorldCat Local。WorldCat Local

的使用要先进行订购，成功后选择定制的 WorldCat.org URL 添加指向本地服务的链接才可以进行使用。

WorldCat Local 是从网络规模中解决检索的方法，它提供了搜索框，只要从这一个搜索框就能访问到全世界图书馆中超过十几亿条目的信息资料。它将用户连接到图书馆的资料（实物、电子和数字）进行交付服务，使用户获得所需的信息资料。

（1）优点：检索来自成百上千个权威内容来源的十几亿条目的信息资料，其中包括超过 7.31 亿文章级别记录。对用户可用的确切内容取决于图书馆的资源订阅量；通过一个界面可查看 1700 多个书目记录数据库或馆藏；与用户最新的 ILS、验证和交付服务相集成；入馆链接和出馆链接解析与按 A 到 Z 排序的期刊清单使用户能够快速连接至他们所需的文章；40 多万条评价内容，其中包括目录、摘要、封面、唱片封面、歌曲和注释（免费包括）；根据广泛的用户体验测试进行更新和完善；通过与处于领先地位的搜索引擎（Google 和 Yahoo! 等）、社交网络服务和其他热门网站合作来提高图书馆的网络可见度；WorldCat Local 联合书目数据库无本地硬件或软件。

（2）特点：搜索结果包括多种格式的资料，其中包括电子资料、数字资料、数据库、音乐、视频、地图、期刊、论文和印刷版；用户可在搜索结果中看到资料所在位置，同时允许快速链接到在线资源，进行预约或请求获得资料，以及从其他图书馆借阅资料；可以在任何网页上放置带有本地品牌的搜索框；基于 WorldCat 知识库建立的链接解析及按 A 到 Z 排序的清单使用户连接至所需文章，并使电子资源馆藏信息与 WorldCat 数据库记录同步；如果存在本地馆藏记录（LHR），将显示分馆级馆藏；通过社交网络工具用户可以创建和共享列表、撰写评论、评价资料等；按作者、格式、年份、读者、主题等进行分页浏览；8 种界面语言包括中文、荷兰语、英语、法语、德语、韩国、葡萄牙语和西班牙语；通过托管跟踪 / 度量工具获得详细的使用情况统计信息；基于浏览器且针对移动访问的版本，几乎与所有的电话相兼容。

（赵宏亮）

第二节　中文电子图书

【教学要求】

1. 掌握读秀学术搜索的图书搜索、知识搜索、高级检索、专业检索，图书分类导航的检索途径、方法以及二次检索
2. 掌握方正电子图书的快速检索、高级检索、工具书导航检索的检索途径和方法；
3. 理解读秀学术搜索的检索结果处理
4. 理解方正电子图书的检索结果处理
5. 了解读秀学术搜索的概况
6. 了解方正电子图书的概况

【案例】专业书籍对于从事医学专业的教师、医生以及学生非常重要，如何能快速、准确地找到这些专业书籍，是医学文献检索工作者一直在研究的课题。医学文献检索工作者不仅为师生读者提供文献信息服务，自己本身也需要不断学习和阅读大量的医学文献检索专业

图书，那么如何利用读秀学术搜索来查找医学文献检索相关书籍呢？这就是本节我们需要讲解的内容。

电子图书（Electronic book，E-book）又称数字图书，是随着电子出版、互联网、计算机技术以及现代通信电子技术的发展应运而生的一种图书出版形式。电子图书可以分为两类：一类是直接利用数字技术编辑出版，并以网络或光盘形式发行；另一类是将现有的印刷版图书进行数字化扫描技术加工处理而成。与传统的印刷型图书相比，电子图书具有存储信息量大、检索功能强、下载传输方便等优点。

目前，中文电子图书常见的有读秀学术搜索、超星汇雅电子图书、方正电子图书（方正阿帕比数字图书馆）和书生之家数字图书馆等检索系统平台。本节将对读秀学术搜索和方正电子图书两大系统平台进行介绍。

一、读秀学术搜索

（一）数据库概况

读秀学术搜索是由海量全文数据及元数据组成的超大型数据库，以 330 万种图书书目、240 万种图书原文、10 亿页全文资料为基础，为用户提供庞大的数字图书资源和深入章节内容的全文检索，以 6700 多万种期刊元数据及突破空间限制的获取方式，为用户提供最全面的期刊文章。

通过读秀学术搜索，读者能一站式搜索馆藏纸质图书、电子图书、随书光盘等学术资源，几乎囊括了本单位文献服务机构内的所有信息源。不论是学习、研究、写论文、做课题、拓展阅读，读秀都能为读者提供最全面、最准确的学术资料。

（二）检索途径和方法

1. 图书搜索（简单检索 / 基本检索）　提供的搜索范围广阔；提供图书的目次（章节）搜索；揭示图书信息丰富，提供封面页、书名页、版权页、前言页、目录页、正文部分页的试读；一次搜索可以获得馆藏纸书、馆藏电子书、随书光盘、图书馆文献传递等所有可以使用的资源。

【案例】利用读秀，查找 2010 年至今出版的书名中包含“医学文献检索”的医药卫生类图书。

第一步：进入读秀学术搜索首页，可直接输入网址：http://www.duxiu.com；也可以登录内蒙古医科大学图书馆首页，点击“中文资源”后面的更多“MORE+”按钮，查看点击“中文资源”表中“读秀”选项，通过此方式也可链接到读秀学术搜索首页；第二步：选择图书频道，在搜索栏中输入关键词“医学文献检索”，字段选择“书名”，后面匹配项可以选择“精确”“模糊”以及“等于”三个选择项，之后点击“中文搜索”；第三步：浏览搜索结果，筛选需要的图书，在读秀搜索结果界面右上角可看到搜索的结果，搜索到书籍的种数以及所用时间（**找到相关的中文图书 117 种,用时 0.01 秒**）；第四步：在结果界面右边可以看到“图书导航”栏，下面包含“类型”“年代”“学科”以及“作者”4 种项目分类，选择“学科”项下面的“医药、卫生”（▸ 医药、卫生(12)）选项；第五步：再看“图书导航”栏下面的“年代”项，2010 年至今的时间只有 2010 年和 2011 年（▸ 2010(2)、▸ 2011(1)），之后选择相应年限；第六步：点击所选择图书的书名，进入图书的详细页，查看图书基本信息内容。图书的基本信息包括：作者、出版社、出版日期、ISBN 号、原书定价、主题词、中图法分类号以及内容摘要等相关内容；第七步：查看图书的具体内容有两种方法，方法一：可点击界面上的“部分阅读”（部分阅读）选项，部分阅读可查看书籍的书名页、版权页、前言页、目录页、部分正文以及封底页内容，可在展示界面左上角点击下拉菜单进行选择。方法二：在网页界面中，图书基本信息偏下方有“在线阅读”导航栏，下面有书籍的书名页、版权页、前言页、目录页、部分正文以及封底页的小型图片展示，可直接点击所需页面查看；第八步：进入图书文章展示部分后查看相应的详细内容，如果文章有些内容需要下载长期保存，可点击文章展示界面上方“文章摘录”（文字摘录）选项，点击后选择需要保存的文章部分，框选完毕后会出现红色字体“确定”（确定）选项，点击确定文章摘录成功，点击出现的“复制”（复制）选项，会出现提示框（图 6-1）说明复制成功，点击确定；第九步：打开 WORD 文档或者记事本进行粘贴，文章复制成功；第十步：如果查看的内容在试读页当中没有，可以选择“图书馆文献传递”（图书馆文献传递）功能，点击“图书馆文献传递”后会弹出图书馆参考咨询服务中心界面，在咨询范围中填写你需要文章的页码数，默认状态为 1 ～ 50 页，之后正确填写自己的电子邮箱，输入验证码，最后确认无误后点击“确认提交”（确认提交），此时会弹出咨询提交成功界面。

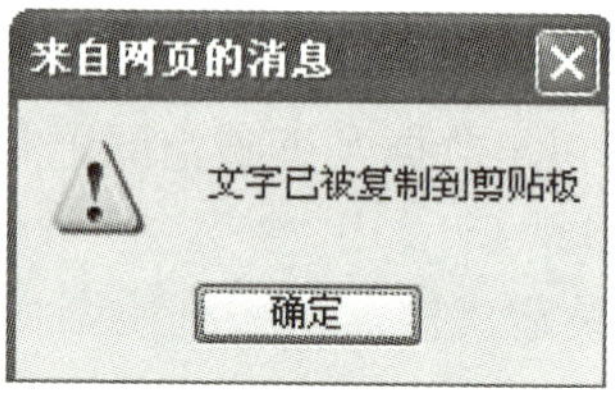

图 6-1　复制提示框

2．知识搜索　知识频道将 240 万种图书等学术文献原文打散为 10 亿页资料，输入一个搜索词时，读秀将在 10 亿页资料中寻找包含搜索词的章节、内容和知识点，为读者提供了突破原有一本本图书翻找知识点的新的搜索体验，更有利于资料的收集、查找和整合。

【案例】利用读秀，收集研究“古印度佛教对医学的影响”相关资料和文章。

第一步：进入读秀首页后，选择知识频道，输入关键词“古印度 佛教 医学 影响”，点击搜索按钮，进入搜索结果页面；第二步：浏览搜索结果页面，选择需要的章节、知识点和文章。点击章节名、知识点进行阅读，也可在检索结果标题后直接进行“PDF 下载”（PDF下载）；第三步：进入阅读界面后，读秀提供“OCR”（OCR）或者“选取文字”（选取文字）以及查看来源（ ）、保存（ ）、打印（ ）功能，点击“OCR”选项有两种文字识别模式：一个是文字提取，另一个是文字摘录，点击文字提取模式可以将当前页上所有文字内容进行提取复制，点击文字摘录模式可以在当前页中选择部分文字进行提取复制；第四步：打开 WORD 文档或者记事本进行粘贴，文章复制成功。

3．高级检索　读秀的“高级检索”按钮在图书频道输入框后面，点击“高级检索”（高级检索）选项进入高级检索界面，高级检索界面设有更多的搜索框，如书名、作者、主题词、出版社、ISBN 号 5 个搜索框，另有图书分类和出版年代的选项。因此，利用高级检索比基本检索的目的性更强，能满足读者更高级别的多条件搜索。

【案例】利用读秀高级检索，查找顾萍在 2014 年北京大学医学出版社出版的包含“医学文献检索”的图书。

第一步：进入读秀高级检索界面；第二步：填写问题中相关的内容，书名选择“包含”

选项，填写医学文献检索，作者填写顾萍，出版社填写北京大学医学出版社，最后在年代选项中选择 2014 年，点击“高级搜索”（高级搜索）按钮；第三步：在高级检索界面下方弹出相关书籍浏览页。

4．专业检索　专业检索界面在高级检索界面中可以切换进入，专业检索需注意表达式的正确书写。

（1）表达式简单说明：T= 书名，A= 作者，K= 关键词，Y= 出版年，S= 丛书名，R= 摘要，C= 目录；表达式的详细说明可查询读秀专业检索界面右上角“详细说明”（详细说明）选项。

（2）检索规则说明（以下符号均为半角符号）：

1）逻辑符号：* 代表并且，| 代表或者，- 代表不包含（上述三个符号前后均应有半角空格作为分隔）。

2）其他符号：( ) 括号内的逻辑优先运算，= 后面为字段所包含的值，< 代表小于等于，> 代表大于等于。

【案例】利用读秀，查找 2014 年顾萍编写的“医学文献检索”图书。

第一步：进入高级检索界面，在高级检索界面上方有“切换至专业搜索”（切换至专业搜索）选项，点击可进入专业搜索界面；第二步：在输入框中正确书写表达式：（T= 医学文献检索 | A= 顾萍）*（Y=2014），点击搜索按钮；第三步：在专业检索界面下方弹出相关书籍浏览页。

5．图书分类导航　在读秀图书频道首页的检索框后方设置有图书“分类导航”链接，点击“分类导航”进入图书导航页面。

点击一级分类或二级分类的链接，可以看到属于相应类别的图书。一级分类是图书导航页面的左侧部分，如：医药、卫生为一级分类类目，二级分类是图书导航页面中间部分，如医药、卫生下面的一般理论、现状与发展、医学研究方法、中国医学、基础医学等。

6．二次检索　为了使读者迅速获取有效搜索结果，读秀提供了二次搜索功能。

【案例】查找医学免疫学与微生物方面的书籍。

第一步：进入读秀图书频道首页；第二步：先输入医学免疫学，选择书名选项，点击“中文搜索”；第三步：在搜索浏览页面中再输入微生物，然后点击搜索栏后面的“在结果中搜索”（在结果中搜索），此时便可查找到医学免疫学中与微生物相关的书籍。

（三）检索结果处理

1．本馆馆藏纸本　在检索结果页图书标题后有“馆藏纸本”按钮，或在图书的详细信息页面中有“本馆馆藏纸书”链接的，可点击该链接直接进入本单位图书馆系统。此功能只适用于开通本馆馆藏纸本对接服务的单位。

2．本馆电子全文　在检索结果标题后有“电子全文”按钮，或者信息页面中有“电子全文”标记的，可点击该链接直接在线阅读全文或下载该文本。此功能只适用于开通本馆电子全文对接服务的单位。

3．文献传递　是图书馆参考咨询中心通过 E-mail 快速准确地将需要的资料发送到自己的邮箱，供全文阅读（此项服务免费）。以图书为例，在图书详细信息页面，可以点击“图书馆文献传递中心”，进入“图书馆参考咨询服务”页面。

在图书馆参考咨询服务页面，认真仔细填写信息，以确保提交无误。加减号按钮可以增加或减少页码框。最后点击“确定”即可。打开刚才提交的 E-mail，将会收到一封新邮件，打开即可阅读所需文献。在图书馆参考咨询服务页面，点击“我的咨询”，然后在输入框写入咨询时使用的E-mail，可以查看咨询记录。

4．随书光盘　可以通过如下图红线所示位置的链接来获得该书的随书光盘。此功能只适用于开通光盘挂接服务的单位。

查看检索浏览页右边“获取此书”导航栏中是否有“本馆随书光盘”选项，如果有说明开通了光盘挂接服务，便可点击“本馆随书光盘”（本馆随书光盘）选项，网页下端弹出“光盘列表”（**光盘列表**），有关于书籍的卷标名、点击数、下载数和文件大小等相关信息介绍，在“光盘列表”最后有两项可进行光盘在线浏览和光盘下载功能。

5．文献互助平台　在文献资源详细信息页面，点击右边“获取此书”导航栏中“文献互助”链接即可使用该服务。“文献互助”仅对注册用户开放，若您尚未登录，请先登录或注册一个新用户。在文献互助展示页面最下方可进行用户登录和注册。

新用户注册需要填写用户名、密码以及邮箱等信息，完成注册之后，可以享受以下功能：收藏各种类型的内容；创建自己的知识库；通过短消息、电子阅览室和其他用户交流；将有一个固定域名：http://mylib.duxiu.com/yourname。

登录之后，输入E-mail，也可以对标题和帖子内容进行修改，最后点击“提交”即可。在内容输入框的上方有如下三个按钮，可供您上传文件或图片时使用，每次单个文件大小不可超过10M（图6-2）。

图6-2　三个按钮

提交成功后，页面自动跳转，将看到发帖页面，第一条即是你发布的帖子，可在右上角的“我的主帖”和“我的回帖”里查看自己的发布记录。当有网友回复信息，可以点击查看。也可以为其他网友热心提供拥有的文献资源。

二、方正电子图书

（一）数据库概况

方正阿帕比（Apabi）数字图书馆是北大方正电子有限公司开发的数字图书系统。Apabi是五个英文单词的首字母，意指：以互联网（Internet）为纽带，将作者（Author）、出版商（Publisher）、分销商（Artery）、购买者（Buyer）有机联系起来的系统解决方案。

方正阿帕比数字图书馆收录高等教育出版社、清华大学出版社、北京大学出版社、电子工业出版社、人民邮电出版社、上海科学技术出版社等全国数百家出版社出版的最新中文图书，内容涉及社会学、哲学、宗教、历史、经济管理、文学、数学、化学、地理、生物、医学、工程、机械等多种学科。该库电子图书基本上与出版社的纸质图书同时出版，每年新出版电子书超过12万种，现累计电子书近70万种，其中医学卫生类图书近3万种。

方正阿帕比数字图书馆基于知识服务的理念进行设计，不只是简单存储和提供文献及信息资源本身，同时还对海量的文献和信息资源进行分析、整理、提炼和重组，揭示其隐含的知识内容和知识关联，并且提供大量的个性化定制服务，使得服务的价值更加凸显。

（二）检索途径和方法

1．快速检索　方正阿帕比（Apabi）数字图书馆首页提供快速简单的检索功能，也可以切换到不同的资源类型，如电子图书、工具书库、年鉴库、自有资源库等有针对性地进行检索。

【案例】利用 Apabi，查找 2013 年度“高血压”相关的医药卫生类图书。

第一步：进入方正阿帕比（Apabi）数字图书馆首页，登录内蒙古医科大学图书馆首页，点击“中文资源”后面的更多“MORE+”按钮，查看点击“中文资源”表中“方正中华医学数据库”选项，点击链接后可进入我馆购置资源平台首页，“中文资源”表中的“中医古籍”和“国学要览”为我馆自有资源；第二步：进入方正中华医学数据库平台首页后，在检索功能区输入“高血压”点击“检索”（检索），也可以点击网页左上角进行切换，到不同资源类型（电子图书、数字报纸、工具书库、年鉴库）的界面中有针对性地进行检索；第三步：打开“高血压”结果展示网页，上面部分为“高血压”相关知识点介绍，下面部分为高血压书籍检索的结果展示，中间部分为更加具体的检索条件（如：限定显示范围、年代、语种、学科）进行设定检索，我们点击“年代”中的 2013 年；第四步：浏览查看“高血压”相关文献，可进行“文献传递”。

2．高级检索　在检索功能区中点击高级检索，进入高级检索页面，高级检索页面为专业用户进行精确检索提供了多条件查询。

（1）在高级检索界面：“电子图书”“数字报纸”“工具书库”“年鉴库”等标签确定不同的查找范围；而每一个标签选项下面又包含各自的检索范围方式，电子图书下面包含“电子图书”“出版机构”“作者人物”和“参考文献”检索方式；工具书库下面包含“工具书词条”“工具书”和“工具书插图”检索方式；年鉴库下面包含“年鉴条目”“年鉴”“年鉴插图”“年鉴统计数据”和“指标解释”检索方式。

（2）检索规则：检索结果须同时满足检索条件列表中的所有条件；或另一种情况，检索结果只需满足检索条件列表中的任一条件。

（3）输入规则：检索关键词可输入多个，多个关键词之间用空格隔开。

【案例】利用 Apabi，查找 2013 年度汤文浩所著的“外科基本操作导论”相关的图书。

第一步：进入方正中华医学数据库首页，点击检索框后面的“高级检索”选项，进入高级检索界面；第二步：高级检索界面的默认方式就是进行电子图书检索的方式，在书名检索框中填写“外科基本操作导论”，作者检索框中填写“汤文浩”，在出版时间选项中填写“2013-01-01”与“2013-12-31”之间；第三步：点击“检索”，在检索页下方直接展示结果，有关于此书的书名、作者、出版社、出版时间以及简单内容的介绍；第四步：点击检索页中图书标题和图书封面图片可弹出此书的详细介绍，它包括：摘要、目录等内容；也可以直接点击“在线阅读”（在线阅读）打开图书。

3．工具书导航检索　一般电子图书导航分类都是按照专业、行业法进行分类，比如：方正中华医学数据库进入电子图书界面可以看到分类方式按照医学理论、现状与发展、医学研究方法、基础医学、临床医学、内科学、外科学、妇产科学以及儿科学等内容方式进行常规分类；但是此种导航检索很难找到工具书中具体内容的知识点，那么方正中华医学数据库是怎么进行工具书导航检索的呢？

【案例】利用 Apabi，查找解剖生理学中细胞增殖相关的知识点和图谱，以及包含这部分内容的书籍。

第一步：进入方正中华医学数据库中的工具书库（点击首页左上方“工具书库”选项（工具书库））；第二步：进入工具书库首页中查看“解剖生理学”部分内容；第三步：在“解剖生理学”内容中查找“细胞增殖”链接进行点击；第四步：弹出细胞增殖相关知识点和图

谱内容界面，在此界面中可以查看原书，点击右上角（ ）选项；第五步：直接弹出“临床人体解剖生理学”此书有关“细胞增殖”内容的相关书籍页面。

（三）检索结果处理

1．书籍阅读及下载　方正电子图书提供两种阅读方式：在线翻阅，借阅（离线浏览）。

进入电子图书频道中详细信息页面，可以看到两种阅读方式，一个是在线阅读点击（在线阅读），另一个是借阅点击（借阅）；在不安装 Apabi Reader 阅读器的情况下点击在线阅读（在线阅读）按钮，便可以在线方式浏览电子书资源。如果安装 Apabi Reader 阅读器，便可点击借阅（借阅）按钮，可以将电子书下载到本地计算机进行阅读。这两种方式都是查看书籍全部内容的方式，如果只想查看书籍某几页的内容，可以直接在平台检索结果电子书—图书列表（目录部分），点击你想查看的内容进行在线阅读。进入到书中正文内容部分可以选择单页模式（ ）和双页模式（ ）。

2．图片查看　如果购买了图片库系统，可以浏览各个精度（图标级、浏览级、典藏级）的艺术图片，目前图片库有中国美术馆、中华古代典籍插图馆、中小学生美术教育精品馆、世界经典标识馆、世界经典商标馆、中国历代服饰等多个分馆。

进入图片库频道中可通过检索/浏览的方式找到自己想要浏览的资源，点击后进入图片的详细信息页；通过点击 按钮及 按钮可通过适合大小或通过全屏方式进行浏览；也可以通过修改百分比调整图片大小。点击荐可将图片资源推荐给好友，点击 可将图片发送给目标邮箱。点击 可将图片收藏，方便用户在我的图书馆中查找。点击 可将图片资源下载到本地。图片展示栏目右侧显示的是图片的详细信息，如个人浏览历史等相关信息。

（赵宏亮）

第三节　外文电子图书 SpringerLink

【教学要求】

1．掌握 SpringerLink 的快速浏览查找（Quick look）、简单检索（Simple search）、二次检索（Secondary retrieval）、高级检索（Advanced Search）和导航检索（Navigation search）的检索途径和方法

2．理解 SpringerLink 数据库的概况

3．了解 SpringerLink 的检索结果处理

【案例】无论是从事临床各个专业的诊疗工作，还是从事基础各个学科的实验研究都会涉及手术的基本操作。外科手术是治疗疾病的一种方法，而且临床手术的种类繁多，手术的范围、大小以及复杂的程度也有很大差别。某同学准备查找国外外科学、手术相关图书文献资料，该如何利用 SpringerLink 数据库查找？

一、数据库概况

德国施普林格出版集团是世界著名的科技出版集团，通过 SpringerLink 系统提供学术期刊及电子图书的在线服务。2004 年底，Springer 与 Kluwer Academic Publisher 合并，原

Kluwer 出版集团出版的电子期刊合并至该平台。目前，SpringerLink 数据库提供包括原 Springer 和原 Kluwer 出版的全文期刊、图书、科技丛书和参考书的在线服务。

2012 年 11 月上线的全新 SpringerLink 平台中期刊及图书等所有资源被划分为 24 个学科：建筑和设计、天文学、生物医学、商业与管理、化学、计算机科学、地球科学与地理、经济学、教育与语言、能源学、工程学、环境科学、食品科学与营养、法律、生命科学、材料学、数学、医学、哲学、物理学、心理学、公共卫生、社会科学、统计学。

Springer 的线上出版服务平台 SpringerLink 已成为面向全球科研服务的最大的在线全文期刊数据库和电子图书数据库之一。SpringerLink 平台现有医学及相关图书近 5 万种。

二、检索途径和方法

本节介绍 SpringerLink 的图书部分检索方式，所以先进入 SpringerLink 首页（方法一：直接输入链接地址：http://link.springer.com/；方法二：进入内蒙古医科大学图书馆首页，点击外文资源后面的"更多"（MORE+）按钮，进入资源总表查看外文资源，点击"SpringerLink 期刊全文数据库"链接地址；）然后点击"图书"（books）选项，进入图书检索界面。

（一）快速浏览查找（Quick look）

查看最新或最古老的书籍可以使用此方法。

第一步：当点击"book"进入 SpringerLink 图书检索界面，可在结果区（Result（s））看到书籍展示；第二步：可以通过 Sort By（排序方式）选择 Newest First（最新）或者 Oldest First（最古老）两种选项，对书籍进行快速查找浏览，它的默认状态是 Newest First（最新）。

（二）简单检索（Simple search）

【案例】利用 SpringerLink 查找外科学、手术等内容的外文书籍。

第一步：进入 SpringerLink 图书检索界面后，在检索框中输入关键词 Surgery（外科学、手术）；第二步：点击检索按钮（🔍）进行查找；检索结果界面会提示共有多少条结果显示（**3392** Result(s) for **'Surgery'**）；第三步：简单检索结果 Sort By（排序方式）默认的 Relevance（关联）信息；第四步：查看检索结果区，会看到书籍的标题（Knee Surgery using Computer Assisted Surgery and Robotics）、作者（Fabio Catani，Stefano Zaffagnini）简单介绍；第五步：点击书籍标题或者右侧书籍封面图片，可以查看书籍的 Table of contents（目录），目录项会提示每部分的具体页数（Pages 21-25）。

（三）二次检索（Secondary retrieval）

SpringerLink 在进入图书详细介绍界面也提供二次检索功能。

【案例】利用 SpringerLink 查找《Knee Surgery using Computer Assisted Surgery and Robotics》本书中有关 Computer 方面的内容。

第一步：进入《Knee Surgery using Computer Assisted Surgery and Robotics》本书详细介绍界面；第二步：在界面的右上角检索框中输入"Computer"，点击🔍按钮；第三步：查看检索结果，在界面上方提示"19 Result（s）for 'Computer' within Knee Surgery using Computer Assisted Surgery and Robotics"（在《Knee Surgery using Computer Assisted Surgery and Robotics》书中有关于"Computer"的 19 个结果）。

（四）高级检索（Advanced Search）

可以通过使用高级检索功能，允许检索一个分类号、作者或精确短语缩小检索结果。还允许从一个特定的出版物或日期范围进一步缩小检索范围。

第一步：进入 SpringerLink 图书检索界面后，点击检索框后面的 ✲ 按钮，将会弹出高级检索选项按钮 Advanced Search ，点击就可进入高级检索界面；第二步：在高级检索界面中 Find Resources（寻找资源）部分，可填写信息检索。包括：with all of the words（书中各个部分出现的单词）；with the exact phrase（书中包含完整的语句）；with at least one of the words（书中用到的至少一种短语）；without the words（书中单词前加 not 进行检索），如：你输入的单词是 medicine，检索的结果是包含 not medicine 书籍；where the title contains（仅在标题中出现的单词）；where the author / editor is（检索作者或者编者）；Show documents published（文献的发布时间），选择“between”需填写年度时间段，选择“in”需填写具体发布年限；第三步：填写相关信息后点击 Search 按钮进行检索。

（五）导航检索（Navigation search）

进入 SpringerLink 图书检索界面，在界面左侧有 Discipline（学科分类）和 Subdiscipline（子学科分类），可以直接点击链接进行书籍查阅（图 6-3）。

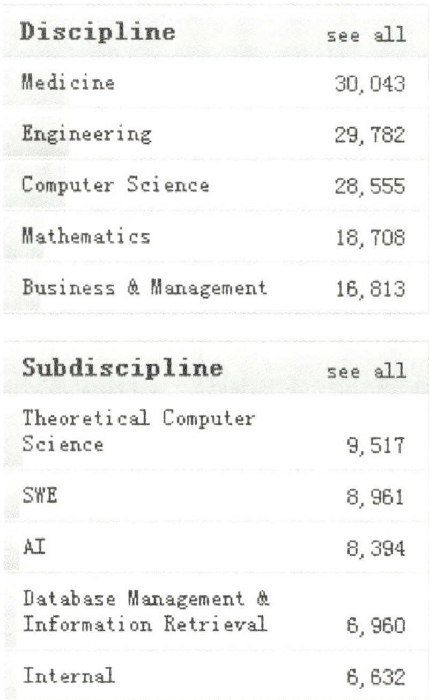

图 6-3 SpringerLink 导航检索界面

三、检索结果处理

在检索结果界面中查看具体内容，可以点击目录下面的 Look Inside（即看里面）选项，可在线阅览，如果需要保存，在已经付费的情况下可以直接点击页面中的 » Download PDF 按钮进行下载。如果还未得到授权（即没有缴纳费用），可以在检索结果界面点击 Get Access 按钮，会有金额的提示（Buy this eBook $149.00 / €118.99 / £100.50*），然后点击 Buy eBook 按钮进行购买，如果只想购买其中一部分，可在需要的那部分点击 » Get Access 按钮，会有本章节的价格提示，然后点击 Buy chapter 进行本章节的购买。

（赵宏亮）

第四节　中医图书文献检索

【教学要求】

1. 掌握中医及相关工具书类型、体例、检索内容及检索方法

2. 熟悉中医专业工具书检索重点和特色，中医经典和现代工具书的情况

中医图书文献检索分三部分，第一部分为重点工具书和中医工具书，第二部分为期刊检索工具，第三部分为实习题。中医文献检索教学实践，原则上不重复医学文献检索数据库内容，结合中医专业需要，重点增加了中医工具书，及时对工具书给予补充，主要在于方便学生能结合实习题进行教学实践。

一、工具书

工具书范围很广，门类众多，本节将大型工具书、常用的工具书和中医工具书作重点介绍，以便同学们在学习实践中参考。

工具书大致可分为：字典、词典、书目、索引、类书、丛书、年鉴、百科全书等。下面介绍的工具书中，有新出版的和解放前出版的，也有解放后作了修订重版的一并排列于后供参考。

1.《药性字典》 吴克潜编著，1933 年大众书局印行。

本书编写体例是首正其名，次详产地，后列举性味、主治、用量、禁忌。主要目的在于辨别认识药性。附有“别名附名”（可查阅一药多名）和“服药方法”。笔画为序，以第一字为准。

2.《中国医学大辞典》 谢观等编撰，1921 年出版，商务印书馆分上下两册印行，1958 年重印为精装本 4 册。

本书搜集的中医、中药名词和术语 7 万余条，分《正编》和《补遗》两部分，包括病名、药名、方名、身体、医家、医书、医学 7 大类。注释较详，关于疾病的解释，首先论述致病原因，再讲治疗方法等。各种药品，无论动、植、矿物，皆广为收录，先论形态，次说性质、功用和炮制方法等。排列方法，以首字笔画多少为准，少者在前，多者在后，首字相同者，则以次字为序，次字相同的字，按《康熙字典》的部首为序。再版本后附有“索引”，以四角号码编排，这两种查检法，任自选用，各条中有生疏的字，均附音释。

3.《中国药物新字典》 江忍庵编著，1932 年上海广益书局印行。

该书在各种药物下，标明名称、种类、性质、功用、禁忌、用法、附录等项。还按字典的编排方式，分 12 集，每一集中，均列举所属笔画之偏旁。总目录后，附有“检查表”，查阅方便。

4.《标准药性大辞典》 播杏初编著，上海书局印行，1954 年重版。此书搜集了中西药物 2000 多种，分植物、别名、产地、分科、形态、品类、成分、性味、功效、医治、作用、处方、单方、用法、用量、禁忌及反药等 16 项，每类按笔画排。

5.《方剂辞典》 日本·平冈嘉言编，1955 年人民卫生出版社出版。此书以笔画为序，按字索方，便于临床参考，另编病症分类目录、用方索引，对于初学者，查检方便。

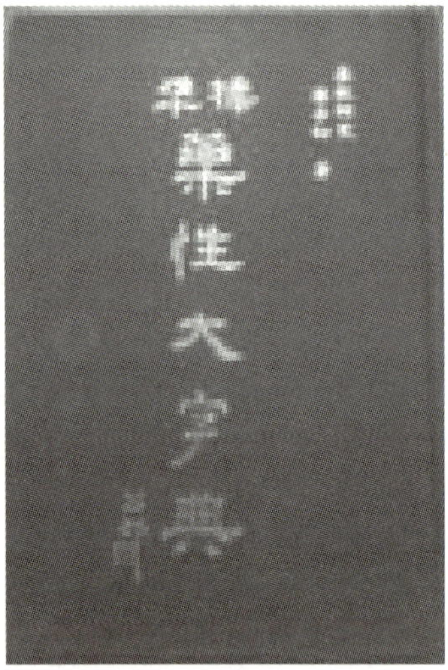

6.《中国药学大辞典》 陈存仁等编纂，1935 年世界书局出版，1956 年人民卫生出版社重新修订重版。搜集古今药学、医学、植物学、矿物学、动物学及化学等有关于中国药学材料，以科学方法加以分类，计有 270 万字。重版时，曾对全书进行了初步的校勘工作，其中发现的问题，作了修改的 1000 多处，目前它仍是一部中药研究工作和一般中医工作者的重要工具书，用笔画查检。

7.《中华大字典》 陆费逵，欧阳溥存等编。

1909 年开始编纂，1914 年编成，1915 年中华书局出版，比《康熙字典》晚了近 200 年。1935 年重印，1978 年再次重印。本书共收字 4.8 万多，其中包括方言字和翻译的新字，较《康熙字典》多出 1000 多字。该书编撰目的即纠正《康熙字典》中的错误，弥补其不足，力求取而代之。与《康熙字典》相比它将当时由外语所译新字、新名词、科技术语等收录于内，纠正了《康熙字典》中2000余处错误，且全书附有各种插图，在注音、释义、印证方面则更简明、合理、有条理性，是20世纪80年代以前中国字典中收字最多的一种。

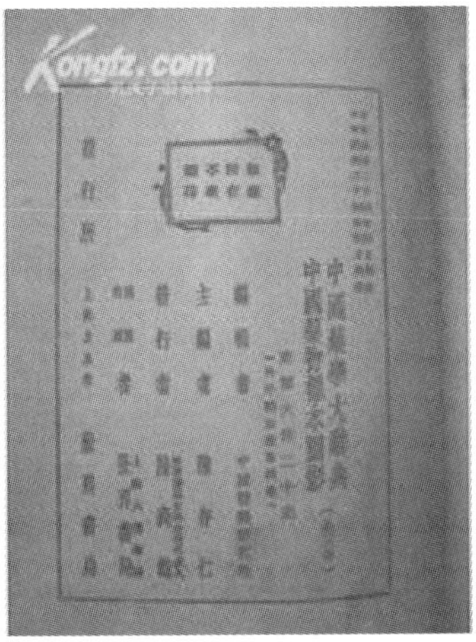

8.《康熙字典》 清朝康熙四十九年至康熙五十五年（1710～1716年）由张玉书等人集体编撰。

共收字47 035个。商务印书馆于1935年和解放后出版过《康熙字典》影印本，书末附有《备考》《补遗》《字典考证》和《四角号码索引》。

9.《中国医学百科全书——中医基础理论》 中国医学百科全书编辑委员会主编，上海科学技术出版社，2005年出版。

本书的出版是我国医学发展史上的一件大事，也是对全人类医学事业的重大贡献。全书内容包括祖国医学、基础医学、临床医学、预防医学和特种医学等各个学科和专业，用条目形式撰写，以疾病防治为主体，全面而精确地概述中西医药学科的重要内容和最新成就。

10.《中医辞海》 吴大真，余传隆等编，中国医药科技出版社，1999年出版。

分上、中、下三册，共1000余万字，收词5万余条，首次将各科词条按笔画排列，突出其综合性的特点。全书内容有中医基础理论、中医诊断学、古典医籍、医史文献、中药学、方剂学、中医实验、中医仪器、中西医结合、内科学、妇科学、男科学、儿科学、眼科学、皮肤科学等。覆盖中医药各科的内容，涉及由古至今的知识，为中医药之大成，是中医药发展史上的重要成果。

11.《中国针灸辞典》 高希言，艾炳蔚等编，河南科学技术出版社 2002 年出版。

本书将科学性、知识性、实用性合为一体，正确反映了现代针灸专业字词及学术用语等。作者从查阅方便、容纳内容井然有序出发，参阅了大量工具书编写方式，确定了本书辞目按汉语拼音音序编排，并编有笔画索引、学科分类索引，以使此书更臻完善。

12.《中药辞海》《中药辞海》编写组编，中国医药科技出版社 1993 年出版。

当代第一部综合性的中药工具书，计划分 4 卷陆续出版。全书力求收载所有有关中药条目，体现新、全、精、实用的特点。正文共收载中药条目近 40 000 条，附录部分将列各种索引、历代中医药学家、中国中药企业等资料。第 1 卷收载中药 2849 条，综合条目 6943 条，共 9792 条，书后附中药拉丁学名索引。

13.《中医名词术语选释》 中医研究院，广东中医学院编，人民卫生出版社 1973 年出版。

这是一本具有工具书性质的参考书。在编写过程中，从词目的选择、释文的内容等方面，我们曾经向全国各地数十个兄弟单位广泛征求意见。初稿完成后，编写人员又到一些乡镇医院、地区医院和医学院校向广大群众学习、向具有丰富实践经验的中、西医虚心请教，从中吸收了很多宝贵的意见，为本书的编辑出版创造了良好的条件。

14.《中医方剂名著集成》 伊广谦，张慧芳，刘从明编，华夏出版社出版。

本书的取名，绝大多数以“方”名书，如《五脏六腑痹十二病方》《肘后方》《千金要方》《传信方》等皆是。少数有以“方论”名书者，如《三因极一病证方论》《内经拾遗方论》《古今名医方论》。个别亦有别出心裁者，如唐王焘之《外台秘要》，宋张永之《卫生家宝》，明朱权之《乾坤生意》，清丁肇钧之《见症知医》。

15.《中医五官科名著集成》 徐又芳编，华夏出版社 1997 年出版。

本书经反复筛选全文收入中医口齿咽喉和眼科经久不衰的传世名典 16 部，如《银海精微》《玄机启微》《眼科龙木论》《眼科大全》《审视瑶函》《一草亭目科全书》《目经大成》《口齿类要》《尤氏喉科秘书》《喉科指掌》《喉症全科紫珍集》《重楼玉钥》等，以最佳版本精点细校，由权威专家精撰书评，书末附方剂索引、难点集注及未能收入本书的其他有关典籍的内容提要及精华节录。

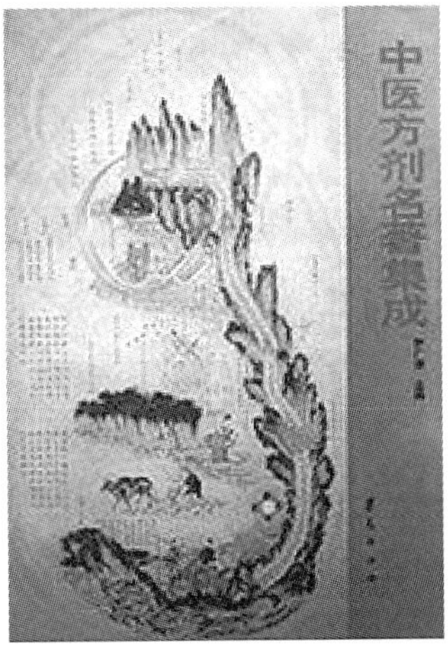

16.《中药八百种详解》 侯士良，马爱莲编，河南科学技术出版社 1999 年出版。

全书共分总论和各论两部分。总论讲述了中药基础理论、中药炮制、中药鉴定、中药商品等基本知识；各论详细叙述了八百多种常用中药的来源产地、采收加工、规格性状、药材鉴别、贮藏保管、炮制方法、药物性能、古今应用、用量用法、使用注意、现代研究、中毒解救等。

17.《中药材及饮片原色图鉴》 张贵君，孔增科等编，黑龙江科学技术出版社 1995 年出版。

由黑龙江中医学院张贵君先生等 30 余名专家编著的《中药材及饮片原色图鉴》收载中药材图片及饮片 4000 余种，通过原色图片及文字描述，简明而正确地反映其鉴别特征，所观察和研究的实物，均系选取具有代表性的药材及饮片。并注重道地药材和商品流通中不同规格的药品收藏。

18.《常用中药彩色图谱》 沈连生编，中国中医药出版社 1996 年出版。

本图谱以高等中医药院校《中药学》第五版统编教材为蓝本，编排格式和收载中药品种均与《中药学》教材一致，相互对应。除极少数品种外，每一中药都包括原植物（原动物）、中药药材、中药饮片 3 部分的彩色图片和相对应的说明文字。共收载常用中药 500 余种，彩色照片 940 幅。

19.《道地药和地方标准药原色图谱》 黎跃成，劳家华，伍丕娥编，四川科学技术出版社 2002 年出版。

本书共收载中药材 372 味，涉及动、植物基源共 700 余种。图片清晰，栩栩如生，似亲临其境，图文并茂，科学可靠，直观实用，不但能有效地控制中药材质量，加强采收鉴别，确保品种准确无误，用药安全有效，也为新药质量标准研究工作奠定了基础，具有重要的学术价值和作用。

20.《简明汉英中医词典》 李照国编，上海科学技术出版社，2002 年出版。

本词典是一部关于中医学名词术语英译较权威的工具书。书中共收录了中医学基础理论及临床各科名词术语约 20 000 余条，并有附录“汉拉英中草药名称”和“针灸经穴国际标准化名称”。全书收词全面，内容丰富，译法科学，表述准确，并能紧密结合当前中医药翻译学术研究的成果，体现出了一定的创新性和引导性。

21.《新汉英中医学词典》 方廷钰，陈锋，王梦琼编，中国医药科技出版社，2003 年出版。

本书是以一种创新的方式编写的汉英中医学词典，共收词条 6200 条，例语 3600 条，例句 3000 句。本书与其他同类书不同的是不仅提供了中医词条的英语对应词，还提供了例语和例句。为读者提供了科学、规范的英译文参考。是广大中医药专业大学生、研究生和中医学翻译人员必备的案头工具书。

22.《天然药物成分定量分析》 孙文基，谢世昌等编，上海科学技术出版社，2005 年出版。

23.《中华民间秘方大全》 进生，钟铎人，柳下雄编，世界图书出版公司，1992 年出版。

全书共收我国古今民间秘方、偏方、验方、食疗方万余种，所选方剂大都药物易得、配制简便、疗效显著。本书力求以简明扼要的文字介绍方剂的用料、制法、用法及适用范围。全书除内科按若干系统分类外，其余分为外科、眼科、耳科、口腔科、鼻科、喉科、皮肤科、骨伤科、男科、妇科、儿科、急救、健美，共 26 个门类。

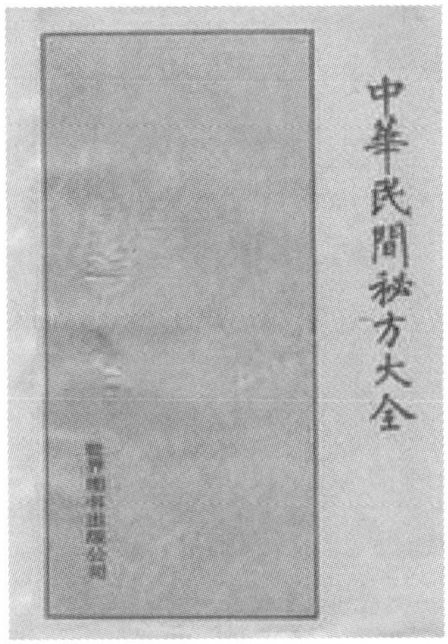

24.《孙思邈养生全书》　李长福，李慧雁编。社会科学文献出版社，2003 年出版。

我国唐代活了一百多岁的伟大的养生家、医学家孙思邈（581 ～ 682）之所以在养生、治病等领域的理论与实践中，取得了举世瞩目的辉煌成就，其重要的原因之一在于：他从哲学、社会科学与自然科学的整体高度研究养生、治病等领域的理论与实践问题。

25.《中国民间疗法大典》　刘道清编，中原农民出版社，1999 年出版。

本书共收集针灸、按摩、气功、拔罐、熏洗、热熨、捏脊、发泡等民间疗法中的精华 176 种，可适用于内、外、妇、儿、五官和老年疾患等近 1 000 种病证。每种疗法包括源流、操作方法、适应证、禁忌证和注意事项 5 部分，以便于实际操作或研究参考。

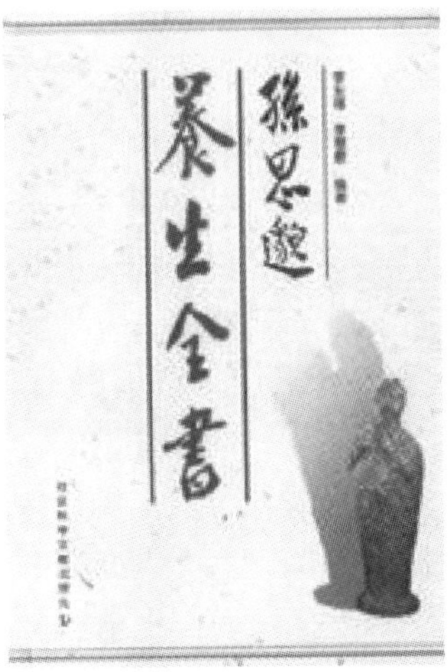

26.《中国驻颜全书》　北京按摩医院编，华夏出版社，1995 年出版。

《中国驻颜全书》收词系统、全面，具有科学性、实用性，适宜于各种年龄段、各种职业、各种健康层次的需要，具有一书多用之功能，是迄今为止阐述驻颜知识较为全面的大型书籍。可为中医驻颜、教学和科研工作提供宝贵的参考资料。

27.《中国医学百科全书》　中国医学百科全书编辑委员会编，上海科学技术出版社，2005 年出版。

原上海医科大学顾学箕教授主编，陆培廉、俞顺章两教授副主编，主要参编者有该校公共卫生学院和卫生部有关专家，印刷版由上海科学技术出版社出版，网络版由中国学术期刊（光盘版）电子杂志社出版，并被收录在《中国工具书网络出版总库》中。

本书的出版是我国医学发展史上的一件大事，也是对全人类医学事业的重大贡献。全书内容包括祖国医学、基础医学、临床医学、预防医学和特种医学等各个学科和专业，用条目形式撰写，以疾病防治为主体，全面而精确地概述中西医药学科的重要内容和最新成就。

28.《中医必读百部名著》 王振国编，华夏出版社，2007 年出版。

中医名著浩如烟海，积淀了数以千年的精华，养育了难以计数的英才，昭示着绚丽无比的辉煌。历史证明，中医的成才之路，非经典名著滋养下的躬身实践，别无蹊径。如何面对如此庞大的宝库，如何在这个宝库中迅速找到不同学科、不同层次学者最需要的著作，这是不少中医人士在读书中经常遇到的困惑。

《中医必读百部名著》丛书，汇古代名医巨匠临证经验，集当今专家学者集体智慧，有针对性地从数以万计的医著中精选书目百种，采用最佳版本为底本，认真校勘，合理注释，撰写导言，添加按语，分门别类，结集出版，以方便读者学习和使用。一卷在手，可以获得一把打开某个领域知识大门的钥匙；全套在握，可以获得一组破解整个中医学发展的密码。

所谓“必读”者，学医之人不可不读，业医之人不能不读。此乃学医之门径，业医之津梁，案头之必备。愿《百部名著》成为中医药院校在校学生和中医、中西医结合医生的良师益友；愿本套丛书成为医疗、教学、科研机构及各图书馆的永久珍藏。

29.《中医妇科名著集成》 牛兵占，王振瑞等编，华夏出版社，1997 年出版。

《中医妇科名著集成》所收著作，上自唐代成书刊行的我国现存最早的妇产科专著《经效产宝》始，下迄清末之《女科秘诀大全》，共搜集各个朝代有代表性、流行较广、影响较深且有重要学术价值和文献价值的妇科专著共 20 种，每一种均以初刻本或最精版本为底本，采用现代版式点校刊行，并对其中的生僻字词进行训解和注音。

30.《中国医学自修书目》 张赞臣编，上海中国医学书局，1921 年出版。

选了必读的中医书籍数十余种，各附提要，颇便喜爱中医的同志们业余自修参考。

31.《中医儿科名著集成》 郭君双，杨俊杰编，华夏出版社，1997 年出版。

32.《普济方》是中国历史上最大的方剂书籍，它载方竟达 61 739 首。普济方医方著作，168 卷，明朱棣（周定王）、滕硕、刘醇等编，刊于 15 世纪初。系明初编修的一部大型医学方书。书中广泛辑集明以前的医籍和其他有关著作分类整理而成。原书今仅存残本，清初编《四库全书》时将本书改编 426 卷。

《普济方》是由明太祖第五子周定王主持，教授滕硕、长史刘醇等人执笔汇编而成，刊于 1406 年，初刻本已散失。几百年来除少数藏书家藏有一些残卷，如永乐刻本存 19 卷，明抄本存 35 卷等外，惟《四库全书》收有全文，原作 168 卷。

本书是我国古代最大的一部方书。全书大致分为 12 部分，卷 1 ～ 5 为方脉，卷 6 ～ 12 为运气，卷 13 ～ 43 为脏腑，卷 44 ～ 86 为五官，卷 87 ～ 250 为内科杂病，卷 251 ～ 267 为杂治，卷 268 ～ 272 为杂录和符禁，卷 273 ～ 315 为外伤科，卷 316 ～ 357 为妇科，卷 358 ～ 408 为儿科，卷 409 ～ 424 为针灸，卷 425 ～ 426 为本草。编次条理清晰，内容十分丰富。自古经方，本书最为完备。资料除取之历代方书外，还兼收史传、杂说、道藏、佛典中的有关内容。《普济方》是中国历史上最大的方剂书籍，它载方竟达 61 739 首。

公元 1406 年定稿出书，为中国历史上的明朝皇帝朱棣收集编写。《普济方》，收集了大量资料。除了收录明以前各家方书以外，还收集其他方面的材料，如传记、杂志等，所以内容十分丰富，编得也很详细。由于出版的数量比较少，而该书又比较实用，所以不少人辗转传抄。物以稀为贵，《普济方》一书在当时是十分珍贵的。后来经过一些年代，《普济方》原来的刻本已经散失。

《普济方》原作 168 卷，后来改为 426 卷，分成 217 类，共 788 法。全书有图 239 幅。内容包括总论、脏腑身形、伤寒杂病、外科、妇科、儿科、针灸等。书中记载了许多疾病的治法，如汤药、按摩、针灸等。《普济方》是一本十分实用的方书。它在所列的每一病证之下，列了一些方子，学者或医生只要依病查方，再在各个方子之间选择一下即可。而这本书也是十分宝贵的医学文献资料。

人民卫生出版社 1959 年以《普济方》为主，并参考以前的一些残卷残本，一一进行校勘、重印出版。人民卫生出版社出版的这本《普济方》共分 10 册。第一册为方脉运气脏腑，第二册为身形，第三册到第六册为诸疾，第七册为诸疮肿，第八册为妇人，第九册为婴孩，第十册为针灸。这样使原书变得简明有章。

33.《中华人民共和国药典》简称《中国药典》，是由国家药典委员会（原名卫生部药典委员会成立于 1950 年），根据《中华人民共和国药品管理法》的规定，负责组织编纂《中华人民共和国药典》及制定、修订国家药品标准，是法定的国家药品标准。依据《中华人民共和国药品管理法》组织制定和颁布实施。《中国药典》一经颁布实施，其同品种的上版标准或其原国家标准即同时停止使用。

（1）《中国药典》由一部、二部、三部及其增补本组成，内容分别包括凡例、正文和附录。除特别注明版次外，《中国药典》均指现行版《中国药典》。

（2）国家药品标准由凡例与正文及其引用的附录共同构成。本部药典收载的凡例、附录对药典以外的其他中药国家标准具同等效力。

（3）凡例是为正确使用《中国药典》进行药品质量检定的基本原则，是对《中国药典》正文、附录及与质量检定有关的共性问题的统一规定。

（4）凡例和附录中采用的“除另有规定外”这一用语，表示存在与凡例或附录有关规定不一致的情况时，则在正文中另作规定，并按此规定执行。

（5）正文中引用的药品系指本版药典收载的品种，其质量应符合相应的规定。

（6）正文所设各项规定是针对符合《药品生产质量管理规范》（Good Manufacturing Practices，GMP）的产品而言。任何违反 GMP 或有未经批准添加物质所生产的药品，即使符合《中国药典》或按照《中国药典》没有检出其添加物质或相关杂质，亦不能认为其符合规定。

（7）《中国药典》的英文名称为 Pharmacopoeia（药典）of The People’s Republic of China，英文简称 Chinese Pharmacopoeia，英文缩写为 Ch.P.。

34.《中药大辞典》 南京中医药大学编著，上海科学技术出版社，2006 年出版。

第一版的修订本，框架结构和体例基本同第一版，但对原书中大量内容进行了修订，特别是增加了药物条目，调整了部分药物品种来源，增补了近 30 年来有关栽培（饲养）技术、药材鉴定、化学成分、药理作用、炮制、现代临床研究等方面的中药研究成果，反映了当代中药学的研究水平。全书分上、下、附编 3 册，上、下册为正文，收载药物 6008 味，每一味药物下设异名、基原、原植（动、矿）物、栽培（饲养）、采收加工（或制法）、药材、成分、药理、炮制、药性、功用主治、用法用量、选方、临床报道、各家论述等内容。附编为索引和参考文献，是检索查阅《中药大辞典》的向导，另行出版。《中药大辞典》第一版得到了国内外广大读者的普遍好评，本书是在此基础上修订而成，因此内容新颖而实用，可作为中医药或相关领域工作者和中医药爱好者的重要工具书。

35.《本草纲目附方分类选编》 陕西省中医药研究院编著，人民卫生出版社出版。

我国明代伟大的医药学家李时珍的举世名著《本草纲目》，自刊印出版以来，近 400 年间，对国内外医药学和自然科学的发展做出了重大贡献。《本草纲目》收载药物 1 892 种，李时珍为了说明各药的效用，从上千种资料中，结合他本人丰富的临床经验，收集了明代和明代以前的单方、验方 11 000 首，分别载入《本草纲目》有关药物之下，作为各药效用的佐证。所收各单方、验方大都具有简、便、验、廉等优点，直到今天仍为广大医药工作者所习用。

36.《医方类聚》 是一部卷帙浩繁的医学类书，系朝鲜金礼蒙等撰，初刊于 1465 年，保存了许多我国明以前失传的医药文献，具有较高的文献价值和学术价值。为满足读者的需求，这次由浙江省中医药研究院组织力量对原校点本进行了重校，对原校本删去的有关内容予以补入，以保持古书的原貌；对原校勘、标点不当者予以改正；对原书繁体字、异体字以及明显因形近致误字予以径改。为便于读者学习和参考，作者撰写了“《医方类聚》研究”一文；为便于读者查阅，编辑了方剂索引、病证索引、书名索引。

《医方类聚》，266 卷，存世 262 卷，共 27 000 页。它汇辑了 152 部中国唐、宋、元、明初的著名医书及 1 部高丽医书，共计 153 部。总论以下，按病因、病位、疾病种类等分为五脏、诸风、诸寒、诸暑、诸湿、伤寒、眼、齿、咽喉、口舌、耳、鼻、头面、毛发、身体、四肢、血病、诸气、诸疝、诸痹、心腹痛及膏药、诸香、救急、养性等 92 门，包括内、外、妇、儿、五官各科数百种疾病，分类明细，便于检索。《医方类聚》所收医方宏富，共计 50 000 余首，为中国明以前医方的集大成著作，且包括大量古代佚书，辑入内容皆据原文未加改动，为后世辑佚提供了丰富史料。

该书由朝鲜国世宗李裪二十五年（1443年）下令开始编纂，历时3年完成。世祖李瑈五年（1460）对原书加以全面校正，成宗李娎八年（1477）全书宣告校毕，方初次刊印。《御修医方类聚》这一巨著是中朝医方之集大成者，是为“医籍之冠、方术之大观”。

全书为266卷，存世262卷。它汇辑了152部中国唐、宋、元、明初的著名医书及一部朝鲜本国医书《御医撮要》，共计153部。其中包括医方50 000余首。本书分类明细，便于检索，为中国明代以前医方的集大成著作。

该书初版仅30部，流传至今仅存一部，成为稀世之宝，现收藏于日本皇家图书馆——宫内厅书陵部。这是1592～1598年间，日本将领加藤清正随同丰臣秀吉攻打朝鲜将此书作为战利品掠回日本的。1852年，在江户幕府医官喜多村直宽主持下，《御修医方类聚》得以重刻，对所缺篇目多有补充，历经10年于1861年完成，是为“文久元年本”

此书在中医药学、临床实用、医史文献、版本收藏等方面都有难以估量的价值。它包括大量古代佚书，辑入内容皆据原文未加改动，为后世辑佚提供了丰富资料，尤其是它保存了中国历史上已经失传的医书30余种。

原刊三百六十五卷。朝鲜·金礼蒙等撰于1443年。初刊于1465年。原书已失，1861年日本用活字排印了二百六十六卷本。本书分类整理了约150余种中、朝各代医书。卷一～三医学总论；卷四～十二脏诸论；卷十三～六十三风寒暑湿及伤寒的证治；卷六十四～八十二眼、齿、咽喉、口舌、耳、鼻、头面疾患证治；卷八十三～一百六十八为身形、脏腑、内科杂病证治及中恶、解毒、虫兽伤等；卷一百六十九～二百〇五为皮肤、外科诸病及急救、养生等；卷二百〇六～二百三十八为妇产诸病证治；卷二百三十九～二百六十六为小儿诸病证治。全书分类较细，资料丰富，并且大多辑录原文，保存了不少我国明以前失传医书，是一部大型的医学类书，有较高的学术文献和临床参考价值。现存1861年日人铅印本，1982年人民卫生出版社排印本。

37.《本草纲目》（Compendium of Materia Medica）是由明朝伟大的医药学家李时珍（1518—1593年）为修改古代医书中的错误而编，他以毕生精力，亲历实践，广收博采，对本草学进行了全面的整理总结，历时29年编成，30余年心血的结晶。

《本草纲目》是中国古代药学史上部头最大、内容最丰富的药学著作。撰成于万历六年（1578年），万历二十三年（1596年）在南京正式刊行。《本草纲目》共有52卷，载有药物1892种，其中载有新药374种，收集医方11 096个，书中还绘制了1111幅精美的插图，方剂11 096首（其中8000余首是李时珍自己收集和拟定的），约190万字，分为16部、60类。每种药物分列释名（确定名称）、集解（叙述产地）、正误（更正过去文献的错误）、修治（炮制方法）、气味、主治、发明（前三项指分析药物的功能）、附方（收集民间流传的药方）等项。全书收录植物药有881种，附录61种，共942种，再加上具名未用植物153种，共计1095种，占全部药物总数的58%。李时珍把植物分为草部、谷部、菜部、果部、本部5部，又把草部分为山草、芳草、溼草、毒草、蔓草、水草、石草、苔草、杂草等9类，是我国医药宝库中的一份珍贵遗产。是对16世纪以前中医药学的系统总结，被誉为“东方药物巨典”，对人类近代科学影响最大。

38.《古今图书集成·医部全录》　清·陈梦雷等撰，人民卫生出版社，1959 年重印。

《古今图书集成·医部全录》是《古今图书集成》的一部分。包括对古典医籍的注释，各种疾病的辨证论治，以及有关医学的艺文、记事和医家传记等。

本书分类编纂，自《内经》到清初的医学文献 100 余种，既有基础理论，又有分科治疗；有论有方，内容丰富，叙述较系统、全面。包括对古典医籍的注释，各种疾病的辨证论治，以及有关医学的艺文、记事和医家传记等。

这是一部由清政府组织编写的大型综合性书籍，医学部分内容极为丰富。其取材广泛，既有中国医药学的基础理论，又包括了中医临床各科疾病的证治，上采秦汉医经及注释，下集近代名著及文献，堪称为医学百科全书。

《医部全录》原隶此书“博物汇编、艺术典”下之“医部汇考”，共 520 卷，分类辑录自《内经》至清初 120 余种医学文献，有古典医籍的注释、各种疾病的辨证论治、医学艺术、记事及医家传略等，记述系统，分门别类明确，各科证治有论有方，引证材料均一一详注出处，标明书目、篇目和作者，便于查对原书，是一部比较全面的医学文献参考书。

此书清末有影印本、铅印本，1934 年中华书局出版缩印本。

1962 年，人民卫生出版社将《医部全录》排印分成 12 册出版，订为医经注释，脉诊，外诊法，脏腑身形，诸疾，外科，妇科，儿科，总论及列传。艺文、纪事、杂论、外编等（共 8 个部分）。

《医部全录》共 520 卷，约 950 万字。《古今图书集成·医部全录》辑录了从春秋战国到清朝初期的医学著作百余种，分门别类归纳集成。其结构严谨，层次分明，载述有据，论理精详。此书对于医籍整理和医学整部著述的集成，在中医学术的发展上起到了积极的作用，有医学百科全书之称。

39.《四库全书》是我国现存最大的一部官修丛书，是清乾隆皇帝诏谕编修的我国乃至世界最大的文化工程。全书分经、史、子、集 4 部，故名四库。据文津阁藏本，该书共收录古籍 3503 种、79 337 卷、装订成 36 000 余册。经史子集四分法是古代图书分类的主要方法，它基本上囊括了古代所有图书，故称“全书”。清代乾隆初年，学者周水年提出“儒藏说”，主张把儒家著作集中在一起，供人借阅。这是编纂《四库全书》的社会基础。主编是河间人纪昀（晓岚）。后纪昀又编《〈四库全书〉总目提要》，成为今人治史查书目的必备工具。成书后抄录七部，分藏于北京（文渊阁、文源阁）、沈阳（文溯阁）、热河（文津阁）、扬州（文汇阁）、镇江（文宗阁）、杭州（文澜阁）。

整套书分为经、史、子、集四部，44类，其中也包括了《论语》《大学》《孟子》《中庸》《周易》《周礼》《礼记》《诗经》《孝经》尚书》《春秋》《尔雅》《说文解字》《史记》《资治通鉴》《孙子兵法》《国语》《水经注》《战国策》《本草纲目》《茶经》等其他经典著作。

《四库全书》收录了当时在全国各地征收的流通图书、清内廷收藏的图书以及《永乐大典》中辑出来的珍本善本。征收准则以阐明性学治法、考核典章、九流百家之言为优先，族谱、尺牍、屏障、寿言、唱酬诗文等等则不在考虑之列。据统计，光是征收的图书就达13 501种，献书最多的鲍士恭、范懋柱、汪启叔、马裕4家赐以内府所印《古今图书集成》一部。当时乾隆还规定，凡从坊肆来的，应该付给一定的费用；若是家藏图书，则装裱印刷；如未曾刊刻，则抄本存留。这些书筛选后按“着录书”及“存目书”分别收录，其中“存目书”不录全书，只摘部分内容，而“着录书”则经过整理、校勘、考证后按特定格式重新抄写存入，誊写完成后，还要与原本反复校勘。最后收录的图书有3461种。

《四库全书》为了美观与便于识别，采用分色装帧，经部绿色，史部红色，子部月白色（或浅蓝色），集部灰黑色。四部颜色的确定，依春夏秋冬四季而定。

《四库全书》的内容十分丰富。按照内容分类分经、史、子、集四部分，部下有类，类下有属。全书共4部44类66属。

（1）经部：经部收录儒家“十三经”及相关著作。

（2）史部：史部收录史书，包括正史类、编年类、纪事本末类、杂史类、别史类等。

（3）子部：子部收录诸子百家著作和类书。

（4）集部：集部收录诗文词总集和专集等，包括楚辞、别集、总集、诗文评、词曲等5个大类，其中词曲类又分词集、词选、词话、词谱词韵、南北曲5属。除了章回小说、戏剧著作之外，以上门类基本上包括了社会上流布的各种图书。就著者而言，包括妇女、僧人、道家、宦官、军人、帝王、外国人等在内的各类人物的著作。

《四库全书》完成至今的两百年间，中国历经动乱，《四库全书》也同样饱经沧桑，多份抄本在战火中被毁。其中，文源阁本在咸丰十年（1860年）英法联军攻占北京、火烧圆明园时被焚毁，文宗阁、文汇阁本在太平天国运动期间被毁；杭州文澜阁藏书楼于咸丰十一年（1861年）在太平军第二次攻占杭州时倒塌，所藏《四库全书》散落民间；后由藏书家丁氏兄弟收拾、整理、补抄，才抢救回原书的四分之一，于光绪七年（1881年）再度存放入修复后的文澜阁。文澜阁本在民国以后又有一次大规模修补，目前大部分内容已经恢复。因此《四库全书》今天只存3套半；其中文渊阁本原藏北京故宫，后经上海、南京转运至台湾，现藏台北市国立故宫博物院（也是保存较为完好的一部）。文溯阁本于民国十一年（1922年）险些被卖给日本人，现藏兰州甘肃省图书馆。近些年，对于文溯阁本是否要归还沈阳，甘肃、辽宁两省一直未能达成一致。避暑山庄文津阁本于1950年由中华人民共和国政府下令调拨到北京市中国国家图书馆，这是目前唯一一套原架原函原书保存的版本。而残缺的文澜阁本则藏于杭州浙江省图书馆。

40.《中医药主题词表》 中国中医科学院中医药信息研究所主持编纂的第 3 版《中国中医药学主题词表》工作已经完成。据悉，该词表将成为我国国家标准。

主题词表是文献标引、检索、查询不可或缺的工具，尤其在计算机网络技术、查询、搜索几乎成为了人们生活方式的一部分，带给人们极大的方便。而这一切的背后，主题词表发挥着关键的作用。

中医药学主题词表的研究起步于 20 世纪 70 年代。在 1976 年，原国家科委组织研制《汉语主题词表》时，已将中医药学内容置于重要位置。1983 年，中医药信息研究所开始着手中医药学专业主题词表的编纂。1987 年,《中医药学主题词表》首次面世，被社会各界广泛应用。1996 年，研究人员在大量词频统计及用户意见反馈的基础上，对《中医药学主题词表》进行了增补修订，推出第 2 版并更名为《中国中医药学主题词表》，以印刷版和电子版两种形式出版。该版主题词表与《汉语主题词表》以及美国国立医学图书馆《医学主题词表》(MeSH) 相兼容，成为目前使用最广泛、影响最大的一部中医药学专业主题词表，也是国内中西医大型数据库建设的支撑。

随着科学技术的快速发展，新学科的不断涌现和各学科间的交叉渗透，产生了大量的新概念、新词语。1999 年,“九五”攀登课题“中药复方数据库建库方法标准化研究”的过程中，虽曾对词表中药用植物、中药、方剂、剂型及中药化学成分进行了部分修订，并增词 684 条。但由于种种原因，第 2 版词表出版 8 年来未进行全面修订，故词表在词汇完备性、词语标准化、范畴划分的科学性及主题词语英译的准确性方面都有待改进。

为促进中医药学词语标准化和中医药学数据库建设的标准化，推动中医药国际化和中医药学走向世界，国家中医药管理局 2004 年将修订《中国中医药学主题词表》列为标准化研究项目之一。新版《中国中医药学主题词表》在保持原词表的体系结构及与 MeSH 兼容外，融会了近年来词语标准化和规范化研究成果，调整了部分树形结构的设置，对主题词重新注释和定义，增补了新词，删除了霰鸬等词。修订后的 2006 年版《中国中医药学主题词表》(第 3 版) 共收录主题词 13 878 条，其中正式主题词 8878 条，入口词约 5000 条，分别比第 2 版增加了 2649 条和 3800 余条。新词表具有编制技术先进、词表体系结构科学、词语标准规范、收词完备、一表多用、实用性强、与国际权威医学词表 MeSH 兼容等特点。

41.《汉语主题词表》 该词表是 1974 年作为“汉字信息处理系统工程”的配套项目开始编制，并在研究和借鉴国外叙词表编制技术的基础上，根据国际标准 ISO2788《单语种叙词表规则》编制，经过近 9000 人，5 年时间的工作，于 1980 年编成问世。该词表具有科学性和实用性，其编制技术达到了国际先进水平，在 1985 年荣获国家科学技术进步奖二等奖。

我国第一部大型的综合性的叙词表，由中国科技信息研究所和北京图书馆负责主持，1975 年开始编制，1980 年由科学技术文献出版社正式出版。分为社会科学、自然科学和附表 3 卷，共 10 个分册，全收录主题词 108 568 个。其中正式主题词 91 158 个，非正式主题词 17 410 个，词族数 3707 个，一级范畴数 58 个，二级 674 个，三级 1080 个。1991 年自然科学部分出增订本，增补新词 8221 条，删除不适用词 5434 条。《汉语主题词表》分 3 卷 10 册：第一卷（2 册）为社会科学部分，第二卷（7 册）为自然科学部分，两部分均包括字顺主表、范畴索引、词族索引和英汉对照索引，第三卷为附表，包括世界各国政区名称、自然地理区划名称、组织机构名称及人物名称。《汉语主题词表》涵盖各个学科专业，收词量大，编制体例规范，对推动中国主题标引工作的开展和促进专业叙词表的编制起了重要作用。

《汉语主题词表》是我国第一部大型综合性叙词型检索语言词表。全书包括主表（字顺表）、附表、词族索引、范畴索引和英汉对照索引。主表（字顺表）是标引、检索和组织目录的主要工具。

42.《广韵》 是中国现存的一部重要韵书。全名《大宋重修广韵》，宋真宗大中祥符元年（1008）陈彭年，丘雍等人奉诏根据前代《切韵》《唐韵》等韵书修订而成。

《广韵》总计 206 韵，包括平声 57 韵，上声 55 韵，去声 60 韵，入声 34 韵。

平声又分上下两卷，原因只是平声字数较多。它是汉语语音史上一部承上启下的著作，对于音韵学习，《广韵》是一部必读文献。

43.《集韵》 是中国古代一部标注汉字读音的典籍，主要是为分辨、规定文字的正确读音而作。

《集韵》宋仁宗景祐四年（1037），即《广韵》颁行后 31 年，宋祁、郑戬给皇帝上书批评《广韵》多用旧文，“繁省失当，有误科试”（李焘《说文解字五音谱叙》）。与此同时，贾昌朝也上书批评宋真宗景德年间编的《韵略》“多无训释，疑混声、重叠字，举人误用”（王应麟《玉海》）。宋仁宗令丁度等人重修这两部韵书。《集韵》在仁宗宝元二年（1039）完稿。

《集韵》和《广韵》主要的不同之处还在于《集韵》收字多，而且收的异体字特别多。一个字不管有多少不同的写法，又不管是正体，还是古体、或体、俗体，只要有点根据就收进来。有的字竟多到八九个写法。《集韵》共收 53 525 字，比《广韵》多收 27 331 字。

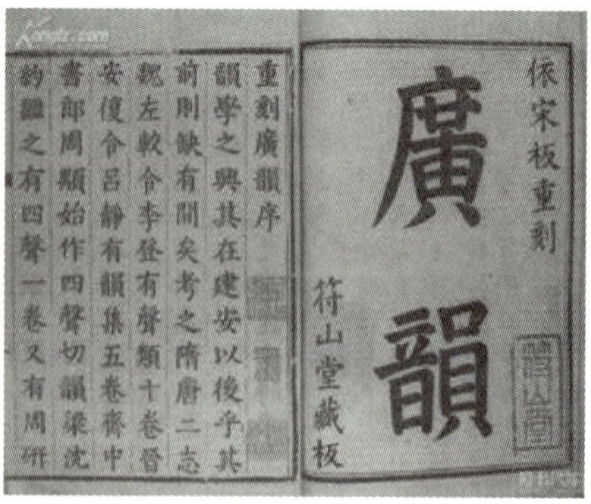

44.《中国中医药年鉴》 是一本综合反映中医药事业和学术进展的资料性工具书。1982 年 7 月，国家成立中医古籍整理出版办公室，制定中医古籍整理出版 9 年规划。首卷《中医

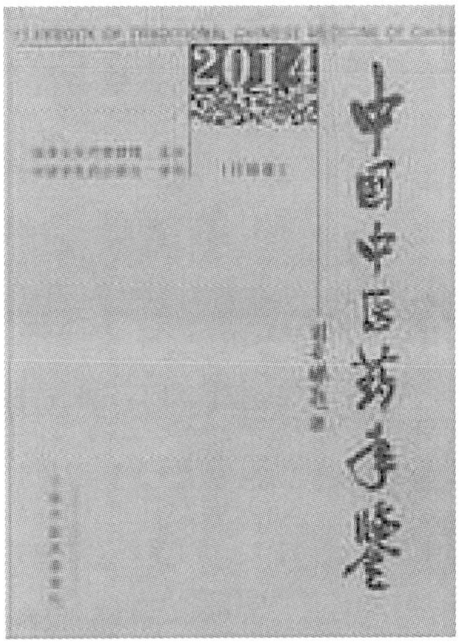

年鉴》于 1983 年由原卫生部中医司主办、人民卫生出版社出版发行；1991 年易名为《中国中医药年鉴》，并改由中国中医药出版社出版；2003 年起，《中国中医药年鉴》分拆为行政卷与学术卷，行政卷由中国中医药出版社出版，学术卷由上海中医药大学出版社出版。至 2012 年，《中国中医药年鉴》(以下简称《年鉴》) 已连续编纂了 30 卷。

《中国中医药年鉴》(行政卷) 是综合反映中国中医药工作各方面情况、进展、成就的史料性工具书。全卷共 20 个部分：综述篇、文献篇、重要会议和重大活动篇、重要工作篇、专业工作篇、中药篇、直属单位篇、地方篇、解放军篇、院校篇、中医科研机构篇、中医医疗机构篇、社会团体篇、数据篇、荣誉篇、人物篇、机构名录篇、港澳台及国外篇、大事记篇、附录篇。

《中国中医药年鉴》(学术卷) 是一本反映中医药学术进展的资料性工具书。全卷分 7 个板块：特载、专论、校院长论坛、中医药管理、学术进展、记事、索引等。

45.《历代医学书目提要》 丁保福编，上海文明书局，1918 年铅印本。

共分 22 类，收录医书 1504 种，各科略备，间附考证及版本，亦有书已佚，而仍存其名者，颇便查考。

46.《皇汉医学书目一览》 绍兴裘氏吉生藏，1936 年世界书局印行。

存书 450 余种，分为三类，现存者为裘吉生收藏者，未见或已佚者。内多中、日两国秘本，孤本罕见者。

47.《珍本医书集成目录》 裘吉生编，1936 年世界书局出版。

正编著录医书 90 种，续编 70 四种，正续均 12 类，两种皆作提要，提出书中内容之特点。

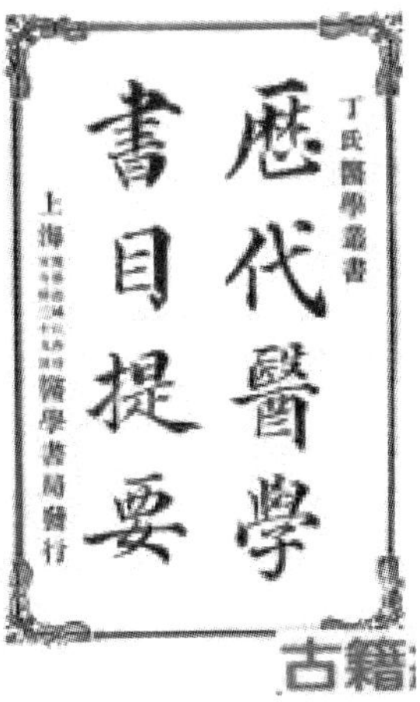

48.《皇汉医学丛书目录》 裘吉生编，1936 年世界书局出版。

正编著录 92 种，分 13 类，续编 75 种，分 11 类，内多日本研究中医的孤本、秘本，亦有祖国失传之古籍，经日本人士校刊者，每种均作提要，简介其书内容。

49.《中医图书联合目录》 中医研究院、北京图书馆主编，1961 年北京京华印书局印行。

参加编写的有59个图书馆和两位藏书家的特藏，从古代到1959年底止，收集了共7661种书目（包括少数书籍在各类中互见时重复计算）。编排原则以著作年代为序，但内容相近的集中编排，包括党和政府关于医药卫生的政策决议及有关著作、医经、诊断等17类，附有书名索引检字表、书名索引、人名索引检字表、人名索引四项，便于查检。

薛清录主编的新版1991年中医古籍出版社出版。1959年由中国中医研究院、北京图书馆主编的《中医图书联合目录》是我国第一部全国性的中医联合目录，共辑录现存古代、现代及部分外国中医图书7661种（少数有重复）。其数量之大，收罗之广，组织之严密，分类之详细，均超过以前各种医书目录，但由于此目录编辑年代太早，各参加馆馆藏情况已发生了很大变化，加上当时编制时校对不精，误差较多，已不能准确反映各馆现有馆藏。因此，1991年出版了世人通常称之为《新版中医联目》，收录了全国113个图书馆1949年前出版的中医药图书12 124种，是迄今为止收录范围最广，种类最多的中医书目。

50.《中国医学大成总目提要》 曹炳章编。

1935年精选了一些切合实用之书，365种，分为13类：医经、药物、诊断、方剂、通治、外感、内科、外科、妇科、儿科、针灸、医案、杂著。每书各举提要，及书之来历和内容大概，阐明书的重要点，启发学习中医之途径。

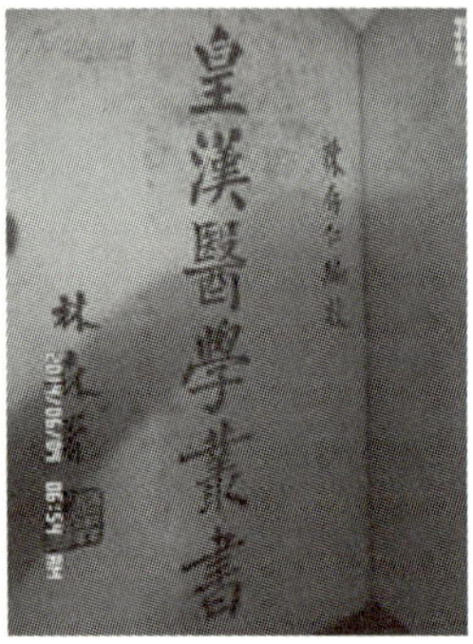

51.《四部总录医药编》 丁福保，周云青编，商务印书馆1955年出版。

此书是《四部总录》中子集医家类部分。所收藏1500余种，分8大类，每种书皆有书评、提要、撰人及各种版本，搜罗齐备，分类精辟，查阅便利，是较好的中医药专门书目。

52.《现存本草书录》 龙伯坚著，1957年人民卫生出版社出版。

收载现存本草书278种，分神农本经、综合本草、单味本草、食物本草、炮制诗歌、便读杂著等7章，每章又分若干节，每节之内，各按年代前后分述书名、卷数、著作人、版本及刊行年代等项。大部分附有说明，简介各书的内容，和摘录历代文献中有关该书的记载。从本书中可看出我国历代文献本草学发展的概况，是研究本草学的参考书。

53.《医学薪传》 清·凌奂（晓五）撰，1892年版。

列举医书书目，便于初学者查阅。

54.《四库提要医家类》 清纪晓岚等撰，1911 年医学书局印行。

此为四库总目一部分，所收著录与存目医书约 200 种，以时代为序。

55.《郑堂读书记医家类》 周中孚撰，商务印书馆印。

收录医书80余种，不分门类，每书叙述作者、姓名、籍贯、事迹及版本甚详，考证亦精。

56.《中国医籍考》 中医目录学著作，又名《医籍考》，80 卷。

日本，丹波元胤撰。成书于 1819 年，本书根据各种有关文献广泛收录中国历代医籍3000 余种，全部著作分为医经、本草等九类，书名之下记有出处，并根据所掌握的资料，注明卷数、存佚，列述序跋、有关考证提要敷陈大意，并附评论以及作者所加的按语。对了解中国古代医学文献有重要的参考价值。人民卫生出版社 1956 年有排印本。

本书搜集了自秦汉至清道光年间的医学著作，以及史书、地理博物、文艺作品、笔记杂说等有关医学的记载，共 3000 多种，共 80 卷。仅分医经、本草、食治、藏象、诊法、明堂、经脉、方论、史传、运气。每种书目都注明出处、卷数、存佚、序跋、考证等，为医籍中比较完备而系统的目录书。

本书现存刊本数种，较重要的有《皇汉医学丛书》本、《韦修堂医书》本及 1935 年日本东京国本出版社影印本等；1956 年人民卫生出版社予以重印，并将《医籍考》改名《中国医籍考》，末附“书名索引”及“人名检引”，便于读者检索。

57.《宋以前医籍考》 日本·冈西为人编，人民卫生出版社，1958 年出版。

收辑了我国宋代以前医学书目 1860 多种，各按书种分为内经、难经、五脏、针灸、女科、幼科、外科、养生、经方、本草、食经以及兽医等 23 类。每一书目之下，分有出典、考证、序跋、版本等项。内容主要辑自我国历代医书、史书、各种书目、地方博物、文艺作品、笔记杂说等书中的有关记载。对了解我国宋以前医学文献的流传情况，及研究祖国医学和整理古代医学文献，都有参考价值，卷后附有书名、人名索引，查阅方便。

58.《河北医籍考》 郭霭春，李紫溪编，河北人民出版社，1979 年出版。

这本书属于医学书目，所著录河北省之名医著作，上始后魏，下至清末，全书分 10 类。

59.《中医常用名词简释》 成都中医学院编，四川人民出版社 1959 年出版。

本书收集了在中医经典和临床各科的著作中，常用的名词和术语 220 多个。用中医学的理论，加以简单明了地解释，它是初学中医的人在阅读古代医籍时的一部简易工具书。编排以第一字笔画为序，每画中又按起笔的不同形分别排列，查检方便。

60.《中医名词术语选释》 中医研究院，广东中医学院合编，1973 年人民卫生出版社出版。

书中共收中医常用名词术语 4285 个，采用分类编排的方法，分阴阳五行、脏象、经络、俞穴、病因病理、诊法、治则、方药、针灸疗法、内儿科病症、妇产科病症、五官科病症、体表部分、古今度量衡比较表。书末附有词目笔画索引，便于查阅。

61.《中医学常用名词解释》 王俭编，甘肃人民出版社，1979 年出版。

本书收集了 1252 个名词，对其中一些带理论性的名词，力求应用现代医学的有关知识，结合中医辨证论治的方法作了解释，供西医学习中医、乡村医生和爱好中医的同志参考，各名词以第一个字笔画多少为序排列。

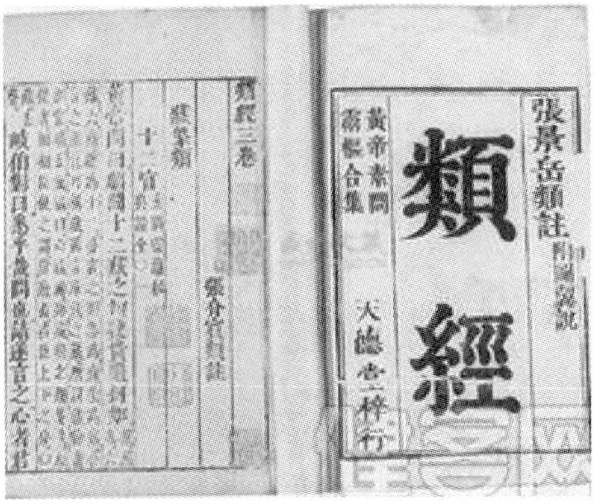

62.《类经》 明·张景岳编著，人民卫生出版社 1965 年印行。

编者以《素问》《灵枢》两书的原文内容的性质从类分门。全书 32 卷，分摄生、阴阳、藏象、脉色、经络、标本、气味、论治、疾病、运气、会通等 12 类，类下又分 360 多节，分别引摘了《内经》原文，按节归类，详加注解。附有《类经图翼》《类经附翼》是中医基础理论方面的著名类书。

63.《素问识》 日本丹波元简，人民卫生出版社 1955 年出版。

全书 8 卷，68 篇，名篇摘其精要和注释，分条详述，颇为明畅，是研究素问必备的书。

64.《素问绍识》 日本丹波元简，人民卫生出版社 1955 年出版。

继《素问识》之作，阐明太素原理。

65.《灵枢识》 日本丹波元简，1959 年上海科技出版社铅印本。

集各家释文，并将《甲乙经》与其有关经籍，互为校勘，而成此书。

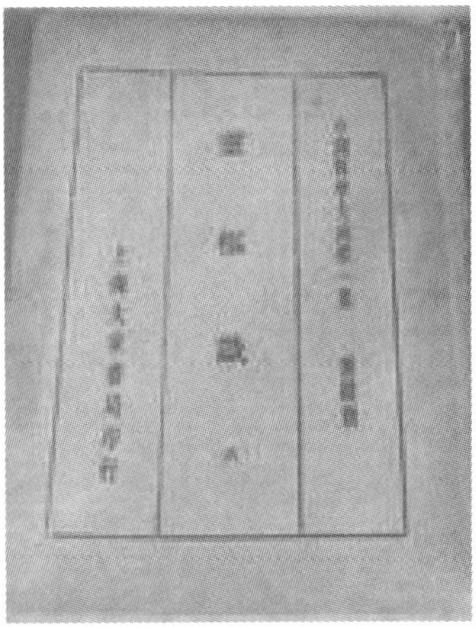

66.《内经类证》 秦伯未著，上海中医书局 1929 年铅印本。

本书集《内经》论病各文，分类编纂而成，凡 50 篇，600 余目，可知内经中有何种疾病，每病何种症候。

67.《内经难字音义》 清·陆久芝撰，1866 年“世补斋”医书前集。

该书解释灵、素二经难字，于形声通假，对研究内经者，于难字音义，迎刃而解。

68.《中国医学人名志》 陈邦贤，严菱舟编，人民卫生出版社 1956 年出版。

此书根据有关文献，收录自古代至清末的医家 2600 多人，以人名为主，简录其生存年代、籍贯、事迹等。对于著作一项，尤为重视，凡历代有医学著作的医家，虽年代事迹未详，也予列入，做到以书存人，所录人名，尽可能标明出处，用姓字笔画为序。

69.《中国医学源流论》 谢利恒著，澄齐医社 1935 年藏版。

统论医学大纲及医学变迁，与各科学术的考证，各家学派的不同，提出各科中重要名著，可作为工具书参考。

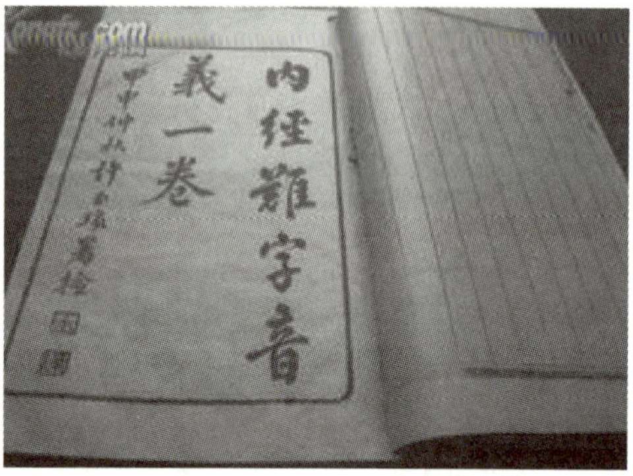

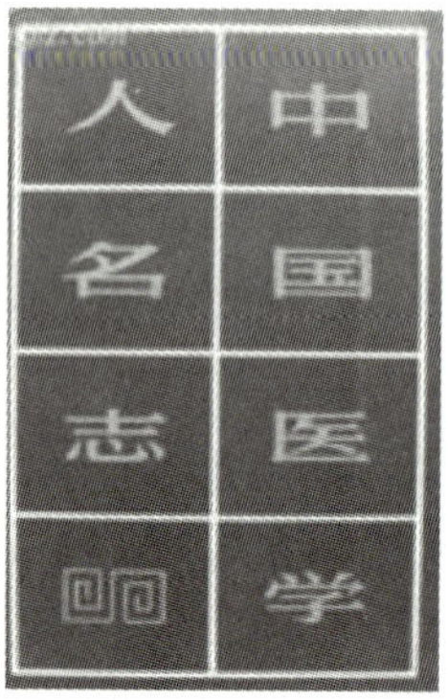

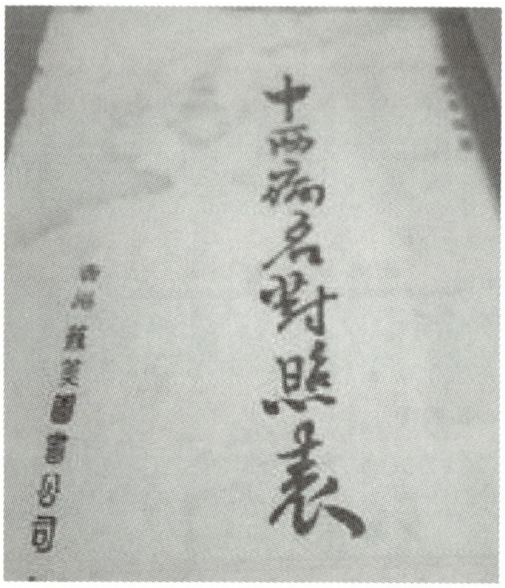

70.《中医病名对照表》 叶橘泉著，上海千倾堂 1951 年印行。

可作为中西医结合工具参考书。

71.《中国中医古籍总目》 上海辞书出版社出版发行。

这一大型中医文献检索工具书是由中国中医科学院图书馆组织，薛清录教授主持、相关领域专家参与编纂而成的。《中国中医古籍总目》收录了全国 150 个图书馆（博物馆）馆藏的 1949 年以前出版的中医图书 13 455 种，比既有《全国中医图书联合目录》总量增加了 2263 种（原《全国中医图书联合目录》中有 929 种因重复著录或遗失注销而删除）。此外，该书所收古籍版本的数量，较《全国中医图书联合目录》增加了 3652 个，其中不乏明以前的珍稀善本图书，如被业内专家评定为国宝级的明宫廷彩绘本《补遗雷公炮制便览》和宋代杨介撰《存真图》等，均为未见史志记载的珍稀孤本。为了最大限度地满足查询中医古籍的需要，该书还收录了一批流失海外在国内已经失传的中医古籍的影印本、复制本，并收录了祝由科的著作。

在该书的编撰后期，又收集到台湾 6 家图书馆馆藏中医古籍目录，以附录形式列于书后，供读者参考。中医药作为中华民族智慧的结晶，历代著述甚丰，战国迄今积累约有万余种。而中医专科书目编纂工作相对滞后，自明代殷仲春编撰《医藏书目》后，历经 300 多年国内未有大型中医专科书目面世。

中国中医科学院成立以来，先于1958年与北京图书馆（现国家图书馆）联合主编了《中医图书联合目录》，但未能正式出版。后在《中医图书联合目录》的基础上，中国中医科学院图书馆再次进行全国中医古籍资源调查，于1991年编纂出版了《全国中医图书联合目录》。该书收录了全国113家大型图书馆收藏的1949年以前出版的中医图书12 124种。为了准确反映中医古籍的存世现状，中国中医科学院在《全国中医图书联合目录》的基础上扩大了调查范围，整合各种社会信息资源，编写了《中国中医古籍总目》这部全面、准确记载当前中医古籍收藏分布情况的大型中医古籍专科书目。

72.《中国古籍善本书目》 由中国古籍善本编辑委员会编。

该书目共著录除台湾地区以外中国各省、市、自治区公共图书馆、博物馆、文物保管委员会、大专院校和中等学校图书馆、科学院系统图书馆、名人纪念馆和寺庙等781个单位的藏书约6万多种，13万部。凡是有历史文物性、学术资料性和艺术代表性并流传较少的古籍，年代下限大致断至清代乾隆以及在此之后辛亥革命前有特殊价值的刻本、抄本、稿本、校本，都作为善本在收录之列。编排方法基本按四部分类法排列，并增设丛书部，故分为经、史、子、集、丛书5部。1989年上海古籍出版社出版了经部，丛书部和史部分别于1990年和1992年出版。著录项目有书名（含卷数）、著者和著作方式、版本等。每部书均有编号，书末附藏书单位代号及检索表，并另编书名、作者、版本、批校题跋者索引。

《中国古籍善本书目》由《中国古籍善本书目》编委会编纂，该编委会任命顾廷龙先生为主编，冀淑英女士、潘天祯先生为副主编。此书的经部、史部、子部、集部、丛部由上海古籍出版社于1989年10月至1998年3月陆续出版齐全。作为一部大型工具书，该书正如冀淑英女士在此书《后记》中所说，是“一部当今国家现藏古籍善本书的总目录”，由此书的正文和所附录的《藏书单位代号表》和《藏书单位检索表》（以下简称“检索表”）可将中国大陆现存的任何一种古籍的善本的馆藏、卷数、作者等细节情况很方便地检索出来。此书的出版为从事古籍整理和研究的工作人员提供了莫大的方便。但任何事都不可能十全十美，由于编纂时间仓促等原因，此书难免有不足之处。笔者考辨《吴越备史》一书的版本源流时，就发现《中国古籍善本书目》对《吴越备史》一书的记载颇多失误和遗漏。其中的失误主要属于馆藏情况的记载，其次属于作者和序跋人的著录。现先将《中国古籍善本书目》对《吴越备史》一书各版本的记载抄录如下，然后用按语对其中的错误予以纠正。最后，将《中国古籍善本书目》漏收的《吴越备史》的版本予以补充，并仍以按语的形式将各图书馆目录卡误载或漏载的内容予以修正或补充。

73.《中国丛书综录》 上海图书馆编，中华书局1959—1962年出版，上海古籍出版社1982年新一版。

共分三册。收录丛书2797种，均系古典文献。

第一册《总目》，分“汇编”“类编”两部分。“汇编”分杂纂、辑佚、郡邑、氏族、独撰5类，主要是四部各类兼容的丛书，具有综合性质。“类编”收经、史、子、集4类。书后有①“全国主要图书馆收藏情况表”，反映了国内 41 所图书馆收藏古籍丛书的情况；②“丛书书名索引”字头笔画检字。本册可按类及丛书名两种途径检索某部丛书包含哪些古籍及其收藏情况。

第二册《子目》，将丛书中的 38 891 种单独著作按经、史、子、集编排，并注明其被哪些丛书收录。

第三册《索引》，分“子目著者索引”和“子目书名索引”两种。

全国主要图书馆收藏情况表：①丛书书名索引；②丛书收编撰者索引；③索引字头笔画检字。

74.《中国民族药志要》 本书引用了当前已出版的各少数民族著作 50 余部，近几年公开发表的民族用药的文章 200 余篇，涉及少数民族 44 个，药物 5500 余种（含植物、动物和矿物）。书的体例包括每味药的拉丁学名、中文名（科名）、民族药名、不同药用部位及主要治疗的疾病、文献来源。对上述各项进行提纲式的归纳简介。

本书的特点：①以物种的拉丁学名统一了一种民族药物在几十个民族中使用情况和进一步查阅的文献；②因同科属名排在一起有助于功效的归并与新疗效的学习和推广；③有助于各民族间的学习交流；引文中虽以民族药品种和功效为主，但不少药有较深入的生药学和化学成分研究的内容；④用物种的拉丁学名排序，不需要拉丁目录直接查找，速度很快。不用拉丁学名者，也可直接查找附录中的中文名和民族药名。

该书是一部民族用药的工具书，适用于与民族工作有关的科研、教学、生产、检验技术人员、民族医药工作者参考。同时，对国际传统药的学习交流（不少民族药直接来自国外）和新药的研究开发均有帮助。

75.《名医类案》 明·江瓘编辑，医案著作。12 卷，其子应宿增补，成书于 1552 年。后经清乾隆年间魏之琇等重校，即今流通本。全书集录明嘉靖以前历代名医治案，按病症分类编纂，分 205 门，包括外感伤寒温病及其他内科杂病、外、妇、儿科等多种病证，病案记录较详，辨证、方药亦较妥当，

并附编者按语及其治案。《四库全书总目》谓其“可为法式者固之八九。”是我国第一部以疾病种类编纂的大型医案专著，不仅对历代临床医家有较大的指导作用而且对医案学的发展亦有十分重要的意义。现存明刻本、日刻本、多种清刻本、《四库全书》本等。1949年后有影印本。

本书系医案著作，江氏父子编辑。广辑明以前医药著作以及《史记》《三国志》《抱朴子》《夷坚志》等史传子集文献，从中收集名医治验例案，历时二十载，于嘉靖二十八年（1591），方得刊行。清乾隆间，魏之琇以校阅，详尽考订江氏父子存在的疏漏和脱文，探本求源，补缺正误；鲍廷博重刊乾隆三十五年（1770）的知不足斋本，即目前通行本所据的底本。此外，有四库全书本、清光绪二十年（1894）耕余堂铅印本等10多种。

全书共12卷，按病症分为205门，以内科病案为主，兼及外、妇、儿、五官、口腔等病症。所辑医案，上自秦越人，淳于意，下至无明诸家，凡辨证精详、治法奇验者，皆予收录。每案详载姓名、年龄、体质、症状、诊断和治疗，故述较完整，理法方药亦相契合。案或详于证，或详于因，或详于治，均有依据。在一些医案后，并加有案语，阐发己见。

本书为我国第一部医案专著。既是明以前著名医家临床经验的总结，也是中医理论与临床实践密切结合的典范，具有较高的文献价值和临床价值。

76.《续名医类案》 36卷（原60卷），魏之琇，成书于清乾隆三十五年（1770年），魏氏本身是一位学验俱富的临床医家。因鉴于明代《名医类案》所选资料尚多缺漏，而明后新见医案亦颇繁，乃“杂取近代医书及史传地志、文集说部之类，分门排纂。”全书分345门，内、外、妇、儿、五官等各科病症兼备，分类条理清楚，选案广泛，尤以急性传染病治案所占篇幅甚大，其中痘症（天花）即占两卷之多，亦可见当时传染之烈及编撰者用心。他个人治案大多述证明晰，辨证精审，论治熨贴，记录详尽；而于抄录诸家案例，则加夹注和案后按语，着重于发明、辨析有关案例证治异同，议论较为平正可取。

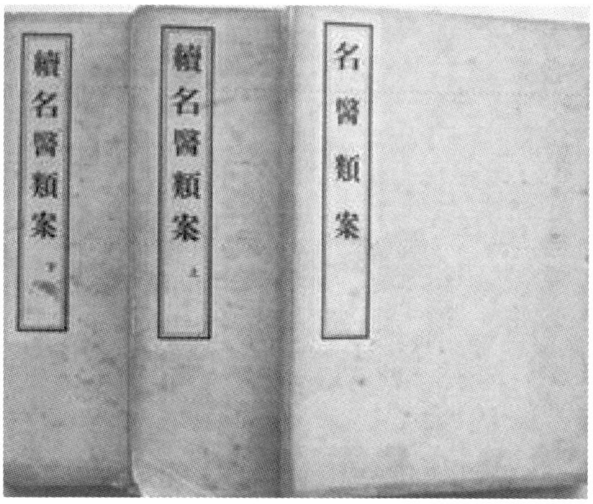

此书现有《四库全书》本及同治、光绪年间刻本多种，1957年人民卫生出版社曾据信述堂重刊本（1885）影印出版。

77.《全国中草药汇编》 分上、下两册，共收中草药2200种左右。各药均按名称、来源、形态、生境、栽培、采制、化学、药理、性味功能、主治用法、附方制剂等顺序编写，并附以墨线或彩色图。全书内容丰富，资料较准确可靠，可在一定程度上结合现代医学科学知识，绘图精致，可供科研和临床的参考。本版《图谱》收集各类中草药的原植物、原动物、原矿物共1096幅彩色照片图，其中原植物药图1020幅，原动物药图53幅，原矿物药图23幅。本书收载的部分品种图片如剑龙血树等，在国内外公开发表刊物中属首次载入的。每幅图片均

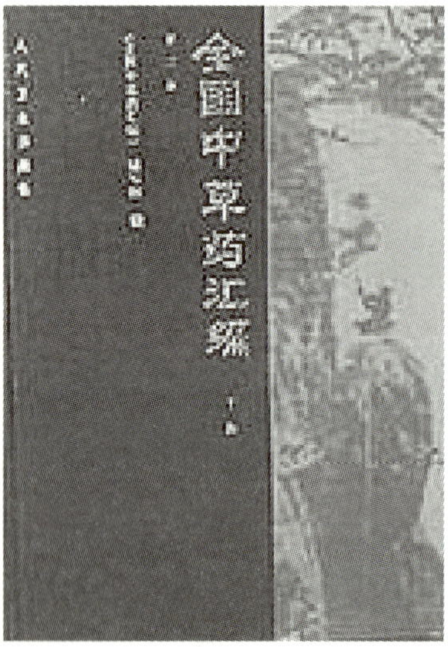

注明了种名和拉丁学名。

《全国中草药汇编》是在卫生部的领导下，由中医研究院中药研究所、中国医学科学院药物研究所、卫生部药品生物制品检定所同全国九省、二市有关兄弟单位共同协作编写而成。全书文字部分分上、下两册，正文收载中草药2202种，附录1723种，连同附注中记载的中草药，总数在4000种以上。并附墨线图近3000幅。

本书是在大量征集资料和调查研究的基础上，比较系统地、全面地整理了全国中草药关于认、采、种、养、制、用等方面的经验与有关国内外科研技术资料，内容力求正确可靠，突出重点，便于应用。

本书中每种中草药均按正名、别名、来源、形态特征（或药材性状）、生境分布、栽培（或饲养）要点，采集加工、炮制、化学成分、药理作用、性味功能、主治用法、附方、制剂及附注等项顺序编写。

78.《太平圣惠方》 中国宋代官修方书，简称《圣惠方》。全书共1670门，方16 834首。包括脉法、处方用药、五脏病证、内、外、骨伤、金创、胎产、妇、儿、丹药、食治、补益、针灸等，每一病证，冠以隋代巢元方《诸病源候论》有关论述。该书所搜集的医方，较能反映北宋前期的医学水平，其中有关外科五善七恶之说，小儿急、慢惊风的分辨，眼科白内障眼论所载白内障针拨手术之详细过程，均为中国现存最早记录。本书具有一定的临床研究参考价值。但本书因卷帙较大，流传较少。1949年后有排印本。

《太平圣惠方》全书共100卷，分1670门（类），每门之前都冠以巢元方《诸病源候论》有关理论，次列方药，以证统方，以论系证。全书之首还详述诊脉及辨阴阳虚实诸法，次列处方，用药基本法则，理、法、方、药俱全，全面系统地反映了北宋初期以前医学发展的水平。由于各门按类分叙各科病证的病因、病理、证候以及方剂的宜忌、药物的用量，方随证设，药随方施，临床应用颇为便利实用，全书收方16 834首，内容涉及五脏病证、内、外、骨伤、金创、胎产、妇、儿、丹药、食治、补益、针灸等。这部大型方书，编纂经历了14年时间，至淳化三年（992）才告完成。本书最早刊本为淳化三年五月刊本，久已失传，1959年人民卫生出版社出版的排印本系根据4种抄本校勘而成。因本书卷帙过大，不易流传，北宋中期（公元1046年）福建何希彭，选其精要，辑成《圣惠选方》60卷，载方6096首，作为学习医学的教材应用了数百年，足见其影响广大和深远。《太平圣惠方》是宋王朝组织编纂的第一部大型方书，是一部理论联系实际，具有理、法、方、药完整体系的医方著作，很有临床实用价值，影响极大。

这部医学巨著广泛收集宋代以前的医药方书及民间验方，内容丰富。该书首先阐明诊断脉法，其次叙述用药法则，然后按类分述各科病症的病因、病理、方药，是一部具有完整理论体系的医书。《太平圣惠方》不仅对中国医药的发展有深远的影响，而且传至国外。在中祥符九年（1016 年）与天僖五年（1021 年），宋真宗赵恒两次将《太平圣惠方》赠给高丽，促进朝鲜医药的发展。《太平圣惠方》后来传至日本，对日本医药的发展有深远的影响。日本梶原性全 1303 年所编的医学名著《顿医抄》50 卷就是以《太平圣惠方》等中国医书为宗编撰的。

79.《太平惠民和剂局方》为宋代太平惠民合剂局编写。全书 10 卷，附指南总论 3 卷。分伤风、伤寒、一切气、痰饮、诸虚等 14 门，载方 788 首。所收方剂均系民间常用的有效中药方剂，记述了其主治、配伍及具体修制法，是一部流传较广、影响较大的临床方书。书中许多方剂至今仍广泛用于临床。本次整理，以元版宗文书堂郑天泽刊本为底本，经过精心校勘而成，书前增加导读，书后附有方剂索引。本书是从事中医临床、教学、科研以及从事中药炮制、制剂、调剂研究工作的必读书籍之一，也是高等中医药院校学生学习中药学、方剂学的重要参考书籍之一。

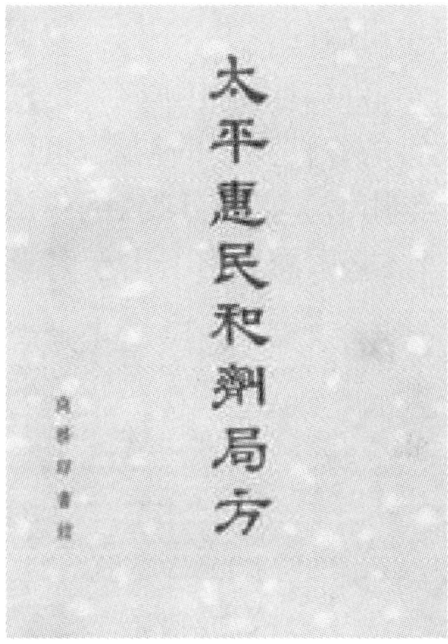

《太平惠民和剂局方》，方书名，一名《和剂局方》，10 卷。宋太医局编。初刊于 1078 年以后。本书是宋代大医局所属药局的一种成药处方配本。宋代曾多次增补修订刊行，而书名、卷次也有多次调整。最早曾名《太医局方》。徽宗崇宁间（1102 ～ 1106 年），药局拟定制剂规范，称《和剂局方》。大观时（1107—1110 年），医官陈承、裴宗元、陈师文曾加校正。成五卷 21 门、收 279 方。南渡后绍兴十八年（1148 年）药局改“太平惠民局”，《和剂局方》也改成《太平惠民和剂局方》。其后经宝庆、淳佑，陆续增补而为 10 卷，成为现存通行本。将成药方剂分为诸风、伤寒、一切气、痰饮、诸虚、痼冷、积热、泻痢、眼目疾、咽喉口齿、杂病、疮肿、伤折、妇人诸疾及小儿诸疾共 14 门，788 方。均系收录民间常用的有效中药方剂，记述了其主治、配伍及具体修制法。其中有许多名方，如至宝丹、牛黄清心丸、苏合香丸、紫雪丹、四物汤、逍遥散等。是一部流传较广、影响较大的临床方书。有的刊本在书末附有陈师文等撰《图经本草药性总论》（为本草提要性质的著作）和许洪撰《用药总论指南》（为药物总论性质的著作）各 3 卷。现存多种明、清刻本，1925 年上海校经山房石印本。1949 年后有排印本。

80.《全国新书目》（半月刊）由国家新闻出版广电总局主管，中国版本图书馆主办的国家级期刊。创刊于 1952 年，中国知网、中国期刊网全文收录，国内外公开发行。

本刊将书目内容与非书目内容分开，上、下半月各出一本专刊，上半月为《新书导读》，全彩印刷，主要面向社会读者，追求可读性；下半月为《数据大全》，全面介绍当月的新书出版信息。其中“新书转目”使用了国际标准图书分类法，读者可以简便、快捷地检索到所需内容。全刊信息重点突出，条理分明。主要面向图书馆及图书出版、发行、销售、配送机构的人员，书目数据的“全、准、快”，每期发布图书在版编目数据5000条以上，成为国内最全的书目信息渠道。

《全国新书目》杂志主要面向新闻出版管理机构；图书、电子及音像出版、发行单位；期刊、报社；新闻出版专业院校；图书馆等相关协会、科研机构。每期发布图书在版编目数据5000条以上，成为国内最全的书目信息渠道。主要关注新闻出版、新书书目领域学术前沿，以促进新闻出版和书目专业发展为重点，展示图书作者、出版者、读者最新动态，为广大新闻出版传播教育工作者提供一个学术交流平台。

81.《全国总书目》是国内唯一的年鉴性编年总目，自1949年以来逐年编纂，收录全国当年出版的各类图书，是出版社、图书馆、情报资料和科研教学等部门必备的工具书。《全国总书目》以中国版本图书馆征集的样本为依据，收录当年中国出版的公开发行和只限国内发行的各种文字的初版和改版图书（不包括重印书），也收录中小学、师范学校、业余学校教学用书。它由分类目录、专题目录和附录三部分组成。

《全国总书目》由新闻出版广电总局信息中心、中国版本图书馆编，中华书局出版。

《全国总书目》收录8.55万余种书，4030页，1056万字，16开，精装本。全书分为上、下册，由“分类目录”“专门目录”和“书名索引”三部分组成。所收图书按《中国图书馆分类法》分类。文献著录依据中华人民共和国国家标准《普通图书著录规则》GB3792．2-85著录。

中国现行国家书目，年刊。中国版本图书馆《全国总书目》编辑组编。1949—1955年各年度的《全国总书目》由新华书店总店编辑，主要反映新华书店发行和经销的图书，仅选录部分私营书店图书。1956年以后改由版本图书馆编辑，1966年编辑工作中断，1971年恢复，出版了1970年《全国总书目》，以后陆续出版1972—1982年各年度的《全国总书目》，1987年出版1966—1969年各年度《全国总书目》，1988年出版1971年度《全国总书目》。

分类目录是主要部分，收录汉文出版的图书。专题目录主要收录技术标准、盲文书籍、翻译图书、丛书等。附录包括当年国内报纸、杂志目录、出版家一览表，书名索引，各类图书分类统计表等。款目著录书名、著者、译者、出版时间、页数、开本、装帧、定价，对改版的图书单独加以说明。1982年以后，绝大部分图书都编有内容提要。该目录所收图书款目早期按《中国人民大学图书馆图书分类法》编排，20世纪60年代起重新设计22个类目，1973年起采用《中国图书馆图书分类法》的基本大类排列。

《全国总书目》由分类目录、专门目录和附录三部分组成。其中专门目录，包括“少数民族文字图书目录”“盲文书籍目录”“外国文字图书目录”“翻译出版外国图书目录”附录部分包括每一年度的报纸杂志目录、出版者一览表和书名索引。

82.《中国中医研究院图书馆馆藏中医线装书目》 中国中医研究院图书馆编，中医古籍出版社1986年出版。

中国中医科学院图书馆建于1955年，是我国中医药图书文献资源中心，是全国乃至全世界馆藏中医药书刊文献和收藏中医古籍珍善本最为丰富的单位之一。现有藏书32万余册，

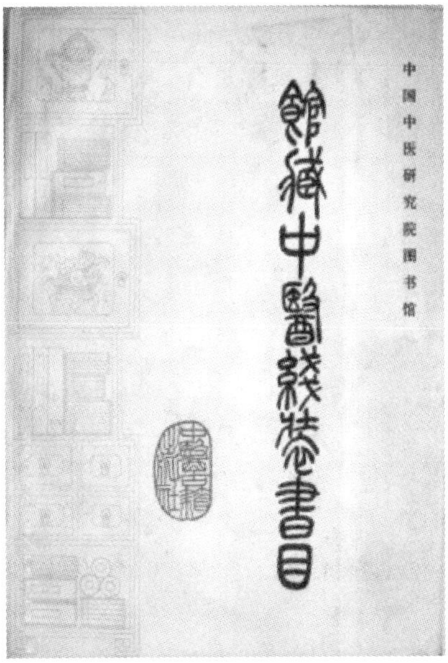

其中中医古籍5000余种60 000余册，包括珍善本医书20 000余册。

中医古籍的保护、整理、研究与开发利用是图书馆的一项重要工作。所编撰的《中国中医研究院图书馆馆藏中医线装书目》编目整理了本馆所藏的自宋代以来全部中医线装典籍和多位名医捐赠给本馆的数千册图书；《中国中医研究院图书馆馆藏善本丛书》精选馆藏中内容好、版本精、书品佳的中医方籍善本，目前已影印出版35种；《中医古籍孤本大全》在首次对散存于全国各地行的中医孤本图书进行调研的基础上，选出其中内容翔实、版本精良，并具有极高学术研究、文献研究及临床实用价值之珍品300余种，陆续影印出版，目前已正式出版25种。

83.《圣济总录》又名《政和圣剂总录》，200卷。是宋徽宗仿宋太宗诏编《太平圣惠方》之意的产物，但《圣济总录》在编排上已较《太平圣惠方》有明显进步。

《圣济总录》疾病分为66门，每门之下再分若干病证，就较《太平圣惠方》分1000余门清晰明了，许多疾病的归类也比较合理。其所录方剂中，丸、散、膏、丹、酒剂等明显增加，充分反映了宋代重视成药的特点。北宋末年政府主持医家编纂，以宋徽宗名义颁行。政和年间（1111—1118年），徽宗赵佶诏令征集当时民间及医家所献大量医方，又将内府所藏的秘方合在一起，由圣济殿御医整理汇编而成。全书包括内、外、妇、儿、五官、针灸、养生、杂治等，共66门，而把运气内容列于全书之首，这与宋徽宗崇信五运六气学说有关。“运气”之下还有“叙例”“治法”等篇，相当于全书的总论部分，自“诸风”起至“神仙服饵”各门，相当于全书的各论部分。每门之中部有论说，词简义赅，总括本门，其下又分若干病证。凡病因病机、方药、炮制、服法、禁忌等均有说明。全书共收载药方约2万首，既有理论，又有经验，内容极为丰富。在理论方面，除引据《内经》《伤寒论》等经典医籍，亦注意结合当时的各家论说，并加以进一步阐述，在方药方面，以选自民间经验良方及医家秘方为主，疗效比较可靠。本书较全面地反映了北宋时期医学发展的水平、学术思想倾向和成就。

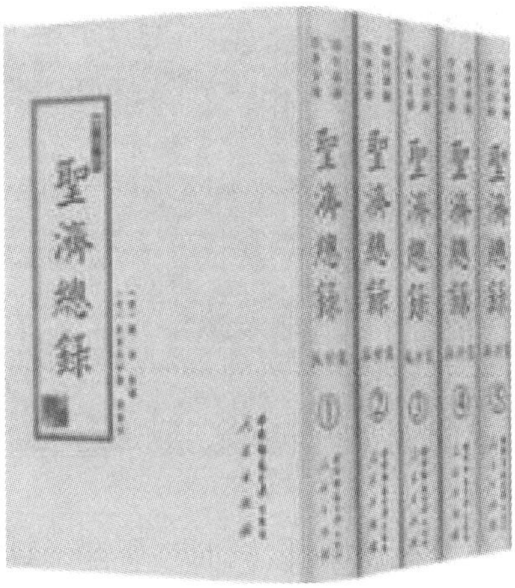

84.《医藏书目》作为现存我国第一部医学目录，作者殷仲春。他试图把它写成佛教化的医学著作，两次作序反复申明这种意图，家人也写跋强调此点。书中用佛教术语进行分类，还请僧人作序，使此书表面上具有浓厚的佛教色彩。但是经过研究之后便发现他只是挂了个佛教的幌子，丝毫没涉及佛教的精髓。佛教作为一门学问，内容极其精深，其中也包括医学，我们称之为佛教医学。《医藏书目》也未涉及佛教医学的内容。因此可以说，《医藏书目》是一本纯之又纯的中国固有医学目录。

《医藏书目》以前的医书目录，通常以医经、本草、针灸、妇科、儿科等来给历代医书分类。

《医藏书目》则别出心裁，用佛教用语来给医书分类。实际上，仍按以上分类法，只不过换了佛教名称而已。

《医藏书目》把医书分为20类，即20函分别称作：无上函（各科医书）、正法函（伤寒类）、法流函、结集函、旁通函、散圣函、玄通函（皆为各科医书）、理窟函（脉学类）、机在函（眼科类）、秘密函（各科医书）、普醍函（本草类）、印证函、诵法函、声闻函（皆各科医书）、化生函（妇产类）、杨肘浸假函（外科类）、妙窍函（针灸类）、慈保函（儿科类）、指归函（各科基础书）、法真函（养生类）。

85.《中国分省医籍考》 郭霭春主编，天津科学技术出版社出版。

我国医学史文献专家郭霭春教授主持编写的《中国分省医籍考》，已由天津科学技术出版社出版。《中国分省医籍考》分上、下两册，按照我国目前省级行政区划分别编写，囊括了全国包括了台湾省在内的30个省市自治区（其中北京、天津和上海分别隶属河北和江苏）。在每省中，又分为医经（附运气、脏象）、伤寒（附金匮、温病）、诊法、本草（附食疗）、针灸（附按摩、推拿）、方论（分内、外、妇、儿、五官）、医史、医案、医话、养生、法医等若干门类。每一类书目的编排，依历史朝代及作者出生年代为序。在每种书目下标明卷数、著作朝代、作者姓名，并分别附录有作者小传。上始先秦，下至清末，全书共著录医籍8000余种。

86.《四部丛刊》 所谓“四部”，即按我国传统分类法，将所有的书分成经、史、子、集四大门类，“丛刊”即今天通常所说的丛书。说得具体些，《四部丛刊》是一部集中各方面必读书、必备书的小型《四库全书》。从1922年起，到抗战爆发为止，《四部丛刊》由上海商务印书馆编辑，共出了初编、续编、三编，实共502种，分装成3100多册。可以说是20世纪我国新出版的规模最大的丛书。

张元济等辑，1919年上海商务印书馆景印十八年重印本2112册。刊印丛书在我国有悠久历史。不过主持人的出发点主要

是“网罗散佚，多蓄善本”，或者说是以提供稀见珍本为主，有些甚至是相互争奇斗妍，各有所长。从保存文献的角度看来，这样做，当然也很有意义，只是这类丛书只能供专家参考，否则便是收藏家的珍品，在普及知识、推广学术上未必能起很大的作用。《四部丛刊》所选是“家喻户诵，如布帛菽粟，民不可一日缺者”，这一说法在今天看不免有点过分，但它大量收入了古籍中的必读书、必备书，确实是事实。我国由于文化遗产丰富，同一种书，传本很多。在首先抓普及的前提下，《四部丛刊》尽可能选用当时所能找到的最好的本子。如脍炙人口的吴梅村的诗，《丛刊》所收便是较为少见的《梅村家藏稿》，比一般通行本名贵和可靠得多。

《四部丛刊》还收录了一批非常有用的工具书，其中最负盛名的是宋刻《太平御览》之书，解放后，北京中华书局为了满足学术界的迫切需要，将它单独约定缩印成四大本（原来分装成 136 册），这一上千年前问世的大型工具书，为今天科学研究所提供的宝贵资料实在太多，以致中华版虽一印再印，在书店里一直供不应求，这一事实说明了《丛刊》中所收的工具书如何深受欢迎。

《四部丛刊》还发掘了一些从未面世的稿本。清代查继佐的《罪惟录》保存有大量明朝史料，由于作者的立场是反清的，所以一直没有刻本。其中也许特别有兴趣的是对徐光启的评价。在所有当时的徐光启传记中，《罪惟录》中的《徐光启传》是最翔实而公正的一篇（比《明史》中的好得多）。这部十分重要的史籍直到“它收录了《丛刊》才能与广大读者见面（该书后来又单独分别出了影印本和排印本）。《丛刊》中还有许多珍贵品种。

前后有三编：初编初印 2100 册，二印 2112 册，精装报纸本 110，平装报纸本 440，初编、二编、三编、合编本 3122 册，续编 510 册，三编 500 册。

87.《饮膳正要》 为元忽思慧所撰，成于元朝天历三年（1320 年），全书共 3 卷。《四部丛刊》所收藏。

该书是一部古代营养学专著，卷一讲的是诸般禁忌，聚珍品撰。卷二讲的是诸般汤煎，食疗诸病及食物相反中毒等。卷三讲的是米谷品，兽品、禽品、鱼品、果菜品和料物等。

该书记载药膳方和食疗方非常丰富，特别注重阐述各种饮撰的性味与滋补作用，并有妊娠食忌、乳母食忌、饮酒避忌等内容。它从健康人的实际饮食需要出发，以正常人膳食标准立论，制定了一套饮食卫生法则。书中还具体阐发了饮食卫生，营养疗法，乃至食物中毒的防治等。附录版画 20 余幅，为我国现存第一部完整的饮食卫生和食疗专书，也是一部颇有价值的古代食谱。

忽思慧，是我国古代著名的营养学家，他写的《饮膳正要》一书，是我国甚至是世界上最早的饮食卫生与营养学专著，对传播和发展我国卫生保健知识起到了重要作用。

该书的名称虽为《饮膳正要》，但内容包括了医疗卫生，以及历代名医的验方、秘方和具有蒙古族饮食特点的各种肉、乳食品，甚至明代名医李时珍所著《本草纲目》也引用了该书的有关内容。所以，《饮膳正要》一书，对于研究我国的医药和蒙古民族的医药科技史具有重要的意义。

88.《中医百科全书》 由 100 多位中国大陆的专家学者，以合乎科学的精神重新整理中医药3000年文化，全面、系统地介绍了中医学的基本理论、诊治方药、针灸推拿、气功养生、各种临床病症等知识，在概述理论的同时，也重视治疗方法的介绍，知识详解与名词解释上都力求提纲挈领、通俗易懂，具有专业深度和实用性，更具有百科教育学习与参考功能，是专业医师、学者不可或缺的工具书，更是您居家必备的医药宝典。

本书在《中国大百科全书•中国传统医学》卷1992年第一版（以下简称第一版）基础上，为满足读者需求，适应市场需要而修订重编的单卷本中医专业百科全书。修订版依据增强实用性、检索性和综合性原则，对第一版进行调整和更新，对条目及其内容作了调整、更新。书名由《中国大百科全书•中国传统医学》改名《中国大百科全书•中医》。

（1）全书150万字。共收条目822个，包括实条739个、参见条83个。其中保留第一版条目609个（第一版有1082个条目），新增条目213个。

（2）对条目及其内容作了调整、更新。①删去300多个条目，例如“吐酸”“嘈杂”“厥证”“死胎”等；②合并约100个条目，例如“淡白舌”“红绛舌”“青紫舌”3个条目合入“舌质”条目；“熏法”“洗法”2个条目合为“熏洗”条目；③移动100多个条目，例如原属“常用药物”和“典型方剂”虚条下的“麻黄”“山楂”“人参”和“六神丸”“天王补心丹”“生脉饮”等条目，分别移列于“解表药”“消导药”“补益药”和“清热剂”“安神剂”“补益剂”等之下；④增加200多个条目，例如“肥胖病”“冠心病”“青光眼”“骨质增生”等实用性强的条目；⑤修改60多个条目名称，例如把“四季调摄”条目名称改为“四季养生”，“气血津液辨证”条目名称改为“气血辨证”；⑥对保留、合并、移动、改名条目的释文内容进行更新和修改，补入新见解、新资料。

（3）图片按照进一步加强知识性、典型性、艺术性同时，增强实用性、综合性的要求，进行调整、更新：①黑白插图原有307幅，删去40幅，增加54幅，修订版现有321幅，对保留的267幅进行了重新加工、制版；②彩图图片进行了较大幅度的更新，并在版式上进行了新的设计，彩图数量由16页减为8页，56幅减为46幅，其中保留、合并第一版的5幅图，增加43幅图，修订版8页46幅彩图，分为3组7个主题：第一组为医用文物典籍，包括传统医疗器械、医药典籍两个主题；第二组为中医人体图，包括道家对人体认知的内经图、现代人体经络图两个主题；第三组为传统中医药，包括药用动物、药用植物、药用矿物3个主题，修订版彩页还加大了图片的文字注释，以提高图片的知识含量和可读性。

（4）“常用中药表”和“常用方剂表”（共含36个小表）原分散在正文中，便于读者检索，增加实用性，修订版集中在一起，放在正文最后。“历代主要医家表”和“历代重要中医著作表”是这次新增的。

（5）条目分类目录、条目汉字笔画索引、条目外文索引、内容索引都进行了重新制作。

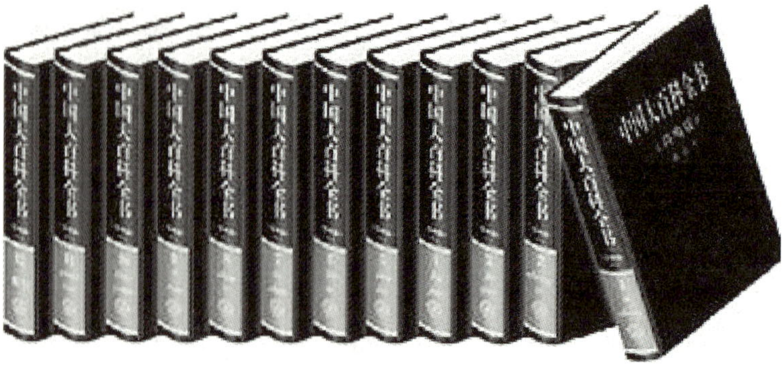

89.《四角号码新词典》与四角号码。

（1）《四角号码新词典》是以语词为主，兼收百科的通俗性语文工具书，主要收现代词语，也收一些古词古义，释义力求简明，重在实用，供中等文化程度的读者使用。

这次修订重排本是根据1977年第八次修订本修订排印的。此次修订，在收词、释义、举例等方面作了较大幅度的增删、修改，充实了内容。全书共收单字（包括繁体字和异体字）10 600多个，复词20 400多条。第9次修订在商务印书馆编辑部领导下，由南开大学中文系杨自翔，本馆编辑室李达仁、曹乃木主持并定稿，参加人员有潘逊皋、王维新、周行健、常晓帆、周玲、张万起。在修订中，得到北京大学曹先擢，中国人民大学陈章焕、谢自立和其他单位许多同志的热情帮助。

此次第10次修订，主要做了以下几个方面的工作：①增添了20世纪80年代以来的新词新义，同时根据新资料对原有的一些注释内容做了补充修改，并删减了少数过时、冷僻和与附录内容重复的复词条目。②根据1982年以后国家有关语言文字规范，修订了字形、字音和字义，整理了部分异形词。③新增“西文字母开头的词语”，附录都根据新资料进行了修订甚至改写，同时新添了《中国少数民族简表》《中国行政区划简表》。

经过修订，第10版共收单字11 900多个，复词23 700多条。

（2）四角号码检索：四角号码检索是汉语词典类工具书常用检字方法之一，用最多5个阿拉伯数字来对汉字进行归类。

四角号码检字法由王云五发明，他并在1925年5月著《号码检字法》由商务印书馆出版。四角号码检字法用数字0到9表示一个汉字四角的10种笔形，有时在最后增加一位补码。在四角号码查字法中保留了横、竖、撇、捺这些基本笔画，并称之为单笔，同时增加了一些称之为复笔的构字单位，它们是多个基本笔画的组合，如两笔交叉的“乂”“十”等，这样的复笔称为“叉”；一撇一捺构成的“八”“人”，这样的复笔称为“八”，这些复笔在汉字中也是常见的。

四角号码查字法同拼音检字法、部首检字法一样是一种常见的检字方法，四角号码新词典可以像笔画一样用于汉字输入，效率比笔画高，取码直观方便。在四角号码查字法中保留了横、竖、撇、捺这些基本笔画，并称之为单笔，同时增加了一些称之为复笔的构字单位，它们是多个基本笔画的组合，如两笔交叉的“乂”“十”等，这样的复笔称为“叉”；一撇一捺构成的“八”“人”，这样的复笔称为“八”，这些复笔在汉字中也是常见的。在四角号码中单笔和复笔共定义了10个，分别用0～9十个数字表示。四角号码查字法根据汉字所含的单笔或复笔对汉字编号，它是不依书写笔顺的，而是取汉字左上角、右上角、左下角、右下角四个角的单笔或复笔的笔形，这样共有四码，一个汉字用4个数字表示。这种编码方法可直接用于小键盘输入，也可以在大键盘上输入。

（3）四角号码查字法：

第一，记住四角号码口诀是基础。

第二，一个笔形，前角已经用过，后角或附号作0。

第三，口诀

横一垂二三点捺，

叉四插五方块六，

七角八八九是小，

点下有横变零头。

（4）取角顺序：

每字按①左上角，②右上角，③左下角，④右下角的次序取四个角的号码。举例：端先取左上角 0，其次取右上角 2，再取左下角 1，最后取右下角 2，端 =0212。

（5）取角方法：

1）一笔可以分角取号。

2）一笔的上下两段和别笔构成两种笔形的，分两角取号。例：水 左边，上取 1，下取 9。

3）下角笔形偏在一角的，按实际位置取号，缺角作 0。例：妒 右下角缺，取为 0。

4）凡外围是“口、门（门）”的三类字，左右两下角改取里面的笔形。例：田 =6040。

5）一个笔形，前角已经用过，后角作 0。例：王 左上角为一横，取 1，右上角因为前面已经用过，所以取 0。

（6）附号取角

1）四角号码字较多时，再取靠近右下角（第四角）上方一个笔形作“附号”，如果这一笔形已被右上角用过，则作 0。

2）四角和“附号”相同的字，照各字所含横笔数目，顺序排列。

二、期刊工具书

期刊论文手工检索工具已被计算机数据库所替代，为了全面熟悉检索发展历史，我们重点介绍几种期刊工具书供学生们参考。

1.《全国中文期刊联合目录》 全国图书联合目录编辑组编制，北京图书馆于 1961 年出版，介绍了 1833—1949 年国内发行的期刊出版情况。

2.《全国报刊索引》 收录中央、省、市、自治区的报刊杂志资料以题录形式编辑。其前身最早为山东图书馆于 1951 年 4 月开始出版的《全国主要期刊重要资料索引》（季刊）。至 1953 年 3 月改由上海报刊图书馆负责出版，并改为双月刊。1956 年起增加了报纸资料，改名为《全国主要报刊资料索引》，同年七月改为月刊。1959 年上海报刊图书馆并入上海图书馆，该刊由上海图书馆分为哲学科学版和自然科学版两部分分别编辑出版。其自然科学版第十四部分为医学卫生期刊论文索引。1966 年 10 月至 1973 年 9 月停刊。1973 年 10 月复刊后不再分为两册，现在本索引第十八类（U 类）为医药卫生技术，其中（U：类）为中医学。

3.《六十年来中医报刊目录》 上海中医学院医史博物馆编辑，包括 1905 年至 1965 年 60 年间全国各地出版的中医报刊和国外用中文出版的中医报刊索引，分为两大部分编排，

第一部分为刊名索引，第二部分为刊物出版地区索引。

4.《中文医学文献分类索引》 原南京医学院图书馆编，主要收集 1949—1956 年出版的医学期刊，也收了一些解放前后连续出版的主要医学期刊，计有 80 余种，共有文献 24 600 余篇。该索引的第二大类为祖国医学。

5.《中国医学期刊论文索引》 中国科学技术情报研究所编，于 1960 年 4 月创刊，收集自 1960 年 1 月份起，全国各地出版的医学、药学、卫生保健、护理等方面的期刊论文文献。为便于查阅，中西医资料分别编辑，中西医结合部分列入中医。该刊只出七期即停刊。1961 年起改由南京第一医学院（后改名南京医学院）图书馆编辑出版，并改名为《中国医学期刊文献索引》，1963 年又改名为《中国医学文献索引》。该索引 1961 年至 1963 年为季刊。从 1964 年起，由中国医学科学院科技情报研究室和南京医学院图书馆合编改名为《科技文献索引（国内期刊部分）（医学）》，为双月刊，出版至 1966 年第三期停刊。1974 年复刊，由江苏新医学院编辑出版，改名为《医学期刊提要索引》，收集国内公开发行的医学期刊及自然科学期刊中医药文献，兼收集各省、市、县以上内部医药刊物。每年最后一期编制全年总索引。该索引出版至 1976 年底，从 1977 年起，与中国医学科学院医学情报研究所编辑的《全国医学科学技术资料联合目录》（内部资料索引）合并，由中国医学科学院情报组编辑，定名为《国内医学期刊资料索引》（双月刊）。另外，中华医学会还编辑了一些该会各种杂志论文的年度索引，亦可供查找期刊资料参考。

6.《中药研究文献摘要》 刘寿山主编，科学出版社，1963 年出版。

该书对 1820—1961 年共 142 年间，国内外医药科学工作者发表的 500 余种中药的研究论文，作了系统全面的整理，精选约 4000 篇进行重点摘录。它对临床、科研、教学及栽培饲养工作都有参考价值。《中药研究文献摘要》（1962—1974）即由科学出版社出版。

（周凤岐　高世英）

第一节 实习题

一、判断题

1. 汇文 OPAC 系统提供字段选取限制功能如“前方一致”“完全匹配”和“任意匹配”。( )

2. 可以让读者用多个主题词检索数据库，用下拉菜单指定检索字段，并定义检索模式。( )

3. 通用命令语言（CCL）任意字段的关键词缩写格式为 WTI。( )

4.《中图法》的全称为《中国图书资料分类法》。( )

5. 联机计算机图书馆中心英文缩写为 IFLA。( )

二、选择题

1. 联机公共目录查询系统的英文简称为( )

A. CNKI　B. OPAC　C. CBM　D. NSTL

2. 中国高等教育文献保障系统简称为( )

A. CALIS　B. CADAL　C. CASHL　D. OCLC

3. 图书馆馆藏 OPAC 系统的分类浏览检索是通过( )分类法进行分类的。

A.《中国科学院图书馆图书分类法》(简称《科图法》)

B.《中国图书资料分类法》

C.《中国图书馆图书分类法》(简称《中图法》)

D.《中国人民大学图书馆图书分类法》(简称《人大法》)

4. CALIS 联合目录公共检索系统中的数据，按照语种划分，可分为( )

A. 中文数据库　B. 西文数据库

C. 日文数据库　D. 俄文数据库

5. CALIS 联合目录公共检索系统中的数据，按照文献类型划分，可分为( )

A. 文摘　B. 图书　C. 连续出版物　D. 古籍

三、简答题

1. 简单介绍联机公共目录查询系统。

2. 图书馆馆藏 OPAC 系统设计图书方面主要功能包括哪些？

3. 什么是联合目录？

4. 什么是中国高等教育文献保障系统？

5. 国家图书馆联机查询系统中，通用命令语言检索方式下的系统命令行语句的缩写格式有哪些？

四、检索题

1. 想要查找是否有糖尿病方面的医药卫生类图书，查看是否可借等信息，如何用 OPAC 来完成？

2. 如何用 OPAC 新书通报检索功能来查找最近半个月入馆的中文医药卫生方面的书籍？

3．如果查找柯海萍在 2013 ～ 2015 年间关于研究“病原生物与免疫”方面的书籍在 CALIS 联合目录中心数据库当中是否存在，该如何进行检索？

4．如何用 CALIS 规范检索，查找北京协和医院世界卫生组织疾病分类合作中心团体作为主编方面的书籍规范资料？

5．如何用国家图书馆 OPAC 系统组合检索工具进行查找有关“糖尿病”和“肺炎”相关方面的书籍？

第二节　实习题

一、判断题

1．中文电子图书检索平台只有读秀学术搜索和方正电子图书。(　　)

2．读秀学术搜索是由海量全文数据组成的超大型数据库。(　　)

3．读秀学术搜索中的图书搜索功能与我们平时常用的简单检索意义不同。(　　)

4．方正阿帕比数据库英文简称为 Apabi。(　　)

5．方正电子图书不提供离线浏览阅读方式。(　　)

二、选择题

1．在读秀学术搜索数据库平台中下载文献格式为(　　)

A．CAJ　　B．DOC　　C．PDF　　D．TXT

2．读秀学术搜索数据库平台中下载文献阅读界面提供(　　)功能。

A．OCR　　B．选取文字　　C．查看来源　　D．保存

3．读秀提供“OCR”选项有(　　)种文字识别模式。

A．文字变大　　B．文字提取　　C．文字缩小　　D．文字摘录

4．方正数字图书馆系统专有阅读器是(　　)

A．CAJ 阅读器　　B．Apabi Reader 阅读器

C．PDF 阅读器　　D．Adobe Reader 阅读器

5．方正数字图书馆中的图片库系统浏览艺术图片时有哪些精度？(　　)

A．国家级　　B．图标级　　C．浏览级　　D．典藏级

三、简答题

1．简单介绍何为电子图书。

2．与传统的印刷型图书相比，电子图书有什么优点？

3．读秀图书搜索的特点有哪些？

4．简要介绍读秀知识搜索。

5．读秀文献互助平台享有的功能有哪些？

四、检索题

1．如果想要查找 2014 年出版的书名中包含“临床医学”的医药卫生类图书，如何用读秀来完成？

2．如何利用读秀知识搜索来查找研究“中医对医学影响”方面的相关资料和文章？

3．如何利用读秀高级检索来查找徐春在 2014 年人民军医出版社出版的包含“糖尿病并发症治疗”的图书？

4．如何利用 Apabi 数据库来查找解剖生理学中细胞增殖相关的知识点和图谱，以及包含这部分内容的书籍？

5．如何利用 Apabi 数据库来查找 2013 年度汤文浩所著的“外科基本操作导论”相关的图书？

第三节 实习题

一、判断题

1．SpringerLink 数据库系统只提供电子图书查阅服务。（ ）

2．SpringerLink 图书检索系统具备快速浏览查找最新出版书籍功能。（ ）

3．SpringerLink 是美国施普林格出版集团旗下的数据库系统。（ ）

4．SpringerLink 平台中只有医学方面的资源。（ ）

5．SpringerLink 检索平台不具备二次检索的功能。（ ）

二、选择题

1．SpringerLink 导航检索选择的分类项目是（ ）

A．Author　B．Discipline　C．Subdiscipline　D．Show documents published

2．在 SpringerLink 高级检索界面中，Show documents published 可以进行选择的年限选项为（ ）

A．on　B．in　C．not　D．between

3．SpringerLink 快速浏览查找界面中的 Sort By（排序方式）有（ ）

A．Newest　B．Oldest　C．Newest First　D．Oldest First

4．在 SpringerLink 简单检索结果界面中，Sort By（排序方式）默认选项是（ ）

A．Relevance　B．Newest First

C．Oldest First　D．First

5．SpringerLink 检索方式包括（ ）

A．快速浏览查找　B．简单检索

C．二次检索　D．高级检索

三、简答题

1．简单介绍 SpringerLink 有哪几种检索方式。

2．SpringerLink 平台中的期刊及图书等所有资源中包含有哪些学科（写出 10 个即可）？

3．SpringerLink 高级检索中主要是针对哪些字段范围的缩小，以达到检索结果的精确？

4．SpringerLink 高级检索界面中要填写的信息包括哪些？

5．利用 SpringerLink 数据库如何进行导航检索（Navigation search）？

四、检索题

1．如何利用 SpringerLink 来查找 2014 ～ 2015 年度有关“Medicine”的外文书籍？

2．如何利用 SpringerLink 来查找 Fabio Catani 在 2014 年度编写的有关 Surgery 的书籍？

3．如何利用 SpringerLink 来查找《Knee Surgery using Computer Assisted Surgery and Robotics》书中有关 Computer 方面的内容？

4．如何利用 SpringerLink 导航检索来查找有关 Gynecology 方面内容的资料？

5．如何利用 SpringerLink 导航检索来查找有关 Surgery 方面内容的资料？

第四节 实习题

1．阅读古代医学文献时，遇到了生僻字词利用何种工具书？（举出两种以上）

2．检索历代医家，可利用何种工具书？（举出两种以上）

3．查找自宋朝晁公武《郡斋读书志》起至 1929 年以前出版的医书题跋首选何工具书。

4．举出按年代顺序用表格形式编制的查考中医实践或大事的工具书。

5．举出 3 种以上中医类书。

6．举出汉代国家藏书书目。

7．举出《四库全书》的书目和提要。

8．举出一种善本图书书目。

9．举出一种中医古籍书目。

10．查中医版本和馆藏的综合性书目。

11．利用中医类书查找医经词语的首选工具书。

12．利用综合性丛书查找中医丛书。

13．利用二十六史中的医史资料首选工具书。

14．《中药大辞典》主要检索功能体现在什么方面？

15．中医有关药对的数据利用什么数据库？

16．中医肿瘤文献利用什么中医数据库？

17．查找海外中医药古籍书目首选数据库？

18．下面的字利用《中华大字典》查什么部首？①胖；②闻；③热；④珮

19．写出《康熙字典》中所对应的部首。

20．标出下列字的四角号码。①意；②落；③起；④布；⑤标；⑥黑；⑦蓝；⑧荦；⑨腥；⑩半；⑪张；⑫泪；白。

21．现存古代最早的医学书目。

22．选择二十六史书中中医类目名称。

23．中医图书书名有异查什么工具书。

24．利用中医类书、全书查找医家史料。

25．举出两部以上中医丛书。

26．查建国后中医图书出版书目。

27．查找中药标准、药性、种植和道地药材分别选择什么工具书？

28．利用《中药大辞典》查找沙棘用何种工具？
29．查找《本草纲目》中的医方利用何种工具？
30．沙图穆苏的《瑞竹堂验方》收藏在什么丛书中？
31．忽思慧的《饮膳正要》收藏在什么丛书中？
32．查胎衣的中药名称是什么？
33．中医脱疽相当于西医的什么病？
34．汇集我国古代最大的医学方书是什么？
35．请选择我国现存最早和最早的按摩推拿专著是（ ）
A.《小儿按摩经》
B.《黄帝岐伯按摩十卷》
C.《黄帝内经》
D.《小儿推拿秘诀》
E.《小儿推拿广义》
36.《中华人民共和国药典》中药分册附录的检索功能是什么？

第七章　网络学术文献检索

网络学术文献检索

思维导图

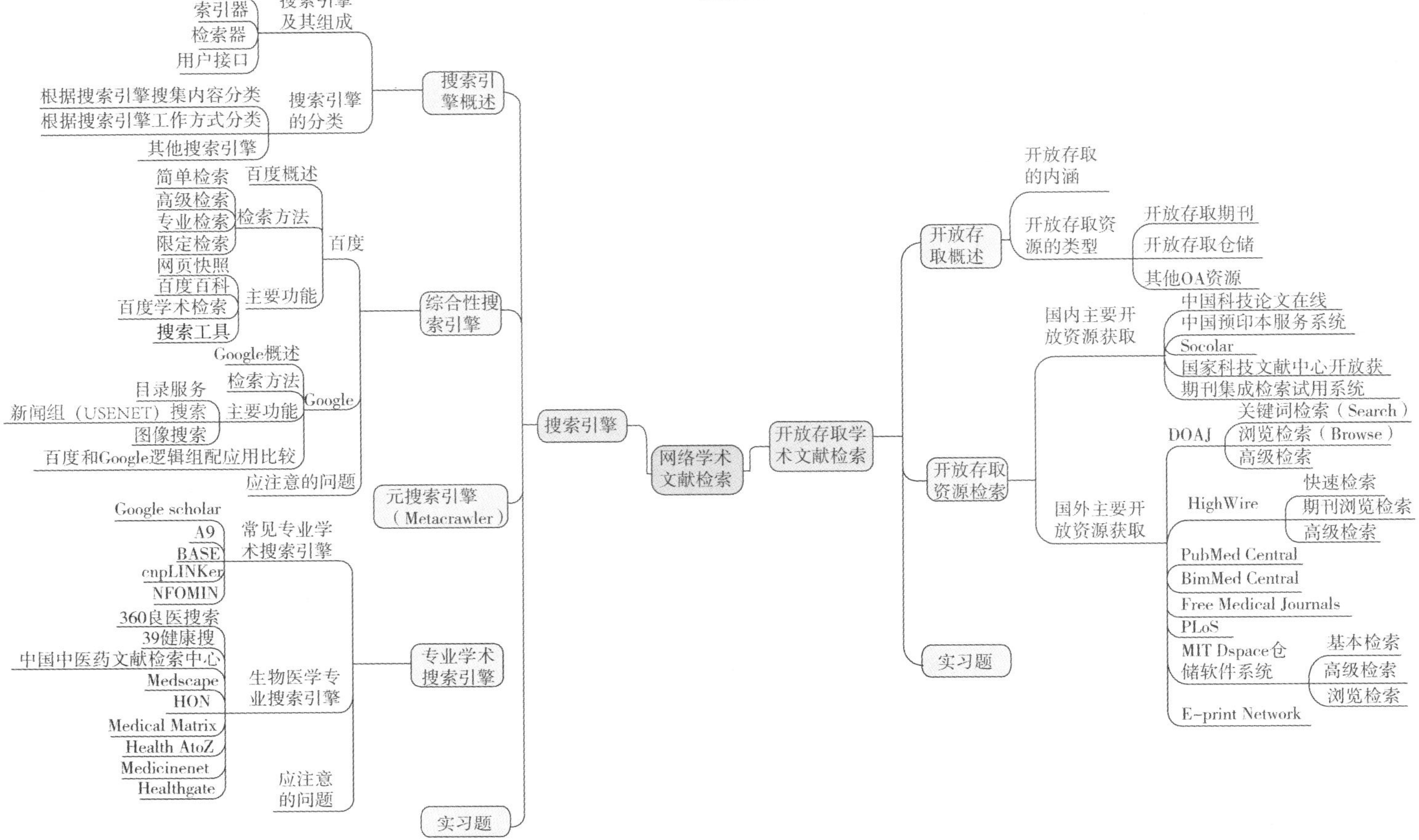

随着计算机及网络通信技术的飞速发展，人类已进入信息网络化时代。海量的网络资源，虽难以取代传统信息资源和订购数据库，却是非常重要的补充资源。尤其是在网络免费学术资源日益增长的趋势下，充分利用现有网络检索工具的功能，对科研工作者来说，有助于把握专业领域的发展前沿。网络资源公共领域已成为获取学术文献的新阵地。

在网络环境下的搜索引擎可以对信息资源进行搜集、整理并提供多种查询途径。随着学术文献开放获取的开展以及 Google Scholar 等专业学术搜索引擎的发展，搜索引擎已成为查找网络信息资源实用、高效的检索工具，它主要面向网络信息资源，并通过因特网来提供服务。

第一节　搜索引擎

【教学要求】

1．掌握搜索引擎的概念和种类及使用方法、常用的医学搜索引擎

2．熟悉网上医学信息的分布及查找方法

3．了解搜索引擎的组成及工作过程、常见专业学术搜索引擎及生物医学专业搜索引擎

【案例】乙肝作为常见病，受到广泛的关注。某医学生欲使用搜索引擎搜索有关乙肝有效治疗方法方面的相关信息。

一、搜索引擎概述

（一）搜索引擎及其组成

搜索引擎是以网络信息资源为对象形成的一个导航系统，其实质也是一个大型的数据库。但与一般数据库不同，它的内容范围很广，几乎涵盖了所有的网络信息资源类型，并使用机器人（Robot）自动采集 web 服务器的信息资源，将其进行标引、整理、分类，形成一个有序的资源集合，即索引数据库，提供给用户检索。

一般来说搜索引擎都由搜索器、索引器、检索器和用户接口 4 个部分组成。

1．搜索器　搜索器主要负责依据一定的信息收集策略从网络上搜集网页。搜索器常用的信息收集策略是：从一个起始 URL 集合开始，顺着这些 URL 中的超链接，以宽度优先、深度优先或启发式方式循环地在互联网中发现信息。它常常是一个计算机程序，每隔一段时间搜索引擎主动派出计算机程序进行搜索，例如“机器人”“蜘蛛”程序，可自动在互联网上进行搜索，对一定 IP 地址范围内的互联网站进行搜索，一旦发现新的网站，它会自动提取网站的信息和网址加入自己的数据库，同时网站拥有者也可主动向搜索引擎提交网址。

互联网上的信息更新速度很快，除了收集信息外，搜索器还要定期检测更新已经搜集过的旧信息，以避免无效链接。

2．索引器　索引器主要功能是分析处理搜索器所收集的信息，对采集而来的信息资源进行标引、编制摘要以形成规范的页面索引，从中抽取出索引项，包括客观索引项（如作者名、URL、更新时间、编码类型、长度等）和内容索引项（如关键词及其权重、短语、单字、主题词等），用于表示文档以及生成文档库的索引表。搜索引擎的有效性在很大程度上取决于索引的质量。

3．检索器　检索器的功能是根据用户的查询在索引库中快速检索出文档，进行文档与查询的相关度评价，对将要输出的结果进行排序，并根据用户相关性反馈机制，将查询结果返回给用户。

4．用户接口　用户接口的作用是输入用户查询、显示查询结果、提供用户相关性反馈机制。目的是方便用户使用搜索引擎，高效率、多方式地从搜索引擎中得到有效、及时的信息。

（二）搜索引擎的分类

1．根据搜索引擎搜集内容分类　根据搜索引擎搜集内容分主要有综合性搜索引擎、专业搜索引擎和特殊搜索引擎。综合性搜索引擎是以搜集所有类别 Web 页面为目标的搜索引擎，又称为通用型搜索引擎，如 Google、Baidu 等；专业搜索引擎是以搜集面向某一主题或专业领域的 Web 页面为目标的搜索引擎，如 MedicalMatrix、PharmWeb 等；特殊型搜索引擎是专门用来检索某一类型信息或数据的搜索引擎，如查询人物的 Ucloo、查询图像的 Web-SEEK。

2．根据搜索引擎工作方式分类　根据搜索引擎工作方式分主要有全文搜索引擎（Full Text Search Engine）、目录索引类搜索引擎（Search Index/Directory）和元搜索引擎（MetaSearch Engine）。

（1）全文搜索引擎：通常所称的搜索引擎，是利用搜索器自动实现对网页的搜集，并自动生成索引库，根据相关算法实现用户检索词与索引库的相关度计算，把结果按照相关度排序返回给用户，如百度、Google 等。

（2）目录索引类搜索引擎：不同于通常所称的搜索引擎，它不使用蜘蛛、机器人等程序搜索网页信息，而是通过其他网站的自动提交或是人工的形式对网页进行评分、分类和整理，将相应的网页归入对应的类，供用户浏览使用。目录索引类搜索引擎严谨的信息组织方式虽然可以提高用户的查准率，但同时也降低了查全率，如 Yahoo！ DMOZ 等。

搜索引擎与目录索引有相互融合渗透的趋势。一些纯粹的全文搜索引擎也提供目录搜索，如 Google 就借用 Open Directory 目录提供分类查询。而像 Yahoo! 这些老牌目录索引则通过与 Google 等搜索引擎合作扩大搜索范围。在默认搜索模式下，一些目录类搜索引擎首先返回的是自己目录中匹配的网站，如中国的搜狐、新浪、网易等；而另外一些则默认的是网页搜索，如 Yahoo! 这种搜索引擎的特点是查找的准确率比较高。

（3）元搜索引擎：是将检索词提交到不同的搜索引擎，并将结果分别以不同的形式提交给用户，实现多个搜索引擎的同步检索，如 Metacrawler、InfoSpace、Vivisimo 等。

3．其他搜索引擎　垂直搜索引擎为 2006 年后逐步兴起的一类搜索引擎。不同于通用的网页搜索引擎，垂直搜索专注于特定的搜索领域和搜索需求（例如：机票搜索、旅游搜索、生活搜索、小说搜索、视频搜索、购物搜索等），在其特定的搜索领域有更好的用户体验。相比通用搜索动辄数千台检索服务器，垂直搜索需要的硬件成本低、用户需求特定、查询的方式多样。

（1）集合式搜索引擎：该搜索引擎类似元搜索引擎，区别在于它并非同时调用多个搜索引擎进行搜索，而是由用户从提供的若干搜索引擎中选择，如 HotBot 在 2002 年底推出的搜索引擎。

（2）门户搜索引擎：AOLSearch、MSNSearch 等虽然提供搜索服务，但自身既没有分类目录也没有网页数据库，其搜索结果完全来自其他搜索引擎。

（3）免费链接列表（Free For All Links，简称 FFA）：一般只简单地滚动链接条目，少部分有简单的分类目录，不过规模要比 Yahoo！等目录索引小很多。

二、综合性搜索引擎

（一）百度

1．百度概述　百度（http://www.baidu.com），全球最大的中文搜索引擎，公司于 1999 年底由李彦宏和徐勇创建于美国硅谷。“百度”源于中国宋朝词人辛弃疾的诗句“众里寻他千百度”，象征着百度对中文检索技术的执著追求。

百度以其核心技术“超链分析”，即通过分析链接网站的多少来评价被链接的网站质量为基础，提供的搜索服务赢得了广大用户的喜爱。百度拥有全球最大的、超过数百亿的中文网页数据库。每天处理超过 138 个国家和地区的超过数亿次的搜索请求。每天有超过 7 万用户将百度设为首页，用户通过百度搜索引擎可以搜到世界上最新最全的中文信息。2004 年起，“有问题，百度一下”在中国开始风行，百度成为搜索的代名词。根据第三方权威数据，百度在中国的搜索份额超过 80%（图 7-1）。

图 7-1　百度首页

2．检索方法　主要有简单检索、高级检索、专业检索和限定检索。

（1）简单检索：直接输入检索关键词查询即可。如无限定，默认以关键词精确匹配方式进行搜索。百度搜索引擎不区分英文字母大小写，所有的字母均当作小写处理。

【案例】使用搜索引擎简单检索，搜索有关乙肝有效治疗方法方面的相关信息。

在检索框中直接输入“乙肝 治疗方法”关键词进行检索，使用空格表示 and，对“乙肝”和“治疗方法”两个关键词同时进行检索。

（2）高级检索：在百度搜索框中输入“高级检索”进入百度高级检索页面。或者在百度首页设置中选择“高级检索”也可以进入百度高级检索页面。百度高级检索功能可帮助轻松定义搜索关键词之间的布尔逻辑关系、精确检索、时间、语言、文档格式、关键词出现的位置及站内搜索等功能。

【案例】使用搜索引擎高级检索，搜索有关乙肝有效治疗方法方面的相关信息。

在“搜索结果”中“包含以下全部的关键词”栏输入“乙肝”，在“包含以下完整关键词”栏输入“有效治疗方法”以避免搜索引擎拆分关键词，“文档格式”选择“所有网页和文件”，“关键词位置”可选择“仅网页的标题中”，“站内搜索”可输入网址进行限定（图 7-2）。

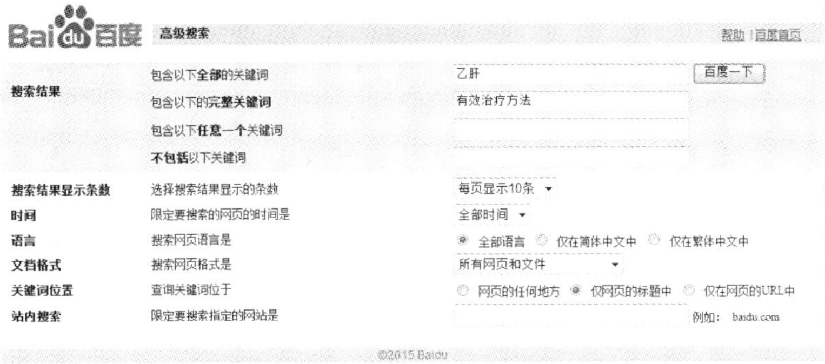

图 7-2　百度高级搜索界面

（3）专业检索：可直接使用百度搜索语法进行检索，即直接在百度搜索框中输入：乙肝 intitle：“有效治疗方法”。此处用的引号“”表示精确匹配，不对关键词进行拆分。

（4）限定检索：限定检索包括对特定文档类型的搜索（filetype）、在网页标题中搜索（intitle、allintitle）、在网址中搜索（inurl、allinurl）、在指定网址内搜索（site）等。

在百度和 Google 中，使用“肿瘤 filetype ： ppt”进行检索，会发现所有结果均为 ppt 格式的文档。filetype 是一个非常有用的语法，其语法格式为：关键词 filetype：*（* 为文档后缀）。

通常一篇网页的标题概括了该网页的核心主题，所以网页的核心关键词往往会出现在网页的标题之中。因此，在检索时可以限定关键词必须出现在网页的标题中。语法：intitle：关键词，例如：intitle：乙肝，网页标题中含有“乙肝”的网页都检索出来了。如果是多个关键词且要求全部出现在网页标题中，则使用语法 allintitle：关键词 关键词，例如：allintitle：乙肝 治疗，检索出来的网页标题中同时含有“乙肝”和“治疗”（图 7-3）。

图 7-3　输入“allintitle：乙肝 治疗”检索结果

有时网址中包含有一些我们所需的关键词，在百度和 Google 中，可直接对网址中的某个关键词或字符进行搜索。语法：inurl：*，例如 inurl：cancer。如果是多个关键词，可使用 allinurl：关键词 关键词，如 allinurl：cancer therapy（图 7-4）。

图 7-4 输入“allinurl：cancer therapy”检索结果界面

有时需在特定网站内进行检索，如搜索教育类网站上发布的医生招聘信息，可用检索式：医生招聘 inurl：edu.cn。

3．主要功能 百度提供的搜索业务除了网页搜索外，还有视频搜索、音乐搜索、图片搜索、地图搜索、新闻搜索、百度翻译等。另外提供导航服务、社区服务（百度网盘、百度阅读等）、游戏娱乐、软件工具、百度移动、其他服务（专利搜索、老年人搜索等）及最新开发的功能（百度认证、百度壁纸）等。

（1）网页快照：搜索引擎的搜索器如百度的“蜘蛛”、Google 的“机器人”每隔一段时间会返回目标网页获取更新信息，并以快照的形式采集回来保存在搜索引擎服务器上，在搜索结果列表页提供“百度快照”或“网页快照”。当目标网页无法打开，或打开较慢时可使用网页快照功能查看搜索结果。

（2）百度百科：百度百科是一部内容开放、自由的网络百科全书。为用户提供一个互联网所有用户均能平等地浏览、创造、完善内容的平台，汇集上亿用户的头脑智慧，积极进行交流和分享，同时实现与搜索引擎的完美结合，从不同的层次上满足用户对信息的需求。用户可以在百度百科查找感兴趣的定义性信息，创建符合规则、尚没有收录的内容，或对已有词条进行有益的补充完善。

（3）百度学术检索：2011 年 5 月底，百度联合万方、维普等推出学术搜索平台，收录了上千万篇学术文献，提供基本检索和高级检索途径，搜索结果提供了引文分析功能，以满足用户对学术资源的初级需求。

（4）搜索工具：在检索结果界面（图 7-4），可展开搜索工具对检索结果进行筛选，对网页（所有网页和文件、所有网页、英文网页）、时间（时间不限、一天内、一周内、一月内、一年内、自定义）、格式（不限格式、.pdf、.doc、.xls、.ppt、.rtf）、自定义关键词等进行限定。

（二）Google

1．Google 概述　Google（中文名：谷歌）（http://www.google.com.hk）是一家美国的跨国科技企业，致力于互联网搜索、云计算、广告技术等领域，开发并提供大量基于互联网的产品与服务。Google 由当时在斯坦福大学攻读理工博士的拉里•佩奇和谢尔盖•布卢姆共同创建，因此两人也被称为“Google Guys”。1998 年 9 月 4 日，Google 以私营公司的形式创立，设计并管理一个互联网搜索引擎“Google 搜索”。Google 网站则于 1999 年下半年启用。Google 的使命是整合全球信息，使人人皆可访问并从中受益。Google 是第一个被公认为全球最大的搜索引擎，在全球范围内拥有无数的用户。谷歌每天需要处理 2 亿次搜索请求，数据库存有 30 亿个 WEB 文件。Google 搜索速度极快，网页数量在搜索引擎中名列前茅，支持多达 132 种语言，搜索结果准确率极高，具有独到的图像搜索功能和强大的新闻组搜索功能（图 7-5）。

图 7–5　google 首页

2．检索方法　使用 Google 高级检索，点击 Google 搜索框右上角的选项按钮，进入 Google 高级检索页面。根据页面提示输入相应关键词“乙肝”“有效治疗方法”，点击“高级检索按钮”进行检索。使用专业检索，直接在搜索框中输入，例如：乙肝 intitle：“有效治疗方法”。在检索时可以使用搜索工具，在检索结果界面，可展开搜索工具对检索结果进行筛选，对语言、时间、是否精确匹配等进行限定。

3．主要功能　Google 除了常规的网页检索，还提供了目录服务、新闻组检索、图像检索、视频检索、地图检索、学术搜索、音乐检索等特色服务。

（1）目录服务：如果不想搜索网页，而是想寻找某些专题网站，可以访问 Google 的分类目录“http://directory.google.com/”。

（2）新闻组（USENET）搜索：新闻组中有大量的有价值信息，DEJA 一直是新闻组搜索引擎中的佼佼者。2001 年 2 月份，Google 将 DEJA 收购并提供了所有 DEJA 的功能。现在，除了搜索之外，Google 还支持新闻组的 WEB 方式浏览和张贴功能。

（3）图像搜索：图像搜索（http://images.google.com.hk/）用于查找与特定图片相关的各种内容。在 Google 首页点击用户只需指定一张图片（通过粘贴图片网址或自行上传），即可从网络上找到其他类似或相关的图片以及相关的搜索结果。Google 收集了数亿幅图像，使其成为目前 Internet 上较好用的图像搜索工具。

（4）趋势搜索：Google 提供了趋势搜索功能，可以使用 google 趋势检索某一方面的发展趋势。

4．百度和 Google 逻辑组配应用比较

Google 的检索方法与百度基本相同，在对布尔逻辑运算符的应用上有所不同（表 7-1）。

表 7-1 布尔逻辑运算符在百度和 Google 中的应用对比

布尔逻辑运算	功能	百度		Google	
逻辑与	用于同时搜索两个及以上关键词	A B	直接使用空格表示 AND	A B	直接使用空格表示 AND
逻辑或	用于搜索至少包含一个指定关键词	A | B	“|”与 A、B 之间均有空格	A OR B	要求 OR 必须大写
逻辑非	要求搜索结果中不含特定查询词	A -B	“-”与 A 之间有空格；与 B 之间无空格	A -B	“-”与 A 之间有空格；与 B 之间无空格

（三）应注意的问题

1．选用多个搜索引擎　网络资源的海量使得任何一个搜索引擎的收录范围都是非常有限的。因此，在综合使用搜索引擎时，应尽量多选用几个搜索引擎，或者使用元搜索引擎，以扩大检索范围。

2．对检索结果进行选择和判断。由于搜索引擎只能对网页进行搜索，不能对网页的质量进行判断，因此，检索结果中往往存在很多重复的、虚假的信息，需要用户自己进行选择和判断。

3．用户可以使用搜索引擎的分类目录浏览方式进行检索，或使用搜索引擎的帮助信息学习其检索技巧，来帮助检索。

三、元搜索引擎

Metacrawler（http:// www.metacrawler.com/）最早由美国华盛顿大学研制，于 1995 年 6 月在因特网上运行（图 7-6）。

Metacrawler 作为元搜索引擎的代表之一，集成了 Google、Yahoo、Ask Jeeves、FindWhat、About、LookSmart、Overture、Sprinks 等多个著名的独立搜索引擎，以实现对现有的索引数据库系统的综合利用，提高搜索引擎的性能。

Metacrawler 与独立搜索引擎实现信息检索的机制不同，它是以现有的数据库为基础，借助于独立搜索引擎的检索功能，并对用户的检索请求和查询结果施以一定的控制来实现对因特网上信息的检索。Metacrawler 是一种利用关键词进行检索的搜索引擎，支持短语检索、布尔逻辑运算、“+”“–”等限定检索。

图 7-6　Metacrawler 首页

在 Metacrawler 主页界面设有：Web Search（网站检索）、Yellow Pages（黄页检索）、White pages（白页检索）。

Web Search 提供了 Web Pages（网页）、Images（图像）、Audio（音频/声频）、Multimedia（多媒体）、News（新闻）、Shopping（购物）6 个检索入口，并分别提供简单检索和高级检索两种检索方式。

四、专业学术搜索引擎

（一）常见专业学术搜索引擎

1．Google Scholar

（1）Google Scholar 概述：Google 于 2004 年 11 月推出免费学术搜索引擎 Google Scholar（http://scholar.google.com），2006 年 1 月 11 日，Google 公司宣布将 Google 学术搜索扩展至中文学术文献领域。提供原 Google 普通搜索引擎已经包含的一系列出版商和集团，如计算机协会（ACM）、IEEE、OCLC 等之外，还包括一些学术出版物、专业学会、预印本库、大学及网上学术文献，文献类型覆盖期刊论文、学位论文、图书、预印本、文摘、学术报告等。自推出后迅速成为用户获取学术文献的主要入口（图 7-7）。

（2）主要功能：Google Scholar 以艾萨克·牛顿爵士的名言“如果我看得更远的话，那是因为我站在巨人的肩膀上”为信息资源组织宗旨，其特色在于，从一个地方方便地检索不同信息源的信息。Google Scholar 搜索结果根据“相关性”排列，这与 Google 网站使用的 PageRank 非常类似。同时，综合考虑了每篇文章的完整文本、作者、刊登文章的出版物以及文章被其他学术文献引用的频率等因素。Google Scholar 具备以下特点：从一个位置方便地搜索各种资源；查找报告、摘要及引用内容；通过所在的图书馆或在 Web 上查找完整的论文；了解任何科研领域的重要论文。

图 7-7　Google Scholar 首页

从检索情况分析，Google 学术搜索可以有如下用途：

1）了解有关某一领域的学术文献。由于收录范围限于学术文献，将屏蔽掉网上很多不相关信息。

2）了解某一作者的著述，并提供书目信息（引用时必需的图书出版信息或期刊论文的刊名、刊期信息）。可直接在网上搜索原文、文摘等；如果是图书，还可通过 Library Search（例如 OCLC 的 Open WorldCAT）检索附近图书馆的收藏。

3）了解某文献被引情况。可直接点击 Cited by...（引用数）搜索引用文献。

4）对文献和期刊进行应用和引用排名。

（3）检索方法：使用 Google Scholar，可以采用作者检索、期刊检索、限定条件检索等检索方法。如果想要搜索某位作者发表的某篇文献，可直接在普通搜索框中输入关键词加上作者的姓氏进行检索。如搜索 Laura J.van 't Veer 发表的有关 gene expression 的文献只需直接输入 LJ van't Veer　gene expression 即可。

使用期刊检索时，为了查找更全面，常采用简写的形式。例如：Journal of Biological Chemistry（《生化杂志》）经常被简写为 J Biol Chem。

Google Scholar 提供多种限定条件检索。在搜索结果页面左侧提供了“时间限定”（提供近 3 年文献的筛选，也可以自定义时间范围）、“结果排序限定”（可按相关度和日期对检索结果进行排序）、“搜索语言限定”（提供搜索所有网页、中文网页和简体中文网页筛选）。在“学术搜索设置”中可对搜索结果、搜索语言、图书馆链接等进行设置。高级检索中可以对关键词出现的位置、作者、出版物和时间等字段进行限定。

2．A9　A9（http://www.a9.com）是与 Google 在同一水平的搜索引擎。是 Amazon.com 推出的，Web result 部分是基于 Google 的，所以保证和 Google 在同一水平，另外增加了 Amazon 的在书本内搜索的功能和个性化功能，主要是可以记录你的搜索历史。

3．BASE　BASE（http://www.base-search.net/）是德国比勒费尔德（Bielefeld）大学图

书馆开发的一个多学科的学术搜索引擎，提供对全球异构学术资源的集成检索服务。它整合了德国比勒费尔德大学图书馆的图书馆目录和大约 160 个开放资源（超过 200 万个文档）的数据。

4．cnpLINKer　cnpLINKer（http://cnplinker.cnpeak.com/）是为了给读者用户提供一个方便快捷的查阅国外各类期刊文献的综合网络平台，中图公司组织开发了 cnpLINKer（cnpiec LINK service）在线数据库检索系统，目前共收录了国外 50 多家出版社的 12 000 余种商业期刊，14 000 多种 Open Access 期刊，900 万篇目次文摘数据和全文链接服务，400 家国内馆藏 OPAC 信息，并保持时时更新。除为用户提供快捷灵活的查询检索功能外，电子全文链接及期刊国内馆藏查询功能也为用户迅速获取国外期刊的全文内容提供了便利。

5．NFOMIN　NFOMIN（http://library.ucr.edu/view/infomine）是由加州大学、维克森林大学、加州国立大学、底特律大学等大学图书管理员建立的学术搜索引擎。它主要为大学职员、学生和研究人员提供在线学术资源。

（二）生物医学专业搜索引擎

1．360 良医搜索　360 良医搜索（http://ly.so.com/）是 2014 年 4 月 23 日，360 搜索推出专业的医疗、医药、健康信息的子垂直搜索引擎。良医搜索，意在帮助网民在搜索医疗医药信息的时候，不受到虚假医疗广告、虚假医疗信息的侵扰，从而保障网民放心看病、放心就医。

2．39 健康搜　39 健康搜（http://www.39.net/）是健康网搜索引擎，是面向广大网友的健康资讯检索系统，提供“全文检索”“标题检索”“简介检索”三种检索方式，通过主题词（关键词）匹配查询所需信息。

3．中国中医药文献检索中心　中国中医药文献检索中心（http://www.cintcm.ac.cn/）由中国中医研究院信息中心制作，提供中医药方面的 Web 界面文献检索服务。

4．Medscape　Medscape（医景，www.medscape.com）是美国 Medscape 公司于 1994 年投入运营的一个功能强大的医学专业搜索引擎，提供免费的临床医学全文文献和医学继续教育资源。由功能强大的通用搜索引擎 AltaVista 支持，可检索图像、声频、视频资料，至今共收藏了近 20 个临床学科 25 000 多篇全文文献。

5．HON　HON（Health On the Net Foundation，健康在线基金会，http://www.hon.ch）于 1995 年在瑞士日内瓦创建。资源包括 MedHunt、HONselect。HON 根据使用对象的不同，提供三种登录入口，包括个人、医学专业人员和网络出版者，针对不同的群体提供一些感兴趣的信息。

6．Medical Matrix　Medical Matrix（医源，www.medmatrix.org）由美国医学信息学会主办，是一个以医学主题词为基础的医学专业型搜索引擎，属于目录型医学检索工具。收录了 6000 多个医疗网站，链接到 150 多万个网页，主要收录医学新闻、全文、多媒体、期刊、参考书、影像学和病理切片、医学教育等资源。

7．Health AtoZ　Health AtoZ（www.healthatoz.com）是美国医学网络公司于 1996 年建立的卫生与医学专业搜索引擎，为医学工作者和健康消费者提供医学信息搜索服务。资源包括 Disease&Condition、Test &Procedurs 和 Drug &Guide。

8．MedicineNet　Medicinenet（www.medicinenet.com）是美国的一个由医生提供医疗以及健康信息的网站，提供医学建议、诊断或治疗，内容包括疾病症状、治疗、用药、健康与生活、宠物健康等，通过幻灯片和图片的形式展示各类病症，以帮助人们远离疾病和建立健康的生活方式。

9．Healthgate （www.healthgate.com）Healthgate Date 公司是保健电子市场的主要授权者，通过下属机构为不同保健组织提供内容、交互式工具和应用软件。

（三）应注意的问题

Internet 上的医药学网站发展良莠不齐，如何快捷有效地获得自己所需的信息仍然是一个有待解决的问题。

1．专业搜索引擎或学科覆盖面宽广的大型目录与网站往往各有所长，很难一家独揽天下，可互补利用。

2．生物医学信息资源多而且广，根据专业需要，利用好检索工具，在上网实践中勤于对比研究，就能形成更为有效的学习与研究思路。

3．网络免费医学信息资源众多，但信息质量差别很大，需要选择和判断。

4．在科研活动中需要系统全面地查找某一课题的文献信息，利用医学专业数据库进行查找，更加全面准确。

（周文雄）

第二节　开放存取学术文献检索

【教学要求】

1．了解开放存取期刊检索、国内主要开放资源获取及国外主要开放资源获取

2．掌握开放获取的概念、开放获取资源检索方法

开放存取是不同于传统学术传播的一种全新机制，其核心特征是在尊重作者权益的前提下，利用互联网为用户免费提供学术信息和研究成果的全文服务。互联网的发展导致了学术传播成本的下降，从而为学术信息的开放存取提供了可能。开放存取是在互联网上免费提供全文的信息服务方式，互联网是开放存取赖以生存的媒介形态。在开放存取模式下，科研人员不需要通过付费就能访问学术信息的全文。

一、开放存取概述

开放存取（Open Access，OA），国内通常翻译为开放获取、公开获取、开放使用、开放式出版等多种形式。OA 是国际科技界、学术界、出版界、信息传播界为推动科研成果利用网络自由传播而发起的运动。OA 起源于 1991 年美国 Los Alamos 国家实验室的一个专门用来张贴原创性高能物理学研究论文预印本的网站。此后，随着网络的快速发展，OA 这一新的学术交流理念和机制备受关注并不断发展，特别是 2001 年年底的“布达佩斯开放获取倡议”（Budapest Open Access Initiative，BOAI）和其后多个专门致力于 OAP 的出版和传播机构的成立，使得 OA 迅速发展。

目前全世界已有 5225 个个人和 534 个相关研究机构签署了信息自由传播会议（Budapest Open Access Initiative，BOAI）计划协议。截至 2010 年，DOAJ（Directory of Open Access Journal，开放存取期刊目录）共收录 OA 期刊 4953 种，其中 2014 种提供文章层次的浏览，

共收录文章 384 945 篇；在 OpenDOAR（由英国的诺丁汉大学和瑞典的伦德大学图书馆于 2005 年 2 月共同创建的开放获取机构资源库、学科资源库目录检索系统）注册的 OA 仓库已达 1620 个。

（一）开放存取的内涵

根据 Association of Research Libraries 的解释，“开放存取”是在基于订阅的传统出版模式以外的另一种选择。这样，通过新的数字技术和网络化通信，任何人都可以及时、免费、不受任何限制地通过网络获取各类文献，包括经过同行评议过的期刊文章、参考文献、技术报告、学位论文等全文信息，用于科研教育及其他活动。从而促进科学信息的广泛传播，学术信息的交流与出版，提升科学研究的共利用程度，保障科学信息的长期保存。这是一种新的学术信息交流的方法，作者提交作品不期望得到直接的金钱回报，而是提供这些作品使公众可以在公共网络上利用。

按照布达佩斯开放存取先导计划中的定义，是指某文献在 Internet 公共领域里可以被免费获取，允许任何用户阅读、下载、拷贝、传递、打印、检索、超级链接该文献，并为之建立索引，用作软件的输入数据或其他任何合法用途。用户在使用该文献时不受财力、法律或技术的限制，而只需在存取时保持文献的完整性，对其复制和传递的唯一限制，或者说版权的唯一作用应是使作者有权控制其作品的完整性及作品被准确接受和引用。

（二）开放存取资源的类型

1．开放存取期刊　开放存取期刊是一种免费的网络期刊，旨在使所有用户都可以通过因特网无限制地访问期刊论文全文。它的经费来源有四种形式：作者付费型（Author-pays）；外部赞助型（External grants）；收费式（Fee-based）；志愿型（Voluntary work）。目前主要采用作者付费出版、读者免费获得、无限制使用的运作模式，论文版权由作者保留。OA 期刊有两种形式：一种是在出版之时就提供信息供用户开放获取，另一种是将原有的杂志通过一定的技术手段转化成可以开放获取的信息。这两种形式在论文质量控制方面实施严格的同行评审制度，确保了论文的质量，都有很高的参考价值。开放存取期刊不再利用版权限制获取和使用所发布的文献，而是利用版权和其他工具来确保文献可永久公开获取。

2．开放存取仓储　OA 存储也称为 OA 知识库，包括基于学科的存储和基于机构的存储。

学科 OA 存储最早出现在物理、计算机、天文等自然科学领域，采取预印本的形式在网上进行专题领域的学术交流。于是一些学术组织开始自发地收集这些可共享的学术信息，将其整理后存放于服务器中供用户免费访问和使用。发展至今，很多学科 OA 仓储仍主要以预印本资源库的形式存在，对某一学科领域或多个学科领域中的所有研究者开放，提供免费的文献存取和检索服务，以供交流、学习。

机构 OA 存储的主体一般为高校图书馆、科研院所或学术组织，存储对象为组织或机构的内部成员在学术研究过程中产生的各种有价值资源，如项目研究成果（包括开题报告、中期报告、结题报告等）、调查研究报告、硕 / 博士学位论文、会议论文，甚至包括课程讲义、多媒体资料等。这些资料虽不一定曾正式发表出版，但是作为学术研究活动过程中的产出，仍具有一定的学术价值。如能通过积极的存储与管理使其得到有效利用，对促进与推动组织内部其他学者的科研创新活动，也必将起到积极的作用。

3．其他 OA 资源　除上述两种形式外，各种其他形式的 OA 资源也陆续涌现，如个人网站、电子图书、博客、学术论坛、文件共享网络等。但这些资源的发布较为自由，缺乏严格的质量保障机制，较前两类开放存取出版形式而言，随意性更强，学术价值良莠不齐。

二、开放存取资源检索

（一）国内主要开放资源获取

1．中国科技论文在线　中国科技论文在线（http://www.paper.edu.cn/）是经教育部批准，由教育部科技发展中心主办，针对科研人员普遍反映的论文发表困难、学术交流渠道窄，不利于科研成果快速、高效地转化为现实生产力而创建的科技论文网站。中国科技论文在线利用现代信息技术手段，打破传统出版物的概念，免去传统的评审、修改、编辑、印刷等程序，给科研人员提供一个方便、快捷的交流平台，提供及时发表成果和新观点的有效渠道，从而使新成果得到及时推广，科研创新思想得到及时交流。

内容主要是自然科学，社会科学领域仅涉及教育学、管理学、经济学。用户可以检索和按学科分类浏览。该网站采取文责自负的原则，只要作者所投论文遵守国家相关法律，为学术范围内的讨论，有一定学术水平，且符合中国科技论文在线的基本投稿要求，可在一周内发表。专业领域按自然科学国家标准学科分类与代码分为 39 类，论文格式多为 PDF 格式。目前首发论文共 82 170 篇，优秀学者论文共 91 698 篇，自荐学者论文共 31 132 篇，科技期刊共 1 208 530 篇。本站提供的论文检索包括高级检索、全文检索两种检索方式（图 7-8）。

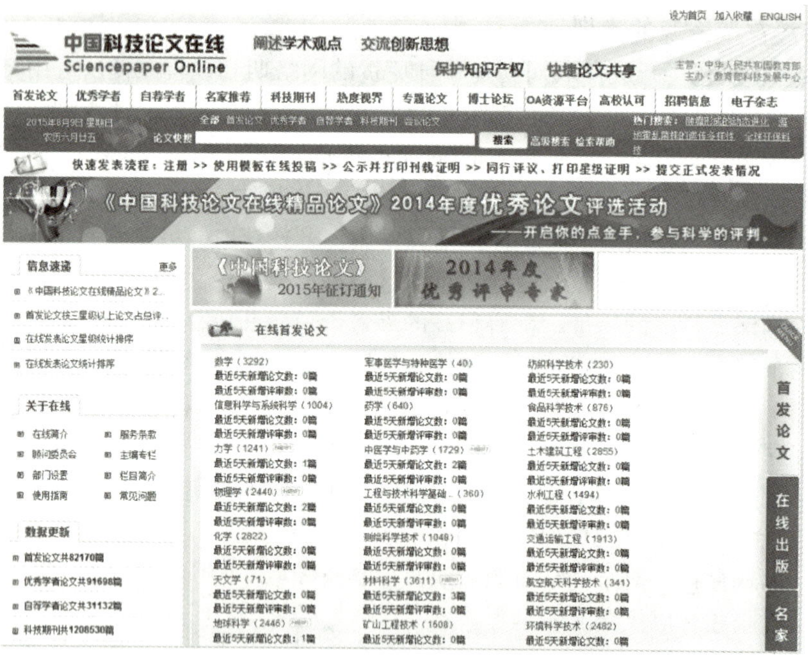

图 7–8　中国科技论文在线首页

2．中国预印本服务系统　中国预印本服务系统（http://prep.istic.ac.cn/）是由中国科学技术信息研究所与国家科技图书文献中心（NSTL）联合建设的以提供预印本文献资源服务为主要目的实时学术交流系统。该系统由国内预印本服务子系统和国外预印本门户（SINDAP）子系统构成。国内预印本服务子系统主要收录国内科技工作者自由提交的预印本文章，可以实现二次文献检索、浏览全文、发表评论等功能。系统的收录范围按学科分为五大类：自然科学、农业科学、医药科学、工程与技术科学、图书馆、情报及文献学。除图书馆、情报与文献学外，其他各大类再细分为二级子类，如自然科学又分为数学、物理学、化学等（图 7-9）。

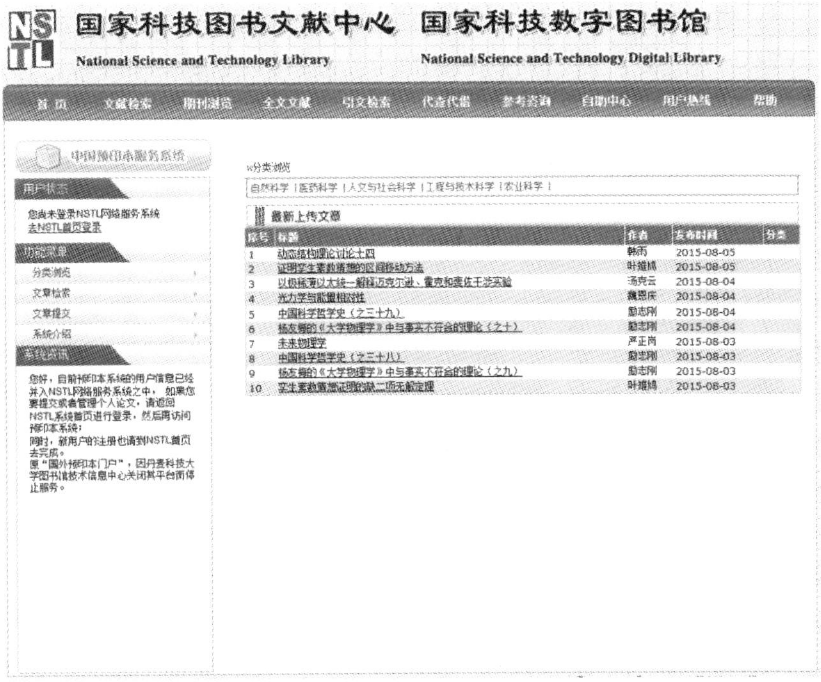

图 7-9　中国预印本服务系统首页

3．Socolar　Socolar（http://www.socolar.com/）是中国教育图书进出口公司研发。基于用户的信息需求和信息检索角度考虑，中国教育图书进出口公司认为一方面有必要对世界上重要的 OA 期刊和 OA 仓储资源进行全面的收集和整理，另一方面也有必要支持对重要 OA 期刊和 OA 仓储资源进行统一检索，所以研发了 Socolar 项目，旨在为用户提供 OA 资源检索和全文链接服务的一站式检索平台，为非盈利性项目。Socolar 系统支持普通检索、浏览式检索、高级检索，并支持通配符（*）检索。

4．国家科技文献中心开放获取期刊集成检索试用系统　国家科技文献中心开放获取期刊集成检索试用系统（http://111.203.20.117：8080/NSTL_OAJ/）是集期刊浏览、期刊检索两种功能为一体的开放式的期刊集成揭示与检索系统。本系统所收录的期刊主要源于 DOAJ、Socolar、cnpLINKer、Open Science Directory 等网络免费开放获取的科技期刊，学科范围涉及农业、林业、工业、商业、医学等 17 个领域。目前，收录期刊近 6000 种，此外，还提供了开放获取会议资源（http://111.203.20.117：8080/NSTL_OAP/），包含农业、林业、工业、商业、医学等 17 个领域的近 1000 个会议的会议资源信息。

期刊和会议信息检索系统都提供了名称字顺浏览、学科分类浏览两种浏览方式，且浏览过程中可通过期刊和会议的一般信息与详细信息切换提示，进一步了解某个期刊或某个会议的全部信息，包括刊名、ISSN、主题、学科分类、期刊内容揭示层次等 15 种相关信息，含会议名称、ISSN、主题、学科分类、期刊内容揭示层次等 18 种相关信息。同时，用户可对多字段进行限定检索。

（二）国外主要开放资源获取

1．DOAJ　DOAJ（Directory of Open Access Journals，开放获取期刊名录，http://www.doaj.org/）是瑞典隆德大学图书馆于2003年建立的开放获取期刊检索系统，是一个很好的专门OA期刊文献检索系统，但不包括预印本资源。该系统收录期刊的文章都是经过同行评议或严格评审的，质量高，与期刊发行同步，且都能免费下载全文，是做研究的好帮手。DOAJ的优势在于收录的期刊有着严格的质量控制，包括很多SCI收录的期刊。DOAJ收录的OA期刊数量非常多，属于目前最好的OA期刊目录网站。

DOAJ除了查询OA期刊外，还可以查询部分期刊的文章内容。目前DOAJ收录了10 486份学术期刊，其中6353份期刊可以搜索到文章内容，覆盖134个国家，共有1 936 589篇论文。

DOAJ提供了关键词检索、浏览检索和高级检索等检索方式。

（1）关键词检索（Search）：用户可以在期刊（Journals）和论文（Articles）两者之间进行转换，提供基本检索和高级检索两种形式。基本检索在检索词输入框内输入相应的英文关键词即可。高级检索选择将检索词控制在论文的标题、期刊名称、ISSN号、作者姓名、关键词、摘要、出版商等字段。系统规定，输入的关键词可以是单词或词组。若输入的不是一个单词，系统会自动进行短语检索。可以使用布尔逻辑运算符AND、OR、NOT进行多个检索词的组配。

（2）浏览检索（Browse）：浏览检索提供了期刊字顺浏览、新收录期刊浏览、学科主题浏览、收录国家浏览、许可类型浏览和出版费用类型浏览等模式，用户可以根据需求选择。

DOAJ大部分期刊可以直接链接到期刊的主页，全文格式以PDF为主，还有一部分期刊标有"DOAJ Content"，表示在DOAJ站点上提供该刊的目次信息和全文连接，点击浏览即可。另外DOAJ提供了推荐期刊功能，用户只需点击标题栏的"Suggest"连接，填写好规定的推荐表格即可。

（3）高级检索：DOAJ的高级检索方式提供了各字段的限定，但需得到许可，方可使用。

2．HighWire　HighWire（http://highwire.stanford.edu）由美国斯坦福大学图书馆于1995年创立，是全球最大的提供免费自然科学期刊全文的学术文献数据库。目前已收录3000多种电子期刊、电子图书、参考书和相关学术出版物。收录内容包括生命科学、人文科学、医学、物理学、社会科学。2015年3月，HighWire推出Stackly，是一个基于Web的工具，研究人员收集、整理和分享有意义的学术内容。Stackly使研究更容易、轻松地收集和组织你需要的文章和网页到自己的云账户，可以组织和阅读。

HighWire提供快速检索、期刊浏览、高级检索等多种检索方式。

（1）快速检索：支持单词检索、布尔逻辑检索、截词检索、强制检索等检索方法。快速检索模式下点击"more search options"进入高级检索，可控制检索词所在论文中的位置和发布时间等。

（2）期刊浏览检索：可以对期刊按刊名字顺浏览，也可以按期刊主题、出版社或获取途径浏览。HighWire查找到期刊刊名后有一些标识符，"new"表示新收录期刊；"info"表示提供该刊详细出版信息；"soon"表示该刊不久将收录；"free TRIAL"、"free ISSUES"、"free SITE"分别表示免费试用、过刊免费和完全免费的期刊。

（3）高级检索：可提供以下限制，比如年、卷、起始页、作者、起始年月、结果显示形式、匹配形式（最佳匹配、最新出版）、数据库（Medline、HighWire-hosted journals）等。

3．PubMed Central　Pubmed Central（PMC，http://www.pubmedcentral.nih.gov）是2000年2月由美国国立卫生研究院（NIH）和美国国立医学图书馆（NLM）联合建立的一个生物医学和生命科学期刊文献全文数据库，免费向全球开放。目前，该系统共收录5313种期刊，350万篇论文，数量在不断增加。其中大部分是在出版后允许立即下载全文，少数则在出版后1～36个月开放。

PMC提供快速检索、高级检索和浏览检索等检索方式。

4．BioMed Central　BioMed Central（生物医学中心，BMC，http://www.biomedcentral.com）是世界上最早的开放获取出版机构，隶属于Springer出版集团。致力于提供经过同行评审的生物医学研究的开放获取。BMC发表的所有原创研究文章，在发表之后立即可以在网上永久性免费访问。目前，共出版288种生物医学期刊，涵盖了生物医学和医学的各主要领域，其中近180种期刊被SCI收录，175种期刊已获得影响因子。该网站提供论文快速检索、高级检索和期刊目录浏览等检索方式（图7-10）。

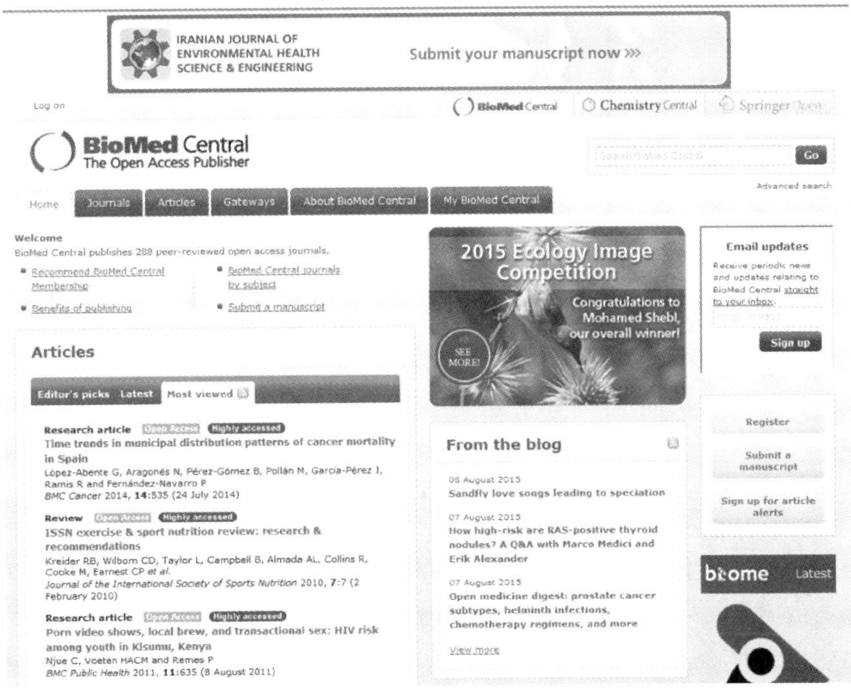

图7-10　BioMed Central首页

5．Free Medical Journals　Free Medical Journals（http://www.freemedicaljournals.com）由Amedeo Group创建，提供免费医学期刊全文信息。目前，它收录4000多种免费全文医学期刊，分英语、法语、德语、葡萄牙语、西班牙语、土耳其语及其他多语种版本。内容包括免费医学杂志站点、出版后1～6个月免费的站点、出版后7～12个月免费的站点、出版后1年免费的站点。提供新期刊日报、免费订阅杂志提醒等功能。Free Medical Journals的免费期刊提供了4种浏览期刊方式："Topic"（主题）、"FMJImpact"（影响因子前60位）、"Free Access"（免费类型）、"Title"（刊名）（图7-11）。

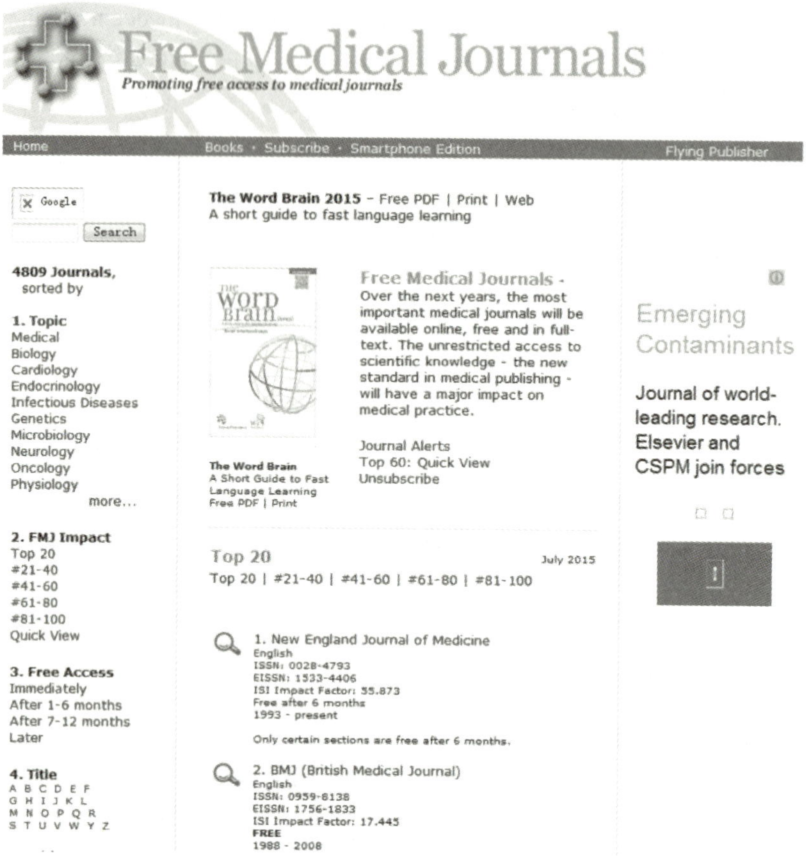

图 7-11　Free Medical Journals 首页

6．PLoS　PLoS（http://www.plos.org）为美国科学公共图书馆（the Public Library of Science）的简称，该机构由生物医学科学家哈罗德·瓦尔缪斯（Harold E.Varmus）、帕克·布朗（Patrick O.Brown）和迈克尔·艾森（Michael B.Eisen）创立于 2000 年 10 月，是一家由众多诺贝尔奖得主和慈善机构支持的非赢利性学术组织，是为科技人员和医学人员服务并致力于使全球范围科技和医学领域文献成为可以免费获取的公共资源。

目前已收录 14 万多篇论文，利用率高，每月图像下载 1160 万多次，论文下载 190 万多次。该网站提供论文快速检索、高级检索和期刊浏览等检索方式（图 7-12）。

7．MIT DSpace 仓储软件系统　MIT DSpace 仓储软件系统（http://dspace.mit.edu）是基于麻省理工学院和美国惠普公司联合开发的 DSpace 构建，用来获取、传播和保存该校教师和研究人员的研究成果，并使用户通过一个界面来访问整个机构的数字化知识成果。MIT DSpace 包含文本、音频、视频和图片等信息资源，这些内容包括预印本、技术报告、研究手稿、学位论文、会议论文等（图 7-13）。

MIT DSpace 提供基本检索、高级检索和浏览检索等检索方法。

（1）基本检索：在检索框直接输入关键词即可。

（2）高级检索：可以对任意字段、作者、题名、关键词、文摘、标识符等进行限定。

（3）浏览检索：此外 MIT DSpace 还供按部门和收藏单位（Communities and Collection）、资源名称（Titles）首字母、责任者（Authors）首字母、学科主题（Subject）、日期（By Date）

等多种浏览功能。

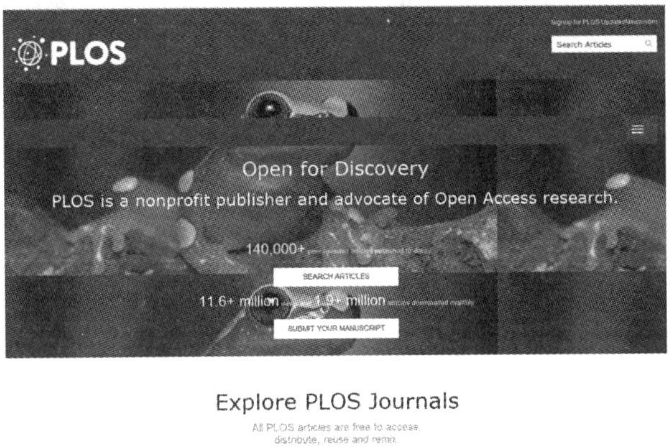

图 7-12　PLoS 首页

图 7-13　MIT DSpace 首页

在 DSpace 的众多用户中，剑桥大学机构仓储（http://www.dspace.cam.ac.uk）较为成功。开放存取库名录（OpenDOAR）中收录的机构库，只有 10% 记录条数超过 1 万条，而剑桥大学收录的记录超过 19 万条（图 7-14）。

8．E-print Network　E-print Network（http://www.osti.gov/eprints/）是由美国能源部（Department of Energy，DOE）和科技信息局（Office of Scientific and Technical Information，OST）共同建立的电子印本档案搜索引擎，可供检索存放在学术机构、政府研究实验室、私人研究组织以及科学家和科研人员个人网站的 E-Print 资源。E-print Network 选取内容的基本原则是与 DOE 研究相关的、完全开放使用的电子印本科学信息资源，目前，包括全球范围内的 35 300 多个网站和数据库，包含了基础科学和应用科学 550 万多个印本，主要在物理学，还包括学科领域如化学、生物学、生命科学、材料科学、核科学与工程、能源研究、计算机和信息技术，提供了快速检索、高级检索和期刊浏览等检索方式（图 7-15）。

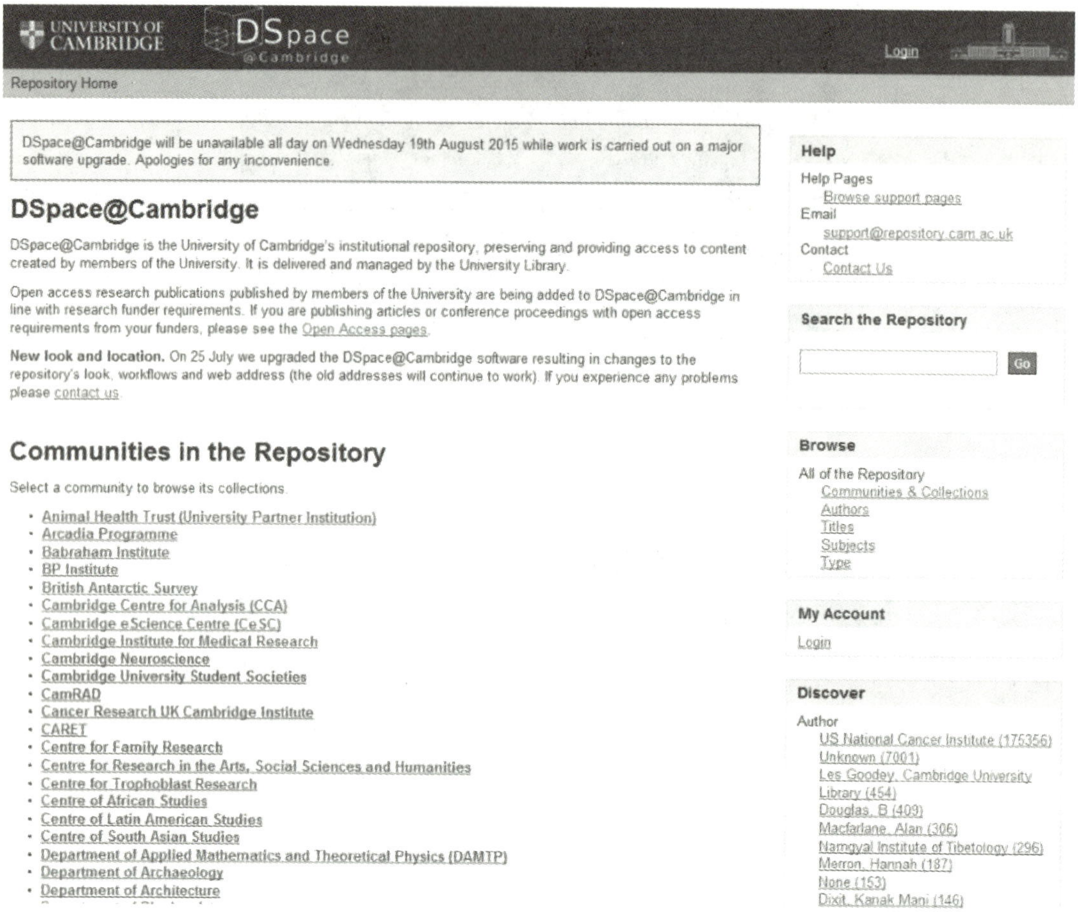

图 7-14 剑桥大学机构仓储首页

搜索引擎特别是学术搜索引擎以其广泛的收录及良好的可获得性已经成为多数研究者从事新课题、新研究的第一入口。用户不仅应熟练掌握综合性搜索引擎，如百度和 Google 的常用搜索语法，还应了解搜索引擎的组成及其工作过程，才能提高自己的搜索技能。从事研究工作与学习的用户也应熟悉专业学术搜索引擎。对于医学生，还应了解 Medscape、HON、Medical Matrix 等医学专业搜索引擎的使用。

开放存取是一种全新的学术信息交流和共享模式，它基于自由、开放、共享的理念，依托网络技术，使学术成果可以在全球范围内实现无障碍地传播，有助于提高社会公众的信息素养，缩小数字鸿沟。

目前，国内开放获取资源正逐渐增多，这与国家、科研机构、科研资助机构、出版机构以及信息服务机构的努力是分不开的。研发真正的开放获取资源，充分利用开放获取资源还需要政策上的制度保障、相关的技术支撑，同时还需要人们信息共享意识的提高。

总之，根据实际信息需求，利用合适的网络信息源快速、准确地获取有效的网络信息是本章要达到的学习目标。

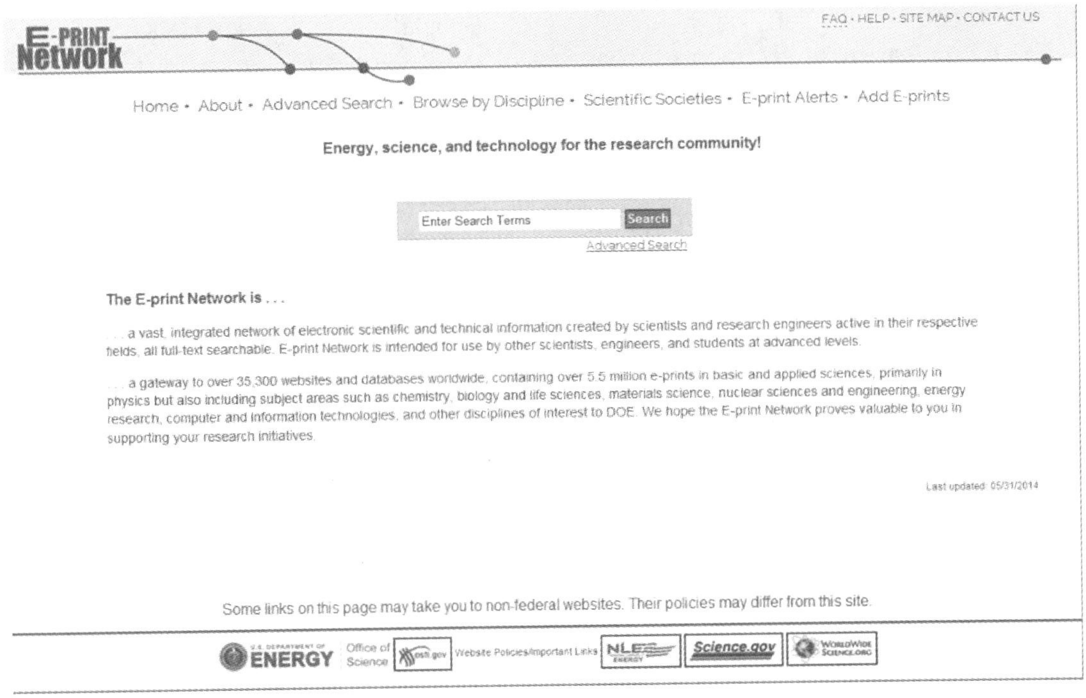

图 7-15　E-print Network 首页

（周文雄）

第一节　实习题

一、判断题

1．百度知道是一个基于搜索的互动式知识问答分享平台，新浪推出的“爱问知识人”是中文智慧型互动搜索引擎。(　　)

2．互联网上的信息资源主要由网上计算机中无数的信息、网上信息工具、网络通信渠道构成。(　　)

3．使用百度搜索引擎查找某一课题，希望在网页中出现某两个检索词的其中之一，或者这两个词同时在同一网页出现，应使用算符 or。(　　)

4．MedSite 是由美国 Medsite publishing 公司于 1997 年 7 月在 WWW 上建立的著名医学搜索引擎。(　　)

5．为了给读者用户提供一个方便快捷的查阅国外各类期刊文献的综合网络平台，中图公司组织开发了 cnpiec LINK service 在线数据库检索系统，简称 cnpLINKer。(　　)

二、选择题

1．在百度公司推出的产品中，为网友在线分享文档提供的开放平台是指(　　)

A．百度空间　　B．百度文库　　C．百度有啊　　D．百度百科

2．常用的搜索引擎有很多，下列哪个网站提供针对互联网的全文搜索服务？(　　)

A．搜狗　　B．百度　　C．Google　　D．CNKI

3．在百度搜索引擎的高级搜索页面中，有以下 4 个检索词输入框，其中相当于对检索词添加引号（“”）进行精确检索的是（　　）

A．包含以下的完整关键词　　B．包含以下全部的关键词

C．包含以下任意一个关键词　　D．不包含以下关键词

4．搜索引擎按其工作方式可分为（　　）

A．全文搜索引擎　　B．目录索引类搜索引擎

C．综合性搜索引擎　　D．元搜索引擎

5．常见生物医学专业搜索引擎有（　　）

A．Medical Matrix　　B．Medscape

C．360 良医搜索　　D．39 健康搜

6．以下哪个是医学专业搜索引擎（　　）

A．http://www.yahoo.com

B．http:// www.alltheweb.com

C．http://www.hon.ch

D．http://www.medmatrix.org

三、简答题

1．搜索引擎的基本结构包括哪几部分？写出 5 个你熟悉的搜索引擎。

2．简述搜索引擎的工作过程。

3．试比较目录型检索工具和索引型检索工具的不同之处。

4．常见的专业学术搜索引擎有哪些？

5．如何对因特网信息资源的评价？

四、检索题

1．用百度搜索重庆医科大学前校长钱惪教授有关的 Word 文档，要求检索结果限定在教育类网（edu.cn）上，并且“钱惪”要出现在网页标题中，请写出检索表达式。

2．使用 google 查找关于“肝癌治疗”方面的图片。

3．用 MedicineNet 查找有关真菌性皮肤病（fungal skin diseases 的图片）。

4．在新浪网新闻频道（http：//news.sina.com.cn）中查找 2000 年有关国内癌症治疗的新闻。写出检索表达式。

5．用百度搜索心绞痛的相关网页，排除心肌梗死，请写出步骤。

第二节　实习题

一、判断题

1. Socolar 系统支持普通检索、浏览式检索、高级检索，不支持通配符（＊）检索。（　　）

2．DOAJ 只能查询 OA 期刊，不可以查询期刊的文章内容。（　　）

3．OA 起源于 1991 年美国 Los Alamos 国家实验室的一个专门用来张贴原创性高能物理

学研究论文预印本的网站。（ ）

4．开放存取主要采用作者付费出版、读者免费获得、无限制使用的运作模式，论文版权由作者保留。（ ）

5．DOAJ 是瑞典隆德大学图书馆于 2003 年建立的开放获取期刊检索系统。DOAJ 是 Directory of Open Access Journals 的简称，指的是开放获取期刊名录。（ ）

二、选择题

1．开放存取期刊经费来源有（ ）形式。

A．作者付费型（Author-pays） B．外部赞助型（External grants）

C．收费式（Fee-based） D．志愿型（Voluntary work）

2．OA 存储也称为 OA 知识库，包括（ ）

A．基于学科的存储 B．基于电子图书的存储

C．基于机构的存储 D．基于文献的存储

3．下列属于 OA 资源的是（ ）

A．个人网站 B．学术论坛

C．文件共享网络 D．电子图书

4．DOAJ 提供的检索方式有（ ）

A．高级检索 B．机构检索 C．关键词检索 D．浏览检索

5．下列属于预印本检索系统的是（ ）

A．E-print Network B．中国预印本服务系统

C．MIT DSpace D．中国科技论文在线

三、简答题

1．什么是开放存取？

2．试分析 Wiki 和 Blog 的区别。

3．开放存取的类型有哪些？

4．常见的开放存取期刊检索工具有哪些？

5．HighWire 新推出的工具是什么？主要目的是什么？

四、检索题

1．使用开放存取期刊检索工具查找 2012 年以来有关“移植排斥反应的预防”方面的文献。

2．请使用 PLoS 检索肺部常见病图片。

3．请使用中国预印本服务系统，查找有关“甲型 H1N1 流感”的文章。

4．请使用“Socolar”查找有关“血友病”的文章。

5．请使用“MIT DSpace 仓储软件系统”查找“病毒性肿瘤”的文章。

第八章　信息管理与分析及医学写作

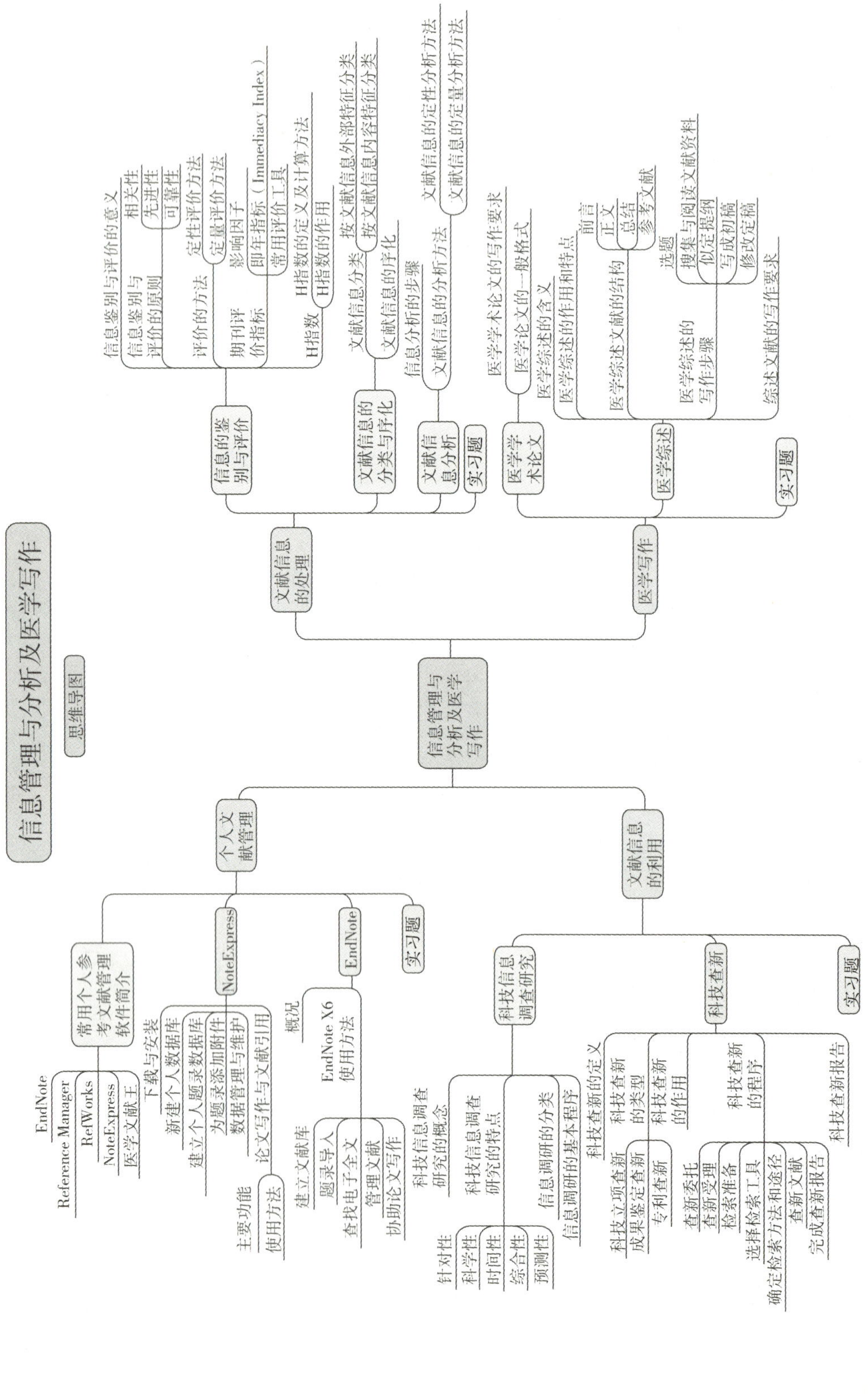

科学研究是在前人的基础上进行的，进行研究离不开参考前人的文献。检索文献、阅读文献是一切科研工作的出发点。通过各种正式和非正式渠道，文献信息调研所得的各种类型的信息往往很多且杂乱无章，能不能从中提取出自己所需要的信息是信息有效利用的关键问题。如果仅仅将文献下载下来，保存在电脑上，然后就束之高阁，就没有达到充分利用文献的目的。所以，下载文献仅仅是文献利用的第一步，接下来如要高效地利用这些文献，就需要对这些文献进行鉴别、整理、综合分析，从而提取出对自己的工作学习有价值的信息。而且这种从已有的文献中获取信息的能力，或者说从获取的信息中提炼出主题的能力，更是现代人应该具备的能力。

此外，科研工作者的工作成果最终都要以论文的形式呈现，并公开发表达到共享的目的。所以科技论文的书写是论文发表的一个基础，因而书写能力也应是科研工作者所应具备的一项能力。

本章主要介绍常用文献管理软件，文献信息的处理方法、原则，文献信息的利用方法以及医学论文写作的类型、格式与方法。

第一节　个人文献管理

【教学要求】

1．熟悉 NoteExpress、EndNote 的使用方法

2．了解常用个人参考文献管理软件，NoteExpress、EndNote 的基本情况

【案例】某科研人员积累了很多不同格式、类型的文献，在进行某项科研活动中需要从中查找几篇文献，但他忘记了文件名和存储的位置，为找到这几篇文章，他花了很多时间，他该如何管理他积累的文献，才能更有效地利用它们呢?

在科研过程中，查阅、收集大量的文献，是科研工作的基础，随着 Internet 的普及和大型文献数据库的开发应用，科研人员获取文献的量成倍增长，如何对收集到的文献进行有效管理，并与论文写作时引用文献有机结合，一直是科研工作者耗费精力和时间较多的事情。文献管理软件是对个人积累的各类文献信息进行存储和分类管理，便于在论文写作中引用的一种工具软件。其以建立、存储、管理、输出文献信息为核心功能，实现集成搜索、批量导入、即引即查、格式化输出等基本功能，并通过对收集到的文献进行分析、整合，实现个人知识管理功能。

一、常用个人参考文献管理软件简介

目前较常用的个人参考文献管理软件有 EndNote、Reference Manager、RefWorks、NoteExpress、医学文献王等。

1．EndNote　EndNote（http://www.endnote．com）是一款国际通用的文献管理软件，由美国科学信息所（ISI）下属的 Thomson Research Soft 子公司于 20 世纪 80 年代推出，它可以创建 EndNote 个人参考文献图书馆，用以收集储存个人所需的各种参考文献，包括文本、图像、表格和方程式；可以根据个人需要重新排列并显示文献，可以对保存的文献数据库进行检索；支持国际期刊的参考文献格式有 3700 多种，写作模板几百种，涵盖各个领域的杂

志；与 Word 无缝链接，中文支持良好。

2．Reference Manager　Reference Manager（http://www.refman.com）也是一款较早的个人参考文献管理软件，较适合科学及医学领域的研究人员使用，具有对医药文献按类整理的功能。可作为插件集成到 Word 中，自动生成格式化的参考文献表，并且可以在线查找 Internet 上的各种文献数据库，将查找到的资料保存至本地数据库。Reference Manager 自带的杂志引用格式均是英文的，不能处理中文文献。

3．RefWorks　RefWorks（http://www.refworks.com）参考文献管理系统是英国剑桥科学文摘社 2001 年推出的“个人图书馆”管理软件，方便用户建立和管理个人文献书目资料，并可以实现在撰写文稿的同时，即时插入参考文献，同时生成规范的、符合出版要求的文后参考文献。RefWorks 有多种语言版本。

4．NoteExpress　NoteExpress 是北京爱琴海软件公司（http://www.reflib.org）开发的一款专业级别的文献检索与管理系统。其核心功能涵盖“知识采集、管理、应用、挖掘”的知识管理的所有环节，功能较 EndNote 丰富，且符合中国人使用习惯，全面支持简体中文、繁体中文和英文。NoteExpress 的写作插件支持 MS Office Word 2003/2007/2010、Open Office、org Wirter 和 WPS 多种文字处理软件。

5．医学文献王　医学文献王（http://www.medscape.tom.cn）是由北京金叶天盛科技公司在参考国外同类软件，结合中国国情，面向社会各界调研，研发成功的国内第一款医学文献管理软件，其界面含有中华医学会大部分杂志的文献格式，是一款面向医生、医学研究生、医学科研工作者的个人文献管理工具。

以上几款个人参考文献管理软件都是付费使用的，除此之外，还有一些遵守 GNU（GNU 是一个自由软件工程项目，全称是 Gnu ' s Not Unix）通用性公开许可证协议（General Public License，GPI.）的开源软件，如 JabRef（http://sourceforge.Net/projects/jabref），Bibus（http://sourceforge.net/projects/bibusbiblio，有中文版），Zotero（http://www.zotero.org），Connotea（http://www.connotea.org），Aigaion（http://www.aigaion.de），BibDesk（http://bibdesk.sourceforge.net）等。这些开源软件都具备文献管理软件的基本功能，可以自由免费下载使用，但大多不支持中文。

二、NoteExpress

NoteExpress（简称 NE），是一款由北京爱琴海软件公司开发的专业级别的文献检索与管理系统，符合中国人使用习惯，中文支持良好，并且与 Word 结合得比较好，更新及时。NoteExpress 2005 年 6 月推出时，即获得新浪、计算机之家、硅谷动力等专业 IT 网站的五星级评价。

（一）下载与安装

通过北京爱琴海软件公司网站（http://www.inoteexpress.com/CompanyWeb/home.do），根据需要选择下载。运行安装文件，按提示操作即可完成安装。安装完成后，运行该软件，进入主程序界面。

主程序界面包括命令栏、工具栏和主窗口，主窗口左部为树状目录区和标签区，右上部为题录区，右下部为文献详细信息区。

1．目录区　以文件夹的方式显示数据库的树状目录结构，选中文件夹，可进行文件夹的添加、删除等操作。

2．标签区　显示题录标签，点击标签，可在题录区显示标识了该种标签的所有题录。

3．题录区　显示题录基本信息，右键点击题录，可对题录进行编辑、删除、添加、设置标签及优先级、更新题录信息等操作；右键单击题录区上部的字段名称栏，可对题录区显示字段进行重新定义。

4．文献详细信息区　是显示题录详细信息的区域，该区域设置了细节、预览、综述、附件、笔记、位置六个标签，点击各标签，即可浏览文献的相应详细信息。“细节”以字段列表方式显示文献详细信息，并可对各字段内容进行编辑；“预览”以不同期刊的参考文献样式显示文献信息；“综述”显示文献的题名、著者、来源、摘要等文献主要信息；“附件”显示文献的全文文件与存储位置、数据库来源链接、笔记等附件信息，右键单击空白区域，可添加全文文件、建立文件夹、添加网络链接、添加笔记等附件；“笔记”用于显示并编辑该条题录的笔记内容；“位置”用于显示该题录所属文件夹，一条文献信息，可有多个位置信息。

（二）新建个人数据库

安装后默认的示例数据库为“sample.ned”，保存在 NoteExpress 安装目录下，在主界面通过“文件”下拉菜单中“新建数据库”选项，按向导指示，即可完成新建数据库。

数据库建立后，在 NoteExpress 主界面数据库目录区中自动生成数据库，并在该数据库下自动生成题录、笔记、检索、组织、回收站等文件夹。选中文件夹，利用命令栏“文件夹”下拉菜单，或右键单击文件夹，在弹出菜单中选择相关命令，即可进行文件夹添加、删除等操作。

（三）建立个人题录数据库

NoteExpress 中题录数据库存储在数据库节点下的题录（References）文件夹，主要有手工录入、数据库导入、导入全文并自动生成题录三种录入方式。

1．手工录入　在目录区内，用鼠标点击欲录入新记录的文件夹，在菜单栏中选择“题录”下拉菜单中的“新建题录”，在弹出的“新建题录”窗口中，定义题录类型，依次录入各项内容，点击保存即可。

2．数据库导入　通过数据库检索，将检索到的文献信息转换为 NoteExpress 题录，并保存到 NoteExpress 数据库。主要有检索结果批量导入、内嵌浏览器检索导入、在线数据库联机检索后导入三种方式。

（1）检索结果批量导入（又称过滤器导入）：通过直接登录各文献数据库，集中检索获得的文献，可通过批量导入的方式录入数据。由于不同数据库的数据格式不一，操作方式也不一样。但都需选择相应的过滤器，通过过滤器，将不同数据库检索结果，转换为 NoteExpress 格式。NoteExpress 集成了几乎所有常用的数据库的过滤器。

【案例】以中国知网（CNKI）检索为例。

第一步：在对 CNKI 检索结果进行保存时，选择输出格式为“NoteExpress”，点击“输出到本地文件”，将结果保存为“NoteExpress Reference Import File”文件格式；第二步：打开“NoteExpress”，右键单击目标文件夹，在弹出菜单中选择“导入题录”，在系统弹出的对话框中选择保存检索结果的文件，在选项中选择过滤器为“NoteExpress”，设置字段和存放位置，即可将已经保存的检索结果整体导入，其他数据库如 PubMed 等，将结果保存后，导入时需要选择相应过滤器如“PubMed”。

（2）内嵌浏览器检索导入：NoteExpress 提供了各种数据库内嵌浏览器和网页信息抓取

程序，完成在各数据库页面上的检索、筛选和保存。通过菜单栏“检索”的下拉菜单中“在浏览器中检索”，进入内嵌浏览器列表，选择数据库浏览器，进入相应数据库检索界面，其检索界面与各数据库实际检索界面一样，只是在显示检索结果界面，提供了网页信息抓取程序，直接将检索结果保存为 NoteExpress 格式数据，无需选择过滤器。

（3）在线数据库联机检索导入：为方便科研工作者在建立数据库同时检索并保存题录，NoteExpress 提供了在线联机检索导入数据功能。在菜单栏“检索”的下拉列表中，点击“在线检索”，在弹出窗口中，选择数据库，单击“确定”，进入检索界面，设置检索条件，点击“开始检索”即可检索选中数据库。通过“批量获取”和“勾选题录”，可选择需要保存到 NoteExpress 的文献数据；通过“保存勾选的题录”，将选中的文献保存到 NoteExpress 相关文件夹。

3．导入全文并自动生成题录　对于已经下载了大量全文的读者，通过导入全文的功能可以快速地将全文导入数据库的同时，自动生成题录，并将全文作为附件自动关联到相应题录，实现由全文自动生成题录信息。

（1）导入全文并生成题录：选择需要导入全文的文件夹，通过点击菜单栏“文件”下拉菜单“导入文件”，在弹出的对话框中选择需要导入的全文文件（可一次选择多个全文文件）或文件目录，设置题录类型，单击“导入”即可。

（2）在线更新题录信息：通过全文导入生成的题录信息是不完善的，需要对这些题录信息进行更新。方法是：选中需要完善的题录，点击右键，在弹出菜单中选择在线更新，或在菜单栏“检索”的下拉菜单中选择“在线更新题录”的“自动更新”功能，即可对全文导入的题录信息进行更新和完善。如在线更新仍不能满足完善题录信息功能，还可通过“手动更新”，逐条完善题录信息。

（四）为题录添加附件

附件指与题录相关的各种信息，NoteExpress 支持包括文件（如 PDF、word 文件）、文件夹、题录、笔记、网络链接等任意格式的附件，也支持同一题录多个附件，或多条题录具有相同附件。将题录与附件关联，可在阅读题录时，及时了解附件内容。

已经添加了附件的题录，在题录区的题录信息中，采用不同位置，不同着色的色块表示文献已经添加的附件信息类型：左上红色色块关联文件；右上紫色色块关联笔记；左下黄色色块关联文件夹；右下棕色色块关联其他题录。

1．自动生成附件　通过数据库检索导入，NoteExpress 自动将数据来源链接作为附件，添加到文献的附件中；通过导入全文文件，自动生成题录信息时，全文文件也自动作为附件与相应题录关联。

2．手动添加附件　如果将已经下载的少量全文与题录建立链接，则需要手动添加附件。方法：右键单击全文要关联的题录信息，通过弹出菜单选择“添加附件”中的“文件”，选择全文文件，即可将已经下载的全文等文件作为附件与该题录信息关联。也可选中题录，右键单击在文献详细信息区“附件”窗口，为该题录添加电子全文、文件夹等附件。也可通过“批量链接”，对某一文件夹下的多条题录添加相同附件。

3．编辑笔记　笔记是对题录进行说明和注释，用户可通过文献详细信息区的笔记标签，打开笔记编辑窗口，编辑笔记。

4．阅读题录时下载全文　我们在阅读题录信息时，如需要进一步阅读全文，可通过全文下载功能，即时下载全文并自动作为该题录附件与题录关联。方法：选中需要下载全文的题录（可多条），单击右键，在弹出菜单中选择“下载全文”中的“选择全文数据库”，在弹出的对话框中选择下载全文的数据库，单击“确定”，系统开始下载并显示下载信息。注意：下载全文必须有该数据库的全文下载权限。

（五）数据管理与维护

1．数据查重　由于收集到的文献可能来源于多个数据库，数据库重复收录导致重复的数据量大，浪费存储空间和用户的阅读时间，且不便于利用，需要对数据进行查重和去重。

通过菜单栏“检索”下拉菜单“查找重复题录”，选择查重范围，设置查重条件，即可查找并自动选中重复数据，单击右键，在弹出菜单中选择相应操作，即可对重复数据进行处理。

2．本地数据检索　NoteExpress提供在整个数据库、当前文件夹及其子文件夹检索符合要求的题录、笔记等信息的本地数据检索功能，并自动保存最近检索记录。新增加的题录数据只要符合该条件的，自动添加到该检索记录，无需再次进行检索。

（1）快速检索：在工具栏快速检索区的检索词输入框后的下拉列表中，选择“检索全数据库”“检索当前文件夹”或“检索子文件夹”，在检索词输入框中输入检索的内容，回车即可进行数据库或文件夹范围的快速检索。

（2）高级检索：是多个检索条件进行组配检索的检索方式。在菜单栏“检索”下拉列表选择“在个人数据库中检索”，系统弹出检索对话框，输入并组配检索条件，设定检索的题录类型和检索的文件夹范围，点击检索即可。

3．多学科交叉数据的处理　文献内容涉及多个学科或主题的情况较普遍，一条文献数据可在多个项目中重复使用，为减少数据管理的工作量，使同一条文献数据可多处使用，而无需在多个项目中保存、编辑、维护，NoteExpress提出了虚拟文件夹概念，即同一条文献可以属于多个文件夹但数据库中只保存一条。在其中任意一个文件夹中编辑题录（包括添加附件或笔记），其他文件夹中的该条题录信息也同步改变。删除其中一个目录下的题录，其他目录中仍然存在，只有将所有目录中的题录删除，才会从数据库中彻底删除。

选中需要在多个文件夹使用的题录，单击右键，在弹出菜单中选择“链接到文件夹”，在弹出对话框中，选择需要添加到的文件夹即可。添加完成后，该条题录的位置信息中，即出现多个位置信息。

4．编辑文献标识及设置文献优先级　很多读者在阅读时，需要根据文献的重要程度、相关性、主题内容等做标记，便于在使用时参考。NoteExpress通过设置文献标签的方式，提供文献标识功能，并可根据标签组织题录。便于根据不同标签浏览相关题录。为便于标记文献在利用时与论文的相关程度，可对文献设置优先级。文献的优先级采用不同颜色的旗帜表示。

5．题录的组织　为便于通过不同角度组织文献，NoteExpress在“组织”文件夹中通过关键词、著者、著者机构等节点，对题录进行组织，便于通过点击某特定著者、关键词、著者机构，即可将相关的所有题录展开，了解特定著者、关键词、机构的文献情况。

（六）论文写作与文献引用

NoteExpress通过两种方式参与论文写作，一种通过自带的根据各种不同期刊投稿格式定制的论文写作模板进行论文写作，另一种是NoteExpress作为插件嵌入到文字编辑处理软件如word等，在文字编辑软件中发挥文献引用功能。本节主要讲解第二种方式。

1．主要功能

（1）插入引文：用于将选中的 NoteExpress 数据库中的文献作为参考文献插入论文。

（2）插入注释：在论文中插入注释，要求参考文献格式必须支持注释。

（3）插入笔记：在论文中插入 NoteExpress 笔记。

（4）格式化：对引用的参考文献按不同需求进行重新格式化，去除格式化则去除参考文献格式，并将参考文献移出参考文献列表。

（5）样式：根据不同期刊参考文献要求，改变参考文献格式。

（6）检索：在选定目录中查找文献题录。

2．使用方法

（1）在论文中插入引文（参考文献）：在 NoteExpress 数据目录中找到并选中需要作为参考文献插入论文的题录，然后切换到论文正文，将插入点置于论文需要插入引文的句尾，点击 NoteExpress 插件的“插入引文”，即可将参考文献编号插入到相应论文位置，同时在论文最后列出参考文献列表。参考文献编号及参考文献列表顺序，按参考文献在论文中的实际顺序排列，如参考文献位置发生变化，其编号与参考文献列表顺序将自动更改。

（2）更改参考文献样式：不同期刊对参考文献格式要求不一，插入参考文献后，可通过“样式”，选择相应期刊的参考文献样式，NoteExpress 自动更改参考文献著录格式。

（3）定位参考文献：通过定位功能可实现在正文参考文献位置和参考文献列表间快速切换，可以直接从正文中的参考文献编号，定位到参考文献列表中相应的参考文献，也可从参考文献列表中的参考文献，定位到论文正文中参考文献编号。在论文参考量比较大的情况下，该功能对核对、修改参考文献很有帮助。

三、EndNote

（一）概况

EndNote 是由美国 Thomson Corporation 下属的 Thomson Research Soft 公司开发的参考文献管理软件。与 Reference Manager 和 ProCite 并称为当今最优秀的三个参考文献管理软件。EndNote 于 20 世纪 80 年代面世，之后不断推出新版本，使用者众多。另有网络版 EndNote web。

EndNote 可以帮助使用者创建个人参考文献库，用以存储其收集的参考文献，包括文本、图像、表格和方程式，并对这些参考文献进行管理，根据需要排序、查重、检索等。EndNote 支持在线检索，系统自带文献数据库链接，可直接从中检索相关文献并导入 EndNote 中。同时。EndNote 还可根据不同期刊的投稿要求，在论文中输出指定格式的参考文献。

（二）EndNote X6 使用方法

1．建立文献库

（1）欢迎界面建立新文献库：安装 EndNote X6 后首次使用，会出现欢迎页面，可通过“Getting Started with EndNote”对话框的指引阅读指南（Learn about EndNote）、创建新文献库（Create a new Library）或打开已有的文献库（Open an existing library）。用户点击 Create a new Library 建立新文献库。首次使用，可选择打开 EndNote X6 安装目录下 Examples 文件夹中 EndNote 自带的范例文件进行查看。

（2）主界面建立新文献库：点击工具栏中“File”，选择“New”选项建立新文献库。系统默认 EndNote Library 文件及数据存放文件夹都存放在本机 C 盘“我的文档”中，这两个文件都十分重要，可根据需要进行修改存放位置，建立文献库时可进行重命名。

2．题录导入

（1）手动添加：点击一工具栏中“References”，选择“New References”，在新建对话框中手动填写 Rating（星级）、Author（作者）、Year（年）、Title（题名）、Journal（刊名）和 Type of Article（文章类别）等信息，完成添加后保存即可。

其中 Author 栏里如果有多个作者，所有作者排成一列，中间无需分隔符号。Label 栏用于记录文献阅读标记，如实验方法、重要观点等；该栏将在主界面显示，帮助用户快速找到此文献。Research Notes 栏可以做文献笔记并加以标注。图片或表格可粘贴在 Figure 栏中，写文章时可直接使用。需要注意的是，插入图片或表格后，一定要在随后的 Caption 栏中对插入的图片或表格加以文字说明，否则在文章写作需要粘贴图表时无法找到。

（2）数据库检索导入：数据库检索导入题录时，可选择直接访问数据库主页，在线检索后将所选检索结果以题录形式导入 EndNote X6，也可以直接在 EndNote X6 界面选择联机数据库（Online Search）检索导入。

1）访问数据库导入：

【案例】利用 Web of Science 和 CNKI 中国学术期刊网络出版总库，进行访问数据库导入。

进入 Web of Science 主页，在 Science citation Index Expanded（SCI-EXPANDED）及 Current Chemical Reactions（CCR-EXPANDE）中检索标题中含有“AcSDKP”的文献。在检索结果页面上方和下方都有保存检索结果栏，可选择将检索结果导入 EndNote Web 或 EndNote 中。勾选所需文献记录，选择需导出的文献栏目，点击 EndNote 按钮进入文献导出页面。点击导出按钮，所选文献记录及其栏目就自动导入到 EndNote 中。

进入 CNKI 中国学术期刊网络出版总库主页，在学术期刊网络出版总库中检索 2010—2012 年间标题中含有“AcSDKP”的文献，在检索结果列表中勾选所需文献记录后，点击页面上方“导出 / 参考文献”按钮进入“文献管理中心导出”页面，再次勾选所需文献后，点击页面上方“导出 / 参考文献”按钮，进入“文献管理中心文献输出”页面，选择 EndNote，点击“输入到本地文件”按钮。在保存对话框中将检索结果文件保存在本机。

返回 EndNote X6 界面，点击页面上方工具栏中“File”，选择“Import”下“File”。在跳出的 Import File 对话框中打开刚才下载的检索结果文件，Import Option（导入类型）选择 EndNote Import 后，点击“Import”按钮，所选文献题录即自动导入 EndNote 中。

2）联机数据库（Online Search）检索导入。可不登录数据库主页，直接在 EndNote X6 界面完成文献题录导入的过程。

【案例】以 LISTA（EBSCO）为例进行联机数据库检索导入。

点击页面上方工具栏中“Tools”，选择“Online Search”；或直接点击页面左侧栏目视窗“Online Search”下“more…”链接，会出现标题为 Choose A Connection 的对话框，对话框中显示可选的数据库链接。用户根据需要进行选择，系统将把在 Choose A Connection 的对话框中选择过的数据库记忆在左侧栏目视窗“Online Search”下，以便下次直接点选、查询。用户也可以在“Online Search”下自制常用数据库列表。

在 Choose A Connection 对话框选择 LISTA（EBSCO）后，EndNote X6 界面上方出现检索窗口。在检索窗口中设置检索条件，检索标题中含有“AcSDKP”的文献，EndNote 会将检索条件传至 LISTA（EBSCO）数据库进行检索。检索完成后，系统会弹出 Confirm Online Search 对话框显示检索结果数。根据需要，可选择下载检索结果数，如更改为下载 1～10 条，更改后点击“OK”，EndNote就会自动从LISTA(EBSCO ）数据库中下载10条参考文献题录。

（3）谷歌学术搜索（Google scholar）检索结果导入：在Google scholar中检索到的结果也可作为题录导入EndNote中，导入之前，首先要进行相关设置。进入Google scholar页面后，点击页面右上方“设置”标签。在搜索结果栏目“参考书目管理软件”的“显示导入”下选择EndNote，保存后回到Google scholar页面进行检索。以检索“AcSDKP”相关文献为例。在检索结果页面点击所需记录下方“导入EndNote”链接，将该记录文件保存在本机。

返回EndNote X6界面，点击页面上方工具栏中“File”，选择“Import”下“File”，在弹出的Import File对话框中打开刚才下载的检索结果文件，Import Option（导入类型）选择Refer/BiblX，点击“Import”按钮。所选文献题录即自动导入EndNote中。

（4）通过PDF导入：如果已经下载有PDF文献，也可通过PDF导入题录信息，需要注意的是PDF文件中必须要有DOI信息才能完成此项操作。

1）通过单篇PDF导入：点击页面上方工具栏中“File”，选择“Import”下的“File”。在跳出的Import File对话框中选择PDF本机存放位置，在Import Option（导入类型）下选择PDF后，点击“Import”。系统将自动连接数据库搜索该篇PDF的题录信息并导入EndNote中。

2）PDF文件夹导入：如果有多篇PDF存放在同一文件夹中，也可批量导入。点击页面上方工具栏中“File”，选择“Import”下的“Folder”。在跳出的Import Folder对话框中选择文件夹本机存放位置。Import Option（导入类型）默认为PDF。如果该文件夹中包含子文件夹，则需勾选“Include files in subfolders”选项。点击“Import”后，EndNote将逐一搜索这些PDF的题录信息并导入。

通过此种方法导入的题录信息均带有PDF附件，可点击查看。若带有DOI信息，仍搜索不到相关的题录信息，则可通过查看该文献的PDF逐一手动录入。

3．查找电子全文（Find Full Text） EndNote X6可为导入的题录查找电子全文，并作为题录的附件导入。选择需查找全文的文献题录，点击页面上方工具栏中“References”，选择“Find Full Text”，EndNote将于在线数据库中进行电子全文查找。查找电子全文的过程中，界面左侧栏目视窗Find Full Text下会出现“Searching”群组，显示全文查找中。该查找为背景处理模式，此段时间可以进行EndNote的其他操作。查找完成后，“Searching”群组消失，系统根据Found PDF、Found URL或Not found分类逐一显示检索结果。搜索到的PDF全文将以附件的形式自动添加到题录中。

4．管理文献

（1）参考文献排序：在EndNote X6中，通过点选题录信息上方的标签就可进行相应的排序。“Author”“Title”“Journal”按名称首字母顺序，“Year”按时间顺序排序。连续点击就可在升序或降序中进行切换。

（2）查重：点击页面上方工具栏中“References”，选择“Find Duplicates”，在Find Duplicates对话框中，系统将重复的文献信息分左右两栏逐一左右罗列，提供各栏信息的对比。经过对比后，用户可点击“Keep This Record”按钮保留文献题录信息，重复信息则自动删除。若不想逐一对比，可关闭Find Duplicates对话。EndNote界面左侧Duplicate References文件夹中将罗列出所有重复文献题录。可将不需要的题录直接拖曳到EndNote界面左侧Trash中直接删除。

（3）插入附件：选中需插入附件的题录，在EndNote界面右侧预览视窗Reference下找到该题录“File attachment”栏。在该栏点击右键选择 File attachment 下 Attach File，在 Select a file to link to the reference 对话框中打开相应的文件完成附件添加。附件可以是 PDF、Word、Excel、PPT 或视频文件等，同一文献题录最多可添加 45 个附件。

（4）群组功能：EndNote 中的 Group（群组）类似于文件夹，包括 Group（普通群组）、Smart Group（智能群组）及 Form Group（交集群组）三种。右键点击预览视窗下 My Group 项，选择 Create Group / Smart Group / Form Group 即可建立相应群组。不同群组具有不同功能。

1）Smart Group：新建 Smart Group 后，将出现 Smart Group 对话框，在该群组中可设置特定检索策略，所有符合该检索条件的题录将自动导入该智能群组中，如：建立“2014”智能群组，检索条件为发表年份 2014 年，则所有该年发表的文献题录将自动添加到该智能群组中。

2）Form Group：在该组群中针对已建立的群组根据一定的设置进行筛选，符合筛选条件的题录信息自动添加到该交集群组中。

5．协助论文写作　安装 EndNote 后，Word 中会添加写作插件，提供期刊投稿模板、插入参考文献和修改参考文献服务。

（1）使用期刊投稿模板：EndNote 内置多种国际期刊投稿模板，在投稿时，可通过这些模板来写作。

（2）插入参考文献：将光标放置到 Word 文档中需插入参考文献的位置。有两种方式可以插入参考文献。方法一：回到 EndNote 界面，选定要插入的文献题录，利用键盘上 CTRL 键可多选，然后回到 Word 中点击“Insert Citation”下“Insert Selected Citations”完成插入；方法二：在 Word 中点击“Insert Citation”下“Find Citation”，在跳出的对话框中输入检索词，点击“Search”查找，查找到所需文献题录后，点击“Insert”完成插入。无论是哪种方法，参考文献列表都将出现在页面下方。

（3）修改参考文献：通过 EndNote X6 Word 写作插件生成的参考文献及列表都不能直接手动修改。需先选定后，点击“Edit&Manage Citation（s）”，在跳出的对话框中进行修改。

个人文献管理软件是学习和科学研究的重要工具，掌握并有效地利用它能够使科研工作者从繁重的文献整理工作中解放出来，为科学研究节省时间，提高学术创作的效率；同时也为发现知识之间的相互关系提供了一个方便的途径。

（白玉晟）

第二节　文献信息的处理

【教学要求】

1．了解 H 指数，常用信息评价工具

2．掌握信息鉴别与评价的意义、原则，期刊评价指标，文献信息的分类，文献信息分析的步骤

3．熟悉文献信息分析的方法

通过不同渠道和检索系统获得的文献信息数量多、类型复杂，而且交叉重复现象也非常

严重。对于这些真假混合、繁杂无序的信息，必须要进行相关的整理，使之有序化和规范化，以便从中找出最有用的信息素材，即信息分析处理。

信息分析处理的过程是对信息有目的的深度加工的过程。从抽象意义上说，这种对信息进行深度加工的过程，是为了实现以下目的：对海量的高度离散状态的无序信息进行搜集和整序，从中筛选和提炼出对拟解决的问题有参考作用的信息；从所研究的有关客观事物的点滴的、局部的、不完整的信息，推断出能认识该事物的整体状况及其发展变化规律的信息；根据已经掌握的所研究的客观事物的过去和现在的信息，推演出能预测其未来发展状况的信息。

一般来说信息分析处理包括信息的鉴别与评价、分类与序化加工、分析等几方面的内容。

一、信息的鉴别与评价

（一）信息鉴别与评价的意义

信息评价是在对大量相关信息进行分析与综合的基础上，经过优化选择和比较评价，形成满足决策需要的支持信息的过程。信息评价包括综合评估、技术经济评价、实力水平比较、功能评价、成果评价、方案选优等形式。信息评价贯穿于信息分析的全部过程之中，具有辨真伪、判虚实、权优劣、估价值的作用。信息评价不仅贯穿于信息整理过程中，而且可以向前延伸到信息搜集，向后可以触及后续生产出来的信息分析与预测产品的传递和利用，并对这些环节的工作质量产生影响。就其本质而言，是主观标准与客观实际情况的一致性程度的比较和判断。信息评价的任务就是鉴定信息真伪、判定信息虚实、测定信息优劣、评定信息价值。信息评价和信息分析活动紧密相连，分析的过程中也包含对信息的评价。

（二）信息鉴别与评价的原则

1．相关性　相关性是指对收集到的文献信息进行与课题研究关联度的鉴别，通过鉴别与评价剔除无关信息。

2．先进性　包括时间和空间两方面含义。从时间上来看，主要是指信息内容的新颖性，即能够反映相关领域中的最新研究成果；从空间上来看，主要是指信息成果的领先水平，如世界水平、国家水平、地区水平等。

3．可靠性　指信息内容的真实性和准确性。主要是要鉴别文献信息中描述的事物是否存在，内容是否属实，数据是否准确，逻辑是否严密等。还可以从形式方面进行补充审查，即从文献的作者、出版单位、来源、类型等方面来判断。一般来说，国际著名学术机构或者研究机构发布的文献、刊登在重要核心期刊上的文献、受到科研基金项目资助的文献以及著名的信息资料检索系统中发布的文献等，都具有较高的可靠性。

（三）评价的方法

信息的评价方法很多，可以分为定性评价方法与定量评价方法两大类。

1．定性评价方法　是指根据评价标准和指标体系对信息进行评价的方法。基本步骤是：由评价工作的目的和服务对象的需求，依据一定的准则，研究确立评价标准，建立相关的评价指标体系对信息评价对象进行评价。定性方法可以对信息评价对象进行全面、细致和深入的分析，可以从多种思路、多种视角、多种观点来考察信息资源的质量。

（1）评价文献信息要注重以下信息：作者、出版机构、文献类型、来源（官方、专业机构）、被引率、引文（参考引用文献的权威性）、内容（论点、论据和认证）和实践效果。

（2）评价数据库通常有如下标准：数据库容量、覆盖年限、学科范围和深度、全文的比例、更新速度、标引深度、可获取性、标准化程度及使用限制等。

（3）评价网络信息源常用的评价标准：点击率、链接率、主办者、内容丰富度、信息可信度、检索手段完备程度、安全性、更新频率和友好程度等。

2．定量评价方法　是指按照数量分析方法，利用数据整理评估工具，从客观量化角度对信息资源进行优选与评价。定量评价方法提供了一个系统、客观、规范、科学的数量评价方法，与定性评价方法相比，得出的结论更为直观和精确，有着较高的可信度。

（四）期刊评价指标

期刊是目前科研信息最主要的载体形式，是科研工作者获取信息的主要来源，因此对期刊的评价是信息鉴别评价的重要组成部分。目前在国际上已有一套较为完善的期刊评价指标，能够较好地评价期刊的价值。主要评价指标有：影响因子和即年指标。

1．影响因子

（1）影响因子的作用：影响因子（Impact Factor）是1972年尤金·加菲尔德（Eugene Garfield）提出的，现已成为国际上通用的期刊评价指标，它不仅是一种测度期刊有用性和显示度的指标，而且也是测度期刊的学术水平乃至论文质量的重要指标。影响因子是一个相对统计量，可克服大小期刊由于载文量不同所带来的偏差，一般来说，影响因子越大，其学术影响力也越大。

影响因子具有非常重要的作用，具体地说。对以下各类人员具有多种实用价值：

1）图书馆员：制订文献收藏计划和经费预算，向读者推荐优秀期刊；

2）编辑：了解和掌握自己编辑的期刊的情况，制订有效的编辑规划和办刊目标；

3）出版商：掌握和监测出版动态，掌握出版机会，做出新的出版决策；

4）作者（科研人员）：寻找和确定与自己专业有关的期刊，确定论文投稿期刊、证实已发表自己论文的期刊的水平；

5）信息研究分析人员：跟踪文献计量学的发展趋势，研究学科之间及各学科内的引用模式，研究专业学科的发展变化趋势。

（2）影响因子的计算方法：某期刊在被评价那一年前两年所刊登文章在该年被引用的次数与该期刊在这两年内刊登的所有文献数的比值。

以2014年某一期刊为例，其影响因子的计算公式为：

该期刊2012年和2013年所有文章在2014年中被引用的次数/该期刊2012年和2013年所有文章数。

2．即年指标（Immediacy Index）　是一个表征期刊即时反应速率的指标，主要表述期刊发表的论文在当年被引用的情况。具体算法为：

即年指标=该期刊当年发表论文在当年被引用的总次数/该期刊当年发表论文总数。

除上述指标外，常用的评价指标还包括载文量、被引量、被引率、自引量、自引率、自被引率等一系列指标，科研工作者可根据需求选择一种或多种指标对期刊进行评价。

3．常用评价工具

（1）JCR：JCR是由汤森路透集团出版的期刊引用报告，用于评价期刊在学科领域的影响力，是目前国际通用的较为权威的期刊评价工具。JCR对包括SCI收录的期刊在内的4700种期刊之间的引用和被引用数据进行统计、运算，并针对每种期刊定义了影响因子（Impact Factor）等指数加以报道。提供期刊名、ISSN、主题等多种检索途径。

（2）中国主要期刊评价工具

1）《中文核心期刊要目总览》：简称《中文核心期刊》，由北京大学图书馆编辑出版，2011年以前为每四年一期，2011年起改为每三年一期。采用了被检索量、被摘量、被引量、他引量、被摘率、影响因子、被国内外重要检索工具收录、基金论文比以及Web下载量9个评价指标；选作评价指标统计源的数据库及文摘刊物达60余种，涉及期刊14 400余种，经过定量评价和定性评审，从我国正在出版的中文期刊中评选出980余种（2011版）核心期刊，分属七大编73个学科类目。该书由各学科核心期刊表、核心期刊简介及专业期刊一览表等几部分组成，不仅可以查询学科核心期刊，还可以检索正在出版的学科专业期刊。

2）中国科技论文统计源期刊（又称"中国科技核心期刊"）：由中国科学技术信息研究所编辑出版，每年更新一次。采取以定量评估数据为主、专家定性评价为辅的原则，开展中国科技核心期刊的遴选工作。利用中国科学技术信息研究所自行研制的"中国科技论文与引文数据库（CSTPCD）"，并综合考虑总被引频次、影响因子、平均引用率以及基金资助论文比例等十几种期刊评价指标，对国内期刊进行遴选，每年对中国科研产出状况进行各种分类统计和分析，以年度研究报告和新闻发布会的形式定期向社会公布统计分析结果，公开出版《中国科技论文统计与分析》年度研究报告、《中国科技期刊引证报告》（核心版）《中国科技期刊引证报告》（核心版）入选期刊即为"中国科技论文统计源期刊"。

3）中国科学引文数据库（CSCD）来源期刊：由中国科学院国家科学图书馆编辑出版，每两年更新一次。中国科学引文数据库（Chinese Science Citation Database，简称CSCD）创建于1989年，收录了我国数学、物理、化学、天文学、地学、生物学、农林科学、医药卫生、工程技术、环境科学和管理科学等领域出版的中英文科技核心期刊和优秀期刊千余种，中国科学引文数据库分为核心库和扩展库，数据库的来源期刊每两年遴选一次，核心库的来源期刊经过严格的评选，是各学科领域中具有权威性和代表性的核心期刊；扩展库的来源期刊经过大范围的遴选，是我国各学科领域的优秀期刊。中国科学引文数据库2011年共遴选了1124种期刊，其中英文刊110种，中文刊1014种；核心库期刊751种（以C为标记），扩展库期刊373种（以E为表记）。

4）中文社会科学引文索引（CSSCI）来源期刊：由南京大学编辑出版，每年更新一次。CSSCI遴选中文社会科学学术期刊493种，数据从1998年至今，引文文献260余万篇，CSSCI可从来源文献和被引文献两个方面向用户提供信息。

5）中国人文社会科学核心期刊：由中国社会科学院文献信息中心编辑出版，每四年更新一次。根据文献计量学的基本原理，采用目前比较成熟的统计分析方法，紧密联系我国期刊发展的实际情况，在大量的数据统计分析的基础上，揭示了人文社会科学各个学科核心期刊的种类和分布。以期刊在学科中的影响力为主线，从期刊被利用的情况来评价和选择期刊。在研制过程中始终围绕着以使用率分析为基础的统计原则，注重学科特点，处理好定量统计与定性分析之间的关系。内容包括以下几个部分：①"中国人文社会科学核心期刊要览研制报告"主要介绍统计筛选核心期刊的主旨、原则和方法及其研制的过程和特点；②"核心期刊表"和"核心期刊分学科研制报告"是本书的主体部分，前者是核心期刊的评选结果，后者简明扼要地介绍了统计过程，列出了分学科引证期刊表；③"综合性核心期刊学科引用分布表"介绍各综合性核心期刊所包括的各学科指标情况；④"专家推荐期刊表"所列出的是在核心期刊评选中没有进入核心期刊但独具研究特色或独有特殊研究领域的并经专家推荐的部分优秀期刊；⑤"核心期刊简介"和"来源期刊简介"是本书统计中使用过的优秀期刊介绍。

除上述工具外，国内的主要数据库（CNKI、万方、维普资讯）都整合了多种评价体系，为读者提供多方位的信息统计分析，读者可以充分利用这些资源来进行信息的鉴别与筛选，以达到快速、有效获取信息的目的。同时需要注意的是信息的鉴别与评价是一个综合性的系统工作，在实际操作中应注意综合运用上述评价方法、指标、工具对信息进行多角度、综合性的鉴别与评价。

（五）H 指数

H 指数（H-index）是一个混合量化指标，最初是由美国加利福尼亚大学圣地亚哥分校的物理学家乔治・赫希（Jorge Hirsch）在 2005 年提出来的，其目的是量化科研人员作为独立个体的研究成果。

H 指数自被提出后，快速赢得了广泛认同，并颇为流行。H 指数概念简单、易于计算，但同时又能对科学家长期积累的研究成果的影响力提供一个强有力的评估。

1. H 指数的定义及计算方法　H 指数的计算基于其研究者的论文数量及其论文被引用的次数。赫希认为：一个人在其所有学术文章中有 N 篇论文分别被引用了至少 N 次，他的 H 指数就是 N。

【案例】美国耶鲁大学免疫学家理查德・弗来沃（Richard Flavell）发表的 900 篇文章中，有 107 篇被引用了 107 次以上，他的 H 指数为 107。

可以按照如下方法确定某人的 H 指数：

（1）将其发表的所有 SCI 论文按被引次数从高到低排序；

（2）从前往后查找排序后的列表。直到某篇论文的序号大于该论文被引次数，所得序号减一即为 H 指数。

2. H 指数的作用　H 指数被认为是对先前众多衡量指标的一大改进，先前的衡量指标都倾向于关注科研人员发表论文的期刊。因而，它们都假定作者的贡献等同于期刊的平均值。如果一位科学家的出版成果以它们被引生命周期的数字进行排序的话，那么 H 指数就是一个最大值，这个最大值是指每篇论文至少被引用了 H 次的 H 篇文章。

二、文献信息的分类与序化

通过各种渠道获得的各类文献信息经鉴别评价后，还要进行一定的加工与整理才能够进行进一步的利用，加工与整理的过程包括分类与序化两方面。

（一）文献信息分类

对文献信息的分类一般可分为按信息外部特征分类和按信息内容特征分类两种方法。

1. 按文献信息外部特征分类　即按照信息的文献类型、著者、著者单位、出版机构、出版时间、卷、期、页等外在表现形式对文献信息进行分类。

2. 按文献信息内容特征分类　根据文献信息所记录的主题内容对文献信息进行分类。分类的类目可根据需要自行拟定。但一般采用通用的信息分类方法进行分类，国内现主要采用《中国图书馆图书分类法》（简称《中图法》）。

进行文献信息分类时需要注意的是分类一定要前后一致，标准统一。

（二）文献信息的序化

文献信息的序化就是对获取的文献信息进行存储时，按预先设定的分类标准以一定的次序进行保存，从而使所需信息系统化、条理化，便于对信息进行分析与利用。

三、文献信息分析

文献信息的分析是针对某一课题的需要，对有关文献信息进行定向选择和科学抽象的一种研究活动。简单地说，就是根据特定的需要，对已有的文献信息进行深层次的思维加工和分析研究，提炼出满足需要的新信息的过程。

（一）信息分析的步骤

文献信息分析的一般步骤包括：选择课题、搜集课题相关的文献信息、鉴别筛选所得的文献信息、分类整理、利用分析研究方法进行分析与综合研究、成果表达。

（二）文献信息的分析方法

文献信息的分析方法很多，归纳起来可以分为定性分析和定量分析两大类。

1．文献信息的定性分析方法　是传统的情报研究的主要方法，主要是运用比较、分类、类比、分析和综合、归纳与演绎等逻辑学手段对文献信息进行研究。常用的此类方法包括：综合分析法、比较分析法、相关分析法等。

（1）比较分析法：也叫对比分析法，通俗地讲，就是把两个相互联系的指标数据进行比较，从数量上展示和说明研究对象规模的大小，水平的高低，速度的快慢，以及各种关系是否协调。在对比分析中，选择合适的对比标准是十分关键的步骤，选择合适，才能做出客观的评价，选择不合适，评价可能得出错误的结论。

（2）综合分析法：它是一种常用的文献信息定性分析方法。主要是把剖析过的事物和现象的各个部分及其特征，结合为一个整体来加以考虑的思维方法。简单地说，就是把某一个课题当前的发展情况，包括各种理论、方法、技术及其优缺点集中起来，进行归纳整理，以便从整体上进行分析。

2．文献信息的定量分析方法　是用数学和统计学的方法，定量地分析一定时间段内所选课题相关的文献信息。其计量对象主要是：文献量（各种出版物，尤以期刊论文和引文居多）、作者数（个人、集体或团体）、词汇数（各种文献标识，其中以叙词居多）等。常用的定量分析方法有时间序列法、回归分析法、聚类分析法等。

（1）时间序列法：一种广泛应用的定量分析方法。通过将观测数据按照时间顺序进行排列，以描述和探索现象随时间发展变化的数量规律。

（2）回归分析法：一种研究变量之间依存关系的统计分析方法。通过对变量之间依存关系的分析，确定变量之间某种关系的性质和程度，并在一定精度下，利用已知变量对未知变量进行有效的估计和预测。

（3）聚类分析法：将研究对象按照它们性质上的亲疏程度，在没有事先指定分类标准的情况下进行分类的多元统计分析方法。类内部的对象在特征上具有相似性，不同类间对象特征的差异性较大。

信息分析常常需要综合使用上述各种方法，通过定性研究与定量研究相结合，使得分析结果更准确可靠。如同一个问题，会有不同角度的研究文献，因此需要对各种调查数据作统计分析，对不同个案的研究作分析，对不同主题的论文作分析，综合归纳出该问题研究的总体状况。定性与定量相结合的研究方法的典型代表是德尔菲法（又称为专家调查法）和层次分析法。

德尔菲法由美国兰德公司于1964年发明并首先将其应用于技术预测。它以匿名方式通过几轮咨询，征求专家意见，预测领导小组对每一轮意见都进行汇总整理，作为参考资料再发给每位专家，供他们分析判断，提出新的论证。如此多次反复，专家意见通常会趋于一致，结论的可靠性一般也就越来越大。

层次分析法是将决策问题按总目标、各层子目标、评价准则直至具体的备选方案的顺序分解为不同的层次结构，然后用求解判断矩阵特征向量的办法，求得每一层次的各元素对上一层次某元素的优先权重，最后再用加权和的方法递阶归并各备选方案对总目标的最终权重，此最终权重最大者即为最优方案。

（白玉晟）

第三节　文献信息的利用

【教学要求】

1．掌握科技信息调查研究的概念、特点，科技查新的定义、作用

2．熟悉信息调查研究的基本程序，科技查新的程序，科技查新报告

3．了解科技查新的类型

我们在对文献进行了收集、整理和分析后，最终的目的是通过利用收集到的信息，在已有文献的基础上，做出有突破性的、创新性的工作。常用的信息综合利用的方法有科技信息调查研究和科技查新。

一、科技信息调查研究

（一）科技信息调查研究的概念

科研人员或信息工作人员针对科研的特定的需要，围绕科研的全局或特定的课题，在广泛搜集情报资源和实际调查的基础上，采用一定的科学方法，经过分析研究，对既有研究进行评价，对未来研究进行预测提出有科学依据的情报研究结论，这一过程即为科技信息调查研究，简称信息调研。

（二）科技信息调查研究的特点

1．针对性　科技信息调查研究主要是为科研决策、科研立项、项目引进和改造、科研成果的推广应用等工作提供有针对性的文献信息依据，是为了解决特定问题和特定需求而开展的信息调查工作，因此具有很强的针对性。

2．科学性　信息调研必须从实际出发，通过分析、推理、判断、综合等方法，揭示事物的内在规律和本质，因此应具有很强的科学性。具体体现在：

（1）材料准确：调研人员必须以客观、公正的态度，对其搜集的原始资料的可靠性进行筛选、判断、分析，去伪存真，必要时还需进行实地调查，而不以个人好恶取舍材料。

（2）方法科学：在调研中需要采用定量为主定性为辅的分析方法对所获取的信息资料进行归纳、筛选、综合、分析研究，以达到客观评价的目的。

3．时间性　信息调研具有很强的时间性，科学研究只有迅速、及时、有效地占有信息，才能加快研究进程，取得成果。

4．综合性　由调研课题的复杂性、调研方法的多样性决定的。由于现代医学模式已由

单一生物医学模式转变为生物医学－心理学－社会学模式，涉及人与社会、人与环境、人与经济、人与法律等诸多方面的因素。因此信息调研必须从调研的整体目标出发，多方合作才能得出解决问题的合理方案和建议。

5．预测性　信息调研需要调研人员对课题的过去、现在，特别是未来的发展趋势做出详尽的分析和判断，给决策者提供参考，以减少决策时的盲目性，提高科学性和合理性。

（三）信息调研的分类

1．科学情报调研　包括两个方面的内容：一是基础科技信息调研；二是科技政策、科研方法和科研组织管理的信息调研。

2．技术信息调研　技术信息调研包括某种技术的沿革和技术原理；某种技术国内与国外先进水平的差距；本地区与国内先进水平的差距；本部门与国内同行业先进水平的差距；技术应用的条件和范畴；技术推广情况及实验手段等。

3．技术经济信息调研　科学技术的推广和应用，首先要考虑其经济效益和社会效益。技术经济信息调研的核心是对一项技术决策进行经济评价，包括技术上的可行性、先进性以及经济上的合理性。技术经济信息调研包括经济效果评价和社会效果评价两个方面。

4．产品信息调研　产品的发展方向，直接关系到企业的前途与命运，因此产品信息调研是一个企业要面临的重要课题。产品信息调研包括国家的技术、经济政策，市场情况的调查和预测，原材料供应情况的调查，同行企业技术水平和研制能力的分析调研等。

5．市场信息调研　随时掌握市场行情的变化和价格的涨落，并且通过分析调研以预测未来的动态，不断改进产品性能或开发新产品，适应市场的变化，是企业立于不败之地之本。市场信息调研的内容广泛，如市场动态，产品生命周期，本企业产品市场占有率调研，产品销售地点，产品用户心理，产品广告设计，市场的多样化、季节性和稳定性的调研等。

6．管理信息调研　管理信息调研包括微观管理信息调研和宏观管理信息调研。前者主要是与科研机构、生产企业的管理工作有关的信息调研；后者主要是与国民经济发展的目标、计划、方针政策有关的信息调研。

7．政策和法规信息调研　关于科技、经济总体政策、能源、环保、卫生、安全、金融、进出口贸易等方面的政策法规等的信息调研。

8．预测性信息调研　预测性信息调研主要是探讨某项产品、某项技术、某个问题的发展趋势和发展规律，预测今后一个时期内的发展动向，并给予评价和做出预测性的结论，包括发展规律、发展方向和趋势。

（四）信息调研的基本程序

信息调研同其他科学研究的课题实施步骤一样，都要经过立题、制定调研规划、收集所需资料、资料价值的判断整理和综合分析、撰写调研报告等步骤。

1．信息调研课题的确立　即确定科学研究的对象、中心内容和目的。这是研究工作的起点，是关系到课题成功与否的关键。在课题的选择过程中，需要遵循科学性、实用性、可行性、效益性、计划性、先进性等原则。

信息调研的题目一般来自以下几个方面：

（1）指令选题：国家及各级科研管理决策部门下达的全局性信息调研。

（2）委托选题：主管部门提出调研课题，或者某些单位委托信息部门完成的科研立题查新、专利查询、科技成果鉴定评奖、开发新技术或新产品的专题研究等。

（3）自选题：科研人员在长期的实践和知识积累的基础上，提出和主动选择的一种课题。

2．制定课题调研计划　课题确立后，为了保证科研课题的顺利进行，需要制定详细周密的调研计划，以了解和掌握课题研究的性质、内容、范围、主攻方向与技术路线、方法设备等。其主要内容包括如下：课题说明、拟定详细的调研大纲、人员和调研时间步骤的合理组织、预计成果形式。

3．信息资料的搜集　信息调研主要从科技文献入手，通过对大量文献资料的搜集以及对日常学术信息的积累，用分析判断的方法，得出相应的结论。广泛搜集课题所需的信息资源是信息调研的重要条件。

信息调研的资料按来源不同分为两种：一是文献型资料，又称间接性资料；二是非文献型资料，即实际调查资料，又称直接性资料。

（1）文献型资料的搜集方式：主要有系统文献检索和最新文献跟踪。

1）系统文献检索：主要用于搜集与课题有关的全面系列的相关文献。一般采用文献检索的常用法，即工具法来完成。一般以各类型数据库为主，以互联网、手工检索工具为辅来获取资料。

2）最新文献跟踪：在搜集调研资料时，有些文献尚未收录入检索工具，调研者就要通过直接利用现刊来跟踪最新文献。最新文献的跟踪，主要通过直接浏览与课题相关的核心期刊的现刊获取最新文献来实现。科研人员如果结合本学科专业的特点，精选本学科专业的核心期刊，就能用较少的时间和精力，掌握最重要和最新的情报信息。

（2）非文献型资料的搜集

1）观察法：是指研究者通过感觉器官或借助科学仪器，对有关事物、人物的状况与活动等进行观察和记录，并进行分析和判断，从而获得所需信息的方法。常用的观察法有计划观察法、随机观察法。①计划观察法是事先确定范围，选好观察对象，按一定目的和要求，在规定的时间内进行观察；②随机观察法是观察者事先无计划、无准备，对突然出现的事物、人物进行观察。

2）调查法：调查法是科学研究中最常见的方法之一，指为了达到设想的目的，制定某一计划，全面或比较全面地搜集研究对象的某一方面情况的各种材料，并做出分析，综合得到某一结论的研究方法。主要有问卷调查和实地调查两种：①问卷调查，是由调查者根据调查内容设计调查问卷，由调查对象自己填写问卷的方法。这是一种技术性很强的调查法，问卷设计要求科学、合理、简明、符合逻辑、易于回答、且容易被调查者所接受；②实地调查，是指直接深入到被调查者中，通过谈话、参观、学习、建立联系及参加具体活动等方式了解情况，获得有关信息的一种调查方法。

调查法是预防医学、临床医学研究和医学信息调研中获得信息的重要方法，一些涉及整个国家和地区的数据、信息等，必须通过调查的方法获得，如人口年龄的构成、肿瘤发病率等。有的调查规模较大，需要众多单位和人员参与，组织者要有一定经验，并争取被调查者的支持，以减少调查结果的误差。

3）实验法：是指实验者事先拟定实验方法、选择实验地点和时间，通过观察实验对象在实验过程中的变化来获得有关信息的方法。它又分为实验室实验法和自然实验法。①实验室实验法，是指在实验室内利用一定的设施，控制一定的条件，并借助专门的实验仪器进行研究，获取有关信息的一种方法。②自然实验法，是在日常活动情况下，适当控制一定条件，有目的地进行实验的方法。

4．信息资料的鉴别与整理　获得信息资料后，通常需要对信息的价值进行可靠性、新颖性、适用性、典型性评价，以判明适用程度。

通过各种途径收集的信息，经过评价之后，还必须经过一定方式和层次的加工整理，在内容上加以集中浓缩，在形式上使之条理有序，具有系统性。

5．信息资料分析研究　信息资料分析研究是科技信息调研过程中一个较为高级的阶段，它是情报调研者信息智能的集中体现，也是科学研究、开发创造的一个思维过程。通过对采集、筛选出的与课题有关的信息和调查材料进行分析、研究，从而得出有参考价值的信息结论。

信息分析的方法主要包括定性研究方法和定量研究方法。定性研究方法是对研究对象的宏观特征进行定性判断的分析研究方法，不涉及其微观的数量关系。定量研究方法是通过对事物发展过程进行量化，借助数和数量关系研究事物发展规律的方法。常用的信息分析方法有归纳法、类比法、相关分析法、因果分析法、信息计量学法、Meta 分析法、特尔斐法（专家调查法）。

6．撰写信息调研结论　信息调研工作是通过对调研对象的观察、分析、判断、综合，最后提出的有事实、有分析、有观点、有建议的调研报告，即调研成果总结。信息调研成果必须以书面的形式反映出来。调研成果要依据大量的可靠数据和理论依据，采用严谨的逻辑论证方法得出。包括调研结果、结论、改进建议及科学的预测，供上级部门或科研人员参考和借鉴。调研报告反映了信息调研工作的质量。

（1）信息调研结论报告的种类：科技信息调研结论报告根据调研任务以及服务对象的不同，可以有以下几种。

1）综述报告：是对某一课题的大量有关资料进行归纳、整理、分析、加工制作而成的一种综合调研报告。使读者用较少的时间和精力对课题内容、意义、历史、现状及发展趋势等有一个完整、系统、明确的了解。一般这种报告只是如实地反映情况，而不提出调研者自己的观点和建议。

2）述评报告：是综述报告的进一步深化，在综述报告的基础上，对某一学科、某一技术领域或某一成果，进一步提出评价性见解或具体建议。要求对评论的对象有比较系统、准确的认识，能帮助领导和决策人员、研究人员确定课题研究方向、制定决策和确定课题完成的合理方法，它是决策的重要依据。

3）情况反映类报告：情况反映类报告有快报、消息、动态等。主要向领导机关和决策单位反映某些重要的技术情报。一般应言简意赅，通俗明了。它的特点是客观性强，情报反映快，文字简短，重要内容突出。

（2）科技信息调研报告的撰写

1）内容：完整的信息调研报告通常包括以下内容：①信息调研报告的主题。②信息调研课题的背景及前期研究；③与信息调研课题相关的重要和最新资料；④调研人员的论证论据，全面系统地总结科研的各种情况、观点和数据；⑤与信息调研课题有关的建议、方案和研究步骤；⑥对调研课题未来的预测。以上内容是典型信息调研报告内容。在实际调研工作中，各种调研报告的内容要根据各自调研类型的不同而进行调整。

2）结构：信息调研报告的结构也是依据不同类型的调研报告来决定的。下面以述评报告为例，阐述信息调研报告的一般结构。①信息调研题名：题目是综合报告的高度概括，要简明扼要；②前言：对课题的背景介绍与相关问题的简述，同时对课题的发展与方向提出简要的看法；③正文：即报告的本身。正文以当前为起点，叙述课题研究对象的自身内容。要对课题最重要的情况与内容进行阐述，有分析、有评价、有论点、有论证；④结论和建议：对前言和正文中的主要内容进行总结。对决策、实施方案、措施、方法提出具体意见和建议；⑤参考文献：综述报告、述评报告的最后一部分，都要列出较多、较全面的参考文献，为读者提供进一步研究的线索，同时也可提高调研报告的可靠性。

二、科技查新

（一）科技查新的定义

科技查新：简称查新，是指具有查新业务资质的查新机构根据查新委托人提供的需要查证其新颖性的科学技术内容，进行文献检索，并将检索到的文献与查新委托的技术内容进行综合对比分析，查证其是否具有新颖性并做出结论（查新报告）的过程。

查新的结果是为被查课题出具一份查新报告。查新报告的基础是信息检索技术，但又有情报分析的深层次研究工作，它是通过检出文献的客观事实来对项目的新颖性做出结论。因此，查新有较严格的内容、时间范围限定和查全率、查准率的程度规定，查新结论要求明确，具有客观性和鉴证性，是专家进行鉴定评议的客观参考依据，但不能取代全面的成果评审结论。

新颖性是指在查新委托日以前，查新项目的科学技术内容部分或者全部没有在国内外出版物上公开发表过。

（二）科技查新的类型

科技查新的类型一般可以分为：科技立项查新、成果鉴定查新、专利查新、奖励/项目申报、新产品开发、引进新技术项目论证等。

1．科技立项查新　指在课题立项之前，通过查清申请课题在国内外是否已有人做过相关研究，取得什么成果，或者目前的进展情况，与本课题进行对比，判断申请课题是否具有立项价值。

2．成果鉴定查新　通过查新，查清该成果在国内外是否已有文献报道。如有类似的相关研究，则需将课题的创新点与检出的文献进行比较，做出新颖性评价，供成果管理部门或专家鉴定作为参考。

3．专利查新　对某项技术的新颖性、创造性进行评价，为其申请专利提供参考。新产品开发、引进技术项目论证除了对其新颖性进行评审外，还要对其实用性、先进性等进行评审，以保证新产品投放市场的前景和对新技术的可靠性及引进后的使用和开发程度提供参考。

（三）科技查新的作用

1．为科研立项提供客观依据　通过科技查新，可以避免科研课题的重复立项，客观正确地判断科研课题的新颖性。科技查新可以全面、准确地掌握国内外的有关情报，查清该课题在国内外是否已研究开发过、了解国内外有关科学技术的发展水平、研究开发方向、研究开发的深度及广度、已解决和尚未解决的问题等，从而使科研选题具有准确的方向性及相应的调节性，能为科研实施提供有效的研究思路、方法和手段。

2．为科技成果的鉴定、评估、验收、转化、奖励等提供客观依据　科技查新一方面可以为科技成果的鉴定、评估、验收、转化、奖励等提供客观的文献依据，另一方面还能保证科技成果鉴定、评估、验收、转化、奖励等的科学性和可靠性。科技查新既不同于单纯的文献检索，也有别于专家评审。既列出所检的文献事实，同时对项目进行客观的分析和评价，并能避免一定程度上的人为因素的影响。

3．为研究开发提供可靠而丰富的信息，节约科研人员的时间　据美国科学基金会统计，一个科研人员花费在查找和消化科技资料上的时间需占全部科研时间的51%。科技查新依托查新机构丰富的文献资源体系、查新人员过硬的检索技术，提供文献查找、原文查找等一条龙服务，可以节约科研人员的时间。

（四）科技查新的程序

科技查新的基本流程是用户提出查新委托，查新机构查新受理、检索准备、选择检索工具、确定检索方法和途径、查找文献、完成查新报告、文件归档。

1．查新委托　指查新委托人向查新机构提出查新申请，并提交相应的资料。查新委托人要据实、完整、准确地填写查新委托单或试填查新合同，查新委托单中需要填写的内容包括：委托人的姓名、单位、联系方式、查新目的；要求查新课题的题名、科学技术要点、查新点；查新课题所属专业、涉及的关键词以及参考文献。

（1）科学技术要点：是对查新课题的简单描述，重点表述主要技术特征、参数、指标、发明点、创新点等。

（2）查新点：是指需要查证的内容要点，即课题的新颖性。在描述新颖性内容时，必须要用已有的规范技术概念表达单独的技术内容，而不是简单、笼统的有关整体特性。一般查新点只限两点。

（3）委托人提供的关键词：应包括关键词、同义词、近义词、缩写词、分类号、分子式、化学类号、专利号、化学物质登记号、产品名称等。若查新课题包含国外查新，还要选出英文的关键词，且用词要规范，最好从查新课题所在专业的文献常用词中选择。

2．查新受理　查新机构将根据《科技查新机构管理办法》和《科技查新规范》的有关规定，确认、判断查新委托提交的查新委托资料是否真实、完备、准确，若查新委托人与查新机构对此无异议即可订立查新合同。

3．检索准备　查新员认真、仔细地分析查新项目的资料，查新委托人提出的查新点以及查新要求；了解查新项目的科学技术特点。

在检索前，还要做好以下几项工作：明确检索目的；根据检索目的确定主题内容的特定程度和学科范围的专指程度，使主题概念能准确地反映查新项目的核心内容；确定检索文献的类型和检索的专业范围、时间范围（一般应从查新委托之日前推10年以上，对于新兴学科、高新技术项目，前推年限可酌情缩短；对于较成熟的技术产品、工艺和专利查新等，前推年限应酌情延长）。制定周密、科学而具有良好操作性的检索策略。

4．选择检索工具　在分析检索项目的基础上，根据检索目的和客观条件，选择最能满足检索要求的检索工具。

（1）手检时：根据专业对口、文种适合、收录完备、报道及时、编排合理、揭示准确的原则，选择检索工具书。

（2）机检时：在检索前根据查新项目的内容、性质和查新的要求选择合适的检索系统和数据库。

5．确定检索方法和途径

（1）根据查新项目所属专业的特点、检索要求和检索条件确定检索方法。

（2）确定检索途径：查新人员根据不同的检索工具与所制定的检索策略选择适当的检

索途径。

6．查找文献

（1）查找文献时，以机检为主、手检为辅。

（2）除利用检索工具书和数据库外，必要时还需补充查找与查新项目内容相关的现刊，以防漏检。此外还应当注意利用相关工具书，如手册、年鉴等。

（3）在得出最终检索结果之前，有时会出现检索到的文献极少甚至根本没有查到文献，或者查到的文献太多的情况。还需要对每次检索结果进行检验和调整，以扩检或者缩检。

7．完成查新报告　查新员按照下述步骤完成查新报告：

（1）根据检索结果和阅读的需要，索取文献原文。

（2）对索取得到的文献，根据查新项目的科学技术要点，分为密切相关文献和一般相关文献，并将相关文献与查新项目的科学技术要点进行比较，确定查新项目的新颖性，草拟查新报告。

（3）审核员根据查新规范、相关文献与查新项的科学技术要点的比较结果，对查新程序和查新报告进行审核。

（4）查新员填写查新报告。

（5）查新员和审核员在查新报告上签字，加盖"科技查新专用章"。

（6）查新报告由查新机构按年度统一编号，并填写"查新完成日期"。

（7）整理查新报告附件。附件包括密切相关文献的原文的复印件、一般相关文献的文摘。查新员应当对所有附件按相关程度依次编号。

（8）提交查新报告：查新机构按查新合同规定的时间、方式和份数向查新委托人提交查新报告及其附件。

8．文件归档　查新员按照档案管理部门的要求，及时将查新项目的资料、查新合同、查新报告及其附件、查新咨询专家的意见、查新员和审核员的工作记录等存档。

（五）科技查新报告

科技查新的结果最终以查新报告的形式呈现。查新报告是查新机构用书面形式就查新事务及其结论向查新委托人所做的正式陈述。查新机构应当在查新合同约定的时间内向查新委托人出具查新报告。

1．基本要求

（1）查新报告应当采用查新管理部门规定的格式：内容符合查新合同的要求；提交的时间和方式符合查新合同双方的约定。

（2）查新报告应当采用描述性写法，使用规范化术语，文字、符号、计量单位应当符合国家现行标准和规范要求；不得使用含意不清、模棱两可的词句；应当包含足够的信息，使得查新报告的使用者能够正确理解。

（3）查新报告中的任何分析、科学技术特点描述、每个结论，都应以客观事实和文献为依据，完全符合实际，不包含任何个人偏见。

（4）"文献检索范围及检索策略"应当列出查新员对查新项目进行分析后所确定的手工检索的工具书、年限、主题词、分类号和计算机检索系统、数据库、文档、年限、检索词等。

（5）"检索结果"应当反映出通过对所检数据库和工具书命中的相关文献情况及对相关文献的主要论点进行对比分析的客观情况。检索结果包括下列内容：对所检数据库和工具书命中的相关文献情况进行简单描述；依据检出文献的相关程度分国内、国外两种情况分别依次列出；对所列主要相关文献逐篇进行简要描述（一般可用原文中的摘要进行抽提），对于密切相关文献，可节录部分原文并提供原文的复印件作为附录。

（6）查新结论应当客观、公正、准确、清晰地反映查新项目的真实情况，不得误导。查新结论应当包括下列内容：相关文献检出情况；检索结果与查新项目的科学技术要点的比较分析；对查新项目新颖性的判断结论。

（7）查新员应当根据查新项目的科学技术要点，将检索结果分为密切相关文献和一般相关文献。

2．新颖性的判断　在《科技查新工作规范》中课题"新颖性"的定义为：新颖性是指查新委托日以前查新项目的科学技术内容部分或者全部没有在国内外出版物上公开发表过。依据《科技查新工作规范》定义，不论"成果查新"还是"立项查新"，其新颖性均应以有不相同的成果在出版物上公开为判断依据，这里涉及两个概念：

"相同的成果"是指科学技术所涉及的领域和内容、解决的技术问题以及效果（包括技术参数或指标）、采用的技术手段（方法）等完全相同或者实质相同的成果。

以出版物上公开为判断依据，对在国内外公开使用的同类成果，如未能通过相应文献信息来证实其属于相同成果的，应不影响新颖性。

（1）公开出版物：出版物包括各种印刷及打字的纸件，例如，科技杂志、科技书籍、学术论文、专利文献、教科书、技术手册、正式公布的会议记录或者技术报告、报纸、小册子、产品说明书等，还包括采用其他方法制成的各种有形载体，如用电、光、照相等方法制成的各种缩微胶片、磁带、光盘、机检数据库等。

具有准印证号的内部刊物、增准字号的正式出版物的增刊、在一定范围内公开征订或赠送的内部刊物、已被主要检索工具收录的内部刊物，可视为公开出版物。

鉴定报告、评估报告、验收报告、项目检查报告等资料在成果未公开的条件下，处于保密状态，不属于公开出版物。

随着网络技术和资源数字化发展，"国内外出版物"的外延有所变化和延伸；网络资源也正在成为查新工作中可利用的重要资源，并逐渐成为一种重要的公知范围。

（2）新颖性的判断原则：对于查新来说，项目是否存在新颖性的判断原则如下：

1）相同排斥原则：同样的项目是指科学技术领域和目的相同，技术解决手段实质上相同，预期效果相同的项目。在查新中，对"同样的项目"采取"相同排斥原则"。查新项目的科学技术领域和目的相同，技术解决手段实质上相同，预期效果均与现有科学技术相同，那么，该项目缺乏新颖性。反之，则新颖性成立。

2）单独对比原则：所谓"单独对比原则"是指应当将查新项目的科学技术要点与每一份对比文献中公开的与该查新项目相关的科学技术内容单独地进行比较，不得将其与几份对比文献内容的组合进行比较。

3）具体（下位）概念否定一般（上位）概念原则：在同一科学技术主题中，具体（下位）概念的公开即可使一般（上位）概念的查新项目丧失新颖性。例如，对比文献公开某产品是"用铜制成的"，就使"用金属制成的同一产品"的查新项目丧失新颖性。反之，一般（上位）概念的公开并不影响具体（下位）概念的查新项目的新颖性。例如，对比文献公开的某产品是"用金属制成的"，并不能使"用铜制成的同一产品"的查新项目丧失新颖性。

4）突破传统原则：通常用于数值范围的判断，主要是指：若在现有技术中公开的某个数值范围是为了告诫所属技术领域的技术人员不应当选用该数值范围，而查新项目却正是突破这种传统而确立该数值范围。那么，该项目具有新颖性。

新颖性判断是一项比较复杂的系统工程，它涉及面广、种类多、要求多，新颖性判断的目的是为了帮助科研人员将他们研究内容与研究成果的创新点、发明点突出出来，提高研究的创新性，使评审专家能够准确、公正地做出对该科技成果的判断，提高科学技术研究工作者从事科学研究的积极性，推动科学技术的发展。越新的文献对新颖性的判断越重要。

（白玉晟）

第四节　医学写作

【教学要求】

1．熟悉并掌握医学写作的常见类型

2．掌握医学写作的结构、方法

一、医学学术论文

（一）医学学术论文的写作要求

医学论文写作的格式和方法越来越趋向于程式化和国际化。目前世界上大部分生物医学期刊论文都遵循国际医学期刊编辑委员会（International Committee of Medical Journal Editors，简称 ICMJE）的《生物医学期刊对原稿的统一要求》（Uniform Requirements for Manuscripts Submitted to Biomedical Journals）的通用格式。因为首次是在温哥华制定的，所以也叫温哥华格式。我国在国际通用格式的基础上也制定了国家标准，对生物医学期刊的投稿也有一定的格式规范和要求。但不同的期刊在某些细节上可能会略有区别，因此在写作时还要参考所投稿期刊对论文的格式要求。多数期刊每年的第 1 期刊出该刊论文及参考文献的格式要求。

（二）医学论文的一般格式

基础医学研究、临床医学理论研究和实验研究等各类学术研究论文，一般由前置部分、主体部分和附录部分构成。前置部分包括题名、著者、摘要、关键词、《中图法》分类号、文献标识码等；主体部分包括引言、材料和方法、结果、讨论、结论、参考文献等；附录部分常常是一些插图和表格等。以下是各部分的写作要点。

1．题名　题名是对论文内容的高度概括，是以最恰当、最简明的词语反映论文中最重要的特定内容的逻辑组合。题名应当符合准确、简明、醒目、规范的要求，力求题文相扣、突出主题，充分表现论文的中心内容，易激发读者的兴趣。中文命题一般在 20 字左右，必要时可列一个副标题。英文题名一般不宜超过 10 个实词。通常最终的题名是在论文写作、修改过程中选定的，或者在全文完成后提炼出来的。

2. 责任者署名　责任者署名包括责任者姓名、单位、邮政编码及 E-mail 地址。所谓责任者，是对论文的科学性、创新性、学术性等负有直接责任的著者。责任者署名要坚持按所承担责任和贡献大小进行排列。根据温哥华格式的要求，署名责任者应具备的条件是：参与论文主题内容的构思与设计，资料与数据的采集、分析和解析；起草论文或对其中重要理论内容作重大修正；参与论文撰写，了解论文全部内容，且有答辩能力并同意发表。

3．摘要 摘要又称内容提要，是对文献内容准确扼要而不加注释或评论的简略陈述。目前生物医学学术期刊多数采用结构式摘要。

国内医学期刊的结构式摘要，一般分为目的（Objective）、方法（Methods）、结果（Results）、结论（Conclusion）4 部分。目的部分往往用一句话概括研究课题要解决的问题，也即论文的主题内容；方法部分简要说明研究所采用的方法、途径、对象、仪器、设备、试剂和药品剂量等；结果部分主要介绍研究所发现的事实，获得的数据、资料，取得的新成果等；结论部分介绍研究者在对研究结果进行分析的基础上所得到的观点或看法，提出尚未解决的问题或有争议的问题等。写作摘要力求精练、清晰，尽可能采用专业术语，并用第三人称语气表述，不分段。

4．关键词 关键词是能表达论文主题内容特征的、具有实质意义的单词或词组，一般是从题名、摘要、正文中提取，并尽可能选用符合 MeSH 词表的词。一篇论文列出 3 ～ 8 个关键词，最多不超过 10 个。

5．《中图法》分类号 可查阅我国医学院校图书馆使用的《中图法》（第 5 版）分类体系中的 R 类，再依次逐级找到与论文主题相对应的类号。

6．文献标识码 为了便于文献的统计和期刊评价，确定文献的检索范围，提高检索结果的适用性，每篇论文或资料都应用一个文献标识码标志。“中国学术期刊（光盘版）检索与评价数据范围”共设置了 A、B、C、D、E 五种文献标识码。

A：理论与应用研究学术论文（包括综述报告）。

B：实用性技术成果报告（科技）、理论学习与社会实践总结（社科）。

C：业务指导与技术管理性文章（包括领导讲话、特约评论等）。

D：一般动态信息（通信、报道、会议活动、专访等）。

E：文件、资料（包括历史资料、统计资料、机构、人物、书刊、知识介绍等）。

7．引言 引言又称前言、导言，是正文的开端。其内容主要包括论文研究的目的、范围及所要解决的问题；前人在本课题相关领域内所做的工作、尚存的知识空白及当前研究进展；拟用什么方法去解决所提出的问题；预期研究结果及其意义等。引言应简明扼要，开门见山，字数一般在 300 字左右。

8．材料与方法 该部分主要说明研究的对象、使用的材料、研究的方法及研究的基本过程。它为研究结果提供科学依据，也便于别人重复、验证。实验研究论文中，其内容包括仪器设备的型号、生产厂家；药品试剂的来源、制备、选择标准、批号、纯度；观察和受试对象的选择标准与特征；实验方法、观察与记录指标的确定；实验程序、操作要点；统计学处理方法的描述等。在临床研究论文中，这一部分改称为“临床资料”，其内容包括病例选择标准（诊断与分型）；病例的一般资料（病情和病史）；随机分组情况（实验组与对照组）；治疗用药（剂量、剂型与给药途径）；疗效观察项目（症状、体征、实验室检查等）；疗效判断标准（痊愈、缓解、无效或死亡）。

材料和方法在涉及新的内容时应详细，以便同行重复、借鉴。常规方法则可略或注明文献出处即可。

9．结果 研究结果是通过实验所获得的数据与观察到的现象，必须是研究的第一手资料，因而是论文的关键部分。应按研究的逻辑思维顺序依次列出，并用统计指标、统计图表或文字描述结果，选择代表性的数据，进行必要的统计学方法处理。凡能用文字说明的问题，尽量不用图表，对同一数据不要同时用表、图、文字重复叙述，表格要规范化。

10．讨论　讨论部分是论文的核心，也是最难写的部分，评价论文水平高低、作用大小，在很大程度上取决于这部分内容。讨论的内容能否深入，很大程度上取决于作者的理论水平、学术素养、分析判断能力、文字表达能力及信息素养等综合素质的高低。应当根据研究结果，结合基础理论和前人研究成果，应用国际国内最新的学说、理论、见解，对该课题进行分析，做出解释，强调本结果发现的意义及对将来研究的启示。其内容主要包括：对不论是阳性或阴性的结果作补充说明和解释；对结果进行分析、探讨，对可能的原因、机理提出见解，阐明观点；将结果与当前国内外有关研究进行比较，并对其理论或实践意义进行评价；提出作者在研究过程中的经验、体会；指出该结果的可能误差，研究过程中存在的缺陷与教训；提出进一步研究的方向、展望、建议或设想等。

11．结论　结论部分是根据研究结果和讨论所作的高度概括性的论断。结论部分主要应概括研究的主要内容和研究结果，指出通过研究解决了什么问题，总结发现的规律，对前人的研究做了哪些修正、补充、发展、证实或否定。结论部分的写作应注意突出重点，观点鲜明恰当，文字力求精练，需高度概括说明本文解决的问题，发现的规律，有何创新，有何不足，指出尚待进一步研究的问题，提出的建议。结论不要简单重复前面的内容，而是要从理论的高度给以明确、简要的总结。

12．致谢　致谢是对论文写作确实有帮助或实际贡献的合作者或指导者表示尊重或谢意，是对他人劳动予以肯定的一种方式，也是著者应有的礼貌。学位论文的致谢也可置于文末。致谢要恰如其分、实事求是。不以名人来抬高自己，也不能抹杀他人的劳动成果。以下个人或组织可列为致谢对象。

（1）著者的指导老师及在研究工作中提出建议和提供帮助的人。

（2）协助完成研究工作和提供便利条件的组织或个人。

（3）给予转载和引用权的资料、图片、文献、研究思想和设想的所有者。

（4）提供研究基金或给予资助的企业、组织或个人。

（5）其他应感谢的组织或个人。

13．参考文献　论文中凡是引用他人的论点、材料、数据和结果等，均应按出现的先后顺序标明号码，依次列出他人论文的出处。其目的在于：佐证著者的论点，说明论文中某些认识、观点、论据的来源；对原著者的尊重；便于读者进一步检索原文。参考文献应是著者亲自阅读过的、与论文关系紧密的、有代表性的主要著作，少而精，而且是公开发表的。参考文献的著录格式应符合所投稿期刊的规定和要求。参考文献编排规则应按国家标准《文后参考文献著录规则》书写。

（1）期刊论文为：责任者．题名［文献类型标志］．期刊名称，年，卷（期）：起止页码。责任者若为多名，1～3名者全部列出，3名以上者仅列前三名，后加“等”或“et al”。

（2）专著为：主要责任者．书名［文献类型标志］．版本（第1版可省略）．出版地：出版者，出版年：起止页码。

注：文献类型标识代码：普通图书为M，会议录为C，汇编为G，报纸为N，期刊为J，学位论文为D，报告为R，标准为S，专利为P，数据库为DB，计算机程序为CP，电子公告为EB。

二、医学综述

（一）医学综述的含义

医学综述是通过对医学某一专题在一定时期内的大量文献资料的阅读，经过分析研究，选取有关信息内容，进行归纳整理撰写的综合性描述的文章。

（二）医学综述的作用和特点

医学综述的作用在于它能够对医学科研或临床的研究过程进行全面系统地回顾，并反映医学科研现状及发展趋势。综述在篇幅结构、参考文献等方面都有特别要求。国内的医学综述多为3000～6000字。最近，期刊上出现了一些短小的“微型综述”（mini-review），高度概括目前研究、预测未来，很受读者欢迎。

（三）医学综述文献的结构

医学综述的前置部分与其他医学论文的基本相同，其主体部分主要由前言、正文、总结、参考文献四部分构成。

1．前言　综述的前言简要说明写作本文的理由、目的、意义，涉及范围，学术背景，发展现状及争论焦点。前言一般在200字左右。

2．正文　综述的核心部分。其内容结构灵活多样，通常围绕中心论题，综合归纳前人文献提出的理论和事实，比较各种学术观点，阐明所提问题的历史与依据、研究现状与动向、发展趋势与展望等。正文一般可按题目大小、内容的多少及相互之间的逻辑关系安排不同层次的大小标题，按论点和论据组织材料，从不同角度叙述主题的中心内容。

3．总结　该部分概括正文的主要内容，得出一个简单明确的结论，并指出存在的分歧或有待解决的问题，以及进一步研究的方向。一般以300字左右为宜。

4．参考文献　综述在某种程度上就是文献的综合描述。因此，参考文献是综述的重要组成部分。参考文献的选取十分重要，并注意按引用的顺序编号著录。

（四）医学综述的写作步骤

文献综述与“读书报告”“研究进展”等有相似的地方，它们都是从一方面的专题研究论文或报告中归纳出来的。但是，文献综述既不像“读书报告”那样，单纯把一级文献客观地归纳报告，也不像“研究进展”那样只讲科学进程，特点是“综”，“综”是要求对文献资料进行综合分析、归纳整理，使材料更精练明确；“述”就是要求对综合整理后的文献进行比较专门地、全面地、深入地、系统地论述。总之，文献综述是作者对某一方面问题的历史背景、前人工作、争论焦点、研究现状和发展前景等内容进行评论的科学性论文。

写文献综述一般经过以下几个阶段：即选题、搜集阅读文献资料、拟定提纲、写成初稿、修改定稿。

1．选题　医学综述的选题要从客观需要、自我优势出发，选择新的、有不同见解的、有足够的文献资料作佐证、能够充分体现医学综述价值的课题，注意选题不要太宽，要有一定的深度。

一般可从以下几方面选题：医学基础理论研究的新进展、新观点；新发现的疾病或对疾病的新认识；诊断治疗疾病的新技术、新方法的临床应用情况；某一疾病的诊断、治疗现状与发展；新药物、新仪器设备的临床应用前景；各学科之间的相互渗透和新产生的边缘学科的研究概况等。

2．搜集与阅读文献资料　丰富的文献资料是撰写医学综述的基础，因此，系统地搜集有关课题的文献，仔细阅读分析相关医学文献，消化吸收其中的精华要点，并用医学信息研究方法加以归类整理等，是撰写医学综述的至关重要的步骤。

3．拟定提纲　按照医学综述的选题宗旨，对搜集的医学文献进行分析研究、归类整理，拟定出简洁又充分反映综述主题内容要点的标题式提纲，对文献资料如何排列、编号，细节如何编排，在什么部分讨论什么问题等应明确而具体，并注明文献资料的出处。

4．写成初稿　根据拟定的提纲和相应的材料，宜一次性完成初稿的写作。

5．修改定稿　初稿完成后，除了做常规修改外，有时需要反复阅读有关文献资料，认真校对引用材料或请有关专家审校，最后定稿。

（五）综述文献的写作要求

文献综述的特点致使它的写作既不同于“读书笔记”“读书报告”，也不同于一般的科研论文。因此，在撰写文献综述时应注意以下几个问题。

1．搜集文献应尽量全　掌握全面、大量的文献资料是写好综述的前提，否则，随便搜集一点资料就动手撰写是不可能写出好的综述的，甚至写出的文章根本不是综述。

2．注意引用文献的代表性、可靠性和科学性　在搜集到的文献中可能出现观点雷同，但有的论文在可靠性及科学性方面存在着差异，因此，在引用文献时应注意选用代表性、可靠性、科学性较好的文献。

3．要忠实文献内容　由于文献综述有作者自己的评论分析，因此在撰写综述时观点要忠实反映文献的内容，不能篡改文献的内容。

4．参考文献很重要　有的科研论文可以将参考文献省略，但文献综述绝对不能省略，而且必须全部列出引用过的、能反映主题全貌的，并且是作者直接阅读过的文献资料。

总之，综述应有较完整的文献资料。有评论分析，并能准确地反映主题，而且尽量争取发表在高水平的刊物上。作者最好把自己的研究工作包含在综述中，而且应把不同作者的资料和观点加以融会贯通，发现其内在联系加以说明，将不同资料绘成简表让读者一目了然，结尾部分表达对发展现状的简单评论与未来展望。

综述在介绍别人的研究时，一般不应过多评论。文字宜精练，用词力求准确。写完后应该自己反复修改，并请专家审阅。

（张　帆）

第一节　实习题

一、判断题

1．Reference Manager 具有对医药文献按类整理的功能，较适合科学及医学领域的研究人员使用。(　　)

2．EndNote 不支持中文文献。(　　)

3．NoteExpress 是一款中文医学文献管理软件。(　　)

4．NoteExpress 具有在线更新题录信息的功能。(　　)

5．EndNote 中题录导入只能通过数据库检索导入。(　　)

二、选择题

1．将文献导入 EndNote 建立文献库的常用方法有（ ）

A．手动输入文献　　B．通过数据库检索导入文献

C．在线检索导入文献　　D．利用菜单功能 Import 导入

2．EndNote 的哪个组群是针对已建立的群组根据一定的设置进行筛选的？（ ）

A．Custom group　　B．Smart group

C．from groups　　D．Create Group

3．利用 EndNote 软件在 Word 文档中插入选定引用文献的方法有（ ）

A．Word 中点击 EndNote 工具条的 insert selected citation（s）

B．EndNote 中点击快捷工具栏的 insert citation

C．拷贝 EndNote 中选定文献粘贴于插入处

D．拖拽 EndNote 中选定文献于插入处

4．下列关于 NoteExpress 的描述正确的是（ ）

A．文献详细信息区中的综述标签下显示的全部是综述类文献

B．附件仅支持文件、文件夹格式

C．题录录入方式有手工录入和数据库导入两种方式

D．支持简体中文、繁体中文和英文

5．在 NoteExpress 中为题录添加附件的方法有（ ）

A．通过数据库检索导入自动生成附件

B．已经下载的全文通过手动添加附件

C．通过编辑笔记添加附件

D．阅读题录时下载全文并自动生成附件

三、简答题（完成下列各题，并简要描述操作步骤）

1．请列举 5 种个人文献管理工具。

2．简述 NoteExpress 建立个人题录数据库的方式。

3．在 NoteExpress 中如何为题录添加附件？

4．EndNote 中管理文献的功能有哪些？

5．EndNote 中题录导入的方式有哪些？

第二节　实习题

一、判断题

1．信息鉴别与评价就是对信息的真伪、虚实、优劣、价值进行判断。（ ）

2．信息的先进性评价就是在时间上对信息进行评价。（ ）

3．信息的定量评价法与定性评价法相比具有更为直观和精确，有着较高的可信度的优点。（ ）

4．时间分析法是定性分析法。（ ）

5．对中文信息进行分类序化必须按《中图法》进行。(　　)

二、选择题

1．定性评价文献信息常从以下哪几个方面进行评价的？(　　)

A．作者、出版机构、来源　　B．被引率

C．引文的权威性　　D．内容和实践效果

2．下列指标中可用于评价期刊的有(　　)

A．影响因子　　B．即年指标　　C．自被引率　　D．H 指数

3．下列国内期刊评价工具采用定量评估数据为主、专家定性评价为辅的是(　　)

A．《中文核心期刊要目总览》

B．中国科技论文统计源期刊

C．中国科学引文数据库（CSCD）来源期刊

D．JCR

4．下列文献信息分析属于定性分析方法的是(　　)

A．比较分析法　　B．综合分析法　　C．回归分析法　　D．相关分析法

5．研究变量之间依存关系的统计分析方法是(　　)

A．时间序列分析法　　B．聚类分析法

C．回归分析法　　D．比较分析法

三、简答题

1．信息鉴别与评价的意义是什么？

2．简述影响因子的作用与计算方法。

3．简述文献信息定量分析方法。

4．简述文献信息定性分析方法。

5．请列举 5 种国内期刊评价工具。

第三节　实习题

一、判断题

1．科技信息调研具有针对性。(　　)

2．科技信息调研结论的形式包括综述报告和述评报告两种。(　　)

3．有文献报道某产品是“用铜制成的”，可以否定“用金属制成的同一产品”的查新项目的新颖性。(　　)

4．互联网上的资源复杂、质量良莠不齐，所以不能作为科技信息调研的资料来源。(　　)

5．科研人员的科研时间本来就很紧张，科技查新是在浪费时间，对科研没有价值。(　　)

二、选择题

1．下列对科技信息调研描述不正确的是（　　）
A．科技信息调研是对现有研究的评价，它不能对未来研究进行预测
B．文献资料是科技信息调研的唯一信息来源
C．经检索获取的文献资料可以直接用于科技信息调研
D．科技信息调研信息分析的方法包括定性研究方法和定量研究方法
2．下列对信息调研资料的描述正确的是（　　）
A．信息调研的资料来源包括间接性资料和实际调查资料
B．文献是直接资料
C．调查法所获得的资料是直接性资料
D．实验法是指在实验室进行的信息获取的方法
3．下列对科技查新的描述正确的是（　　）
A．是对委托项目新颖性的判断
B．可以取代专家的评审
C．具有客观性和鉴证性
D．是以文献为基础的新颖性判断
4．对查新程序描述正确的是（　　）
A．现在的各类数据库十分丰富，因此查找文献时只通过机检就可以了
B．委托人在提出查新申请时只需要提供委托项目的题目和关键词就可以了
C．查新点是指需要查证的内容要点，即课题的新颖性
D．查新员撰写完查新报告后就可以直接提交给委托人了
5．下列有关公开出版物的叙述正确的是（　　）
A．不包括网络信息
B．具有准印证号的内部刊物是公开出版物
C．科技成果都可作为公开出版物
D．正式公布产品说明书可作为公开出版物

三、简答题

1．简述信息资料的类型和搜集方法。
2．简述科技信息调研的基本程序。
3．简述科技查新的作用。
4．简述科技查新的基本程序。
5．简述科技查新中对新颖性判断的原则。

第四节　实习题

一、判断题

1．医学综述的前置部分与其他医学论文的基本相同，其主体部分主要由前言、正文、

总结、参考文献 4 部分构成。(　　)

2．国内医学期刊的结构式摘要，一般分为目的(Objective)、方法(Methods)、结果(Results)、结论(Conclusion)4 部分。(　　)

3．目前世界上大部分生物医学期刊论文都遵循国际医学期刊编辑委员会的《生物医学期刊对原稿的统一要求》的通用格式。(　　)

4．基础医学研究、临床医学理论研究和实验研究等各类学术研究论文，一般由前置部分、主体部分和附录部分构成。(　　)

5．附录部分常常是一些参考文献。(　　)

二、选择题

1．医学论文的一般格式由(　　)3 部分构成。

A．前置部分　　B．主体部分　　C．附录部分　　D．参考文献

2．医学论文前置部分包括(　　)等。

A．题名　　B．著者　　C．摘要　　D．关键词

E．《中图法》分类号　　F．文献标识码

3．医学论文主体部分包括(　　)

A．引言　　B．材料和方法　　C．结果　　D．讨论

E．结论　　F．参考文献

4．医学论文附录部分常常是一些(　　)

A．插图　　B．表格　　C．参考文献　　D．结论

5．国内医学期刊的结构式摘要，一般分为(　　)4 部分。

A．目的(Objective)　　B．方法(Methods)

C．结果(Results)　　D．结论(Conclusion)

三、简答题

1．医学综述的含义及作用和特点?

2．国内医学期刊的结构式摘要，一般分为哪 4 部分?

3．国内医学期刊的结构式摘要的内容有哪些？

4．医学学术论文的基本结构是怎样的？

5．医学综述如何着手写作？

附　录

中英文对照名词术语

“See also” cross-references	“参见”相互参照
Abbreviation Listing	缩写刊名目录
Abridged Index Medicus	医学索引简编
Alphabetic List	字顺表
Alphabetical List of Journals	刊名字顺表
Bibliography of Medical Reviews	医学述评题录
CAS Registry Number	化学文摘社登记号
Category List of Journals	刊名分类表
Chemical Abstracts	美国《化学文摘》
Chemical Substance Index	化学物质索引
China National Knowledge Infrastructure	中国知识基础设施工程
Chinese Medical Current Contents	中文生物医学期刊文献数据库
Chinese Science Citation Database	中国科学引文数据库
Citation Index	引文索引
Cited Author	被引著者
Cited Reference	被引文献
Clinical Queries	临床询问检索
Cross-references	相互参见
Cross-references for Chemical Substances	化学物质相互参照
Cumulated Index Medicus IM	年度累积索引
Discipline Guide	学科指南
Dissertation	学位论文
DNA Sequences DNA	序列
Electrical and Electronics Abstracts	电气与电子学文摘
Exact Phrase	精确匹配
Expanded Search	扩展检索
Expert Search	专家检索
Formula Index	分子式索引
Full Title Listing	刊名全称目录
General Subject Index	普通主题索引
Genome and Chromosome Mapping Data	基因组和染色体图谱数据
Geographic Listing	地理期刊目录
Hetero-Atom-In-Content Index	杂原子索引
Illustrative Structure Diagrams	结构式图解
Index Guide	索引指南

《中国图书馆分类法》简表

A 马克思主义、列宁主义、毛泽东思想、邓小平理论

A1 马克思、恩格斯著作
A2 列宁著作
A3 斯大林著作
A4 毛泽东著作
A49 邓小平著作
A5 马克思、恩格斯、列宁、斯大林、毛泽东、邓小平著作汇编
A7 马克思、恩格斯、列宁、斯大林、毛泽东、邓小平生平和传记
A8 马克思主义、列宁主义、毛泽东思想、邓小平理论的学习和研究

B 哲学、宗教

B0 哲学理论
B1 世界哲学
B2 中国哲学
B3 亚洲哲学
B4 非洲哲学
B5 欧洲哲学
B6 大洋洲哲学
B7 美洲哲学
B80 思维科学
B81 逻辑学（伦理学）
B82 伦理学（道德哲学）
B83 美学
B84 心理学
B9 宗教

C 社会科学总论

C0 社会科学理论与方法论
C1 社会科学现状及发展
C2 社会科学机构、团体、会议
C3 社会科学研究方法
C4 社会科学教育与普及
C5 社会科学丛书、文集、连续性出版物
C6 社会科学参考工具书
[C7] 社会科学文献检索工具书
C8 统计学
C91 社会学

C92 人口学
C93 管理学
[C94] 系统科学
C95 民族学
C96 人才学
C97 劳动科学

D 政治、法律

D0 政治理论
D1 国际共产主义运动
D2 中国共产党
D33/37 各国共产党
D4 工人、农民、青年、妇女运动与组织
D5 世界政治
D6 中国政治
D73/77 各国政治
D8 外交、国际关系
D9 法律

E 军事

E0 军事理论
E1 世界军事
E2 中国军事
E3/7 各国军事
E8 战略学、战役学、战术学
E9 军事技术
E99 军事地形学、军事地理学

F 经济

F0 经济学
F1 世界各国经济概况、经济史、经济地理
F2 经济计划与管理
F3 农业经济
F4 工业经济
F49 信息产业经济（总论）
F5 交通运输经济
F59 旅游经济
F6 邮电经济
F7 贸易经济
F8 财政、金融

G 文化、科学、教育、体育

G0 文化理论
G1 世界各国文化与文化事业
G2 信息与知识传播
G3 科学、科学研究
G4 教育
G8 体育

H 语言、文字

H0 语言学
H1 汉语
H2 中国少数民族语言
H3 常用外国语
H4 汉藏语系
H5 阿尔泰语系（突厥 - 蒙古 - 通古斯语系）
H61 南亚语系（澳斯特罗 - 亚细亚语系）
H62 南印语系（达罗毗荼语系、德拉维达语系）
H63 南岛语系（马来亚 - 玻里尼西亚语系）
H64 东北亚诸语系
H65 高加索语系（伊比利亚 - 高加索语系）
H66 乌拉尔语系（芬兰 - 乌戈尔语系）
H67 闪 - 含语系（阿非罗 - 亚西亚语系）
H7 印欧语系
H81 非洲诸语言
H83 美洲诸语言
H84 大洋洲诸语言
H9 国际辅助语

I 文学

I0 文学理论
I1 世界文学
I2 中国文学
I3/7 各国文学

J 艺术

J0 艺术理论
J1 世界各国艺术概况
J2 绘画
J29 书法、篆刻
J3 雕塑

J4 摄影艺术
J5 工艺美术
[J59] 建筑艺术
J6 音乐
J7 舞蹈
J8 戏剧艺术
J9 电影、电视艺术

K 历史、地理
K0 史学理论
K1 世界史
K2 中国史
K3 亚洲史
K4 非洲史
K5 欧洲史
K6 大洋洲史
K7 美洲史
K81 传学
K85 文物考古
K89 风俗习惯
K9 地理

N 自然科学总论
N0 自然科学理论与方法论
N1 自然科学现状及发展
N2 自然科学机构、团体、会议
N3 自然科学研究方法
N4 自然科学教育与普及
N5 自然科学丛书、文集、连续性出版物
N6 自然科学参考工具书
[N7] 自然科学文献检索工具
N8 自然科学调查、考察
N91 自然科学研究、自然历史
N93 非线性科学
N94 系统科学
[N99] 情报学、情报工作

O 数理科学和化学
O1 数学
O3 力学

O4 物理学
O6 化学
O7 晶体学

P 天文学、地球科学

P1 天文学
P2 测绘学
P3 地球物理学
P4 大气科学（气象学）
P5 地质学
P7 海洋学
P9 自然地理学

Q 生物科学

Q1 普通生物学
Q2 细胞生物学
Q3 遗传学
Q4 生理学
Q5 生物化学
Q6 生物物理学
Q7 分子生物学
Q81 生物工程学
[Q89] 环境生物学
Q91 古生物学
Q93 微生物学
Q94 植物学
Q95 动物学
Q96 昆虫学
Q98 人类学

R 医药、卫生

R1 预防医学、卫生学
R2 中国医学
R3 基础医学
R4 临床医学
R5 内科学
R6 外科学
R71 妇产科学
R72 儿科学
R73 肿瘤学

R74 神经病学与精神病学
R75 皮肤病学与性病学
R76 耳鼻咽喉科学
R77 眼科学
R78 口腔科学
R79 外国民族医学
R8 特种医学
R9 药学

S 农业科学
S1 农业基础科学
S2 农业工程
S3 农学（农艺学）
S4 植物保护
S5 农作物
S6 园艺
S7 林业
S8 畜牧、动物医学、狩猎、蚕、蜂
S9 水产、渔业

T 工业技术
TB 一般工业技术
TD 矿业工程
TE 石油、天然气工业
TF 冶金工业
TG 金属学与金属工艺
TH 机械、仪表工业
TJ 武器工业
TK 能源与动力工程
TL 原子能技术
TM 电工技术
TN 无线电电子学、电信技术
TP 自动化技术、计算机技术
TQ 化学工业
TS 轻工业、手工业
TU 建筑科学
TV 水利工程

U 交通运输
U1 综合运输

U2 铁路运输
U4 公路运输
U6 水路运输
[U8] 航空运输

V 航空、航天

V1 航空、航天技术的研究与探索
V2 航空
V4 航天（宇宙航行）
[V7] 航空、航天医学

X 环境科学、安全科学

X1 环境科学基础理论
X2 社会与环境
X3 环境保护管理
X4 灾害及其防治
X5 环境污染及其防治
X7 废物处理与综合利用
X8 环境质量评价与环境监测
X9 安全科学

Z 综合性图书

Z1 丛书
Z2 百科全书、类书
Z3 辞典
Z4 论文集、全集、选集、杂著
Z5 年鉴、年刊
Z6 期刊、连续性出版物
Z8 图书目录、文摘、索引

主题词等级表

A. Anatomy　解剖

A01 Body Regions 身体各部位
A02 Musculoskeletal System 肌肉骨骼系统
A03 Digestive System 消化系统
A04 Respiratory System 呼吸系统
A05 Urogenital System 泌尿生殖系统
A06 Endocrine System 内分泌系统

A07 Cardiovascular System 心血管系统
A08 Nervous System 神经系统
A09 Sense Organs 感觉器官
A10 Tissues 组织
A11 Cells 细胞
A12 Fluids and Secretions 体液和分泌物
A13 Animal Structures 动物结构
A14 Stomatognathic System 口颌系统
A15 Hemic and Immune Systems 血液和免疫系统
A16 Embryonic Structures 胚胎结构
A17 Integumentary System 皮肤系统
A18 Plant Structures 植物结构
A19 Fungal Structures 真菌结构
A20 Bacterial Structures 细菌结构
A21 Viral Structures 病毒结构

B. Organisms 生物体

B01 Eukaryota 真核生物
B02 Archaea 古（原）生物
B03 Bacteria 细菌
B04 Viruses 病毒
B05 Organism Forms 生物型

C. Diseases 疾病

C01 Bacterial Infections and Mycoses 细菌感染和真菌病
C02 Virus Diseases 病毒疾病
C03 Parasitic Diseases 寄生虫病
C04 Neoplasma 肿瘤
C05 Musculoskeletal Diseases 肌肉骨骼系统疾病
C06 Digestive System Diseases 消化系统疾病
C07 Stomatognathic Diseases 口颌疾病
C08 Respiratory Tract Diseases 呼吸道疾病
C09 Otorhinolaryngologic Diseases 耳鼻喉疾病
C10 Nervous System Diseases 神经系统疾病
C11 Eye Diseases 眼疾病
C12 Male Urogenital Diseases 男（雄）性泌尿生殖系统疾病
C13 Female Urogenital Diseases and Pregnancy Complications 女（雌）性生殖系统疾病和妊娠并发症
C14 Cardiovascular Diseases 心血管系统疾病
C15 Hemic and Lymphatic Diseases 血液和淋巴系统疾病

C16 Congenital Hereditary and Neonatal Diseases and Abnormalities 先天性、遗传性、新生儿疾病和畸形

C17 Skin and Connective Tissue Diseases 皮肤和结缔组织疾病

C18 Nutritional and Metabolic Diseases 营养和代谢性疾病

C19 Endocrine System Diseases 内分泌系统疾病

C20 Immune System Diseases 免疫系统疾病

C21 Disorders of Environmental Origin 环境引起疾病

C22 Animal Diseases 动物疾病

C23 Pathological Conditions，Signs and Symptoms 病理状态、体征和症状

C24 Occupational Diseases 职业病

C25 Substance-Related Disorders 物质性障碍

C26 Wounds and Injuries 创伤和损伤

D. Chemicals and Drugs 化学品和药物

D01 Inorganic Chemicals 无机化合物

D02 Organic Chemicals 有机化合物

D03 Heterocyclic Compounds 杂环化合物

D04 Polycyclic Compounds 多环碳氢化合物

D05 Macromolecular Substances 大分子物质

D06 Hormones，Hoitnone Substitutes and Hormone Antagonists 激素类、激素代用品和激素拮抗剂

D08 Enzymes and Coenzymes 酶和辅酶

D09 Carrbohydrates 碳水化合物

D10 Lipids 脂类

D11 Growth Substances，Pigments&Vitamins 促生长物质、色素和维生素

D12 Amino Acids，Peptides and Proteins 氨基酸、肽、蛋白质

D13 Nucleic Acids，Nucleotides and Nucleosides 核酸、核苷酸和核苷

D14 Neurotransmitters and Neurotransmitter Agents 神经递质和神经递质药物

D15 Central Nervous System Agents 中枢神经系统药物

D16 Peripheral Nervous System Agents 周围神经系统药物

D17 Anti-Inflammatory Agents，Antirheumatic Agents and Inflammation Mediators 抗炎药、抗风湿药、炎性介质

D18 Cardiovascular Agents 心血管药物

D19 Hematologic，Gastrointestinal，Renal Agents 血液、胃肠和肾脏药物

D20 Anti-Infective Agents 抗感染药物

D21 Anti-Allergic and Respiratory System Agents 变态反应和呼吸系统药物

D22 Antineoplastic and Immunosuppressive Agents 抗肿瘤药和免疫抑制剂

D23 Dermatologic Agents 皮肤病药物

D24 Immunologic and Biologic Factors 免疫学和生物因子

D25 Biomedical and Dental Materials 生物医学和牙科材料

D26 Specialty Chemical and Products 特殊的化合物和产品
D27 Chemical Actions and Uses 化学活性和应用

E. Analytical，Diagnostic and Therapeutic Techniques and Equipment 分析、诊断、治疗技术和设备

E1 Diagnosis 诊断
E2 Therapeutics 治疗
E3 Anesthesia and Analgesia 麻醉和镇痛
E4 Surgical Procedures，Operative 外科操作、手术
E5 Investigative Techniques 包埋技术
E6 Dentistry 牙科
E7 Equipment and Supplies 设备和供应

F. Psychiatry and Psychology 精神病学和心理学

F1 Behavior and Behavior Mechanisms 行为和行为动机
F2 Psychological Phenomena and Processes 心理现象和过程
F3 Mental Disorders 精神疾病
F4 Behavioral Disciplines and Activities 行为科学和活动

G. Biological Sciences 生物科学

G1 Biological Sciences 生物科学
G2 Health Occupations 保健事业
G3 Environmental and Public Health 环境和公共卫生
G4 Biological Phenomena，Cell Phenomena&Immunity 生物现象、细胞现象、免疫
G5 Genetics 遗传学
G6 Biochemical Phenomena，Metabolism&Nutrition 生物化学现象、代谢、营养
G7 Physiological Processes 生理学过程
G8 Reproductive&Urogenital Physiology 生殖和泌尿生理学
G9 Circulatory&Respiratory Physiology 循环和呼吸生理学
G10 Digestive，Oral&Skin Physiology 消化、口腔和皮肤生理学
G11 Musculoskeletal，Neural and Ocular Physiology 肌肉骨骼、神经和视觉生理学
G12 Chemical Pharmacologic Phenomena 化学和药物理象

H. Physical Sciences 自然科学

I. Anthropology，Education，Sociology and Social Phenomena 人类学、教育、社会学和社会现象

I1 Social Sciences 社会科学
I2 Education 教育

I3 Human Activities 人类活动

J. Technology，Industry，Agriculture　工艺学、工业、农业

J1 Technology，Industry&Agriculture 工艺学、工业和农业
J2 Food&Beverages 食物和饮料

K. Humanities　人文科学

L. Information Science　情报科学

M. Persons　人群

N. Health Care　卫生保健

N1 Population Characteristics 人口特征
N2 Health Care Facilities，Manpower and Services 卫生保健设施、人力和服务
N3 Health Care Economics& Organizations 卫生保健经济和组织
N4 Health Services Administration 卫生服务管理
N5 Health Care Quality，Access，Evaluation 卫生保健质量、实施、评估

Z. Geographic Locations　地理位置

MeSH 副主题词树状结构表

Topical Subheading Hierarchies

- etiology 病因学
  - chemically induced 化学诱导
  - complications 并发症
    - secondary 继发性
  - congenital 先天性
  - embryology 胚胎学
  - genetics 遗传学
  - immunology 免疫学
  - microbiology 微生物学
    - virology 病毒学
  - parasitology 寄生虫学
  - transmission 传播
- anatomy&histology 解剖学和组织学
- analysis 分析

blood 血液
  cerebrospinal fluid 脑脊髓液
  isolation&purification 分离和提纯
  urine 尿
  blood supply 血液供给
  cytology 细胞学
    pathology 病理学
    ultrastructure 超微结构
  embryology 胚胎学
    abnormalities 畸形
    innervation 神经支配

chemistry 化学

agonists 激动剂
    analogs&derivatives 类似物和衍生物
    Antagonists&inhibitors 拮抗剂和抑制剂
    chemical synthesis 化学合成

diagnosis 诊断
  pathology 病理学
  radiography 放射摄影术
  radionuclide imaging 放射性核素显像
  ultrasonography 超声检查

pharmacology 药理学
  administration&dosage 投药和剂量
    diagnostic use 诊断应用
    pharmacokinetics 药代动力学、药动学
    contraindications 禁忌证
    adverse effects 不良反应
        poisoning 中毒
        toxicity 毒性

statistics&numerical data 统计学和数值数据
    epidemiology 流行病学
    ethnology 人种学
    mortality 死亡率

supply&distribution 供应和分配

utilization 利用

therapy 治疗
    diet therapy 膳食疗法
    drug therapy 药物疗法
    nursing 护理
    prevention&control 预防和控制

transplantation 移植
radiotherapy 放射治疗
rehabilitation 康复
surgery 外科学

therapeutic use 治疗应用
administration&dosage 投药和剂量
adverse effects 不良反应
contraindications 禁忌证
poisoning 中毒

organization&administration 组织和管理
economics 经济学
legislation&jurisprudence 立法和法学
supply&distribution 供应和分配
manpower 人力
utilization 利用
standards 标准
trends 发展趋势

physiology 生理学
genetics 遗传学
growth&development 生长和发育
immunology 免疫学
physiopathology 病理生理学
metabolism 代谢
blood 血液
cerebrospinal fluid 脑脊髓液
urine 尿
biosynthesis 生物合成
enzymology 酶学
pharmacokinetics 药代动力学
dificiency 缺乏

未进入树状表的 12 个副主题词

classification 分类
drug effects 药物作用
education 教育
ethics 伦理学
history 历史
injuries 损伤
instrumentation 仪器和设备
methods 方法

pathogenicity 致病力
psychology 心理学
radiation effects 辐射效应
veterinary 兽医学

MeSH 副主题词使用范围

1．abnormalities（AB）异常、畸形（A1 ~ 5，A7 ~ 10，A13，A14，A16，A17） 用于器官的先天性缺陷所引起的器官形态变化，亦用于动物畸形。

2．administration & dosage（AD） 投药和剂量（D1 ~ 6，D8 ~ 10，D12，D13，D20，D23，D25 ~ 27） 用于药物剂型、投药途径、用药次数和持续时间、剂量和这些因素的作用。

3．adverse effects（AE）不良反应（A18，D1 ~ 6，D8 ~ 10，D12，D13，D20，D23，D25 ~ 27，E2 ~ 4，E6，E7，J2） 用于诊断、治疗、预防或麻醉的药物、化学物质、生物和物理作用剂，还有各种制品在正常剂量或可接受的剂量情况下所出现的不良反应；也用于诊断、治疗、预防、麻醉、外科手术及其他措施时出现的副作用或并发症，不包括禁忌证。

4．agonists（AC）激动剂（D1 ~ 4，D6，D9，D10，D12，D13，D23） 用于各种化学物质、药物及内源性物质，指这些物质对受体具有亲和力与内在活性。

5．analogs & derivatives（AA）类似物和衍生物（D3） 用于具有同族分子或官能团及相似电子结构，但因增加或取代了其他原子或分子而不同的药物和化学物质。也用于主题词表中未列出的专指化学物质及适当的上位词。

6．analysis（AN）分析（D1 ~ 6，D8 ~ 10，D12，D13，D20，D23，D25 ~ 27） 用于各种物质或其成分和代谢产物的鉴别和定量测定，包括空气、水及其他环境物质的化学分析，也可用于分析的方法学及分析结果。但组织、肿瘤、体液、有机体和植物的化学分析应用主题词“化学”。分析血液、脑脊髓液和尿内物质分别用相应的副主题词“血液”、“脑脊髓液”和“尿”。

7．anatomy&histology（AH） 解剖学和组织学（A1 ~ 5，A7 ~ 10，A13，A14，A16 ~ 18，B1） 与器官、部位、组织主题词组配，说明其正常的解剖学及组织学；与动植物主题词组配，说明其正常的解剖学及结构。

8．antagonists & inhibitors（AI）拮抗剂和抑制剂（D1 ~ 6，D8 ~ 10，D12，D13，D23） 用于与化学物质、药品、内源性物质在生物效应上有相反作用机制的物质和制剂。

9．biosynthesis（BI）生物合成（D6，D8，D9，D12，D13，D23） 用于生物体内、活细胞内或亚细胞成分中化学物质的合成。

10．blood（BL） 血液（C1 ~ 26，D1 ~ 4，D6，D8 ~ 10，D12，D13，D20，D23，D27，F3） 用于表明血中物质的存在或分析血中的物质；也用于疾病时血液中物质的变化及血液检查。但不包括血清诊断和血清学，前者用“诊断”，后者用“免疫学”。

11．blood supply（BS） 血液供给（A1 ~ 5，A8 ~ 10，A13，A14，A16，A17，C4） 如器官或部位无专指的血管主题词时，用于表明该器官、部位的动脉、毛细血管及静脉系统，包括器官内通过的血流。

12．cerebrospinal fluid（CF） 脑脊髓液（C1 ~ 26，D1 ~ 4，D6，D8 ~ 10，D12，

D13，D20，D23，D27，F3） 用于脑脊髓液中物质的分析或疾病时脑脊髓液中物质的变化或脑脊髓液检查。

13．chemical synthesis（CS）化学合成（D2 ~ 6，D8 ~ 10，D12，D13，D20，D25 ~ 27） 用于体外分子的化学制备。在生物体内、活细胞内或亚细胞成分中化学物质的形成用“生物合成”。

14．chemically induced（CI）化学诱导（C1 ~ 20，C22，C23，C26，F3） 用于由内源性或外源性物质引起的生物现象、疾病、综合征、先天性畸形或症状。

15．chemistry（CH）化学（A2 ~ 21，B1 ~ 5，C4，D1 ~ 6，D8 ~ 10，D12，D13，D20，D23，D25 ~ 27） 用于化学物品、生物或非生物物质的组成、结构、特征和性质；也用于器官、组织、肿瘤、体液、有机体和植物的化学成分或化学物质含量。而物质的化学分析和测定用“分析”；人工合成用“化学合成”；物质的分离和提纯用“分离和提纯”。

16．classification（CL） 分类（A11，A15，A18 ~ 21，B1 ~ 5，C1 ~ 26，D1 ~ 6，D8 ~ 10，D12，D13，D20，D23，D25 ~ 27，E1 ~ 7，F3，H1，H2，I2，I3，J1，J2，M1，N2 ~ 4）用于分类学的或其他系统或层次的分类系统。

17．complications（CO）并发症（C1 ~ 26，F3） 与疾病主题词组配，表明两种或多种疾病同时发生或相继发生，如并存病、伴发症或后遗症。

18．congenital（CN）先天性（C1 ~ 12，C14，C15，C17，C19 ~ 26） 与疾病主题词组配，表明出生时或通常在出生前即存在的疾病，但不包括形态学上的异常及产伤，前者用“畸形”，后者用“损伤”。

19．contraindications（CT） 禁忌证（D1 ~ 6，D8 ~ 10，D12，D13，D20，D23，D25 ~ 27，E2 ~ 4，E6，E7） 与药物、化学品以及生物和物理因素组配，表明在任何疾病或生理状态时可能使这些治疗成为不合适、不合需要或不可取的，也用于诊断、治疗、预防、麻醉、外科手术或其他操作的禁忌证。

20．cytology（CY）细胞学（A2 ~ 10，A12 ~ 19，B1 ~ 3，B5） 用于表明单细胞或多细胞有机体的正常细胞形态学。

21．deficiency（DF）缺乏（D6，D8，D12） 用于各种内源性或外源性物质缺乏或其含量低于正常需要量。

22．diagnosis（DI）诊断（C1 ~ 26，F3） 与疾病主题词组配，表明诊断的各个方面，包括检查、鉴别诊断及预后。但不包括普查，此时应用“预防和控制”；也不包括放射学诊断、放射性核素扫描诊断和超声诊断，应分别用“放射摄影术”、“放射性核素显像” 和“超声检查”。

23．diagnostic use（DU） 诊断应用（D1 ~ 6，D8 ~ 10，D12，D13，D20，D23，D25 ~ 27） 用于应用化合物、药品及物理因素来研究某器官的临床功能或诊断人或动物疾病。

24．diet therapy（DH）膳食疗法（C1 ~ 26，F3） 与疾病主题词组配，表明疾病时进行膳食和营养的调理，但维生素和矿物质的补充则用“药物疗法”。

25．drug effects（DE）药物作用（A2 ~ 21，B1 ~ 5，D8，D12，D23，G2 ~ 15） 与器官、部位、组织或有机体以及生理和心理过程主题词组配，表明药品及化学物质对其发生的作用。

26．drug therapy（DT）药物治疗（C1 ~ 26，F3） 与疾病主题词组配，表明通过投给药品、化学品或抗生素治疗疾病。而膳食疗法和放射治疗，则分别用“膳食疗法”和“放射治疗”；免疫疗法及生物制品治疗则用“治疗”

27. economics（EC）经济学（C1 ~ 26，D1 ~ 6，D8 ~ 10，D12，D13，D20，D23，D25 ~ 27，E1 ~ 7，F3，H1，H2，I2，B，J1，J2，N2 ~ 4）用于经济方面的主题，也用于财务管理的各个方面，包括筹集及提供资金。

28. education（ED）教育（E4，H1，H2，M1）用于各个领域和学科的教育、训练计划和课程，以及培训的专业人员。

29. embryology（EM）胚胎学（A1 ~ 5，A7 ~ 10，A13，A14，A16 ~ 18，B1，C1 ~ 26）与器官、部位和动物主题词组配，说明其在胚胎期或胎儿期的发育；也可与疾病主题词组配，表明胚胎因素引起的出生后的疾病。

30. enzymology（EN）酶学（A2 ~ 21，B1 ~ 5，C1 ~ 26，F3）与有机体（脊椎动物除外）、器官、组织以及疾病主题词组配，指有机体、器官、组织中的酶或疾病过程中的酶；但不包括用于诊断的酶试验，此时须用“诊断”。

31. epidemiology（EP）流行病学（C1 ~ 26，F3，Z1）与人类或兽医学疾病主题词组配，表明疾病的分布、疾病因素及在特定人群中疾病的特征，包括发病率、发病频率、患病率、地方性和流行性疾病暴发流行，也包括某地区和特定人群中发病率的调查和估计。可与地理主题词组配以表明疾病流行病学方面的地点，不包括死亡率。

32. ethics（ES）伦理学（E1 ~ 7，C9，H1，H2，I2，I3，N2 ~ 4）用于人和社会价值讨论与分析方面的技术和活动。

33. ethnology（EH）人种学（C1 ~ 21，C23 ~ 26，F3，Z1）与疾病主题词组配，说明疾病的人种、文化、人类学或种族方面；与地理主题词组配，表明某一人群的起源地。

34. etiology（ET）病因学（C1 ~ 26，F3）与疾病主题词组配，表明致病原因如微生物等病原体，以及起致病作用的环境与社会因素和个人习惯，也包括发病机制。

35. genetics（GE）遗传学（A18 ~ 21，B1 ~ 5，C1 ~ 26，D6，D8，D12，D13，D23，F3，G2 ~ 15）用于遗传机制、生物遗传学、正常和病理状态下的遗传基础和内源性化学物质遗传的各个方面；包括遗传物质中生物化学和分子的影响。

36. growth&development（GD）生长和发育（A1 ~ 5，A7 ~ 10，A13，A14，A16 ~ 19，B1 ~ 5）用于微生物、植物和动物出生后的生长和发育；包括出生后器官或解剖部位的生长和发育。

37. history（HI）历史（C1 ~ 26，D1 ~ 6，D8 ~ 10，D12，D13，D20，D23，D25 ~ 27，E1 ~ 7，F3，F4，H1，H2，I1 ~ 3，J1，J2，M1，N1 ~ 4）用于任何主题的历史方面，包括简单的历史札记，但不包括病史。

38. immunology（IM）免疫学（A2 ~ 21，B1 ~ 5，C1 ~ 26，D1 ~ 6，D8 ~ 10，D12，D13，D20，D23，D27，F3，G3 ~ 15）用于组织、器官、微生物、真菌、病毒和动物的免疫学研究。包括疾病的免疫学方面，但不包括用于诊断、预防或治疗的免疫学操作，这些分别用“诊断”、“预防和控制”或“治疗”。与化学物质主题词组配时，指作为抗原、半抗原的化学物质。

39. injuries（IN）损伤（A1 ~ 5，A7，A9，A10，A13，A14，A16，A17）与解剖学、动物和运动主题词组配，表明受到创伤或损伤。但不包括细胞损伤，此时须用“病理学”。

40. innervation（IR）神经支配（A1 ~ 5，A7，A9，A10，A13，A14，A16，A17）

用于器官、部位或组织的神经支配。41. instrumentation（IS）仪器和设备（E1 ~ 5，H1，H2） 与诊断或治疗操作、分析技术以及专业或学科主题词组配，表明器械、仪器或设备的研制或改进。

42. isolation&purification（IP）分离和提纯（A21，B2 ~ 4，D1 ~ 6，D8 ~ 10，D12，D13，D20，D23，D25 ~ 27） 与细菌、病毒、真菌、原生动物和蠕虫组配，表明对其纯株的获取或通过 DNA 分析、免疫学或其他方法（包括培养技术）以验证或鉴定有机体；也可与生物学及化学物质组配，表明对其成分的分离和提纯。

43. legislation & jurisprudence（LJ） 立 法 和 法 学（E4，H1，H2，I2，I3，M1，N2 ~ 4）用于法律、法令、条例，或政府法规以及涉及法律的争议和法庭判决。

44. manpower（MA）人力（H1，H2） 与学科、项目或计划主题词组配，说明其人员的需求、提供、分配、招聘和使用。

45. metabolism（ME）代谢（A2 ~ 21，B1 ~ 5，C1 ~ 26，D1 ~ 6，D8 ~ 10，D12，D13，D20，D23，D25 ~ 27，F3） 用于器官、细胞和亚细胞成分、有机体和疾病的生物化学变化和代谢；药品和化学物质的分解代谢变化（即复杂分子分解为简单分子）。合成代谢过程（即小分子转变为大分子）、酶学，药代动力学和分泌则用相应副主题词。

46. methods（MT）方法（E1 ~ 5，H1，H2） 用于各种技术、操作和程序的方法。

47. microbiology（MI）微生物学（A1 ~ 18，A20，B1，C1 ~ 26，E7，F3，J2） 用于器官、动物、高等植物和疾病的微生物学研究。但对寄生虫方面的研究则用“寄生虫学”；对病毒方面的研究用“病毒学”。

48. mortality（MO）死亡率（C1 ~ 26，E2 ~ 4，F3） 与人类和兽医学疾病主题词组配，表明其死亡率的统计；用于经统计学处理过的因各种操作引起的死亡。但由于特殊病例引起的死亡用“致命性结局”。

49. nursing（NU）护理（C1 ~ 26，E2 ~ 4，F3） 用于疾病的护理和护理技术，还包括诊断、治疗和预防操作中的护理。

50. organization & administration（OG）组织和管理（H1，H2，I2，N2，N4） 用于行政组织机构和管理。

51. parasitology（PS）寄生虫学（A1 ~ 18，A20，B1，C1 ~ 26，E7，F3，J2） 用于动物、高等植物、器官和疾病的寄生虫因素。但不用于诊断中未言明的寄生虫因素。

52. pathogenicity（PY）致病力（B2 ~ 4） 用于微生物、病毒、寄生虫对人、动物或植物致病力的研究。

53. pathology（PA）病理学（A1 ~ 11，A13 ~ 17，A20，C1 ~ 26，F3） 用于疾病状态时器官、组织及细胞的结构。

54. pharmacokinetics（PK）药代动力学（D1 ~ 6，D8 ~ 10，D12，D13，D20，D25 ~ 27） 用于外源性化学物质或药品吸收、生物转化、分布、释放、运转、摄取和排泄的机制和动力学，而这些变化取决于剂量和代谢过程的范围程度和速率。

55. pharmacology（PD）药理学（D1 ~ 6，D8 ~ 10，D12，D13，D20，D23，D25 ~ 27） 用于药品和外源性投给的化学物质对活组织或有机体的作用，包括生理学及生物化学过程的加速或抑制及其他药理作用机制。

56. physiology（PH）生理学（A1 ~ 21，B1 ~ 5，D6，D8，D12，D13，D23，G2 ~ 15） 用于器官、组织、单细胞和多细胞生物的正常功能；也用于内源性生化物质的生理作用。

57. physiopathology（PP）病理生理学（A1～5，A7～10，A13，A14，A16，A17，C1～26，F3）用于器官和疾病，表明疾病状态时的功能障碍。

58. poisoning（PO）中毒（A18，D1～6，D8～10，D12，D13，D20，D23，D25～27，J2）用于药品、化学物质、工业原料等对人和动物所致的急、慢性中毒，包括意外的、职业性的、自杀的、误用的以及环境暴露所致中毒。

59. prevention & control（PC）预防和控制（C1～26，F3）与疾病主题词组配，表明增强人和动物的抗病力（如预防接种），控制传播媒介，预防和控制环境危害因素，以及预防和控制引起疾病的社会因素，也包括对个例的预防措施。

60. psychology（PX）心理学（C1～26，E2～4，E6，F3，I3，M1）与非精神性疾病，技术及人群主题词组配，表明其心理的、精神性疾病的、身心的、社会心理学的、行为的和感情的方面；与精神性疾病主题词组配，则表明其心理的方面。与动物主题词组配，则表明动物的行为和心理学方面。

61. radiation effects（RE）辐射效应（A1～21，B1～5，D1～6，D8～10，D12，D13，D20，D23，D25～27，C2～15，J2）与有机体、器官、组织及其组成部分、生理过程等主题词组配，表明电离或非电离辐射对其发生的作用；也可与药品、化学物质主题词组配，表明辐射对其发生的效应。

62. radiography（RA）放射摄影术（A1～17，A20，C1～26，F3）用于器官、部位和疾病的X线检查，不包括放射性核素显像。

63. radionuclide imaging（RI）放射性核素显像（A1～17，A20，C1～26，F3）用于各种解剖结构的放射性核素显像以及对疾病的诊断。

64. radiotherapy（RT）放射疗法（C1～26）与疾病主题词组配，表明用电离或非电离辐射治疗疾病；也包括放射性同位素疗法。

65. rehabilitation（RH）康复（C1～21，C23～26，E4，F3）与疾病及外科操作主题词组配，表明个体功能的康复。

66. secondary（SC）继发性（C4）用于肿瘤进程转移的继发部位。

67. secretion（SE）分泌（A3～16，A20，C4，D6，D8，D12，D13）用于腺体、组织或器官的完整细胞活动而产生的内源性物质经细胞膜排出，进入细胞间隙或腺管。

68. standards（ST）标准（D1～6，D8～10，D12，D13，D20，D25～27，E1～7，F4，H1，H2，I2，J1，J2，N2～4）与设备、人员、规划主题词组配，表明对其必要性和可行性标准的制定、测试和应用；与化学及药品主题词组配，指其鉴定标准以及质量和效力的标准，还包括工业和职业中的卫生或安全标准。

69. statistics & numerical data（SN）统计学和数值数据（E1～7，F4，H1，H2，I2，I3，M1，N2～4）与非疾病主题词组配，用以表达描述特定组群的数据的数值，不包括人力资源配置数据，此时须用“人力”；也不包括供应与需求，此时须用“供应和分配”。

70. supply & distribution（SD）供应和分配（D1～6，D8～10，D12，D13，D20，D25～27，E7，J2）与物资、仪器设备、卫生保健服务、人员和设施主题词组配，表明可能获得上述物资或拥有上述设施的数量及其分配情况。不包括工业和事业中食品和水的供应。

71. surgery（SU）外科学（A1～5，A7～10，A13，A14，A16，A17，C1～26，F3）对器官、部位或组织进行外科手术以治疗疾病，包括激光切除组织。不包括移植术，此时须用“transplantation”。

72. therapeutic use（TU）治疗应用（D1～6，D8～10，D12，D13，D20，D23，D25～27）用于药品、生物制品及物理因素，用来预防或治疗疾病，包括兽医用药。

73. therapy（TH）治疗（C1～26，F3）用于疾病的治疗，不包括药物疗法、膳食疗法、放射疗法及外科学，因已有相应的副主题词。但可用于涉及综合疗法的文献和书籍。

74. toxicity（TO）毒性（A18，D1～6，D8～10，D12，D13，D20，D23，D25～27，J2）与药物及化学物质主题词组配，表明其对人体和动物有害作用的实验研究，如安全剂量的测定，以及按不同剂量给药产生的不同反应；也用于暴露于环境污染物的实验研究。

75. transmission（TM）传播（C1～3，C22）用于疾病传播方式的研究。

76. transplantation（TR）移植（A2，A3，A5～11，A13～17，A20）指器官、组织、细胞在同一个体由一个部位移植于另一部位，或在同种或异种不同个体间的移植。

77. trends（TD）发展趋势（E1～7，H1，H2，I2，I3，N2～4）指事物随时间推移而发生质和量的变化的方式，包括过去、现在和将来，但不包括对具体患者疾病过程的讨论。

78. ultrasonography（US）超声检查（A1～17，A20，C1～26，F3）与器官和部位主题词组配，表明对其进行超声显像；与疾病主题词组配，表明对其进行超声诊断。不包括超声治疗。

79. ultrastructure（UL）超微结构（A2～11，A13～21，B1～5，C4，D8，D12）用于组织、细胞（包括肿瘤）和微生物的超微解剖结构，通常用光学显微镜观察不到的细微解剖结构。

80. urine（UR）尿（C1～26，D1～4，D6，D8～10，D12，D13，D20，D23，D27，F3）用于尿中物质的存在和分析；也用于疾病时尿内物质的变化及尿的化验。

81. utilization（UT）利用（E1～4，E6，E7，N2，N4）与设备、设施、规划、服务项目及卫生人员主题词组配，以讨论其实际使用情况，通常都附有数据，也包括讨论其过度使用或使用不足。

82. veterinary（VE）兽医学（C1～21，C23～26，E14，E6，E7）用于动物自然发生的疾病或指兽医学中使用的诊断、预防和治疗操作。

83. virology（VI）病毒学（A1～20，B1～3，B5，C1～26，E7，F3，J2）用于器官、动物和高等植物以及疾病的病毒学研究。但细菌、立克次体、真菌等用“微生物学”，对寄生虫方面的研究用“寄生虫学”

实用医学网址

美国 Whitehead 生物医学研究基因组研究中心 http：//www.genome.wi.mit.edu

美国多媒体落实参考图书馆 http：//www.reed-library.com/medlibrary

美国国家医学图书馆网络 http：//www.nnlm.him.nih.gov

美国国立卫生研究院（National Health Institute，NIH）http：//www.nih.gov

美国国立医学图书馆（National Library of Medicine，NLM）http：//www.nlm.nih.gov

美国国立医学图书馆信息资源指南热线（DIRLINE）http：//dirline.Nlm.nih.gov

美国华盛顿大学数字图书馆 http：//library.Wustl.edu

美国疾病控制与预防中心（The Centers for Disease Control and Prevention，CDC）http：//www.cdc.gov

美国商务部国家技术情报服务处 NTIS 数据库 http：//www.ntis.gov

美国生物技术信息中心 http：//www.ncbi.nlm.nih.gov

美国药典 http：//www.usp.org

美国医生指南数据库会议信息库 http：//www.pslgroup.tom

美国医学院协会（Association of American Medical Colleges，AAMC）http：//www.aamc.org

美国专利与商标局（United States Patent and Trademark Office）网上数据库 http：//www.uspto.gov

美国最新医学会议数据库 http：//www.medicalconferences.com

欧洲分子生物实验室 http：//www.embl-hei-delberg.de

日本核酸数据库 http：//www.nij.sc.jp

日本专利 http：//wwwl.ipdl.jpo-miti.go.jp

瑞士日内瓦大学生物信息数据库 http：//www.expasy.ch

瑞士苏黎世 Braintrack 公司高校机构指南 http：//www.braintrack.com

参考文献

1．安娜 . 新版 Springer Link 网络数据库的检索与利用 [J]. 情报杂志，2007，10：61-62.

2．CALIS　http://opac.calis.edu.cn/opac/html/userhelp.html.

3．曹洪欣 . 医学信息检索与利用，学习指导与实习题集 . 2 版 . 上海：第二军医大学出版社，2010.

4．陈建红 .NoteExpress 文献管理软件在研究生毕业论文写作中的应用研究 [J]. 农业网络信息，2014，10：90-93.

5．陈强 . 功能强大的中文文献管理工具——NoteExpress[J]. 福建图书馆理论与实践，2007，02：59-60+26.

6．陈秀丽 . 提高外文数据库检索技巧——以 EBSCO、ScienceDirect 数据库为例 [J]. 河南图书馆学刊，2011，31：97-99.

7．代涛 . 医学信息检索与利用 . 北京：人民卫生出版社，2010.

8．邓智心，程庆荣 . 基于 NoteExpress 的桉树专题文献数据库的建立、管理和应用 [J]. 广东林业科技，2011，05：78-82+90.

9．读秀学术搜索 http：//www.duxiu.com/bottom/help_download.html

10．杜莹琦，郑琳 .ScienceDirect Online 数据库使用统计报告的获取及利用 [J]. 情报探索，2009：64-66.

11．端木艺 . 实用信息资源检索与利用 . 南京：南京大学出版社，2014.

12．方舟子 . H 指数：一种新的学术评价方法 [J]. 同舟共进，2006，05：9-10.

13．费业昆 . 信息检索综合教程 . 北京：中国电力出版社，2013，264.

14．傅倩，葛巧珍 .SciFinder Web 版数据库在化学类科研活动中的应用 [J]. 化工高等教育，2014，31：103-108.

15．耿海英，肖仙桃 .Web of Science 和 Google Scholar 引文检索功能比较 [J]. 图书与情报，2007：100-102.DOI：10.3969/j.issn.1003-6938.2007.03.027.

16．顾萍，谢志耘 . 医学文献检索 . 北京：北京大学医学出版社，2013.

17．何汶 .“H 指数”——衡量科学家个人成就的一个评价指标 [J]. 评价与管理，2006，02：75.

18．黄晓鹏. 医学信息检索与利用 . 北京：科学出版社，2012.

19．汇文系统 OPAC　http：//odp.nit.net.cn/xxjs/index.php/ 汇文系统 OPAC

20．江梅 .SciFinder Scholar 数据库及其检索方法 [J]. 浙江高校图书情报工作，2005：30-36.

21．姜春林，刘则渊，梁永霞 .H 指数和 G 指数——期刊学术影响力评价的新指标 [J]. 图书情报工作，2006，12：63-65+104.

22．姜洋 .ScienceDirect 数据库收录药学类期刊的分析 [J]. 科技情报开发与经济，2009，19：33-34.

23．蒋凌慧 .Web of Science 数据库中的特色链接 [J]. 现代图书情报技术，2001：44-45. DOI：10.3969/j.issn.1003-3513.2001.04.015.

24．金晓祥 . 数字信息检索与创新 . 北京：中国书籍出版社，2013，01：312.

25. 邝国庭 .OVID-MEDLINE 与 ISI-MEDLINE 的比较研究 [J]. 中华医学图书情报杂志，2010，12：61-63.
26. 李桂影 .SciFinder Scholar 数据库及其检索利用 [J]. 医学信息学杂志，2007，28：24-25.
27. 李红梅，王振亚. 医学信息检索与利用. 北京：人民邮电出版社，2013.
28. 李健康，夏旭 . 现代医学信息检索 . 深圳：海天出版社，2005.
29. 李彭元，何晓阳 . 医学文献检索 . 北京：科学出版社，2010：139-162.
30. 李晓玲，符礼平 . 医学信息检索与利用 . 5 版 . 上海：复旦大学出版社，2014.
31. 李晓玲，夏知平 . 医学信息检索与利用 . 4 版 . 上海：复旦大学出版社，2008.
32. 李岩，陈晓红 . 新版 Springer Link 全文数据库检索与利用 [J]. 农业图书情报学刊，2009，03：92-94.
33. 刘二稳 .WEB OF SCIENCE 数据库功能概述 [J]. 山东图书馆学刊，2001，20：58-59. DOI：10.3969/j.issn.1007-7634.2002.01.029.
34. 刘红 . 科技期刊的 H- 指数与影响因子比较 [J]. 中国科技期刊研究，2006，06：1125-1127.
35. 刘佳音 . 高校图书馆电子资源使用与用户检索行为统计分析——以 Science Direct 数据库为例 [J]. 大学图书馆学报，2012，30：81-86.
36. 刘竟 . 理工信息检索与利用 . 镇江：江苏大学出版社，2015.
37. 刘靖莉 .EBSCOhost、Springer Link、Kluwer、John Wiley 和 Elsevier SDOS 的比较分析 [J]. 江西图书馆学刊，2007，03：108-110.
38. 刘丽梅，周毅，苏晓宏，等 .NoteExpress 在撰写文章综述时的技巧解析 [J]. 中国校外教育，2015，18：167.
39. 刘艳杰 . 医学文献检索 . 北京：中国医药科技出版社，2006.
40. 伦志军，张见影，安力彬 .Web of Science 数据库及检索方法 [J]. 现代情报，2004，24：135-136.DOI：10.3969/j.issn.1008-0821.2004.08.058.
41. 罗爱静 . 医学文献检索与利用 . 北京：人民卫生出版社，2005
42. 罗晓宁 . 网络信息检索与利用 . 上海：同济大学出版社，2011.
43. 马花如 . 基于 NoteExpress（NE）的文献管理——从检索文献到论文写作 [J]. 农业图书情报学刊，2011，07：48-51.
44. 马林山 . 信息检索与利用 . 合肥：安徽科学技术出版社，2013：99-103.
45. 马三梅，王永飞，张立杰 . 科技文献检索与利用 . 北京：科学出版社，2014：112.
46. 马转铃，杜占江 . 信息检索与文献利用 . 石家庄：河北大学出版社，2012.
47. 缪文桦 .Elsevier SDOS 和 Web of Science 外文期刊数据库的比较研究 [J]. 学报编辑论丛，2007.
48. OCLC WorldCat：http：//www.oclc.org/zhcn-asiapacific/home.html
49. 邱均平 . 信息计量学 . 武汉：武汉大学出版社，2007.
50. 阮伟娟 .ISI Web of Science 数据库检索系统浅析 [J]. 现代情报，2006，26：127-128. DOI：10.3969/j.issn.1008-0821.2006.12.050.
51. SpringerLink 数据库：http：//baike.baidu.com/link?url=zHenyuNyX5WSyVzZBXIoY617ERd4E3VX0hSROeSCNeSQBn_mcunZZbS3toFt8KNy8DigeaosJcif6kvxKgOkvK
52. 邵诚敏，谢琳 . SciFinder Scholar 数据库的内容及特色 [C]. 2005 年中国索引学会年会暨学术研讨会，2005：43-44.
53. 邵嘉亮 . 关于 SciFinder Scholar 数据库的检索问题几点思考 [J]. 科技创新导报，2014.
54. 申利 . 基于 NoteExpress 的个人数字图书馆的创建和管理 [J]. 现代情报，2011，03：157-159.
55. 沈瑛，郑江平 .Web of Science 的检索方法与技术 [J]. 图书情报工作，2002：66 ~ 67.
56. 盛彧欣，李兰燕，毛雪石 .Reaxys 与 SciFinder 数据库对比分析 [J]. 医学信息学杂志，2012，33：57-60.
57. 史艳莉，刘爱中，惠华强等 .PubMed 改版升级后“一框三键”检索操作技巧 [J]. 中国医学教育技术，2011，03：302-304.
58. 史艳莉，路娟，王静等 .PubMed 改版升级操作作用研究 [J]. 中国医学装备，2011，08：55-57.
59. 孙君 .SciFinder Scholar 数据库的检索方法与使用技巧 [J]. 现代情报，2006，26：211-212.
60. 陶慧卿，潘卫，庄琦 . 从引文分析的角度比较 Google Scholar 与 Web of Science 的优势与不足 [J]. 图书馆杂志，2008，27：29-35.
61. 万锦堃，花平寰，宋媛媛等 . H 指数及其用于学术期刊评价 [J]. 评价与管理，2006，03：1-7.
62. 王殿佑 .NoteExpress 在参考文献编辑加工中的应用 [J]. 编辑学报，2010，06：525-527.
63. 王恺荣 .Springer Link 网络数据库新版评价 [J]. 现代情报，2008，01：59-60.
64. 王立东，唐开 .Springer Link 全文电子期刊数据库检索方法与技巧 [J]. 现代情报，2008，08：136-141.
65. 王丽萍 .NoteExpress 和 EndNoteX6 在科技查新中的应用功能比较 [J]. 创新科技，2013，12：59+91.
66. 王丽萍 . 文献信息检索与利用 . 广州：华南理工大学出版社 .2013：273.
67. 王小惠，徐云 . 医学信息检索 . 武汉：华中科技大学出版社，2010.
68. 王艺梦 . 浅析应用 NoteExpress 进行文献资源管理 [J]. 中国教育技术装备，2014，10：65-66.
69. 武婧 . 信息资源检索与毕业论文写作 . 沈阳：东北大学出版社，2014.
70. 夏立娟，孙君 .ISI Web of Science 的 Results Analysis 功能与使用 [J]. 情报探索，2008：65-67.
71. 夏立娟，张苏 . 基于 Science Direct Online 的电子期刊数据库的检索功能 [J]. 现代情报，2007，27：167-169.
72. 谢奇，李立立，关中玉等 .NoteExpress- 中文科技文献管理的绝佳助手 [J]. 科技文献信息管理，2007，03：18-21.
73. 徐庆宁，陈雪飞 . 新编信息检索与利用 . 2 版 . 上海：华东理工大学出版社，2012.
74. 杨错，高硕 .SciFinder Scholar 数据库的特点及检索技巧 [J]. 科技情报开发与经济，2010，31-33.
75. 杨耀防，陈先平 . 医学文献检索与论文撰写 . 南昌：江西高校出版社，2009.
76. 尹源 .ScienceDirect 数据库的使用评价 [J]. 中华医学图书情报杂志，2003，12：49-50.
77. 余平静，张宇. 基于 Ovid 平台的 BIOSIS Preview 数据库检索应用初探 [J]. 四川动物，

2010，03：481-483.

78. 曾英姿. 信息检索与利用 . 成都：四川大学出版社，2013：150-165.

79. 张树忠，黄继东 . 信息检索与利用 . 南京：东南大学出版社，2012：287-294.

80. 张伟聪 .Ovid-MEDLINE 与 PubMed 的对比研究 [J]. 医学信息学杂志，2008，03：23-27.

81. 张新凤 .SciFinder Scholar 数据库医院图书馆学研究文献内容分析 [J]. 医学信息学杂志，2009，30：43-45.

82. 张燕蕾 .SciFinder Scholar 数据库及其检索技巧 [J]. 中华医学图书情报杂志，2008，17：65-67.

83. 张稚鲲，李文林 . 信息检索与利用（中医院校用）. 南京：南京大学出版社，2015.

84. 掌握 OVID 数据库检索方法 [J]. 中国组织工程研究，2012，19：3506.

85. 赵乃瑄 . 实用信息检索方法与利用 . 北京：化学工业出版社，2013.

86. 中国国家图书馆联机公共目录查询系统 http：//opac.nlc.gov.cn/F/QMJVTRHVPFRDEM-KQK22T1AHINCK8386XI45YILVY55TGC25T1K-03023?func=file&file_name=help-1

87. 周静 .NoteExpress 和 EndNote 文献管理功能的比较 [J]. 中国校外教育，2009，10：64-65.

88. 周西平，石卫 . 知识整合平台——Web of Science[J]. 图书馆学研究，2003：45 ~ 48. DOI：10.3969/j.issn.1001-0424.2003.03.014.

实习题答案

第一章

第一节

一、判断题

1．√；2．√；3．√；4．√；5．×

二、选择题

1．B；2．ABC；3．ABCD；4．AC；5．ABCD

三、简答题

1．信息素养是什么？

答：信息素养 (information literacy) 是指人们在信息社会环境下，具备能够认识信息的重要性，判别信息的需求，应用现代信息技术，合理合法地获取信息，科学组织和评价信息，有效利用、交流、创造信息，以发现和解决实际问题，并支持终身学习的一种文化能力。

2．信息、知识、文献和情报的相互关系是什么?

信息是对客观存在的一切事物的反映，普遍存在于自然界和人类社会之中，包含了知识、文献、情报；对各种信息进行有目的的加工整理就形成知识，但并非所有信息都是知识，知识是信息的精华部分，知识包含于信息之中；情报是被传递的激活了的知识或事实；文献是被物化的知识记录，是存储和传递知识的介质，是人们获取信息、知识、情报的重要来源。

3．文献信息资源按载体类型划分主要分为哪些类型？

答：（1）印刷型 (print document)：从过去的手工书写发展到计算机打印，或复印机复制、网络传递等形式。不管记录方式如何，载体总是纸张。由于印刷型文献符合人类传统的阅读习惯，实用、方便，将在相当长的时间内与电子型文献共存。（2）电子型 (electronic document)：根据我国国家标准 GB 7714-2005，以数字方式将图、文、声、像等信息存储在磁、光、电介质上，通过计算机、网络或相关设备使用的记录有知识内容或艺术内容的文献信息资源，包括电子书刊、数据库、电子公告等。（3）缩微型 (microfilm document): 采用照相技术，将文献以 1：100 或 1：1000 的比例，缩小存储在感光胶卷或平片上，通过专门的阅读机进行阅读。其特点是：存储容量较印刷型大，保存期比印刷型长。（4）声像型 (audio visual document)，它包括录音带、录像带、幻灯片、电影拷贝，目前多数已经以音频或视频的电子形式在光盘和计算机网络中出现。

4．一次文献的含义及特点是什么?

答：一次文献也称原始文献 (primary literature)，是首次记录科学创造和科研成果的文献，首次记录新理论、新技术、新知识、新发明、新见解的一类文献，如期刊论文、学位论文、专利文献、会议文献等。一次文献目前主要有以下特点：数量激增，种类繁多；发表分散，老化加快；处理数字化与印刷型并存。

5．三次文献的含义是什么?

答：在阅读一次文献的基础上，分析综合归纳信息后，组织形成具有资料性、查考性、阅读性的文献。如教科书、综述、参考工具书、进展、调查报告等。

6．特种文献包括哪些?

答：无法归入图书或期刊的文献，比如科技报告、学位论文、专利说明书、标准文献、会议文献、政府报告等。这些文献一般不公开出版，普通图书馆也不收藏。但是，特种文献反映的有许多涉及了最新的研究和技术以及国家的法规、标准定义等信息，也是医学科研的重要信息源。

第二节

一、判断题

1．×；2．×；3．√；4．√；5．√

二、选择题

1．AB；2．D；3．ABCD；4．D；5．CD

三、简答题

1．文献检索的基本步骤是什么？

答：一个正规的检索课题，应当遵循以下检索步骤：分析课题需求→选择数据库→选择检索途径→拟定检索词→构筑检索式→浏览检索结果→(调整检索策略→重新检索操作)→输出检索结果→(获取原始文献)。

2．请简述通过哪些技巧以提高查全率？

答：删除某个用 and 连接的不重要的检索词；增加用 or 连接的检索词；位置算符放宽；检索词后用截词符；多用几个副主题词甚至选用所有副主题词；用下位主题词扩检；用一个字段检索改为用多个默认的字段检索；选择全文检索；从在某个分类类目中输词检索改为在所有分类类目中输词检索；用著者检索进行检索补充；多查几个数据库；进行跨库检索。

3．导致检索不匹配的原因有哪些?

答：导致检索不匹配的原因有：①需要的文献信息不在所查数据库收录范围之内；②检索用词正确但标引有误；③检索提问错误，包括检索途径用错、检索词用错、运算符用错。

4．主题词的含义及其特点是什么?

答：主题词 (subject heading) 又称叙词 (descriptor)，是经过规范化处理的人工检索语言。主题词具有以下 5 个特点。

1）在多个同义词中规定一个词(或词组)为主题词，通过主题词表的参照系统将非主题词引见主题词，或引见相关的主题词。

2）配有副主题词，使文献检索更具针对性。

3）主题词表中有树型结构，形成主题词的等级知识体系，从中可了解主题词的隶属关系，便于了解和选择更合适的检索词。

4）主题词往往滞后于科学技术发展。新的科技词汇要在文献中出现一段时间并达到一定数量后，经专家学者推荐和词表制定者的核准，才可能成为正式的主题词，从而出现在记录中的主题词字段中。

5）主题词不是一成不变的。在主题词表的历史注释中经常可见某一主题词的历史变化。

5．引文检索的含义及作用是什么?

答：引文检索是以被引用文献为检索起点来查到引用文献的过程。引文检索的主要作用有：①通过某篇较为经典的文献查询那些在主题上具有继承和发展的新文献；②通过文献被引用情况来评价著者的学术水平；③通过从引文数据库中统计得出的期刊影响因子来考评期刊的学术质量。引文检索最常用的检索词是被引用文献的著者，也有反映被引文献主题的词，或被引文献的刊名等。引文数据库中提示引文检索的词汇有引文、参考文献、cited author、reference、cited ref search、cited work 等。提供引文检索的数据库有 Web of Science、Scopus、中国科学引文数据库、中国引文数据库等。

第三节

一、判断题

1．√；2．√；3．√；4．√；5．√

二、选择题

1．ABC；2．AB；3．C；4．A；5．ABC

三、简答题

1．数据库的概念是什么？

答：数据库是指由计算机进行处理的一定数量同类信息的有序集合，是用来存储和查找文献信息的电子化检索工具。

2．记录与文献的概念区别是什么？

答：记录与文献的概念区别在于：前者是数据库中的一个单元，含有数据库加工信息，如主题词、文献类型、记录顺序号等；后者的内容由作者提供，对应的是文献的原文。

3．记录细化成字段的作用有哪些?

答：记录细化成字段的作用有：帮助识别记录内容，方便检索结果输出时的格式选择，便于进行字段限定检索。

4．数据库包括哪些类型?

答：书目数据库、事实数据库、数值数据库、全文数据库、图像数据库、多媒体数据库。

5．举例说明常用的中外文全文数据库有哪些?

答：全文数据库直接提供原文，是近年来发展迅速和深受欢迎的一类数据库。使用全文数据库，免去了查询书目数据库后还得奔波去获取原文的麻烦。中文期刊全文数据库有中国知网中的“中国学术期刊网络出版总库”、重庆维普的“中文科技期刊数据库”、万方数据知识服务平台上的“期刊全文库”等。西文期刊全文数据库有 Elsevier Science Direct，ProQuest Health and Medical Complete 等。提供图书全文阅读的有“超星数字图书馆”、EBSCO Ebook(原名 NetLibrary) 等。

第二章

第一节

一、判断题

1．√； 2．√； 3．×； 4．√； 5．√

二、选择题

1．A； 2．B； 3．C； 4．B； 5．C

三、简答题

1. 什么是主题词/副主题词组配检索？

答：CBM 中，主题词/副主题词组配检索指的是副主题词用于对主题词的某一特定方面加以限制，强调主题词概念的某些专指方面。CBM 副主题词一共有 94 个，表明同一主题的不同方面。主题词与副主题词的组配有严格的规定。

2. CBM 中，主题词选择为什么可以通过主题词注释查找标准英文主题词，实现 PubMed 主题检索?

答：CBM 中，主题检索又称主题词表辅助检索，输入检索词后，系统将在《医学主题词表（MeSH）》中文译本及《中国中医药学主题词表》中查找对应的中文主题词。也可通过“主题导航”，浏览主题词树查找需要的主题词。

主题词注释包括：主题词的中英文名称、款目词、树状结构号、相关主题词、检索回溯注释、标引注释、历史注释、主题词详解（定义）等内容。有助于正确使用主题词，并为选择更合适的主题词（包括英文数据库检索）提供线索。

3. CBM 中“精确”检索与“模糊”检索的区别是什么?

答：CBM 中，模糊检索也称包含检索，即在返回的检索结果中命中的字符串包含输入的检索词。模糊检索能够扩大检索范围，提高查全率。如无特殊说明，中国生物医学文献数据库中默认进行的是模糊检索。精确检索是检索结果中命中的字符串等同于检索词的一种检索，适用于关键词、主题词、特征词、分类号、作者、第一作者、刊名、期字段。

4. CBM 中“加权检索”指的是什么?

答：加权检索指的是仅对加 * 主题词（主要概念主题词）检索，非加权检索表示对 * 主题词和非 * 主题词（非主要概念主题词）均进行检索。默认状态为非加权检索，若进行加权检索对“加权检索”选择框进行标记。

5. 简述 CBM 数据库的特殊功能。

答：CBM 数据库的特殊功能主要有：翻译中文规范词、相关专业中图法分类号确定、确定期刊编辑部信息、作者机构限定检索以及结果分析功能。

6. 分类检索时，“扩展分类号”表示什么？

答：扩展检索表示对该分类号及其全部下位类号进行检索，不扩展表示仅对该分类号进行检索；复分组配检索表示“选择复分号”是供用户选相应的复分号与主类号组配，作用类似主题检索时选择副主题词。复分组配用于对主类号某一特定方面加以限制。选择某一复分号，表示仅检索当前主类号的某一方面文献。。

四、检索题

1. 在 CBM 的“快速检索”中查找李华有关尼群地平研究的文献。

答 方法一，第一步：在检索词输入框中输入“李华”，点击“检索”按钮；第二步：在检索词输入框中输入“尼群地平”，点击“检索”按钮；第三步：点击“检索历史”，勾选“李华”“尼群地平”检索表达式，选择逻辑与“AND”，执行检索，可获得切题文献。

方法二，第一步：在检索词输入框中输入“李华”，点击“检索”按钮；第二步：在检索词输入框中输入“尼群地平”，点击“二次检索”按钮，可获得切题文献。

方法三，在检索词输入框中输入“李华”，空格输入“尼群地平”，点击“检索”按钮，可获得切题文献。

2. 在 CBM 的“高级检索”中查找协和医科大学发表的“禽流感”或“H5N1”的文献。

答：第一步：在“构建表达式”中选择“关键词”字段，先后输入“禽流感”和“H5N1”，分别点击“发送到检索框”，两者之间的逻辑组配选择“OR”；第二步：在“构建表达式”中选择“作者单位”字段，然后输入“协和医科大学”，在逻辑组配选择框中选择“AND”后，点击“发送到检索框”后再执行“检索“操作，即可获得切题文献。

3．在CBM的“主题检索”中查找“糖尿病并发症白内障的治疗”方面的文献。

答：第一步：进入CBM的主题检索页面，在检索入口选择“中文主题词”，输入“糖尿病”后，点击“查找”按钮。浏览查找结果，在列出的所有款目词和主题词中选择“糖尿病并发症”，点击主题词“糖尿病并发症”；第二步：在主题词注释详细页面，显示了该主题词可组配的副主题词、主题词的详细解释和所在的树形结构。可以根据检索需要，选择是否“加权检索”“扩展检索”。“糖尿病并发症的治疗”应选择副主题词“治疗”，点击“添加”后，点击“发送到检索框”；第三步：在检索入口选择“中文主题词”，输入“白内障”后，点击“查找”按钮，在列出的所有款目词和主题词中选择主题词“白内障”；第四步：在主题词注释详细页面，选择副主题词“治疗”后点击“添加”。在逻辑组配选择框中选择“AND”后，“发送到检索框”后点击“主题检索”按钮，即可检索出“糖尿病并发症白内障的治疗”方面的文献。

4．在CBM的“分类检索”中查找“胃肿瘤的药物疗法”方面的文献。

答：第一步：在CBM的分类检索页面的检索入口选择“类名”，输入“胃肿瘤”后“查找”，在列出的所有分类名中查找“胃肿瘤”，点击分类名“胃肿瘤”；第二步：在分类词注释详细页面，显示了该分类可组配的复分号、详细解释和所在的树形结构。可以根据检索需要，选择是否“扩展检索”。“胃肿瘤的药物疗法”应选择复分号“药物疗法、化学疗法”。“添加”后“发送到检索框”，再点击“分类检索”按钮，即可检索出“胃肿瘤的药物疗法”方面的文献。

5．在CBM的“期刊检索”中查找“北京大学学报•医学版”2012年第3期的文献。

答：第一步：进入CBM的期刊检索页面，在检索入口选择“刊名”，输入“北京大学学报”后，点击“查找”。在列出的所有期刊中查找“北京大学学报•医学版”，点击刊名；第二步：在期刊详细注释信息页面里，在“全部年”的下拉列表中选择“2012年”，在“全部期”的选择“第3期”。点击“浏览本刊”，即检索出“北京大学学报•医学版”2012年第3期的文献。

第二节

一、判断题

1．×； 2．×； 3．√； 4．√； 5．√

二、选择题

1．A； 2．A； 3．ABCD； 4．ABC； 5．AB

三、简答题

1．中国学术文献网络出版总库跨库检索平台的检索方法有哪些?

答：中国学术文献网络出版总库跨库检索平台的检索方法有检索、高级检索、专业检索、作者发文检索、科研基金检索、句子检索和来源期刊检索。

2．中国学术文献网络出版总库中知网节的功能有哪些？

答：在CNKI检索系统中，提供单篇文献详细信息和扩展信息的浏览页面被称为“知网节”。“知网节”以单篇文献为节点（亦称“节点文献”），对该节点文献的信息资源进行了深度挖掘和加工，并通过概念相关、事实相关、参考引证等多种方法揭示知识之间的各种关联，将整个CNKI检索平台上的文献资源编织成纵横交错的文献网络和知识网络。利用“知网节”界面，有助于在检索的过程中更加方便地追溯知识的源头，掌握知识发展的脉络。

3．中国学术文献网络出版总库的检索结果如何进行分组筛选？

答：检索结果按不同分组显示聚类结果进行分组浏览。分组的类型包括：“学科”“发表年度”“基金”“研究层次”“作者”“机构”。单击检索结果列表上方的分组类型，再单击具体分组栏目，其下方检索结果显示区可按照该分组类型的分组栏目展开分组具体内容。

4．什么是期刊的综合影响因子和复合影响因子？

答：综合影响因子主要是指文、理科综合，是以科技类期刊及人文社会科学类期刊综合统计源文献计算，被评价期刊前两年发表的可被引文献在统计年的被引用总次数与该期刊在前两年内发表的可被引文献总量之比。复合影响因子是以期刊综合统计源文献、博硕士学位论文统计源文献、会议论文统计源文献为复合统计源文献计算，被评价期刊前两年发表的可被引文献在统计年的被引用总次数与该期刊在前两年内发表的可被引文献总量之比。

5．通常从哪几方面优选检索到文献？

答：通常可以从下载频次、被引频次、核心期刊及最近出版文献等几方面综合优选检索到文献。

四、检索题

1．检索音乐疗法治疗失眠方面的相关文献，并查看参考文献。

答：第一步：点击工具栏“期刊”的“检索”按钮；第二步：在检索页面的检索入口检索框选择“主题”，检索词输入框输入“音乐疗法”；第二个检索框检索词输入框输入“失眠”；第三步：选择逻辑算符“并含”。点击“检索”按钮，即可检出切题文献；第四步：点击，可以下载查看参考文献。

2．检索“2005年以来钟南山院士以第一作者在《中华结核和呼吸杂志》上刊登的文章”，下载一篇最新文献的CAJ和PDF格式的全文。

答：第一步：点击工具栏“期刊”的“高级检索”按钮；第二步：在检索页面的检索入口检索框选择“作者”，检索词输入框输入“钟南山”；第三步：在来源期刊检索框检索词输入“中华结核和呼吸杂志”；第四步：时间选择2005年至今。点击“检索”按钮，即可检出切题文献；第五步：在排序中，点击，可以按最新文献排序；第六步：点击最新文献题名，按CAJ和PDF格式下载全文。

3．查找《腹腔外科杂志》的期刊信息，查看期刊综合影响因子和复合影响因子、ISSN号、创刊年、出版地、主办单位及电子邮箱地址。

答：第一步：点击工具栏“期刊”的“来源期刊检索”按钮；第二步：在来源期刊检索框检索词输入“腹腔外科杂志”，点击“检索”按钮；第三步：点击“腹腔外科杂志”，查看期刊综合影响因子和复合影响因子、ISSN号、创刊年、出版地、主办单位及电子邮箱地址。

4．检索有关艾滋病治疗在分子生物学及遗传工程领域的研究文献，并找出被引用次数最多的文章。

答：第一步：点击工具栏“期刊”的“检索”按钮；第二步：在文献分类目录，选择学科领域，点击“医药卫生科技”前，点击“基础医学”前，勾选“分子生物化学与分子生物学”及“医学遗传学”；第三步：在检索页面的检索入口，第一个检索词输入框输入“艾滋病”，第二个检索词输入框输入“获得性免疫缺陷综合征”，选择逻辑算符“或含”，点击“检索”按钮；第四步：在排序中，点击“被引”，检到的第一篇文献即被引用次数最多的文献。

5. 利用CNKI知识元搜索功能查看近5年来肿瘤基因治疗的学术研究趋势。

答：第一步：点击CNKI的“学术趋势搜索”按钮；第二步：在“学术趋势搜索”检索词输入框输入“肿瘤基因治疗”点击“检索”按钮，查看近5年来肿瘤基因治疗的学术研究呈下降趋势。

第三节

一、判断题

1. √； 2. √； 3. √； 4. ×； 5. ×

二、选择题

1. A； 2. A； 3. ABC； 4. ABC； 5. ABC

三、简答题

1. 万方学术期刊数据库的检索途径有哪些？

答：万方学术期刊数据库的检索途径有简单检索、高级检索、专业检索和学术期刊导航。

2. 什么是精确匹配和模糊匹配?

答：精确匹配表示精确检索，输入的检索词和检出结果一致。模糊匹配表示模糊检索，检出词含有输入的检索词的词素。

3. 万方数据期刊论文数据库提供的导航方式有哪些?

答：万方数据期刊论文数据库提供了学科分类导航、地区导航和首字母导航三种期刊分类导航方式。

4. 利用万方数据期刊论文数据库如何查看期刊详细信息?

答：在导航结果或者是检索结果界面上点击刊名，进入期刊的详细信息界面。在该界面可以查看期刊的主要信息，如期刊简介、最新一期目录、期刊信息、主要栏目、获奖情况、联系方式等。该界面中的“收录汇总”提供了系统所收录期刊所有年代各期论文的链接，“刊内检索”提供了本刊论文检索的功能，还提供了同类期刊的推荐链接。

5. 万方学术期刊数据库的检索途径有哪些？

答：万方学术期刊数据库的检索途径有简单检索、高级检索、专业检索和学术期刊导航。

四、检索题

1. 在“学术期刊导航”中查找《中华微生物和免疫学杂志》的编辑部信息。

答：第一步：可以通过期刊浏览的功能，在学术期刊主页的学科分类中的医药卫生类目下，点击“基础医学”，通过浏览可找到该刊；第二步：点击《中华微生物和免疫学杂志》，可得到该刊的期刊信息，进而获得E-mail或编辑部的地址进行投稿。

2. 使用高级检索查找膳食对肥胖症预防及辅助治疗作用研究的相关文献。

答：第一步：点击工具栏“期刊论文”的“高级检索”按钮，在第一行，选择“关键词”字段，在检索词输入框输入“膳食”，选择逻辑算符“与”；第二步：在第二行，选择“关键词”字段，在检索词输入框输入“肥胖症”，选择逻辑算符“与”；第三步：在第三行，选择“关键词”字段，在检索词输入框输入“预防 or 治疗”，选择逻辑算符“与”；第四步：点击检索，即检索到切题文献。

3．使用专业检索查找黄连素治疗糖尿病伴高脂血症的文献。

答：第一步：点击工具栏“期刊论文”的“专业检索”按钮，检索框输入：“关键词：黄连素 and（糖尿病 or 高脂血症）”；第二步：点击检索，即检索到切题文献。

4．通过“期刊分类浏览”功能浏览肿瘤学方面的核心期刊。

答：第一步：点击工具栏“期刊分类浏览”的“医药卫生”的“肿瘤学”按钮；第二步：点击“核心刊”，即检索到肿瘤学方面的核心期刊。

5．用高级检索查找并下载苏秀兰在 2008 年发表的题名为《抗癌生物活性肽 -S 对胃癌细胞周期和凋亡的影响》文章的全文，并查看其参考文献有几篇？被哪几篇文献引用（即引证文献有几篇）？

答：第一步：点击工具栏“期刊论文”的“高级检索”按钮，在第一行，选择“创作者”字段，在检索词输入框输入“苏秀兰”，选择逻辑算符“与”；第二步：在第二行，选择“题名”字段，在检索词输入框输入“抗癌生物活性肽 -S 对胃癌细胞周期和凋亡的影响”，选择逻辑算符“与”；第三步：在第三行，选择“时间”字段，选择 2008 年；第四步：点击检索，即检索到切题文献；第五步：点击题名。查看参考文献 8 篇、引证文献 6 篇。

第四节

一、判断题

1．√；　2．√；　3．×；　4．×；　5．×

二、选择题

1．ABCD；　2．ABD；　3．BC；　4．A；　5．ABC

三、简答题

1．维普期刊资源整合服务平台的“期刊文献检索”功能提供哪些检索方法？

答：登录维普期刊资源整合服务平台，系统默认为期刊文献检索界面。在该界面除提供了基本检索、传统检索、高级检索外，还提供了期刊导航和检索历史功能。

2．“期刊文献检索”功能中“高级检索”提供的“查看同义词功能”，对提高检索效率有什么意义？

答：勾选页面左上角的“同义词”，选择关键词字段进行检索，可查看到该关键词的同义词。检索中使用同义词功能可提高查全率。

3．维普期刊资源整合服务平台，期刊导航有哪些方式？

答：期刊导航设有期刊搜索、按字顺查和按期刊浏览导航 3 种方式。

4．维普期刊资源整合服务平台，检索到文献可以按哪些格式导出？

答：维普期刊资源整合服务平台，检索到文献全选或勾选检索结果题录列表前的复选框后，点击“导出”，可将选中的文献题录以文本、参考文献、XML、NoteExpress、Refworks、EndNote、自定义格式导出。

5．维普期刊资源整合服务平台，如何进行科学指标分析？

答：维普期刊资源整合服务平台提供中国国内论文科学指标分析，通过学者、机构、地区及期刊进行排名分析；通过学科排名、学科基线、研究前沿进行学科评估；通过高频论文、热点论文进行顶尖论文分析。

四、检索题

1．在“期刊导航”中查找《毒理学杂志》的编辑部信息。

答：第一步：在“期刊导航”，刊名检索字段输入：毒理学杂志，点击期刊检索；第二步：点击《毒理学杂志》，可得到该刊的期刊信息，进而获得 E-mail 或编辑部的地址进行投稿。

2．在“期刊导航”中查找北大核心期刊收录哪些内科学期刊?

答：第一步：点击工具栏“期刊导航”的“核心期刊”按钮；第二步：点击“北大 2011 版核心期刊”按钮；第三步：点击“医药卫生”的“内科学”，即检索到切题文献。

3．使用基本检索，查找硬膜外腔注射吗啡用于术后镇痛研究的文献。

答：第一步：点击工具栏“期刊文献”的“基本检索”按钮，在第一行检索框“关键词字段”输入：硬膜外腔注射；第二步：在第二行检索框“关键词字段”输入：吗啡，选择逻辑算符“与”，点击“检索”；第三步：在检索框“关键词字段”输入：术后，选择逻辑算符“与”，点击“在结果中搜索”；第四步：在检索框“关键词字段”输入：镇痛，选择逻辑算符“与”，点击“在结果中搜索”，即检索到切题文献。

4．使用高级检索的直接输入检索式检索，查找检索新生儿窒息护理方面的相关文献。

答：第一步：点击工具栏“期刊论文”的“高级检索”按钮，在直接输入检索式检索框输入：“k= 新生儿 *k= 窒息 *k= 护理”（英文半角状态下）；第二步：点击检索，即检索到切题文献。

5．使用高级检索的向导式检索，查找黄连素联合二甲双胍治疗糖尿病的相关文献。

答：第一步：点击工具栏“期刊文献”的“高级检索”按钮，在第一行检索框“关键词字段”输入：黄连素 ，查看同义词，选择“小檗碱”；第二步：在第二行检索框“关键词字段”输入：二甲双胍，选择逻辑算符“与”；第三步：在第三行检索框“关键词字段”输入：糖尿病，选择逻辑算符“与”，点击检索，即检索到切题文献。

第三章

第一节

一、判断题

1．× ； 2．√ ； 3．× ； 4．× ； 5．×

二、选择题

1．A ； 2．C ； 3．ABCD ； 4．ACD ； 5．ABCD

三、解答题

1．简述 PubMed 的收录范围和各自的标记。

答：（1）MEDLINE 数据：是 PubMed 数据的主体部分，检索记录带有 [PubMed-index for MEDLINE] 标记。

（2）PreMEDLINE 数据：是一个临时性数据库，收录准备进行标引的文献信息，每天对其进行标引和加工，经过深度加工的数据转为 MEDLINE 数据，而在 PreMEDLINE 中将其删除。检索记录带有 [PubMed-in process] 标记。

（3）Publisher Supplied Citations ：主要包括各期刊出版商直接提供的数据和超出 MED-MED-）MED- ：MEDLINE 收录范围的数据，检索记录分别带有 [PubMed-as supplied by publisher] 和 [PubMed] 标记，如出版商提供的文献先于纸质期刊出版在网上发行，则还带有 [Epub ahead of print] 标记。

2．简述 Search History 的功能作用。

答：（1）Search History 记录检索过程中每一步的检索策略、检索时间和检索结果数量，最多可保留 100 条检索式，若超过 100 条，系统自动删除最早的检索式；如果对该数据库没有任何检索操作，8 小时后系统自动清空检索史。

（2）利用 Search History 可进行检索历史的回顾，直接点击检索结果数量链接即可浏览该组结果的内容。

（3）点击某个检索式序号，可以从弹出的快捷菜单（option）中选择 AND、OR、NOT 与其他检索式进行布尔逻辑运算，还可选择 Delete 删除该检索式、选择 View 显示检索结果、选择 Details 查看该检索式的详细策略、选择 Save in My NCBI 保存该检索式。

3．简述自动词语匹配（Automatic Term Mapping）的功能作用。

答：（1）在 PubMed 主页的检索词输入框中输入检索词进行检索，系统会执行自动词语匹配功能。用户输入的检索词会依次到主题词转换表（MeSH Translation Table）、刊名转换表（Journals Translation Table）、作者姓名全称转换表（Full Author Translation Table）和调研者或合作者姓名索引表［Investigator（Collaborator）index］中去匹配和转换。一旦在某个表中获得匹配的词，系统就用该词进行检索，不再找下一个表。

（2）如果在上述 4 个表中都找不到可以匹配的词，系统会将词组或短语拆分成单词，再用这些单词依次到这 4 个表中去匹配，这些单词间为 AND 关系。

（3）如果仍找不到相匹配的词，就用这些单词在所有字段中查找，各词间仍为AND关系。

4．简述在 PubMed 如何进行逻辑表达式检索。

答：在 PubMed 检索词输入框中，可直接使用布尔逻辑运算符（AND、OR 和 NOT）进行检索，运算符要大写。多个布尔逻辑运算符同时出现时，遵循自左向右运算，加括号改变运算顺序的规则。

5．简述在 PubMed 如何获取免费全文。

答：（1）PubMed 数据库提供全文链接服务，其全文来源主要有两个：① PubMed Cen-Cen-）Central（PMC）：NCBI 开发和管理的生命科学的免费期刊全文数据库，用户可免费获取全文。②期刊网站：一些出版商在期刊网站上提供免费全文，通过刊名链接能获取该文献的全文。

（2）在 Summary 显示格式下，具有免费全文链接的记录分别带有 Free PMC Article 和 Free article 标志。这些全文有 HTML 格式和 PDF 格式，但有的文献只有其中一种全文格式。

（3）在检索结果页面选择 Summary 格式显示检索结果，找到带有免费全文链接的题录，点击其篇名链接，进入文摘界面，找到 Free PMC Article 或 Free article 图标，点击上述两个图标即可进入全文下载页面。

四、检索题

1．用基本检索查找有关干细胞（stem cell）移植（transplation）治疗渐冻症（肌萎缩侧索硬化 amyotrophic lateral sclerosis，ALS）的文献。

答：检索词：stem cell，transplation，amyotrophic lateral sclerosis

检索式："stem cell" AND transplation AND "amyotrophic lateral sclerosis"

检索步骤：进入PubMed首页，在检索框中输入"stem cell" AND transplation AND "amyotrophic lateral sclerosis”，检索入口选择系统默认，点击 search 完成检索。

2．用高级检索查找有关胆囊炎（cholecystitis）治疗的文献。

答：检索词：treat*，therap*，surg*，cholecystitis

检索式：（treat* OR therap* OR surg*）AND cholecystitis

检索步骤：

（1）进入 PubMed 首页点击检索框下的 Advanced 进入高级检索页面。

（2）在第一个检索框中输入 treat*，第二个检索框中输入 therap*，检索框前的逻辑关系选择 OR，在第三个检索框中输入 surg*，在检索框前的逻辑关系选择 OR，在第四个检索框中输入 cholecystitis，检索框前的逻辑关系选择 AND，检索入口均为系统默认，点击 Search 完成检索。

3．查找期刊 Acta Cardiologica 中有关系统性红斑狼疮（systemic lupus erythematosus）的论文。

答：检索词：Acta cardiologic/Acta cardiol，systemic lupus erythematosus

检索式：Acta cardiologic（或 Acta cardiol）AND“systemic lupus erythematosus”

检索步骤：

（1）进入 PubMed 首页点击检索框下的 Advanced 进入高级检索页面；

（2）在第一个检索框中输入 Acta cardiologic 或 Acta cardiol，检索入口选择 journal；

（3）在第二个检索框中输入“systemic lupus erythematosus”，检索入口为系统默认，检索框前的逻辑关系选择 AND，点击 Search 完成检索。

4．检索 Cahill DJ 以第一作者发表的有关子宫内膜异位症（endometriosis）的论文。

答：检索词：Cahill DJ，endometriosis

检索式：（Cahill DJ[Author - First]）AND endometriosis

检索步骤：

（1）进入 PubMed 首页点击检索框下的 Advanced 进入高级检索页面。

（2）在第一个检索框中输入 Cahill DJ，检索入口选择 Author-First。

（3）在第二个检索框中输入 endometriosis，检索入口为系统默认，检索框前的逻辑关系选择 AND，点击 Search 完成检索。

5．用主题词途径检索有关尼莫地平（nimodipine）治疗蛛网膜下隙出血（subarachnoid-hemorrhage）的副作用方面的论文。

答：（1）进入 PubMed 首页点击页面下方的 MeSH Database 进入主题词检索页面。

（2）在检索框中输入 nimodipine，点击 Search，进入主题注解页面。

（3）在主题词注解页面选择副主题词 adverse effects，在页面右侧选择逻辑关系为 AND，点击 Add to search builder，将检索词加入到 PubMed Search Builder 中。

（4）在检索框中输入 subarachnoid hemorrhage，检索入口选择 MeSH，点击 Search，进入主题词列表，点击所需主题词 subarachnoid hemorrhage 进入主题注解页面；

（5）在主题词注解页面选择副主题词 drug therapy，在页面右侧选择逻辑关系为 AND，点击 Add to search builder，将检索词加入到 PubMed Search Builder 中，点击 Search PubMed 完成检索。

第二节

一、判断题

1．√； 2．×； 3．×； 4．×； 5．√

二、选择题

1．ABC； 2．B； 3．A； 4．ABCDE； 5．AB

三、简答题

1．OVID Full Text 中如何进行截词检索？请举例说明。

答：(1)“$”：用于词尾，可代替多个字符。例如，disease$，可查到的词语是 disease、diseases、diseased 等；后面加上数字可以指定字根后可接受最大数量字符的数目．如 dog$1，会找到 dog、dogs 但是不会找到 dogma；

(2)“#”：用于词中或词尾，代替至少一个字符。例如，Wom#n，可查到 woman、women，若用在查询词的后面，如 dog#，则会查到 dogs，但不会查到 dog；在使用时前面至少要两个字符才可以查询；

(3)“?”：用于词中或词尾，仅代替一个字符，例如，colo?r，可以查到 color、colour；使用？时前面不能只有一个字符，否则会查不到。

2．OVID Full Text 的位置算符有哪些？如何应用？请举例说明。

答：(1)“ADJ”：如 Coral ADJ reef 表示 Coral 与 reef 要相邻，前后顺序固定。

(2)“ADJn”：在两个检索字中间最多可以放进 *n* 个字，而且前后两个检索字可以互换。例如，physician ADJ5 relationship 查到的资料有 physician patient relationship、patient physi-physician

relationship、relationship of the patient to the physician。

3．OVID Full Text 中如何进行期刊浏览检索？

答：在 OvidSP 平台上的数据库选择界面及各数据库的检索界面的顶部点击“Journals”，即可打开期刊浏览界面。系统提供 3 种期刊浏览方式：

(1) 一是按访问权限浏览期刊（Filter by Availability），可选择浏览本单位订阅期刊（My Subscriptions）或浏览 OvidSP 全部全文期刊（All Ovid journals）；

(2) 二是按刊名字顺（A-Z）浏览期刊，即按期刊全称的首字母顺序浏览期刊；

(3) 三是按学科主题浏览期刊，系统将其所收录的期刊按主题分 16 大类，每一大类下又分成若干个子类，个别子类目还细分下一级类目，在每一终级类目下有相对应的期刊数，点击类目链接即可调出该类期刊列表。

4．简要描述 OVID Full Text 的高级检索方式。

答：高级检索（Advanced Search）提供关键词、著者、题名关键词及刊名 4 个检索入口。

(1) 关键词检索（Keyword）：是指在文章的标题、文摘、全文及标题文本等字段中检索所输入的关键词，可使用“$”或“*”进行截词检索。它是高级检索界面中默认的检索途径。

(2) 著者检索（Author）：用于在数据库中查找某人所发表文章的检索途径。在检索时输入著者姓名，要求姓在前名在后，名仅用首字母即可，姓和名间空一格。

(3) 篇名关键词检索（Title）：将检索词或词组限定在文献题目中，可使用“$”或“*”进行截词检索。

(4) 期刊检索（Journal）：此项检索途径要求必须输入期刊的全称或全称的开头部分加

截词符号（* 或 $），不能用缩写刊名检索，也不能用刊名中的关键词进行检索。

5．简述在 OVID Full Text 中如何查找特定文献。

答：应用 Find Citation 模式可以查找特定文献，在该检索模式下，系统提供一种表单式的检索菜单，可按文章题目、期刊名称、著者姓名、文章出版的年、卷、期及首页页码、出版者、索取号码和数字文献识别符等常用字段来查找特定文献，页面中的各检索项之间默认为“逻辑与”。用户可根据所掌握的文献信息选择一个或几个字段组合进行查找。

四、检索题

1．通过浏览方式查找下列文献的全文，查看该文献有多少参考文献？其中能获得全文的有几篇？

答：（1）在数据库选择界面中选择 X X X Journals@Ovid，进入本单位订购数据库；

（2）在检索界面中点击 Journals 进入浏览检索界面；

（3）在界面左侧点击 Filter by Title 前的下拉箭头，显示期刊首字母列表，按字顺找到该期刊，点击刊名，在页面左侧的 Journal Issue List 中选择相应的年、卷、期，在页面右侧文章列表中找到所需文章，点击文章标题进入在线浏览全文，查看 REFERENCES 即可了解参考文献数量，其中带有 Ovid Full Text 标记的即为可获得全文的参考文献。

2．通过基本检索查找有关胃食管反流（gastroesophageal reflux）与食管癌（esophageal cancer）关系的文献，请写出检索到的文献数量，并下载按刊名字顺降序排序后的第一篇论文的全文。

答：（1）在数据库选择界面中选择 X X X Journals@Ovid，进入本单位订购数据库；

（2）在检索输入框中输入 gastroesophageal reflux and esophageal cancer 点击 Search 即可执行检索；

（3）在检索结果页面左侧栏中 Search Returned 下面可看到检索到的文献数；

（4）在检索结果页面左侧栏中点击 Sort By 的下拉菜单，选择按期刊字顺排列，之后点击页面中间的文章列表中第一篇论文下的 PDF 全文下载按钮，下载全文。

3．请利用 Find Citation 查找以下文献并以 OVID 引文格式在 D 盘中保存其摘要，文件格式为 PDF。

Glenn，Tammy F.MSN，RN，FNP.Esophageal cancer：facts，fi gures，and screening. Gastroenterology Nursing.2001，24（6）：271-273.

答：（1）在数据库选择界面中选择 X X X Journals@Ovid，进入本单位订购数据库。

（2）点击 Find Citation 进入特定文献检索页面。

（3）在 Journal Name 中输入期刊名 Gastroenterology Nursing，在 Publication Years 输入 2001，在 Volume 中输入卷号 24，在 Issue 中输入期号 6，在 Article First Page 中输入页码 271，点击 Search 完成检索。

（4）在检索结果上端点击 Export，在弹出的对话框中点击 Export To 的下拉菜单，选择 PDF；在对话框中的 Select Fields to Display 下面点选 Citation + Abstract；在对话框中的 Select Citation Style 的下拉菜单中选择 Ovid Citation，点击 Export Citation，弹出文件保存位置对话框。

（5）在对话框中选择文件保存位置为 D 盘，文件名为 ciation，点击保存完成操作。

4．请利用 Advanced Search 功能查找作者 Wenzl，Tobias G 撰写的论文。

答：（1）在数据库选择界面中选择 X X X Journals@Ovid，进入本单位订购数据库。

（2）点击 Advanced Search 进入高级检索。

（3）点选检索输入框上方的 Author 选项，在输入框中输入作者姓名 Wenzl，Tobias G，点击 Search 完成检索。

5．利用 Search Fields 方式查找题目中带有胃食管反流（gastroesophageal reflux）与食管癌（esophageal cancer）的文献。

答：（1）在数据库选择界面中选择 X X X Journals@Ovid，进入本单位订购数据库。

（2）点击 Search Fields 进入字段检索。

（3）在字段列表中点选 ti：Title，在检索输入框中输入 gastroesophageal reflux and esophageal cancer，点击 Search 完成检索。

第三节

一、判断题

1．×；2．√；3．√；4．√；5．√

二、选择题

1．ABC；2．ABCD；3．ABCD；4．ABCD；5．ABCD

三、简答题

1．简要回答 SciFinder 数据库中物质检索途径有哪些？

答：提供 Chemical Structure（化学物质结构）、Makush（马库氏）、Molecular Formula（化学分子式）、Property（物质性质）、Substances Identifier（化学物质名或登记号）5 种途径。

2．简要回答 SciFinder 数据库中有哪些子数据库？

答：SciFinder 数据库是由 CAPLUS、MEDLINE、CHEMCATS、CHEMLIST、REGISTRY 和 CASREACT 等 6 个数据库构成。

3．简要回答 SciFinder 数据库中 Explore References 检索途径有哪些？

答：提供 Research Topic（研究主题）、Author Name（著者姓名）、CompanyName/Organization（公司或机构名称）、Document Identifier（文档号）、Journal（期刊名称）、Patent（专利）、Tag（标签）等 7 种途径。

4．简要回答 SciFinder 数据库为用户提供了哪几种检索方法？

答：SciFinder 数据库为用户提供了 Explore References（文献检索）、Explore Substances（物质检索）、Explore Reactions（反应检索）3 种检索方法。

5．简要回答 SciFinder 数据库中“rich Text Format”检索结果保存格式的具体含义？

答：rich Text Format 检索结果保存格式是指保留文本、部分页面格式、颜色和图形等内容。

四、检索题

1．请通过 SciFinder 数据库中反应检索，查找阿司匹林的合成途径。

答：打开并登陆 SciFinder 数据库；点击 Reaction Structure；在绘图板上绘出阿司匹林的结构式；Select a role for the structure fragment：product，然后点击 OK；得到结果。

2．请通过 SciFinder 数据库检索心肌梗死相关的专利。

答：打开并登陆 SciFinder 数据库；点击 advanced search；检索框内输入 myocardial infarction；在 Document Types 选择 patents；在结果列表选择 references were found containing “myocardial infarction” as entered 选项，点击 get reference；得到检索结果。

3．请通过 SciFinder 数据库检索糖尿病专利中相关的结构。

答：打开并登陆 SciFinder 数据库；点击 advanced search；检索框内输入 diabetes；在 Document Types 选择 patents；在结果列表选择 references were found containing "diabetes" as entered 选项，点击 get reference；进入到检索结果界面；点击 get substance；retrieve substance for：Selected references；Limit results to：use；点击 get；得到结果。

4．请通过 SciFinder 数据库检索得到 C29H50O 的分子结构与相应性质。

答：打开并登陆 SciFinder 数据库点击 Molecular Formula；输入 C29H50O，点击 search；得到结果，选择相应的结构可以查看相应的理化性质。

5．请通过 SciFinder 数据库检索得到 LD50 为 100mg · kg-1 的物质有多少。

答：打开并登陆 SciFinder 数据库；点击 Property，选择 Experimental：LD50，检索框内输入 100，点击 search 得到结果。

第四节

一、判断题

1．×；　2．√；　3．√；　4．√；　5．×

二、选择题

1．ABCD；　2．CD；　3．ABCD；　4．ABCD；　5．ABCD

三、简答题

1．简要回答 Science Direct 数据库中有哪些主要检索途径?

答：Science Direct 数据库提供浏览检索、快速检索、高级检索、专业检索 4 种主要检索途径。

2．简要回答 Science Direct 收录文献的学科范围覆盖哪些主题领域?

答：Science Direct 收录文献的学科范围覆盖 4 大主题领域，分别为 Physical Sciences and Engineering（物理科学与工程）、Life Sciences（生命科学）、Health Sciences（健康科学）、Social Sciences and Humanities（人文社会科学）。

3．简要回答 Science Direct 数据库主页上的 top25 articles 的作用?

答：Science Direct 数据库主页，点击 top25 articles，进入后显示最新时段全学科下载量最高的 25 篇文献。

4．简要回答 Science Direct 数据库高级检索界面常用的限定方式有哪些?

答：点击"Search"，进入高级检索界面。可以通过限定文献来源（期刊、图书、参考工具书、图像等）、检索字段（All Fields、Abstract/Title/Keywords、Authors、Source Title、Title、ISSN、Affiliation）、学科领域、出版年等限定方式进行检索。

5．简要回答 Science Direct 数据库常用的专业检索字段有哪些?

答：专业检索常用字段有：Title-Abstr-Key（符合字段）、Abstract（摘要）、Author（作者）、Affiliation（机构）、Keywords（关键词）、Reference（参考文献）、Title（文章标题）、Journal-Name（期刊名称）

四、检索题

1．通过 Science Direct 数据库的快速检索，查找胃黏膜损伤方面的期刊文献。

答：打开 Science Direct 主页（http：//www.sciencedirect.com）；在快速检索框内输入检索式："gastric muco* injur*" OR "gastric muco* damage" OR "gastric ulcer"；点击检索获取

结果。

2 通过 Science Direct 数据库高级检索，查找内蒙古医科大学发表的文献有哪些?

答：打开 Science Direct 主页（http：//www.sciencedirect.com）；点击 Advanced search；在高级检索界面检索框内输入 inner mongolian medical university，字段限定 Affiliation；点击检索获取结果。

3. 想检索心肌梗死最近研究的热点危险因子有哪些？请通过 Science Direct 数据库的专业检索界面来实现。

答：打开 Science Direct 主页（http：//www.sciencedirect.com）；点击 Expert search；在检索框内输入 title（“myocard* infarc*” OR “MI”）and title（“risk factor” OR marker），时间限定 2015 年；点击检索获取结果。

4. 用高级检索查找莪术醇抗肿瘤研究的期刊论文（莪术醇：Curcumol）

答：（1）在数据库首页点击检索框右侧的 ，在下拉菜单中选择 Advanced Search，进入高级检索页面；

（2）在检索框 where the title contains 中输入 Curcumol，在检索框 with at least one of the words 中分别输入 cancer、carcinoma、tumer、neoplas*, 点击 Search

（3）在检索结果显示列表点选页面左侧 Content Type 下 Article 查看检索到的期刊论文。

5. 通过高级检索查找 2010 至 2015 年间有关乙肝疫苗研究的期刊论文（乙肝疫苗：hepatitis b vaccine*）

答：

（1）在数据库首页点击检索框右侧的 ，在下拉菜单中选择 Advanced Search，进入高级检索页面；

（2）在检索框 with the exact phrase 中输入”hepatitis b vaccine*”，在 Show documents Published 输入框中分别输入 2010 和 2015，点击 Search；

（3）在检索结果显示列表点选页面左侧 Content Type 下 Article 查看检索到的期刊论文。

第五节

一、判断题

1. ×； 2. ×； 3. ×； 4. √； 5. √

二、选择题

1. BD； 2. AB； 3. AD； 4. B； 5. AC

三、简答题

1. 简述 SpringerLink 浏览检索。

答：（1）SpringerLink 数据库提供学科范围和文献类型两种浏览方式。

（2）按学科范围浏览，数据库将文献分为 24 个学科，用户点击相应学科链接既可进入该学科文献显示页面，结果默认按所有内容出版时间倒序显示文献，即最新文献显示在前，在该页面同时还提供了按文献类型（Content Type）、学科分类（Discipline）、二级学科（Subdiscipline）、语言（Language）等对检索结果进行筛选，用户可根据需求做进一步的选择。

（3）按文献类型浏览：系统提供了按 Articles（期刊论文）、Chapters（图书章节）、Reference Work Entries（参考工具书）、Protocols（规范、指南）浏览文献，点击某一文献类型后进入该类文献显示页面，结果默认按所有内容出版时间倒序排序。

2. 简述 SpringerLink 高级检索。

答：高级检索提供了多个检索项，用户可通过不同的选项或其组合检索特定文献，各检索项间为逻辑与：

（1）with all of the words：包含全部检索词，可同时输入多个检索词，检索词间为逻辑与；

（2）with the exact phrase：精确匹配；

（3）with at least one of the words：包含至少一个检索词：输入的检索词间为逻辑或；

（4）without the words：不包含该检索词，即检索结果中排除含有该检索词的文献；

（5）where the title contains：标题包含，即检索词应出现在标题中；

（6）where the author/editor is：作者 / 编者是，按作者姓名检索；

（7）Show documents Published：出版时间限定，可限定具体时间和时间范围。

3. 简述在 SpringerLink 中如何进行截词检索。

答：在 SpringerLink 系统中截词符有“*”“**”和“？”三种。

（1）“*”用于词尾，可代替至少一个字符，如输入 leukemi*，可检索到含有 leukemia、leukemic、leukemogenesis 的论文；

（2）“**”用于词尾，表示该词的所有时态变化词都在检索范围内，如输入 drink**，则含有 drink、drinking、drank、drunk 的文献均是命中文献；

（3）“？”用于词中，可代替零到一个字符，如输入 colo?r，可命中含有 color 或 colour 的文献。

4. 简述在 SpringerLink 中如何导出检索结果。

答：（1）导出题录：

1）检索结果列表右上方，单击“”图标，可将结果通过 RSS 推送；

2）单击箭头可以导出最多 1000 条检索结果的 CSV 格式的 EXCEL 文件；

3）单击文章浏览页面右下方“Other Actions”提供的“Export Citations”超链接，进入题录导出页面，即可以按不同格式导出该条题录，以适应不同的文献管理软件的需要。

（2）全文下载：检索结果列表中有权限的文献和开放获取文献提供全文下载。单击该条记录下方的“Download PDF”即可直接下载全文。

5. 简要描述在 SpringerLink 中如何对检索结果进行筛选。

答：（1）检索结果筛选（Refine Your Search）：在检索结果显示页面左侧可选择按不同方式聚类检索结果，系统提供按文献类型（Content Type）、学科（Discipline）、二级学科（Subdiscipline）\ 语言（Language）进行筛选。

（2）选择聚类的形式后，检索结果列表上方会显示相应的过滤条件。单击“Date Published”会显示时间范围限定选项，系统提供两种限定方式，一种是 between，可限定显示某两年间出版的文献，另一种是 in，可限定只显示某一年内的全部文献。

四、检索题

1. 检索有关 mir-199a 研究的相关论文。

答：（1）在数据首页检索框中输入 mir-199a OR miRNA-199a，点击；

（2）在检索结果显示列表点选页面左侧 Content Type 下的 Article 查看所有的论文。

2. 检索有关糖尿病肾病治疗的论文（diabetic nephropathy）。

答：（1）在数据首页检索框中输入“diabetic nephropathy”AND（therap* OR treat*），点击；

（2）在检索结果显示列表点选页面左侧 Content Type 下的 Article 查看所有的论文。

3. 检索有关抗肿瘤坏死因子-α 治疗强直性脊柱炎的论文（Anti-Tumor Necrosis Factor-α、Ankylosing spondylistis）。

答：（1）在数据首页检索框中输入“Anti-Tumor Necrosis Factor-α” AND “Ankyl-osing spondylistis”，点击 ；

（2）在检索结果显示列表点选页面左侧 Content Type 下的 Article 查看所有的论文。

4. 用高级检索查找有关莪术醇抗肿瘤研究的论文（Curcumol）。

答：（1）在数据库首页点击检索框右侧的 ，在下拉菜单中选择 Advanced Search，进入高级检索页面；

（2）在检索框 with all of the words 中输入“hepatitis b” vaccine* 在 Reactions Weekly 中刊登的有关乙肝疫苗研究的论文（hepatitis b　vaccine*），在检索框 with at least one of the words 中输入 cancer、carcinoma、tumer、neoplas*，点击 Search；

（3）在检索结果显示列表点选页面左侧 Content Type 下的 Article 查看所有的论文。

5. 通过高级检索查找在 Reactions Weekly 中刊登的有关乙肝疫苗研究的论文（hepatitis b、vaccine*）

答：（1）在数据库首页点击检索框右侧的 ，在下拉菜单中选择 Advanced Search，进入高级检索页面；

（2）在检索框 where the title contains 中输入 Curcumol，在检索框 with at least one of the words 中输入 cancer、carcinoma、tumer、neoplas*，点击 Search；

（3）在检索结果显示列表点选页面左侧 Content Type 下的 Article 查看所有的论文。

第四章

第一节

一、判断题

1. √；　2. ×；　3. √；　4. ×；　5. √

二、选择题

1. ABC；　2. ABCD；　3. ABCD；　4. ABC；　5. ABCD

三、简答题

1. 简述高级检索的方法？

答：进入 CNKI 中国引文数据库检索界面后，选择高级检索进行检索。先选择要检索的文献范围和引文类型。在选择检索字段后，输入检索词，限定时间，点击检索。

2. 如何使用数据分析器？

答：进入 CNKI 中国引文数据库检索界面后，选择数据分析器，根据需要，选择期刊分析器、地域分析器等，输入检索词即可检索。

3. 简述引文的作用？

答：一是用来论证有关本书主题的著者自己的见解，二是用以介绍他人的思想观点及某一方面的情况。

4．简述检索结果如何显示?

答：不同检索界面的检索结果可显示为简要格式和详细格式。检索结果默认显示为简要格式。检索界面显示记录的被引题名、被引作者、被引文献来源、被引频次等内容。

（1）简要格式页面还可以按照被引频次、相关度、出版日期和更新日期等内容对检索结果进行排序显示。另外，每页显示的页数，可以选择 10、20、30、40、50 等不同的选项，根据检索结果数量多少加以选择。

（2）点击每篇论文的题目，可以显示详细格式，显示内容在简要格式基础上。还增加了机构、关键词、摘要、全文链接、被引频次、参考文献、相似文献、同行关注文献、相关作者文献、相关机构等内容。还提供了本文的引文网络图示。

5．如何优化检索结果?

答：通过界面的左侧学科类别，进一步优化检索结果。

（1）通过检索框下面的限定条件，资源范围、时间范围等进一步扩大或缩小检索结果。

（2）资源范围包括：全部期刊、核心期刊、SCI 和 EI 刊选项。

四、检索题

1．请利用中国引文数据库检索你所在学校生物化学教研室某教授近 5 年发表的论文总被引次数，其中被引次数最高的文章他引多少次?

答：第一步：打开中国引文数据库，选择高级检索；第二步：在检索框内输入作者姓名及其单位名称，限定时间 2011 ~ 2015，点击检索，就可得知；第三步：点击总被引次数，所有文章默认按被引频次排序，第一篇就是被引频次最高的文章。

2．某医学院中药学教授的一篇论文想发表在影响因子很高的期刊上，让你帮忙找几种。

答：第一步：打开中国引文数据库，选择高级检索学科检索；第二步：一级学科选择医药卫生科技，二级学科选中药学；第三步：点击检索。

3．已知一篇论文的题目，检索出参考文献和引证文献。

答：第一步：打开中国引文数据库，默认为基本检索；第二步：选择检索字段“题名”，输入论文题目，即可检索出参考文献和引证文献。

4．某教授要申报省部级科技进步奖，需要检索其发表在核心期刊的文章的被引用情况，请利用中国引文数据库进行检索。

答：第一步：打开中国引文数据库，选择高级检索里的作者检索；第二步：输入作者姓名，限定为◉ 核心期刊，点击检索；第三步：按照被引频次进行排序。

5．请检索贵校 2000 年以来被 SCI 收录文献有多少篇。

答：第一步：打开中国引文数据库，选择高级检索里的文献检索；第二步：在单位一栏里输入学校名称，选择◉ SCI收录刊，限定出版时间为从 2000 ~ 2015，点击检索；第三步：按照被引频次进行排序。

第二节

一、判断题

1．√；　2．×；　3．√；　4．√；　5．√

二、选择题

1．ABCD；　2．ABCD；　3．ABCD；　4．ABC；　5．ABCD

三、简答题

1．简述《中文科技期刊数据库（引文版）》的检索方式。

答：《中文科技期刊数据库（引文版）》系统提供基本检索、作者索引、机构索引和期刊索引 4 种检索方式。

2．简述《中文科技期刊数据库（引文版）》基本检索的方法。

答：进入《中文科技期刊数据库（引文版）》数据库，系统默认为基本检索，先选择要检索的文献范围和引文类型。在选择检索字段后，输入检索词，限定时间，点击检索。

3．简述《中文科技期刊数据库（引文版）》作者索引的检索方式。

答：系统提供直接输入作者姓名检索，也提供按拼音浏览作者和按学科浏览作者两种便捷的检索方法。

4．简述《中文科技期刊数据库（引文版）》机构索引的检索方式。

答：《中文科技期刊数据库（引文版）》提供机构名称检索、按拼音浏览机构、按学科浏览机构、按地区浏览机构 4 种检索方式。

5．简述《中文科技期刊数据库（引文版）》检索结果的导出格式。

答：《中文科技期刊数据库（引文版）》提供了文本、参考文献、XML、NoteExpress、Refworks、EndNote、自定义导出 7 种导出格式。

四、检索题

1．查找内蒙古医科大学张振涛教授（第一作者）1998 年发表于《内蒙古医学院学报》"茜草多糖的抗氧化作用"一文被引用情况。

答：第一步：打开《中文科技期刊数据库》，点击文献引证追踪，进入引文数据库； 第二步：点击作者索引，在检索框内，直接输入张振涛，点击作者检索；第三步，选择内蒙古医学院学报，点击发文量，就可找到张振涛发表的文献。

2．以内蒙古医科大学附属医院、内蒙古医科大学第二附属医院、内蒙古医科大学第三附属医院机构署名发表的文章，3 所医院发表的文章被引频次超过 20 次的各有几篇？

答：第一步：打开《中文科技期刊数据库》，点击文献引证追踪，进入引文数据库；第二步：点击机构索引，在检索框内，分别输入 3 所附院的名称，点击机构检索；第三步：点击发文量，就可找到要检索的文献。

3．查找作者苏秀兰发表的"生物活性肽的研究进展"一文参考文献。

答：第一步：打开《中文科技期刊数据库》，点击，进入引文数据库；第二步：选择基本检索，在第一行作者字段输入检索词：苏秀兰，在第二行关键词字段输入检索词：生物活性肽的研究进展，选择逻辑算符"与"；第三步：点开检索出的文章，查看参考文献。

4．检索内蒙古医科大学文献被引频次前 20 位的作者名称及相对应的被引频次。

答：第一步：打开《中文科技期刊数据库》，点击文献引证追踪，进入引文数据库；第二步：点击机构索引，在检索框内，输入内蒙古医科大学；第三步：点击检索，查看作者被引排名。

5．已知一篇文献"迟发性皮肤卟啉症患者敏活性研究"，查看它的引证文献。

第一步：打开《中文科技期刊数据库》，点击文献引证追踪，进入引文数据库；第二步：在默认的基本检索里，选择题名，输入"迟发性皮肤卟啉症患者敏活性研究"，点击检索；第三步，点击被引量的数字，即可检索出"迟发性皮肤卟啉症患者敏活性研究"的引证文献。

答：点击表格检索，在申请（专利）号栏中输入专利号“CN103037891A”，点击“检索”即可查找有关的相关专利。

5．查找有关黄芪制备的相关专利。

答：点击表格检索，在摘要栏中输入检索词“黄芪 AND 制备”，点击“检索”即可查找有关的相关专利。

第六章

第一节：

一、判断题

1．√； 2．×； 3．×； 4．×； 5．×

二、选择题

1．B； 2．A； 3．C； 4．ABCD； 5．BCD

三、简答题

1．简单介绍联机公共目录查询系统。

答：英文名称是：Online Public Access Catalog，简称：OPAC，是一种通过联机书目检索实现图书馆书目信息资源共享的现代化检索系统。OPAC 系统是图书馆自动化管理集成系统中的一个重要组成部分，因其集成系统的不同，其系统平台、用户界面也各不相同，但其实现的功能基本相同，读者不用亲身莅临图书馆便可以通过 OPAC 系统查询图书馆馆藏目录信息，从而知道图书馆收藏有什么书刊以及有关书刊的详细信息，还可以进行网上续借、查询个人借阅以及查询新书等情况。因此，OPAC 是将不同载体、不同类型的本地资源与远程资源整合于一体，通过互联网对图书馆馆藏资源、书目数据进行查询，它可有效利用图书馆资源的切入点，其具有检索方式灵活、服务方式多样的特点。

2．图书馆馆藏 OPAC 系统设计图书方面主要功能包括哪些？

答：主要包括：书目检索、热门推荐、分类浏览、新书通报、读者荐购、信息发布和我的图书馆等功能。

3．什么是联合目录？

答：一般是某个较大的机构与某一个相近或有共性的图书馆联合形成的统一检索界面的目录，能够反映多个文献收藏单位所藏文献的情况。按地域范围可分为国际性的、国家性的和地区性的联合目录；按文献类型可分为图书联合目录、期刊联合目录等；按收录文献的内容范围分为综合性的、专科性的联合目录。联合目录能扩大用户检索和利用文献的范围，也便于图书馆藏书协调、馆际互借和实现图书馆资源的共建与共享。

4．什么是中国高等教育文献保障系统？

答：China Academic Library & Information System，简称 CALIS，是经国务院批准的我国高等教育“211 工程”“九五”“十五”总体规划中三个公共服务体系之一。CALIS 的宗旨是，在教育部的领导下，把国家的投资、现代图书馆理念、先进的技术手段、高校丰富的文献资源和人力资源整合起来，建设以中国高等教育数字图书馆为核心的教育文献联合保障体系，实现信息资源共建、共知、共享，以发挥最大的社会效益和经济效益，为中国的高等教育服务。

5．国家图书馆联机查询系统中通用命令语言检索方式下的系统命令行语句的缩写格式有哪些？

答：WRD - 任意字段的关键词，WTI - 题名字段中的关键词，WAU– 著者字段中的关键词，WPU – 出版者字段中的关键词，WSU – 主题词中的关键词，WYR – 出版年字段中的关键词。

四、检索题

1．想要查找是否有糖尿病方面的医药卫生类图书，查看是否可借等信息，如何用 OPAC 来完成？

答：第一步：进入内蒙古医科大学图书馆首页，点击网站下方“馆藏书目查询”链接，进入汇文 OPAC 系统；第二步：选择“题名”字段，限制字段选择“任意匹配”，检索框中输入“糖尿病”；第三步：点击检索按钮；第四步：弹出检索结果浏览页，默认状态是按照“入藏日期”“降序”方式排列；第五步：检索结果浏览页可以查看到题名、分类号、作者（编者）、出版社和出版时间等简单信息，点击题名可以查看详细信息；第六步：点击题名进入图书详细信息界面，包括：书目信息、机读格式和馆藏信息，馆藏信息就可以看出图书借阅情况及所属馆藏地。

2．如何用 OPAC 新书通报检索功能来查找最近半个月入馆的中文医药卫生方面的书籍？

答：第一步：进入 OPAC 系统后点击界面上方“新书通报”，进入 OPAC 新书通报检索界面；第二步：在界面左上角选择“限制时间”选项中“最近半个月”；第三步：然后选择“文献类型”选项中“中文图书”；第四步：点击“选择条件”检索框下方的“查看全部分类新书”按钮；第五步：弹出的新书展示为最近半个月所有入馆的中文类图书，再点击“查看全部分类新书”按钮下方“R 医药卫生”；第六步：此时弹出的图书就是最近半个月入馆的中文医学类书籍。

3．如果查找柯海萍在 2013—2015 年间关于研究“病原生物与免疫”方面的书籍在 CALIS 联合目录中心数据库当中是否存在，该如何进行检索？

答：第一步：进入 CALIS 联合目录公共检索系统首页，点击右上角“高级检索”；第二步：在默认的“题名”检索字段输入框中输入“病原生物与免疫”，在“责任者”检索字段输入框中输入“柯海萍”；第三步：在限制性检索出版年限条件中输入“2013—2015”；第四步：限制性检索中资源类型默认状态是全选，选择“普通书籍”；第五步：点击“检索”按钮；第六步：弹出的检索结果浏览页中可以看到简单的检索结果。

4．如何用 CALIS 规范检索，查找北京协和医院世界卫生组织疾病分类合作中心团体作为主编方面的书籍规范资料？

答：第一步：点击 CALIS 联合目录公共检索系统首页中“规范检索”选项按钮，进入规范检索界面；第二步：在输入框中输入“北京协和医院世界卫生组织疾病分类合作中心”；第三步：选择标目类型“团体名称”( )，并点击“搜索”按钮；第四步：在弹出的检索结果中还可以看到“北京协和医院”“北京协和医院护理部”“北京协和医院临床药物组”等团体简体和繁体规范标目，而且在每条记录后面可以看到“连接的书目记录数”；第五步：选择点击“北京协和医院世界卫生组织疾病分类合作中心”标目；弹出“北京协和医院世界卫生组织疾病分类合作中心”团体相关介绍；第六步：点击“检索书目记录”选项按钮，弹出“北京协和医院世界卫生组织疾病分类合作中心”编译的一些书目信息。

5．如何用国家图书馆 OPAC 系统组合检索工具进行查找有关“糖尿病”和“肺炎”相关方面的书籍？

答：第一步：进入国家图书馆 OPAC 系统首页，并且点击“高级检索”中的“组合检索”选项，进入组合检索界面；第二步：在相应的输入框中分别输入“糖尿病”“肺炎”等关键字；第三步：点击确定按钮，并没有弹出检索结果界面，而是分别在后面的“命中记录数”下面显示出“糖尿病”“肺炎”相关文献数，以及“以上各检索条件执行“与（AND）”后面“点击命中记录总数查看记录”中显示它们“AND”关系的相关文献数；第四步：分别点击各自记录数，便可以弹出各自的文献资料数据。

第二节

一、判断题

1．×； 2．×； 3．×； 4．√； 5．×

二、选择题

1．C； 2．ABCD； 3．BD； 4．B； 5．BCD

三、简答题

1．简单介绍何为电子图书？

答：电子图书（Electronic book，E-book）又称数字图书，是随着电子出版、互联网、计算机技术以及现代通信电子技术的发展应运而生的一种图书出版形式。电子图书可以分为两类：一类是直接利用数字技术编辑出版，并以网络或光盘形式发行；另一类是将现有的印刷版图书进行数字化扫描技术加工处理而成。

2．与传统的印刷型图书相比电子图书有什么优点？

答：电子图书具有存储信息量大、检索功能强、下载传输方便等优点。

3．读秀图书搜索的特点有哪些？

答：提供的搜索范围广阔；提供图书的目次（章节）搜索；揭示图书信息丰富，提供封面页、书名页、版权页、前言页、目录页、正文部分页的试读；一次搜索可以获得馆藏纸书、馆藏电子书、随书光盘、图书馆文献传递等所有可以使用的资源。

4．简要介绍读秀知识搜索。

答：知识频道将 240 万种图书等学术文献原文打散为 10 亿页资料，当您输入一个搜索词时，读秀将在 10 亿页资料中寻找包含搜索词的章节、内容和知识点，为读者提供了突破原有一本本图书翻找知识点的新的搜索体验，更有利于资料的收集和查找。

5．读秀文献互助平台享有的功能有哪些？

答：（1）收藏各种类型的内容；（2）创建自己的知识库；（3）通过短消息、电子阅览室和其他用户交流；（4）将有一个固定的域名。

四、检索题

1．如果想要查找 2014 年出版的书名中包含“临床医学”的医药卫生类图书，如何用读秀来完成？

答：第一步：进入读秀学术搜索首页，可直接输入网址：http：//www.duxiu.com；也可以登录内蒙古医科大学图书馆首页，点击“中文资源”后面的“更多”按钮，查看点击“中文资源”表中“读秀”选项也可链接到读秀学术搜索首页；第二步：选择图书频道，在搜索栏中输入关键词“临床医学”，字段选择“书名”，后面匹配项可以选择“精确”“模糊”以及“等于”3 个选择项，然后点击“中文搜索”；第三步：浏览搜索结果，筛选需要的图书；第四步：在结果界面右侧可以看到“图书导航”栏，下面包含“类型”“年代”“学科”

以及“作者”4种项目分类，选择“学科”项下面的“医药、卫生”选项；第五步：之后再看“图书导航”栏下面的“年代”项，选择相应年代点击“2014”；第六步：点击所选择图书的书名，进入图书的详细页，查看图书基本信息内容，图书的基本信息包括：作者、出版社、出版日期、ISBN号、原书定价、主题词、中图法分类号以及内容提要等相关内容。

2．如何利用读秀知识搜索来查找研究“中医对医学影响”方面的相关资料和文章？

答：第一步：进入读秀首页后，选择知识频道，输入关键词“中医 医学 影响”，点击搜索按钮，进入搜索结果页面；第二步：浏览搜索结果页面，选择需要的章节、知识点和文章。点击章节名、知识点进行阅读，也可在检索结果标题后面直接进行“PDF下载”。

3．如何利用读秀高级检索来查找徐春在2014年人民军医出版社出版的包含“糖尿病并发症治疗”的图书？

答：第一步：进入读秀高级检索界面；第二步：填写问题中相关的内容，书名选择“包含”选项填写糖尿病并发症治疗，作者填写徐春，出版社填写人民军医出版社，最后在年代选项中选择2014年，点击“高级搜索”按钮；第三步：在高级检索界面下方弹出相关书籍浏览页。

4．如何利用Apabi数据库来查找解剖生理学中细胞增殖相关的知识点和图谱，以及包含这部分内容的书籍？

答：第一步：进入方正中华医学数据库中的工具书库（点击首页左上方“工具书库”选项）；第二步：进入工具书库首页中查看“解剖生理学”部分内容；第三步：在“解剖生理学”内容中查找“细胞增殖”链接进行点击；第四步：弹出细胞增殖相关知识点和图谱内容界面，在此界面中可以查看原书，点击右上角（ ）选项；第五步：直接弹出“临床人体解剖生理学”此书有关“细胞增殖”内容的相关书籍页面。

5．如何利用Apabi数据库来查找2013年度汤文浩所著的“外科基本操作导论”相关的图书？

答：第一步：进入方正中华医学数据库首页，点击检索框后面的“高级检索”选项，进入高级检索界面；第二步：高级检索界面默认方式就是进行电子图书检索的方式，在书名检索框中填写“外科基本操作导论”，作者检索框中填写“汤文浩”，在出版时间选项中填写“2013-01-01”与“2013-12-31”之间；第三步：点击“检索”，在检索页下方直接展示结果，有关于此书的书名、作者、出版社、出版时间以及简单内容的介绍；第四步：点击检索页中图书标题和图书封面图片可弹出此书的详细介绍，其中包括：摘要、目录等内容；也可以直接点击“在线阅读”打开图书。

第三节

一、判断题

1．×； 2．√； 3．×； 4．×； 5．×

二、选择题

1．BC； 2．BD； 3．CD； 4．A； 5．ABCD

三、简答题

1．简单介绍SpringerLink有哪几种检索方式？

答：快速浏览查找（Quick look）、简单检索（Simple search）、二次检索（Secondary retrieval）、高级检索（Advanced Search）、导航检索（Navigation search）。

2. SpringerLink平台中的期刊及图书等所有资源中包含有哪些学科（写出10个即可）？

答：建筑和设计、天文学、生物医学、商业与管理、化学、计算机科学、地球科学与地理、经济学、教育与语言、能源学、工程学、环境科学、食品科学与营养、法律、生命科学、材料学、数学、医学、哲学、物理学、心理学、公共卫生、社会科学、统计学。

3. SpringerLink高级检索中主要是针对哪些字段范围的缩小，以达到检索结果的精确？

答：高级检索允许你检索一个分类号、作者或精确短语缩小检索结果。还允许你从一个特定的出版物或日期范围进一步缩小检索范围。

4. SpringerLink高级检索界面中要填写的信息包括哪些？

答：（1）with all of the words；

（2）with the exact phrase；

（3）with at least one of the words；

（4）without the words；

（5）where the title contains；

（6）where the author / editor is；

（7）Show documents published。

5. 利用SpringerLink数据库如何进行导航检索（Navigation search）？

答：进入SpringerLink图书检索界面，点击界面左侧Discipline（学科分类）和Subdiscipline（子学科分类）中的相应选项，可以直接查看界面中书籍情况。

四、检索题

1. 如何利用SpringerLink来查找2014～2015年度有关“Medicine”的外文书籍？

答：第一步：进入SpringerLink图书检索界面后，在检索框中输入关键词Medicine；第二步：点击检索按钮（），进行查找；第三步：在检索结果界面点击“Date Published”选项，填写检索年限2014—2015，点击检索按钮；第四步：查看检索结果区。

2. 如何利用SpringerLink来查找Fabio Catani在2014年度编写的有关Surgery的书籍？

答：第一步：进入SpringerLink图书检索界面后，点击检索框后面“”按钮，将会弹出高级检索选项按钮Advanced Search，点击就可进入高级检索界面；第二步：在with all of the words检索框中输入关键词Surgery；第三步：在where the author / editor is输入框中输入作者Fabio Catani；第四步：在Show documents published内容选项中选择“in”，并填写年度2014；第五步：点击“Search”进行检索。

3. 如何利用SpringerLink来查找《Knee Surgery using Computer Assisted Surgery and Robotics》书中有关Computer方面的内容？

答：第一步：通过检索查找进入《Knee Surgery using Computer Assisted Surgery and Robotics》本书详细介绍界面；第二步：在界面的右上角检索框中输入“Computer”，点击查找按钮；第三步：查看检索结果。

4. 如何利用SpringerLink导航检索来查找有关Gynecology方面内容的资料？

答：第一步：进入SpringerLink图书检索界面；第二步：点击界面左侧Discipline选项中的“Medicine”；第三步：在Discipline选项下面有Subdiscipline选项，点击后面的“see all”；第四步：在弹出界面查找“Gynecology”选项并点击；第五步：查看检索结果。

5．如何利用 SpringerLink 导航检索来查找有关 Surgery 方面内容的资料？

答：第一步：进入 SpringerLink 图书检索界面；第二步：点击界面左侧 Discipline 选项中的“Medicine”；第三步：在 Discipline 选项下面有 Subdiscipline 选项，点击后面的“see all”；第四步：在弹出界面查找“Surgery”选项并点击；第五步：查看检索结果。

第四节

1．阅读古代医学文献时，遇到了生僻字词利用何种工具书？(举出两种以上)

答：①《古汉语常用字字典》；②《简明中医辞典》；③《中医大辞典》；④《中华大字典》；⑤《辞源》；⑥《辞海》。

2．检索历代医家，可利用何种工具书？（举出两种以上）

答：①《中医大辞典》医史文献分册；②《中国人名大辞典》；③《中国医学人名志》；④《中国现代医学家传略》。

3．查找自宋朝晁公武《郡斋读书志》起至 1929 年以前出版的医书题跋首选何工具书。

答：《四部总录医药编》。

4．举出按年代顺序用表格形式编制的查考中医实践或大事的工具书。

答：①郭靄春编《中国医史年表》；②方诗铭编《中国历史纪年表》。

5．举出 3 种以上中医类书。

答：①《古今图书集成医部全录》；②《圣济总录》；③《普济方》；④《医方类聚》；⑤《太平圣惠方》；⑥《名医类案》。

6．举出汉代国家藏书书目。

答：《汉书·艺文志》。

7．举出《四库全书》的书目和提要。

答：①《四库全书总目提要》(《四库全书总目》)；②《四库全书简明目录》。

8．举出一种善本图书书目。

答：①《全国善本书总目》；②王重民《中国善本书提要》；③王重民《敦煌古籍叙录》。

9．举出一种中医古籍书目。

答：①丁福保《历代医学书目提要》；②丹波元胤《医籍考》(《中国医籍考》)；③《宋以前医籍考》。

10．查中医版本和馆藏的综合性书目。

答：①《中医图书联合目录》；②《中国中医研究院图书馆馆藏中医线装书目》；③《东北地区古籍线装书联合目录》；④《浙、江中医药古籍联合目录》。

11．利用中医类书查找医经词语的首选工具书。

答：《古今图书集成医部全录》医经分册。

12．利用综合性丛书查找中医丛书。

答：上海图书馆编《中国丛书综录》。

13．利用二十六史中的医史资料首选工具书。

答：陈邦贤《二十六史医史资料汇编》。

14．《中药大辞典》主要检索功能体现在什么方面？

答：体现在《中药大辞典》附编分册。附编包括：①中药名称索引；②药用植（动、矿）物学名索引；③化学成分中英名词对照；④化学成分索引；⑤ 药理作用索引；⑥疾病防治索引；⑦成分、药理、临床指导、参考文献；⑧古今度量衡对照。

15．中医有关药对的数据利用什么数据库？

答：利用《中国中医药数据库》中的中国中药药对数据库。

16．中医肿瘤文献利用什么中医数据库？

答：利用《中国中医药期刊文献数据库》。

17．查找海外中医药古籍书目首选数据库？

答：利用《中国中医药数据库》中的海外古籍书目数据库。

18．下面的字利用《中华大字典》查什么部首？

答：①胖——肉部；②闻——耳部；③热——火部；④珮——玉部。

19．写出《康熙字典》中所对应的部首。

答：①亻：人部；②扌：手部；③灬：火部；④犭：犬部；⑤忄：心部；⑥氵：水部；⑦爫：爪部；⑧王：玉部；⑨月：肉部；⑩阝（左）：阜部，阝（右）：邑部，刂：刀部。

20．标出下列字的四角号码。

答：①意：0033；②落：4416；③起：4780；④布：4022；⑤标：4199；⑥黑：6033；⑦蓝：4410；⑧荤：4450；⑨腥：7621；⑩半：9050；⑪张：1223；⑫泪：3610；⑬白：2600。

21．现存古代最早的医学书目。

答：明殷仲春《医藏书目》。

22．选择二十六史书中中医类目名称。

答：①方技：正确；②医经：正确；③经方：正确；④房中：正确；⑤神仙：正确；⑥方伎：错。

23．中医图书书名有异查什么工具书。

答：查①《同书异名通检》；②《同名异书通检》。

24．利用中医类书、全书查找医家史料。

答：①《古今图书集成医部全录》第十二册，总论部分；②《古今医统大全》总论部分。

25．举出两部以上中医丛书。

答：①《珍本医书集成》；②《皇汉医学丛书》；③《中国医学大成》；④《当归草堂医学丛书》；⑤《三三医学丛书》；⑥《景岳全书》；⑦《古今医统正脉全书》；⑧《医宗金鉴》。

26．查建国后中医图书出版书目。

答：①《全国新书目》；②《全国总书目》；③《中国出版年鉴》。

27．查找中药标准、药性、种植和道地药材分别选择什么工具书。

答：①《国家药典》中药分册；②《中药大辞典》；③《药物志》。

28．利用《中药大辞典》查找沙棘用何种工具？

答：沙棘不是正药名，正药名为醋柳果，不能从目录中查找到沙棘。要用《中药大辞典》附编的检索工具，通过沙棘查找到醋柳果方可。

29．查找《本草纲目》中的医方利用何种工具？

答：利用《本草纲目附方分类选编》。

30．沙图穆苏的《瑞竹堂验方》收藏在什么丛书中？

答：①《四库全书》中；②《当归草堂医学丛书》中。

31．忽思慧的《饮膳正要》收藏在什么丛书中？

答：①《四库全书》中；②《中国烹饪古籍丛书》中；③《四部丛刊》中。

32．查胎衣的中药名称是什么？

答：紫河车。

33．中医脱疽相当于西医的什么病？

答：①脉管炎；②血栓闭塞性脉管炎；③闭塞性动脉硬化症。

34．汇集我国古代最大的医学方书是什么？

答：《普济方》。

35．请选择我国现存最早和最早的按摩推拿专著是（AB）。

36．《中华人民共和国药典》中药分册附录的检索功能是什么？

答：①《中药材炮炙通则》；②《中药成方制剂通则》；③《中文笔画索引》；④《中药材拉丁文索引》；⑤《汉语拼音索引》。

第七章

第一节

一、判断题

1．√； 2．×； 3．×； 4．√； 5．√

二、选择题

1．B； 2．ABC； 3．A； 4．ABD； 5．ABCD； 6．CD

三、简答题

1．搜索引擎的基本结构包括哪几部分？写出5个你熟悉的搜索引擎。

答：一个搜索引擎由搜索器、索引器、检索器和用户接口4个部分组成。常见搜索引擎有Google、FYahoo、ast/AllTheWeb、AltaVista、Inktomi、Teoma、WiseNut、百度、搜狗、北大天网、搜狐（Sohu）、中文Yahoo、新浪（Sina）、网易搜索（NetEase）。

2．简述搜索引擎的工作过程。

答：搜索器的功能是在互联网中漫游，发现和搜集信息。索引器的功能是理解搜索器所搜索的信息，从中抽取出索引项，用于表示文档以及生成文档库的索引表。检索器的功能是根据用户的查询在索引库中快速检出文档，进行文档与查询的相关度评价，对将要输出的结果进行排序，并实现某种用户相关性反馈机制。用户接口的作用是输入用户查询、显示查询结果、提供用户相关性反馈机制。

3．试比较目录型检索工具和索引型检索工具的不同之处。

答：目录型：经过著录的一批相关文献，按照一定的次序原则编排而成的一种揭示与报道文献信息线索的工具。目录的特点是以文献的自然出版形式，如整本书、整张图、整份资料为著录单位存储和供检索的。所以对出版物内容揭示程度比较浅，例如图书馆目录，一般主要用来检索图书馆有没有和有哪些自己所需要的图书、期刊等。

4．常见的专业学术搜索引擎有哪些？

答：（1）A9（http：//www.a9.com）Google在同一水平的搜索引擎。是Amazon.com推出的，Web result部分是基于Google的，所以保证和Google在同一水平，另外增加了Amazon的在书本内搜索的功能和个性化功能，主要是可以记录你的搜索历史。

（2）BASE（http：//www.base-search.net/）是德国比勒费尔德（Bielefeld）大学图书馆

开发的一个多学科的学术搜索引擎，提供对全球异构学术资源的集成检索服务。它整合了德国比勒费尔德大学图书馆的图书馆目录和大约160个开放资源（超过200万个文档）的数据。

（3）cnpLINKer（http：//cnplinker.cnpeak.com/）为了给读者用户提供一个方便快捷地查阅国外各类期刊文献的综合网络平台，中图公司组织开发了cnpLINKer（cnpiec LINK service）在线数据库检索系统。

（4）NFOMIN（http：//library.ucr.edu/view/infomine）是由加州大学、维克森林大学、加州国立大学、底特律大学等大学图书管理员建立的学术搜索引擎。它主要为大学职员、学生和研究人员提供在线学术资源。

5．如何对因特网信息资源的评价？

答：对因特网信息资源的评价一般以网页或站点为评价单位，评价的标准是在借鉴传统的对印刷型文献的评价标准的基础上，结合网络信息的特点，主要着眼于网页所提供的信息内容质量和信息存取方式等综合而成。

四、检索题

1．用百度搜索重庆医科大学前校长钱惪教授有关的word文档，要求检索结果限定在教育类网（edu.cn）上，并且“钱惪”要出现在网页标题中，请写出检索表达式。

答：方法一，使用百度高级检索，在“包含以下全部关键词”栏输入“钱惠”，“文档格式”选择“.doc”，“关键词位置”可选择“仅网页的标题中”，“站内搜索”输入“edu.cn”。方法二，利用百度搜索语法进行检索，直接在百度搜索框中输入：intitle：“钱惠”filetype：doc site：edu.cn。

2．使用google查找关于“肝癌治疗”方面的图片。

答：在google首页的检索框中输入“肝癌治疗”关键词，进行检索，然后选择“图片”，搜索出关于“肝癌治疗”的图片。

3．用MedicineNet查找有关真菌性皮肤病（fungal skin diseases）的图片。

答：在“MedicineNet”首页的菜单中选择“Images”，在下拉菜单中选择“bacterial skin diseases”，然后找到“fungal skin diseases”，搜索出有关真菌性皮肤病（fungal skin diseases）的图片。

4．在新浪网新闻频道（http：//news.sina.com.cn）中查找2000年有关国内癌症治疗的新闻。写出检索表达式。

答：Site：http：//news.sina.com.cn 癌症治疗 2000年。

5．用百度搜索心绞痛的相关网页，排除心肌梗死，请写出步骤。

答：在百度首页的检索框中输入“心绞痛 - 心肌梗死”。

第二节

一、判断题

1．×； 2．×； 3．√； 4．√； 5．√

二、选择题

1．ABCD； 2．AC； 3．ABCD； 4．ACD； 5．ABD

三、简答题

1．什么是开放存取？

答：根据 Association of Research Libraries 的解释，“开放存取”是在基于订阅的传统出版模式以外的另一种选择。这样，通过新的数字技术和网络化通信，任何人都可以及时、免费、不受任何限制地通过网络获取各类文献，包括经过同行评议过的期刊文章、参考文献、技术报告、学位论文等全文信息，用于科研教育及其他活动。从而促进科学信息的广泛传播，学术信息的交流与出版，提升科学研究的共利用程度，保障科学信息的长期保存。这是一种新的学术信息交流的方法，作者提交作品不期望得到直接的金钱回报，而是提供这些作品使公众可以在公共网络上利用。

按照布达佩斯开放存取先导计划（Budapest Open Access Initiative，BOAI）中的定义，是指某文献在 Internet 公共领域里可以被免费获取，允许任何用户阅读、下载、拷贝、传递、打印、检索、超级链接该文献，并为之建立索引，用作软件的输入数据或其他任何合法用途。用户在使用该文献时不受财力、法律或技术的限制，而只需在存取时保持文献的完整性，对其复制和传递的唯一限制，或者说版权的唯一作用应是使作者有权控制其作品的完整性及作品被准确接受和引用。

2．试分析 Wiki 和 Blog 的区别。

答：（1）Blog 是关注个性问题的展示与交流，一般都会有一个主题，但是这个主旨往往都是很松散的，而且一般不会去刻意地控制内容的相关性。Wiki 是具有明确的严格的共同关注主题、内容高度相关；协作是针对同一主题作外延式和内涵式的扩展，将同一个问题谈得很充分很深入。

（2）个性化是 Blog 的最重要特色，注重交流（一般是小范围的）通过访问者对一些或者一篇 Blog 文章的评论和交互，而 Wiki 适合于做“All about something”的站点，信息的完整性和充分性以及权威性才是真正的目标。

（3）Blog 协作一般是指多人维护，而维护者之间可能着力于完全不同的内容。这种协作在内容而言是比较松散的。而 Wiki 使用最多也最合适的就是去共同进行文档的写作或者文章 / 书籍的写作。特别是技术相关的（尤以程序开发相关的）。

3．开放存取的类型有哪些？

答：从网络用户的角度，可以把开放存取区分为两大类型：一种是单纯获取型，另一种是在线交流型。单纯获取型是指网络用户通过这类方式能够免费获取有价值的信息资源，它们与信息源的沟通是一种间接形式，大部分时候，用户采用这种形式的开放存取，只在于获取。这种类型主要包括开放存取期刊、开放存取仓储、个人 Web 站点等类型。在线交流型是指网络用户通过这种方式不仅可以非常方便、自由地获取有价值的信息资源，而且在获取这些信息的同时，能直接将反馈信息传达给信息源。此类型主要包括博客、维基、邮件列表服务、P2P 的文档共享网络、论坛等。从开放存取资源的文献类型角度，将开放存取资源分为：开放存取图书、开放存取期刊、开放存取论文。还有研究者将开放存取资源划分为 3 种类型：一是机构资源库：由大学、大学图书馆、研究机构、政府部门等类型机构创建和维护。二是学科资源库：主要指预印本资源库。三是开放期刊：一般采取论文作者付费出版、读者免费获取的方式，对提供的论文实施类似传统期刊一样严格的同行评审制度。

4．常见的开放存取期刊检索工具有哪些？

答：DOAJ（Directory of Open Access Journals，开放获取期刊名录，http：//www.doaj.org/）是瑞典隆德大学图书馆于 2003 年建立的开放获取期刊检索系统。HighWire（http：//highwire.stanford.edu）由美国斯坦福大学图书馆于 1995 年创立，是全球最大的提供免费自然科学期刊全文的学术文献数据库。PubMed Central，PMC，http：//www.pubmedcentral.nih.gov 是 2000 年 2 月由美国国立卫生研究院（NIH）和美国国立医学图书馆（NLM）联合建立的一个生物医学和生命科学期刊文献全文数据库，免费向全球开放。BioMed Central（生物医学中心，BMC，http：//www.biomedcentral.com）是英国一家独立的商业性出版机构，致力于提供经过同行评审的生物医学研究的开放获取。Free Medical Journals（http：//www.freemedicaljournas.com）由 Amedeo Group 创建，提供免费医学期刊全文信息。PLoS（Public Library of Science，科学公共图书馆，http：//www.plos.org）成立于 2000 年，是一家由众多诺贝尔奖得主和慈善机构支持的非赢利性学术组织，是为科技人员和医学人员服务并致力于使全球范围科技和医学领域文献成为可以免费获取的公共资源。PLoS 期刊采取严格的同行评审制度以保证论文的质量。

5．HighWire 新推出的工具是什么？主要目的是什么？

答：新推出的工具是 Stackly，一个基于 web 的方便研究人员收集、整理和分享的工具，目的是使研究更容易、轻松地收集和组织你需要的文章和网页到自己的云账户，可以组织和阅读。

四、检索题

1．使用开放存取期刊检索工具查找 2012 年以来有关“移植排斥反应的预防”方面的文献。

答：使用 DOAJ 检索工具，输入检索词“Graft rejection”（移植排斥），输入检索词“prevent”（预防）限定时间：2012—2015，点击检索，浏览结果。

2．请使用 PLoS 检索肺部常见病图片。

答：输入“Common lung disease”肺部常见病。

3．请使用中国预印本服务系统，查找有关“甲型 H1N1 流感”的文章。

答：打开中国预印本服务系统，输入“甲型 H1N1 流感”关键词进行检索。

4．请使用“Socolar”查找有关“血友病”的文章。

答：打开“Socolar”检索平台，输入“血友病”关键词。

5．请使用“MIT DSpace 仓储软件系统”查找“病毒性肿瘤”的文章。

答：打开“MIT DSpace 仓储软件系统”，输入“Viral tumor”关键词。

第八章

第一节

一、判断题

1．√； 2．×； 3．×； 4．√； 5．×

二、选择题

1．ABCD； 2．C； 3．ABD； 4．D； 5．ABCD

三、简答题

1．请列举 5 种个人文献管理工具。

答：EndNote、Reference Manager、RefWorks、NoteExpress、医学文献王、JabRef、Bibus。

2．NoteExpress 建立个人题录数据库的方式。

答：手工录入，数据库导入，包括：检索结果批量导入、内嵌浏览器检索导入、在线数据库联机检索后导入，导入全文并自动生成题录。

3．在 NoteExpress 中如何为题录添加附件？

答：通过数据库检索导入自动生成附件；已经下载的少量全文通过手动添加附件；通过编辑笔记对题录进行说明和注释；在阅读题录信息时可通过全文下载功能，即时下载全文并自动作为该题录附件与题录关联。

4．EndNote 中管理文献功能有哪些？

答：参考文献排序、查重、插入附件及群组功能。

5．EndNote 中题录导入的方式有哪些？

答：(1) 手动添加；(2) 数据库检索导入，包括访问数据库导入和联机数据库（Online Search）检索导入，谷歌学术搜索（Google scholar）检索结果导入；(3) 通过 PDF 导入，包括通过单篇 PDF 导入和 PDF 文件夹导入。

第二节

一、判断题

1．√；　2．√；　3．×；　4．×；　5．√

二、选择题

1．ABCD；　2．ABC；　3．B；　4．ABD；　5．C

三、简答题

1．信息鉴别与评价的意义是什么？

答：信息评价是在对大量相关信息进行分析与综合的基础上，经过优化选择和比较评价，形成满足决策需要的支持信息的过程。信息评价包括综合评估、技术经济评价、实力水平比较、功能评价、成果评价、方案选优等形式。信息评价贯穿于信息分析的全部过程之中，具有辨真伪、判虚实、权优劣、估价值的作用。信息评价不仅贯穿于信息整理过程中，而且可以向前延伸到信息搜集，向后可以触及后续生产出来的信息分析与预测产品的传递和利用，并对这些环节的工作质量产生影响。就其本质而言，是主观标准与客观实际情况的一致性程度的比较和判断。信息评价的任多就是鉴定信息真伪、判定信息虚实、测定信息优劣、评定信息价值。信息评价和信息分析活动紧密相连，分析的过程中也包含对信息的评价。

2．简述影响因子的作用与计算方法。

答：影响因子的作用：不仅是一种测度期刊有用性和显示度的指标，而且也是测度期刊的学术水平乃至论文质量的重要指标。影响因子是一个相对统计量，可克服大小期刊由于载文量不同所带来的偏差，一般来说，影响因子越大，其学术影响力也越大。

影响因子的计算方法：某期刊在被评价那一年前两年所刊登文章在该年被引用的次数与该期刊在这两年内刊登的所有文献数的比值。

3．简述文献信息定量分析方法。

答：数学和统计学的方法，定量地分析一定时间段内所选课题相关的文献信息。其计量对象主要是：文献量（各种出版物，尤以期刊论文和引文居多）、作者数（个人、集体或团体）、词汇数（各种文献标识，其中以叙词居多）等。常用的定量分析方法有时间序列法、回归分析法、聚类分析法等。

时间序列法是一种广泛应用的定量分析方法。通过将观测数据按照时间顺序进行排列，以描述和探索现象随时间发展变化的数量规律。

回归分析法是一种研究变量之间依存关系的统计分析方法。通过对变量之间依存关系的分析，确定变量之间某种关系的性质和程度，并在一定精度下，利用已知变量对未知变量进行有效的估计和预测。

聚类分析法是将研究对象按照它们性质上的亲疏程度，在没有事先指定分类标准的情况下进行分类的多元统计分析方法。类内部的对象在特征上具有相似性，不同类间对象特征的差异性较大。

4．简述文献信息定性分析方法。

答：文献信息定性分析方法是传统的情报研究的主要方法，主要是运用比较、分类、类比、分析和综合、归纳与演绎等逻辑学手段对文献信息进行研究。常用的此类方法包括：综合分析法、比较分析法、相关分析法等。

比较分析法，也叫对比分析法，通俗地讲，就是把两个相互联系的指标数据进行比较，从数量上展示和说明研究对象规模的大小，水平的高低，速度的快慢，以及各种关系是否协调。在对比分析中，选择合适的对比标准是十分关键的步骤，选择的合适，才能做出客观的评价，选择不合适，评价可能得出错误的结论。

综合分析法是一种常用的文献信息定性分析方法。主要是把剖析过的事物和现象的各个部分及其特征，结合为一个整体来加以考虑的思维方法。简单地说，就是把某一个课题当前的发展情况，包括各种理论、方法、技术及其优缺点集中起来，进行归纳整理，以便从整体上进行分析。

5．请列举 5 种国内期刊评价工具。

答：《中文核心期刊要目总览》：简称《中文核心期刊》，由北京大学图书馆编辑出版，2011 年以前为每四年一期，2011 年起改为每三年一期。采用了被检索量、被摘量、被引量、他引量、被摘率、影响因子、被国内外重要检索工具收录、基金论文比以及 Web 下载量 9 个评价指标评价期刊。

中国科技论文统计源期刊（又称“中国科技核心期刊”）：由中国科学技术信息研究所编辑出版，每年更新一次。利用中国科学技术信息研究所自行研制的“中国科技论文与引文数据库（CSTPCD）”，并综合考虑总被引频次、影响因子、平均引用率以及基金资助论文比例等十几种期刊评价指标，对国内期刊进行遴选。

中国科学引文数据库（CSCD）来源期刊：由中国科学院国家科学图书馆编辑出版，每两年更新一次。

中文社会科学引文索引（CSSCI）来源期刊：由南京大学编辑出版，每年更新一次。可从来源文献和被引文献两个方面向用户提供信息。

中国人文社会科学核心期刊：由中国社会科学院文献信息中心编辑出版，每四年更新一次。

第三节

一、判断题

1．√；　2．×；　3．√；　4．×；　5．×

二、选择题

1．ABC；　2．AC；　3．ACD；　4．D；　5．BD

三、简答题

1．信息资料的类型和搜集方法。

答：信息调研的资料按来源不同分为两种：一是文献型资料，又称间接性资料；二是非文献型资料，即实际调查资料，又称直接性资料。文献型资料的搜集方式主要有系统文献检索、最新文献跟踪；非文献型资料的搜集方式主要有观察法、调查法、实验法。

2．科技信息调研的基本程序。

答：信息调研课题的确立，制定课题调研计划，信息资料的搜集。

3．科技查新的作用。

答：为科研立项提供客观依据。为科技成果的鉴定、评估、验收、转化、奖励等提供客观依据。为研究开发提供可靠而丰富的信息，节约科研人员的时间。

4．科技查新的基本程序。

答：用户提出查新委托，查新机构查新受理、检索准备、选择检索工具、确定检索方法和途径、查找文献、完成查新报告、文件归档。

5．科技查新中对新颖性判断的原则。

答：相同排斥原则，单独对比原则，具体（下位）概念否定一般（上位）概念原则，突破传统原则。

第四节

一、判断题

1．√；　2．√；　3．√；　4．√；　5．×

二、选择题

1．ABC；　2．ABCDEF；　3．ABCDEF；　4．AB　5．ABCD

三、简答题

1．医学综述的含义、作用和特点是什么？

答：医学综述的含义：医学综述是通过对医学某一专题在一定时期内的大量文献资料的阅读，经过分析研究，选取有关信息内容，进行归纳整理撰写的综合性描述的文章。

医学综述的作用和特点：医学综述的作用在于它能够对医学科研或临床的研究过程进行全面系统地回顾，并反映医学科研现状及发展趋势。综述在篇幅结构、参考文献等方面都有特别要求。国内的医学综述多为 3000 ～ 6000 字。最近，期刊上出现了一些短小的“微型综述”（mini-review），高度概括目前研究、预测未来，很受读者欢迎。

2．国内医学期刊的结构式摘要，一般分为哪 4 个部分？

答：国内医学期刊的结构式摘要，一般分为目的（Objective）、方法（Methods）、结果（Results）、结论（Conclusion）4 个部分。

3．国内医学期刊的结构式摘要的内容有哪些？

答：国内医学期刊的结构式摘要，一般分为目的（Objective）、方法（Methods）、结果（Results）、结论（Conclusion）4 个部分。目的部分往往用一句话概括研究课题要解决的问题，也即论文的主题内容；方法部分简要说明研究所采用的方法、途径、对象、仪器、设备、试剂和药品剂量等；结果部分主要介绍研究所发现的事实，获得的数据、资料，取得的新成果等；结论部分介绍研究者在对研究结果进行分析的基础上所得到的观点或看法，提出尚未解决的问题或有争议的问题等。写作摘要力求精练、清晰，尽可能采用专业术语，并用第三人称语气表述，不分段。

4．医学学术论文的基本结构是怎样的？

答：基础医学研究、临床医学理论研究和实验研究等各类学术研究论文，一般由前置部分、主体部分和附录部分构成。前置部分包括题名、著者、摘要、关键词、《中图法》分类号、文献标识码等；主体部分包括引言、材料和方法、结果、讨论、结论、参考文献等；附录部分常常是一些插图和表格等。

5．医学综述如何着手写作？

答：综述的写作可遵循选题、文献调研、分析研究、制定纲要、撰写全文、引用文献等步骤进行。